春秋

石迎男
著

300 YEARS *of the*
SPRING AND
AUTUMN PERIOD

三百年

内蒙古人民出版社

图书在版编目（CIP）数据

春秋三百年 / 石迎男著. -- 呼和浩特：内蒙古人民出版社，2026.1. -- ISBN 978-7-204-18559-7

Ⅰ.K225.09

中国国家版本馆 CIP 数据核字第 2025WH3308 号

春秋三百年

作　　者	石迎男
特约策划	高牧仁　张桂梅
责任编辑	卢　炀
封面设计	人马艺术设计·储平
出版发行	内蒙古人民出版社
地　　址	呼和浩特市新城区中山东路 8 号波士名人国际 B 座 5 楼
印　　刷	固安县云鼎印刷有限公司
开　　本	710mm×1000mm　1/16
印　　张	16.75
字　　数	250 千字
版　　次	2026 年 1 月第 1 版
印　　次	2026 年 1 月第 1 次印刷
书　　号	ISBN 978-7-204-18559-7
定　　价	88.00 元

图书营销部联系电话：（0471）3946278
如发现印装质量问题，请与我社联系。联系电话：（0471）3946120

《春秋》和春秋

《春秋》，是一部史书。

春秋，则是一个时代。

周朝时，列国的编年史都称为《春秋》。因一年有春、夏、秋、冬四季，遂取"春秋"二字为书名。

孔子曾说他见过一百二十个国家的《春秋》，墨子也说曾见过百国《春秋》。这些国家的《春秋》，因秦始皇焚灭列国史籍、战乱等原因亡佚。

鲁国的《春秋》能够流传至今，首先得益于孔子的整理、修订。孔子之后，人们又对《春秋》所记载的历史进行了补充、解释和阐发，这类作品被称为"传"。其中左丘明、公羊高、穀梁赤所作的《左传》《公羊传》《穀梁传》最为著名，被合称为"春秋三传"。

汉朝把《春秋》和"春秋三传"列为太学课本。后来，历代学者对《春秋》进行了诸多的注释、考证，形成了"春秋学"。

史书《春秋》记载了上起鲁隐公元年（公元前722年），下迄鲁哀公十四年（公元前481年），共二百四十二年的历史。其间鲁国经十二位国君，分别为隐、桓、庄、闵、僖、文、宣、成、襄、昭、定、哀十二公。这基本同东周前半段的起讫时间相始终。

人们把这一时代称为——春秋。

那是一个宗法崩溃、公族腐朽、礼崩乐坏的时代，那也是一个诸侯争霸、冲突不断、英雄辈出的时代。

那个时代有一鸣惊人的国君，沉鱼落雁的美人，卧薪尝胆的艰辛；那个时代留给后人"唇亡齿寒"的道理，"有"生于"无"的哲理，"仁者爱人"的思想；那个时代有士人的风骨，情人的眼泪，人臣的咆哮，鬼神的召唤。使节和诸侯相互博弈，侠士和英雄书写传奇，间谍和刺客次第登场。

天子装点门面，诸侯忙着站队，霸主维持秩序。新的政治制度，新的国家形态，将在诸侯争霸的战争中酝酿、诞生。

目录 Contents

《春秋》和春秋 ··· 001

第一章　春秋前的故事

一、天下为家 ··· 002

二、小邦周的大梦想 ·· 007

三、封建，注定是下坡路 ··· 013

第二章　郑庄公：在摸索中前行

一、姑息养奸 ··· 018

二、秋收嘉年华 ··· 025

三、各个击破 ··· 028

四、两桩谋杀案 ··· 033

五、周桓王：惨遭现实毒打 ·· 038

第三章　齐桓公：九合诸侯，一匡天下

一、文姜：是间谍，还是外交家? ………………………… 044

二、公子小白：跑得要快，演技要好 ……………………… 051

三、管仲相齐 ………………………………………………… 054

四、曹刿：是军事家，还是伪士人? ………………………… 058

五、齐桓公始霸 ……………………………………………… 064

六、召陵之盟：两大强国的对话 …………………………… 067

七、霸主是怎样炼成的 ……………………………………… 074

八、宋襄公：开历史倒车的殷商后裔 ……………………… 082

第四章　晋文公：一战而霸

一、被偷梁换柱的晋国 ……………………………………… 092

二、晋惠公：信用破产户 …………………………………… 100

三、重耳：十九年流亡路 …………………………………… 104

四、开局就是勤王之功 ……………………………………… 110

五、城濮之战（上） ………………………………………… 118

六、城濮之战（下） ………………………………………… 123

第五章　秦穆公：天子致伯，诸侯毕贺

一、奠基者们 ………………………………………………… 130

二、蜜月阴谋 ………………………………………………… 134

三、称霸西戎 ………………………………………………… 139

第六章　楚庄王：问鼎中原

一、休眠状态，勿扰！ …… 144
二、一飞冲天 …… 149
三、威震天下 …… 159

第七章　晋国的续霸和中衰

一、襄公续霸 …… 166
二、夏日之日 …… 172
三、无法原谅 …… 178
四、江河日下 …… 186
五、迷雾重重 …… 193
六、史书追凶 …… 200
七、赵氏孤儿 …… 205

第八章　和平和蜕变

一、第一次弭兵之会 …… 214
二、各怀鬼胎 …… 218
三、鄢陵之战 …… 221
四、第二次弭兵之会 …… 227
五、子产：苟利社稷，死生以之 …… 233

第九章　吴越争霸

一、巫臣：爱的魔力 ·················· 246

二、伍子胥：恨的力量 ················ 251

三、夫差、勾践：两个霸主，两笔糊涂账 ·········· 255

第一章

春秋前的故事

一、天下为家

帝尧时,洪水滔天,撕咬着人类赖以生存的家园,土地和村庄被淹没,百姓流离失所,苦不堪言。

危难之时,鲧受命治理洪水,他筑堤堵水,肆虐的洪水却冲毁了堤坝,历经九年艰辛,水患仍未平息。鲧被流放致死,罪名是失职,下令流放鲧的是尧的继任者舜。

洪水依旧肆虐。

舜必须做出抉择,是听天由命,还是组织族人迁徙,去寻找新的家园,或是祈求神明降下福祉。舜选择继续治水,他把治理洪水的任务交给了鲧的儿子禹。

这是一项非常艰巨的任务。

鲧,并非无能之辈。他是古代城郭的发明人,有了城郭,才能有城市,有了城市,才能发展出国家。鲧功不可没,他的功绩可以和仓颉、后稷相媲美。

> 鲧筑城以卫君,造郭以守民,此城郭之始也。(《吴越春秋》)
> 奚仲作车,仓颉作书,后稷作稼,皋陶作刑,昆吾作陶,夏鲧作城,此六人者,所作当矣。(《吕氏春秋·君守篇》)

鲧在当时享有非常高的威望。尧四处寻找治水高人时,群臣和各部落首领都说鲧可以胜任。(《史记·五帝本纪》:"皆曰鲧可。")

很多学者认为,那个时代发生了全球性的水灾,那是一场非常罕见的超级大洪水。据推测，其严重程度远大于我们所熟知的1998年的特大洪水。1998年，我国共有二十九个省（自治区、直辖市）遭受了不同程度的洪涝灾害。

人类面临着生死存亡的严峻考验。

在现代，鲧所用的筑堤之法仍是有效防止水患的方法之一。鲧治水初期，堤坝曾有效地缓解洪水泛滥对人民的伤害，鲧所做的尝试和努力应当被铭记。

鲧治水失败是因为洪水极大，持续时间极长。

随着洪水越来越大，堤坝也越筑越高，洪峰一个接一个到来，没有停歇。九年时间，居然连续发生洪灾，凶猛的洪水，冲毁了堤坝，在人们已经残破不堪，还来不及重建的家园咆哮。

禹接受的就是这样一个难以完成的艰巨任务。按网络流行说法，其难度系数达到了"史诗级"。

治水的成败，不仅关系到禹的个人荣辱，关系到部落联盟的兴衰，更关系到人们的生死存亡。

禹带领工匠实地勘探山川、河流，他们拿着测量工具，用脚步丈量着九州大地，他们顶风冒雨，不畏艰辛，不惧生死。

禹反复勘探地形、地貌。十三年间，他四处奔走，三次路过自己的家，都没回家看上一眼。因劳累过度，禹患上了腿疾，无法像常人一样行走。相传，羌族的舞蹈"禹步"就由大禹走路时跛行的姿势演变而来。

勘探工作完成后，禹根据勘探结果，总结父亲鲧治理洪水的经验和教训，决定改"堵"为"疏"。

禹根据地势高低、山川分布，组织各部落逐一疏通水道，把洪水导入大海。如果一条河不够宽阔，那就加宽它；如果相邻的水道可以使洪水分流，就打通它们；如果一座高山耸立在那里，阻挡了洪水的去路，那就开山、挖河。

如此浩大、复杂的工程放在远古时代，难度无法估量。

禹组织百姓逐一完成了"九州水道疏导、疏浚、整治工程"一期、二期、三期……甚至可能还有各种附属工程。

经过十几年的艰苦努力，洪水终于被降服，农业生产逐步恢复，人类文明得以在这块土地上延续。

在面对自然灾害时，我们的祖先表现出了超凡的勇气。他们顺应自然界的规律，凭着超高的智慧、超高的组织能力、超高的勘探水准、超高的工程技术水平，齐心协力，完成了功在当代、利泽万世的伟大系统工程。

大禹治水所展现的公而忘私、积极救世、万众一心的精神，亦成为中华民族精神的重要组成部分。

这种精神所产生的号召力、凝聚力、向心力，使部落酋长演变为国家元首、部落联盟变成部落国家成为可能。

禹，已是众望所归。

禹接受舜的禅让，成为部落联盟的新一任首领。

分散的邦国、部落向禹所在的夏后氏部落靠拢。华夏开始从多元发展向多元一体发展转变。据《左传·哀公七年》记载禹在涂山举办部落联盟首领大会，"执玉帛者万国"。

禹去世后，禹的儿子启成为继任者。

启废"禅让制"，开创了"世袭制"，"公天下"变成"家天下"。部落联盟变成了部落国家，这个国家就是"夏"。因夏的君主称为"后"，所以启又被称为"夏后启"。

国家诞生，华夏进入文明时代。

人类六大古老文明：中华文明、印度河文明、爱琴文明、尼罗河文明、两河文明、奥尔梅克文明。其中，就包括中华文明。

启所在的时代以及在更早的时间里，我们的祖先已经开始崇拜祖宗。这说明，以血缘为基础的"家""家族"在人心中占有异常重要的地位。

家，必然是私有的。

部落联盟首领，以及他的家族，以"国"为"家"自然成为一种趋势,"公天下"开始不合时宜,至少是不符合掌权家族的意愿。众多的部落首领想通过"以国为家",实现财产的私有、权力的世袭。

尧、舜、禹都是黄帝的后代,他们之间的禅让本来就是在同一个血缘集团内部进行的。而且,传承的过程可能并不像《史记》所描绘的那么美好。《韩非子·说疑》中就留下了"舜逼尧,禹逼舜,汤放桀,武王伐纣,此四王者,人臣弑其君者也"的评价。

我们有理由怀疑,在启之前以"国"为"家",是有过试点的,是搞过试验的,是有了经验的。

在这样的历史背景下,启按下了"家国一体化进程"项目的启动键。

这是大势所趋,是历史的进步,是一次意义非凡的大变革。

问题是为什么是启,别人来按行不行?

《史记·夏本纪》中言之凿凿地说:"禹子启贤,天下属意焉。"

启够资历吗?恐怕不够!

至少禹治水时的副手益,资历比启深得多。

启有德吗?恐怕不足!

《墨子·非乐》中说:"启乃淫溢康乐,野于饮食,将将铭,苋磬以力。湛浊于酒,渝食于野,万舞翼翼,章闻于天,天用弗式。"

晚年的启喜欢喝美酒,吃美食,看歌舞,游玩打猎。每天吃好、喝好、玩好。悠哉、乐哉。哪还有时间管理朝政?

所以,吕思勉先生说启"荒于音乐和饮食"。

耽于享乐、不理朝政的王,自然不能用德行标榜。

一个资历不够且德行欠缺的人,太史公缘何称其为"贤",他为什么被"天下属意"?

太史公给出了答案:"吾君帝禹之子也。"

因为他是禹的儿子呀!

大禹时,夏后氏发展得非常迅速,拥有强大的实力,这就是启的资本,这也是启能变禅让制为世袭制的实力基础。

时机加实力，使启成为承前启后、继往开来的一代王。

但是，一体化的进程并不顺利。

"诸狄""诸羌"都不认同启的统治。有扈氏（在今陕西省鄠邑区）则明确表示不服，至于是不服从启，还是不认同世袭，不清楚，也可能两者都反对。启率军讨伐，经过艰难的战斗终于灭掉了有扈氏。

臣服于夏的，或承认夏，或仿效夏的国家，整体称为"诸夏"。不认同"诸夏"文化的，称为"诸狄""诸羌"。"诸夏"的范围，随着王族向外分封而拓展。

"诸夏"虽然支持夏，内心却难免有想法。

天下共主为什么由你夏后氏来世袭，我的氏族难道不行？就因为你是大禹的儿子？大禹已经死了，按过去的王道，应该由贤德的人担任部落联盟首领，启的业绩和德行比起大禹来，实在太过逊色。夏后氏的实力确实强大，但在打有扈氏时，也不能轻松愉快地解决，并且实力是会变化的。

启去世后，他的五个儿子争权夺利，骨肉相残，经过激烈的斗争，太康取得了继承权。

太康嗜好打猎，他打猎的频率和时间，被史书描述为"无度"，这给觊觎王位的人创造了机会。

有穷氏的后羿趁太康外出打猎，截住太康的归路，射杀太康，侵占夏的都城，篡夺了夏的政权。

太康的母亲和他的弟弟们被赶至洛河边，作歌追述大禹的告诫。这首歌被称为《五子之歌》，这件事被称为"太康失国""后羿代夏"。

后羿，是中国古代神话传说中射日的英雄，也是传说中嫦娥仙子的丈夫。但他在传说中是英雄，在现实中是昏君。八年的执政时间，他不理朝政，不问民生疾苦，每天追着山鸡、兔子、野猪在森林中往来奔驰，箭矢破空而出的声音、动物的哀嚎声和后羿的笑声回荡在山林间、原野上。

现世报来得很快。

后羿被自己任用的佞臣寒浞所杀。后羿死后，寒浞派人追剿夏后氏的残存势力，夏后相（夏王仲康之子，仲康是夏启之子、太康之弟）被杀，夏代中绝。

但，夏后氏仍在。

相的妻子逃出生天，生下遗腹子少康，少康长大后收集夏朝余众，在夏朝故臣和诸侯国的帮助下攻灭有穷氏，恢复了夏的统治。

少康勤政爱民，兴修水利，重视农业生产，夏代复兴，史称"少康中兴"。

夏代共有十七位王，分别是禹、启、太康、仲康、相、少康、杼、槐、芒、泄、不降、扃、廑、孔甲、皋、发、桀。最著名的除了治水的大禹外，就是亡国的桀。

夏桀出名是因为施行暴政，丧失民心，导致商汤灭夏，建立商朝。商代王位传到纣王时，纣王暴虐，民心离散，周武王起兵灭商，建立西周。

随着夏、商、周的更迭，部落联盟到城市国家的转变逐步完成，"家国一体化"进程走向成熟。

王位只在家族内部传承，可能是父死子继、兄终弟及，也可能是伯父传给侄子，侄子传给叔叔。血统关系是王位传承合法性的依据。

国家的管理也比照血统关系建立。天子，是君父。臣，是臣子。民，是子民，所谓君臣父子。国就是放大的家。

这就是天下为家。

二、小邦周的大梦想

周人的起源，现在仍无法确定。

周人是后稷的后代，姬姓。后稷，传说和大禹生活在同一个年代。他是农耕始祖，五谷之神。周人一定擅长农业，"周"的古文字造型，就像是田上种了植物。

他们原本定居在豳地（在今陕西省彬州市和旬邑县一带）。为躲避鬼方的侵扰，周人在首领古公亶父的带领下迁居到岐山下的周原（在今陕西省岐山北）。

古公亶父，来朝走马。率西水浒，至于岐下。（《诗经·大雅·文王之什·绵》）

周原土地肥沃，水源丰沛，灌溉十分便利，非常利于农业生产的发展。周人依靠有利的自然优势，开辟土地，着力发展生产，其经济迅速发展，实力日益壮大；他们修建房舍，建造城郭，营建宫室等基础设施，百姓的生活水平有了大幅提升；周人还建立了官制，在文化方面也有所进步。

那个曾居住在豳地地穴中的部落，在周原发展为国家，一个位于商西方的小邦国。

周原，成为周文化的发祥地，西周故都所在。

随着实力的增长，周的领袖也在为周人的未来做着谋划、构想，他们心中有一个伟大的政治蓝图，那个想法让他们激动、兴奋又害怕。

后稷（周人始祖）之孙，实维大王（指古公亶父）；居岐之阳（山的南面），实始翦商。（《诗经·鲁颂·閟宫》）

剪除商，取代商，成为天下共主。

小邦周，是有大梦想的。

古公亶父深知领袖在发展中的作用，他通过观察认定自己的孙子姬昌，会成为周人兴起的关键人物。姬昌的父亲季历（后追称王季），因此被选定为接班人。

季历是古公亶父的小儿子，他的两个哥哥太伯、虞仲为了让位给季历，出奔到太湖流域的吴地，成为吴国的始祖。

古公亶父去世后，季历即位。

季历在位期间，兴修水利，大力发展农业，重视与商政治关系的维护，积极吸收商文化的精髓为己所用。季历还对周边戎狄部落采取了一系列军事行动，通过战争迅速地扩张了疆域，缴获了大量财物，获得大量劳动力。

周的军事实力不断增强，国力迅猛发展，这引起了商王的猜忌，商王文丁以封赏为名，诱骗季历到殷商都城，将其杀害。季历去世后，其子姬昌即位。

姬昌，就是周文王。

周人没有停下前进的脚步，周文王也不会忘记杀父之仇，周的统治者更没有忘记"翦商"的宏图伟业。

周文王为实现这一伟大构想，殚精竭虑。

他亲自耕田，倡导农业，周日益富庶；他礼贤下士，吕尚（姜子牙）、伯夷、叔齐等先后归附称臣，为周文王施政理国出谋划策；他"笃仁，敬老，慈少"（《史记·周本纪》），周的国民谦让、有礼；他所推行的德政，使周赢得了广泛的支持，虞、芮等国前来归附。

周文王表面仍臣服于商，韬光养晦，积蓄力量，等待时机。

时机是商王纣送到周文王面前的。

商王纣封周文王为西伯，周文王因此也被称为西伯昌。"伯"，是一方诸侯之长。"西伯"，即帮助商管理西方各国的诸侯之长，拥有征伐大权。

周文王借机出兵相继征服了北方的犬戎、密须、阮、共等国。接着，周渡过黄河，攻克了黎国和邘国，进逼商的王畿之地。随后，周文王攻灭崇国，迁都到原崇国境内的丰邑（在今陕西省长安区西北沣河西岸）。丰邑是一个军事重镇，位于渭水平原，在周东进之路上。周已经把商的南、北、西三面纳入自己的势力范围。

商的国土，周"三分天下有其二"（《论语·泰伯》）。

正当周的国力蒸蒸日上时，周文王因病去世，他的儿子姬发即位，是为周武王。

周武王接手的是一个在当时文化进步、政治成熟、经济繁荣、军事强盛的国家。他秉承先辈遗志，任用吕尚（姜子牙）、姬旦（周公）、召公、毕公等贤臣，内修德政，外和诸侯。

周武王再次迁都，从沣水西岸的丰，迁到沣水东岸的镐（在今陕西省西安市），进逼商都朝歌（在今河南省鹤壁市区南部）。

周一心一意做着灭商准备。

如果说周是得道多助的模范，商就是失道寡助的典范。

商纣王，子姓，名辛，是商代的最后一位王，中国历史上著名的暴君。

纣王能文能武，非常聪明，他曾是个有梦想、有本事，且肯努力的青年。他致力于向东南开疆拓土，加速了中原先进文明的传播，为江淮地区的开发、民族融合都做出了贡献。但这样的功绩不为大众所熟知，因为他的奢侈荒淫、残暴不仁，古今罕有。

他热衷于组织大型的情景式体验活动——酒池肉林。

酒池，是在池子中倒满美酒。肉林，是把肉悬挂起来。不论男女都赤身裸体，在肉林里、酒池边吃自助餐、唱嗨歌、跳裸舞、追逐嬉戏。纣王非常享受这样真诚相见、纵欲无度的宴会。

纣王的一个妃子不喜欢这类"艺术活动"，纣王居然一刀把她杀了，还把这个妃子的父亲九侯剁成肉酱，九侯的"同事"鄂侯说了几句公道话，被做成了肉干，鄂侯的"同事"西伯为此发出叹息，便被囚禁了七年。

九侯、鄂侯、西伯是当时的"三公"，位高权重。

这位被囚禁的西伯，就是周文王姬昌。他的臣子们积极营救。纣王在得到心爱的美女、珍宝后释放了姬昌。猛虎归山、蛟龙入海，姬昌没有得意忘形，他进献洛西之地，带领诸侯国入朝进贡，表现得很是恭顺和忠心。

既得了实惠，又赚了面子，纣王非常满意。纣王的叔叔比干认为姬昌"阴修德行善"，他看得很准，可惜纣王醉心于欣赏自己的政绩，根本听不进去。

纣王刚愎自用，荒淫无度，不听劝谏。他的庶兄微子离他而去，他的王叔箕子被囚禁，他的另一位王叔比干坚持劝谏被剖开胸膛。

商的贵族同纣王离心离德。

微子去之，箕子为之奴，比干谏而死。(《论语·微子篇》)

商的诸侯国对纣王也是阳奉阴违。

虞、芮两国毗邻，因国界线附近的领土归属问题发生争执，他们派人到周国去找西伯仲裁。据《史记·周本纪》记载，两国代表进入周境后，看到周国的百姓在路上相遇会让路，种田会谦让田界，人们彬彬有礼、和谐相处。他们感到非常惭愧，返回了自己的国家，都放弃了原来争夺的土地。

这件事，体现了周德政的号召力，也说明诸侯国对商的尊崇都是表面文章，遇到重要的事情，他们选择去找周文王仲裁，而非到商纣王那里论理。

商的奴隶和平民对商纣王恨之入骨。

商有用活人殉葬、献祭的习惯，而且殉葬和献祭频率很高。此事不仅有文字记载，也有考古学上的证据。所以，即使他的暴行有被加工过的可能，他对人民的戕害却不容置疑，无法抵赖。

经过商纣王的折腾，商已被彻底孤立。

公元前1046年，周文王之子周武王起兵灭商。

那场在《封神演义》中被描写成各路神仙纷纷斗法的牧野之战，实际仅用一天就结束了战斗。

当时，商纣王的主力不在朝歌，他们刚刚打败东夷，把捷报传回朝歌。为讨伐东夷，商的国力大为耗损，国内矛盾激化。

商纣王临时把城内的几十万奴隶和战俘拼凑起来，让禁卫部队押送着开赴战场以抵挡周武王的进攻。这些奴隶和战俘会保卫商纣王，然后再继续过随时可能被杀掉献祭，或者被丢进陪葬坑活埋的日子吗？

答案显而易见。

商纣王的大军"前徒倒戈"（《尚书·武成》），投降周军，反过来攻打商纣王。

公元前1046年，周历二月甲子日，周武王进入朝歌，纣王逃到鹿台，自焚而死，商朝灭亡。

灭商，周武王没有必胜的把握。他曾在孟津搞过一次大规模军事演习，八百诸侯前往参加，史称"孟津观兵"。周武王非常谨慎，他见几个大的诸侯没有参加"孟津观兵"，认为时机没有成熟，于是收兵回国。

正式起兵前，周武王占卜，几次得到的结果都是"不吉"，进军的路上还多次遭遇自然灾害，这让周武王怀疑天命仍在眷顾商，伐商的时机还没到来。在吕尚的坚持和鼓励下，周武王才坚定了灭商的信心。

他的犹豫，他的不自信，是有原因的。

周武王伐商的军队仅有战车三百辆、三千精锐武士（甲士）和四万五千步兵，加上各诸侯方国助战的人马，总兵力才达到五万人。

纣王临时组织起来的奴隶和战俘却多达七十万，如果周武王不能迅速取得胜利，双方僵持不下，等商的主力部队赶回朝歌，很难说战争的结果会不会改写。

即使结果不变，那也将是一场非常惨烈的拼杀。

周武王进入朝歌后，在商的太庙中举行了隆重的仪式，宣布因商纣王的暴政，上天革除殷商，周接受天命。

因为周得到了天的授权，周的王又称为"天子"。

周武王迁都镐京（在今陕西省西安市），建立起一个崭新的国家——周。

周代是中国历史上延续时间最长的朝代。

从公元前1046年武王灭商开始，到公元前256年周赧王去世结束，历时七百九十年，传三十七王。周代以公元前770年周平王迁都为界限，此前称为"西周"，此后称为"东周"。

西周的社会制度、文化制度一直延续到明清，中华民族的礼仪、文化乃至整个民族表现出来的气质，都深受周的影响。

三、封建，注定是下坡路

商是一个延续了近六百年的王朝，虽然商纣王已死，但他的土地和人民还在，商的土地上小邦林立，商的遗民人数众多。如何处置这些土地和人民是一个非常重要的问题。

周武王和周公的方法是：封邦建国。

封邦建国需要完成三步：授土、授民、授爵。

授土，即划分出一块土地。

授民，即指定一批人民。这些人民包括所分土地上的土著、周的臣僚、商的遗民。

授爵，即指定一位国君管理划分出的土地和指定的人民，同时命名国号。

这三步要通过隆重的册封仪式来完成。

溥天之下，莫非王土，率土之滨，莫非王臣（《诗经·小雅·北山》）。"封邦建国"就是由周天子对王土、王土上的人民进行划分，分给他的"王臣"来管理。

这些得到分封的"王臣"称为诸侯。由此建立起的政治实体称为邦国，简称为国。

诸侯把自己的国土分封给大夫，建立采邑，采邑又称为家。

天子封邦建国，诸侯封土立家，这就是封建。

诸侯既有义务，也有权力。

国君被授爵的前提是承认周天子的地位，分封后的诸侯国要履行按期纳贡朝觐、出兵助王征伐、救济畿内灾患等义务。国君的权力可以世袭，且在国境范围内拥有高度的自治权。国与国之间的关系类似今天的国际社会，不同的是他们高度认同自己属于周国，认同中华文化圈。

周天子得到了天的授命，有主权和产权。

诸侯得到了天子分封，有财权和治权。

通过这样的制度，周天子控制着庞大领域内的土地和人民，周的势力还随着分封向外移植，周的文化也向四方传播。

周代的诸侯国，按照起源不同，可以分为四类：

一是商代就已经存在的诸侯国或者独立国，归附了周，如陈、杞等。

二是把商代原有的土地封给商的后裔，如宋。

三是把新征服或取得的土地，分给周的宗亲姻戚和功臣，如晋。

四是划分周王室能直接管理的土地给王室子弟或者功臣，如郑、秦。

周代的诸侯，分为公、侯、伯、子、男五等爵位。周王室先后分封了至少一百三十多个诸侯国（确数暂不可考）。

西周通过"封建"维系了二百七十多年的太平，东周又在王室衰微的情况下，支撑了五百多年。

这前后近八百年的时间，是中国历史上的"封建社会"时期。

周代的社会无疑是封建社会，而且在中国史里只有周代的社会可以说是封建的社会。（张荫麟，《中国史纲》）

在西周，各诸侯国自主经营、自负盈亏，连天子也要自谋生路。因为分封之后，周天子能直接控制的土地只有王畿之地。

西周王畿之地的准确范围，已经很难考证。大概在北不过黄河、南不到汉水流域、东不到淮水流域、西到镐京附近的范围内，面积约为一千里见方。

几百年的时间里，随着土地的分封，王畿之地不断减小，王室的财政来源不断缩水，天子由富转贫。随着天子直接控制的人口越来越少，王师的兵源也在减少，天子由强转弱。

财产减少，兵力不足，天子羸弱，王室颓败。

第一章 春秋前的故事

周走的注定是下坡路。

西周从武王建国，周公辅政，经历成、康两王的休养生息后，达到了最富强的极点。处于鼎盛时期的昭王、穆王对外频繁用兵，为西周的衰落埋下隐患。

传到懿王时，周频繁遭到周边少数民族的入侵，王室已经出现衰落的迹象。等到夷王时，已经出现个别诸侯王不朝拜天子、互相攻伐的情况。

按照周礼，诸侯觐见天子时，天子不下堂，坐受朝拜。夷王时"下堂而见诸侯""天子失礼"，说明社会已经无法按照此前的程序运转。

周礼所体现的精神开始崩塌，周代封建社会的秩序也开始混乱。

夷王之子厉王即位后，周王室似乎发生了财政困难。

周厉王试图通过专利政策，改善拮据的财政状况。山林湖泽原本归周王室所有，后被一些贵族和他们的依附者所侵占，专利政策就是把这些山林湖泽重新收归王室控制。这些贵族强烈反对，大造舆论声势，一时间民怨沸腾。厉王又妄图通过高压政策，镇压百姓，弄得"国人莫敢言，道路以目"。国人，是指住在国都里的人，既有贵族，也有平民。

公元前841年，镐京（在今陕西省西安市）爆发国人暴动，厉王出奔到彘地（在今山西省霍州市）。

厉王在彘地期间，诸侯摄行王政，史称"共和行政"。

"共和行政"是如何实行的，主要有两种说法：一种说法是朝政由共伯和（共国国君，名和）接管，另一种说法是朝政由召公、周公共同执掌。有的学者认为两者并不冲突，当时可能是由共伯和、召公、周公三人组成了"领导小组"，各有分工，共同执掌朝政。

厉王最终死在了彘，看守政府维持了十四年。厉王死后，即位的宣王虽然恢复了王政，统治的危机却越来越严重。宣王时频繁征战，严重耗损了国力。

到周幽王时期，关中发生大地震，大山崩塌，河水断流。因天灾不断，人民难以生存，四处流亡。

岐山崩，三川（泾、洛、渭）竭。(《史记·周本纪》)

百川沸腾，山冢崒崩，高岸为谷，深谷为陵。(《诗·小雅·十月之交》)

西北的戎狄部落趁机入侵，侵占周的土地，周"日蹙国百里"(《诗经·大雅·召旻》)。

此外，周还有内部忧患。

周幽王任用贪财逐利的虢石父为卿士，引发国人不满。

周幽王的王后本是申后，来自申国，申后之子叫宜臼，被立为太子。周幽王攻打褒国时，得到了美女褒姒。褒姒被封为妃，生下一子，取名伯服（一说伯盘）。周幽王改立褒姒为后，立伯服为太子，废黜申后，驱逐太子宜臼。宜臼被迫流亡，逃到申国。周幽王讨要宜臼，被申侯拒绝。

申国累世对周代有大功，势力不容小觑。周幽王废后恐有摆脱申国影响的意图。褒国是一个弱小的国家，所以周幽王才立褒姒为新王后。

周幽王索要宜臼不成，主动进攻申国。

申侯联络犬戎、鄫国（在今河南省方城县）予以反击，进攻镐京，在骊山脚下杀死周幽王。

曾经繁盛的西周在天灾、外患、内乱中灭亡。

周幽王死后，申国、鲁国、许国等诸侯国拥立宜臼即位，宜臼是为周平王。

为躲避犬戎的攻击，公元前770年周平王迁都至洛邑（在今河南省洛阳市）。

东周开始，春秋时代开始，大国争霸的时代开始。

第二章

郑庄公：在摸索中前行

一、姑息养奸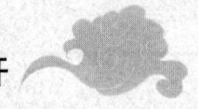

郑国是西周最后一个封国，始封之君是周厉王的小儿子、周宣王的弟弟、周幽王的叔叔姬友。

公元前 806 年，周宣王封姬友为诸侯，郑国建国，封地位于宗周王畿之内。宗周位于镐京，武王伐纣后，周在原都城丰邑不远处，新建了都城镐京，称为宗周。因镐京距离周王室东部疆域太远，难于控制，周在洛阳地区又新建了东都洛邑，称为成周。

姬友，就是郑桓公，他在王室内的职务是卿士（王室卿官之长，相当于后世的首相）。公元前 774 年，周幽王又任命郑桓公为司徒。司徒负责掌管土地和人民，战时还有征发徒役、组建军队的职能。

这时的西周国力衰弱，倍受戎狄侵扰，诸侯离散，政局混乱，危机重重。王室大臣都在寻找避难之所，把自己的亲族、财富乃至辅政的臣子送到了远离宗周王畿的地方。

《诗经》记录了皇父在向地建立了城邑，带着三卿和丰厚的家产，乘坐着骏马良车，离开周王，到向邑去居住，不给周王留下一位老臣。

皇父孔圣，作都于向。择三有事，亶侯多藏。
不憖遗一老，俾守我王。择有车马，以居徂向。（《诗经·小雅·十月之交》）

谁都不想成为陪葬者，郑桓公也在为子孙寻找退路，他向太史伯（王室史官）请教要把子孙安置在哪里，才能躲避灾祸。

太史伯认为要远离荒蛮之地，因为王室衰微，荒蛮地区的人必定昌盛，不宜靠近；不要去成周王畿，因为那里都是王室亲戚，附近的未开化的人又凶顽又多，不适合避难；也不要去南方，因为楚国正在迅速崛起，他要开疆拓土，靠近他很危险；济水、洛水、河水（古代指黄河）、颍水之间更为合适，那里的国家都是子、男级别的小国，适合避难，又有巨大的发展空间。（事见《国语·郑语》）

太史伯推荐的落脚点在中原。

郑桓公争取到了洛河以东的十座城邑，把家属和财物送往中原，在京邑建立了临时根据地。郑桓公自己留在了都城，公元前771年，他和周幽王一起被犬戎人杀死在骊山脚下，为国殉难。郑桓公死后，其子掘突即位，是为郑武公。

郑国在郑桓公、郑武公的领导下起步非常强势，郑国的发展主要依靠四大手段：

一靠维护王室，得到封赏。

公元前770年，郑国和秦、晋、卫三国一起击退犬戎，护卫周王室。郑武公和晋文侯、卫武公、秦襄公护送周平王迁都。

郑国作为诸侯国中少数效忠周王室的力量得到了很多封赏。郑武公受封卿士，周平王还赏赐了郑国大片土地。

二靠兼并小国，扩展疆土。

郑国灭郐国、东虢国，向东扩张，迁徙到了溱水、洧水流域附近，定都新郑。（灭郐国、东虢国的是郑武公还是郑桓公有争议）

三是同申国联姻，获得外援。

公元前761年，郑国、申国联姻，郑武公迎娶了申侯之女武姜。申国是伯夷之后，姓姜；"武"是郑武公的谥号。"武姜"是丈夫的谥号加娘家的姓。

四是发展经济。

郑国东迁的队伍中有一队商人，他们可能是一个善于做生意的组织，隶属于郑国官府。后来郑国以商业发达闻名，可能与这些商人有关。郑国的疆域面积虽小，国力却强，这应是一个原因。

公元前757年（郑武公十四年），武姜生下一个男婴，起名"寤生"。"寤生"就是逆产，倒着生。

自然生产时，胎儿的头先出来，才能顺利生产。胎儿的其他身体部位先出来就会难产。难产时，产妇会有极度痛苦的身体体验，难产还会导致生产时间变得更长，那是别人无法体会和理解的噩梦。

当武姜看着那个小小的生命时，没有任何喜悦和温情，心中不断闪现的是痛苦的生产过程。

她厌恶，甚至憎恨这个孩子。

三年后，武姜再次生产，又得一子，取名"段"。这次生产应该较为顺利，武姜把母爱都给了公子段。武姜希望立公子段为太子，她多次向郑武公提出请求。

寤生是嫡长子，他已经被立为太子，要立公子段，就必须废掉寤生。

我们很难想象寤生小小的心灵受到了多大的伤害。这种伤害使成年后的寤生更加坚强，更懂得隐忍，也更加深沉、阴狠。

郑武公没有同意武姜的请求。周幽王废黜太子宜臼，改立伯服，导致骊山之役，他自己被杀，西周覆灭，郑桓公殉难。往事历历在目，不能不让人警醒。嫡长子继承制，在当时已成传统。再者公子段因为母亲的溺爱，十分骄纵。寤生的性格和处事风格更像郑武公，他是非常优秀的继承人。

公元前744年（郑武公二十七年），郑武公去世，十四岁的寤生即位。寤生，就是郑庄公。

武姜讨要制邑给公子段做封地。

制邑，就是虎牢关，乃是兵家必争之地。

郑庄公说："制，是险要之地。当年虢叔（东虢国的国君）就死在那里。除了制邑，其他城邑都可以。"

武姜又提出要京邑（在今河南省荥阳市）。

第二章 郑庄公：在摸索中前行

京邑，是当时郑国最大的城邑。它是郑国东迁后的第一个落脚点，完全是按照国都的规制所营建。按照周礼，臣子的封邑面积不得超过国都面积的三分之一。所以，京邑只能由国君直接管理，不能封给臣子。武姜的要求明显违背礼制。郑庄公没有拒绝，公子段得到了京邑。

郑庄公现在必须隐忍。

武姜从来没有放弃废黜寤生、改立公子段的想法。在郑武公停棺待葬期间，武姜曾迫使寤生答应在即位的前三年不亲政。

武姜是申侯之女，背后有申国支持；武姜做了十几年郑国国君夫人，郑国自然有她的势力。她以先君夫人的身份，要求没有正式即位的寤生答应三年不亲政。当然，她给出了一些冠冕堂皇的理由。寤生只好相信那些理由，他只能遵命。

因为，武姜处于强势，郑庄公处于弱势。

所以，他只能隐忍。

公子段被郑国百姓称为"京城大（tài，同'太'）叔"，即住在京城里的、郑国国君的、最大的弟弟。

京城大叔，在京邑只谋划了一件事——干掉哥哥，取而代之。

据《左传》记载，公子段到达京邑后"完、聚，缮甲、兵，具卒、乘"。

完，是修城墙。聚，是囤积粮草。缮甲、兵，具卒、乘，是修缮武器，步兵、车兵都已满员。

修城墙，广积粮，扩充军备。公子段要做什么？

《左传》说："将袭郑。"

他在郑还有内应——武姜。计划是公子段偷袭国都，武姜开门迎接。

接着，《左传》说："公闻其期。"

郑庄公得知他们偷袭的时间。派出二百辆战车去讨伐公子段，京邑的人得到消息，都背叛了公子段。

公子段出逃，逃到了鄢（在今河南省鄢陵县）。

郑庄公追到鄢，公子段只好继续逃，逃到了共（卫国势力范围）。公子段因此又被称为"共叔段"。

这是郑庄公的计划。

武姜和公子段偷袭的时间郑庄公是怎么知道的？给他通风报信的人是谁？恐怕是他在京邑留的谍报人员。

得到消息后，郑庄公雷霆手段，没有一丝犹豫，连续追击，不留一点情面。

出手前他说了一句："可矣。"(《左传·隐公元年》)

可矣！即时机成熟，可以动手了。

原来，他一直在等待，等公子段变成自作自受的罪人。所以，他放任公子段在京邑为所欲为二十二年。

当祭仲说："封邑的城墙如果超过三百丈，会成为国家的祸害。先王曾规定，大城不能超过都城的三分之一，京邑的规模远远超出了法度，国君您将不堪其患啊！"

郑庄公说："姜氏要这么做，我怎么能躲避得掉呢？"

言外之意，他没办法，这是老夫人武姜的意思。

所以，错在武姜。所以，武姜对国家不利。所以，武姜应该被抛弃。

祭仲又说："姜氏哪会有满足的时候？国君还是早点给公子段安排一个归宿吧！不要让他的势力继续滋长蔓延。再蔓延就很难对付了。枝蔓丛生的杂草尚且难以根除，何况国君深受宠爱的弟弟呢？"

郑庄公说："多行不义必自毙，子姑待之。"

原来如此！

郑庄公是要等公子段行不义，还要"多行不义"，而后"自毙"。他在姑息养奸，让公子段自取灭亡，自寻死路。

不久后，公子段命令郑国西方、北方的边邑既服从于郑庄公，也服从于他。

大臣们感到无法容忍，劝谏郑庄公早点根除祸患。

子封（公子吕，郑桓公之子）说："国家没法在两个君主的领导下运行。国君您到底要怎么办呢?如果您要把国家送给公子段,臣请求现在就到京邑去辅佐公子段;如果您不准备这么做,请早点铲除他吧!不要让黎民无所适从。"

郑庄公说:"不要担心嘛!他会自取灭亡的。"

前后两次对话,臣子的请求已经升级。

祭仲请求给公子段找一个地方安置。《左传》的原文是:"不如早为之所。"

子封请求铲除公子段。《左传》的原文是:"则请除之。"

公子段的野心,在郑庄公的恶意纵容下进一步膨胀,他把西方和北方的边邑彻底变成了自己的采邑。

子封再次劝谏郑庄公:"可以下手了,他的土地日益扩大,将会得到民心。"

郑庄公非常自信地说:"他对国君不义,对兄长不亲,即使土地变多了,也必将崩溃。"

公子段的势力不断增长,胆子越来越大,野心不断膨胀,在不断试探郑庄公的底线后,他认为取而代之的时机已经成熟,武姜和公子段内外勾结,准备弑君篡位,证据确凿。

郑庄公等了二十二年,终于坐实了公子段的罪名,这个罪名必须是谋反。只有公子段谋反,他才能彻底清除公子段。

于国,一个弑君夺位的叛臣,在法理上无法开脱罪责。

于家,一个谋杀兄长的罪人,在伦理上不会被谅解。

这二十二年,郑庄公还倾情演出着一个友爱的哥哥的形象。

《诗经》中有一首诗《大叔于田》,很多学者认为写的是公子段打猎的故事:叔在田野里,驾驶着四匹马拉的大车去打猎,缰绳抖动如同纵横编织,车两旁的马跃动着仿佛在舞蹈。丰茂的草木间啊!驱赶野兽的大火在燃烧。叔赤膊上阵,徒手制服了猛虎,献到郑庄公的面前。

> 叔于田，乘乘马。执辔如组，两骖如舞。叔在薮，火烈具举。襢裼暴虎，献于公所。将叔勿狃，戒其伤女。（《诗经·郑风·大叔于田》）

弟兄二人一起打猎的场景，很温馨，很美好。

实则，两人都心怀叵测。

弟弟，想取代哥哥成为国君。

哥哥，则在等待彻底铲除弟弟的机会。

诗的作者还亲切地叮嘱："我的叔啊！不要经常做这么危险的事，不要让猛兽伤害到你。"

京邑的人一定很喜欢武艺非凡的公子段，才亲切地称呼他为京城大叔，才作诗唱歌记录他打猎的事。

京邑人背叛公子段也很可疑。不能排除那是郑庄公操纵的结果。

把京邑封给公子段，就是阴谋的开始。

表面看似妥协，实则是因为京邑离都城很近，便于监视和掌控。把人放在眼皮子底下看着，还要让被盯着的人感觉自己捞到了大便宜。

郑庄公手段了得！

铲除公子段后，郑庄公把母亲武姜赶到远离都城的城颍（在今河南省临颍县西北），他发誓说："不及黄泉，无相见也。"（《左传·隐公元年》）

郑庄公是一个城府极深的政治家，也一个童年缺少母亲关爱的人。政治上的问题解决后，他的内心深处仍渴望得到母亲的关爱。他想要见母亲，却苦于曾发下毒誓，不到黄泉，不能相见。郑庄公非常后悔，郁郁寡欢。

看到国君心事重重，城颍的地方官颍考叔想到了一个办法。

颍考叔准备向郑庄公献礼，便创造了一个机会见郑庄公。郑庄公设宴款待颍考叔。宴会期间，颍考叔故意不吃肉。郑庄公觉得很奇怪，问他原因。

颍考叔说："小人的母亲，尝遍了小人提供的餐食。却没吃过国君的肉羹,请国君允许我把肉羹留给母亲。"

郑庄公伤感地说:"你有母亲,可以给她留食物。我却没有。"

颍考叔假装不知道原因,故意问:"国君您为什么要这么说呢?"

郑庄公讲了事情的经过,他说自己非常想念母亲,又不能违背誓言去探望,感到非常后悔。

颍考叔说:"国君担心什么呢?如果挖掘隧道,挖到泉水涌出,然后在隧道中相见,谁能说您是违背誓言呢?"

是呀!黄泉,也可以是隧道里的泉水呀!郑庄公立即命人挖掘隧道。

隧道挖好后,母子在隧道中见面。郑庄公进入隧道时唱道:"大隧之中,其乐也融融!"武姜从隧道中出来时也高兴地说:"大隧之外,其乐也泄泄!"

母爱虽然迟到了,还好没有缺席。

这件事,《春秋》的记载极为简短:"夏,五月,郑伯克段于鄢。"去掉时间,只有六个字。

史官称郑庄公为"郑伯",这是讽刺郑庄公不像哥哥。"克",用于两国之间的战争,用"克"字是讽刺公子段不像弟弟。

这是一个兄不友、弟不恭、母不慈、子不孝的故事。

"郑伯克段于鄢",发生在公元前722年,即鲁隐公元年,这是史书《春秋》开始的年份,也是《左传》的开篇。

礼制已经开始崩塌,春秋争霸的序幕也将缓缓拉开。

二、秋收嘉年华

郑国迁到中原后迅速崛起,引起了邻国的警觉。在公子段势力不断膨胀时,他们希望郑国因此内乱,这样郑国也就无暇向外扩张了。郑庄公的姑息养奸,不仅迷惑了武姜和公子段,也迷惑了其他诸侯国。

谁都没想到，公子段如此不堪一击。当动感十足的前奏结束，该唱波澜壮阔的主歌时，公子段连一嗓子都没吼成，就被打得仓皇逃窜。郑庄公敲了几个音符，郑国内乱就结束了。

连个水花都没扑腾起来的公子段逃到了共，共在卫国的势力范围内。公子段之子公孙滑跑去了卫国都城，请求卫国为他主持公道，惩治郑庄公。

郑国北面是黄河，南面的楚国尚未发展起来，西面是周王室，实际也起到了屏障作用。所以，郑的发展方向在东方，竞争者也在东方，害怕郑国继续扩张的国家也在东方。

卫国恰好位于郑国的东北方向。

公孙滑请求卫国出兵，卫国当然要接受请求，讨伐郑国。

卫桓公悍然出兵，动用武力干涉郑国内政，侵占了郑国的廪延（在今河南省延津县）。

郑国立国虽晚，但起步很高，郑国的国君在周王室担任卿士之职，卿士是执政大臣，类似后代的首相附加了军事职权。郑庄公公权私用，以卿士身份调动周天子的直属军队和虢国军队，反攻卫国南部边境。

一虎尚且难敌群狼，何况卫国还称不上猛虎，郑国也不是一只独狼。

卫国大败。

不久后，卫桓公就被杀了。凶手是他的弟弟州吁。

卫国是西周最早的封国之一，始封之君是周文王之子康叔封，都城在朝歌，卫桓公是卫国的第十三任国君。他和州吁都是卫庄公的儿子。

卫庄公的正妻是齐国公主。齐国是姜太公之后，姓姜，卫庄公的谥号是"庄"。所以，这位齐国公主被称为庄姜。

庄姜婚后无子，卫庄公的妾室陈国人厉妫，生下一子取名孝伯，孝伯不幸早夭。厉妫的妹妹戴妫也是庄公的妾，后来戴妫生下一个男孩，取名完。戴妫不幸早亡，庄姜收养了完，将他抚养成人。

《诗经》中的《硕人》赞美庄姜："手如柔荑，肤如凝脂，领如蝤蛴，齿如瓠犀，螓首蛾眉，巧笑倩兮，美目盼兮。"

第二章 郑庄公：在摸索中前行

如此美女竟也留不住丈夫的心。卫庄公迷恋一个妾室，那个宠妾生下了州吁。州吁"有宠而好兵"，在父亲的溺爱下长大，从小就喜欢研究兵法，热衷于打打杀杀，整日胡作非为。

完和州吁都是庶出，不同的是完被嫡母庄姜收养，在名分上是嫡长子，因此被立为太子。

卫庄公去世后，太子完作为继承人即位，是为卫桓公。州吁因过于骄奢遭到贬斥，他一怒之下逃出卫国国都，在外笼络了一批出逃的卫国人，组建军队。

流亡期间，州吁结识了公子段。

两个国君的弟弟，两个要杀死哥哥取而代之的人，两个有同样目标的不安灵魂，惺惺相惜之情油然而生。茫茫人海中遇到一个懂自己的人，不容易。

两个致力于组建反政府武装力量的人成了朋友。

不同的是公子段失败了，州吁成功了。

卫国战败，国人不满，州吁看准时机，率反政府军杀回卫国，杀死卫桓公，夺取领导权，自立为君。州吁，是为卫前废公。

这是春秋时代第一桩弑君、夺位的大案。

州吁上台后，再次对郑国开战。

得位不正的人总是急于证明自己。州吁打郑国是继续先君未竟的事业，一是证明他政治正确，虽然先君是他杀的；二是如果能打败郑国，还能证明他能力比卫桓公强，继而证明夺位是正确的；三是发动战争能转移国人视线，让他们遗忘自己弑君夺位的卑劣行径；四是攻打郑国，还能讨好周边国家，赢得他们的支持。

州吁吸取了上次卫国被群殴的经验教训，他邀请宋国、陈国、蔡国组成联军进攻郑国。

卫国，姬姓，始封之君是周文王之子康叔，都城朝歌位于今河南淇县。

陈国，妫姓，相传为虞舜之后，都城宛丘位于今河南淮阳。

蔡国，姬姓，始封之君是周文王之子叔度，都城上蔡位于今河南上蔡西南。

陈国和蔡国一直依附卫国。

宋国参战是因为和郑国有新结下的仇怨。公元前720年（郑庄公二十四年），宋穆公去世，宋国发生储位之争，遗嘱继承人公子与夷胜出，即宋殇公。争夺君位失败的公子冯逃到郑国。郑、宋两国因此结怨。

州吁提议让宋殇公做盟主，一起讨伐郑国，除掉隐患公子冯。宋殇公欣然同意，宋、卫、陈、蔡四国"反郑同盟"建立。

公元前719年（郑庄公二十五年），四国联军杀向郑国国都，郑庄公见他们人多势众，为保存实力，躲进都城，固守不出。

"反郑同盟"联军围住了郑国国都东门，五天后才离去。

秋天，他们再次攻打郑国。

在宋国的请求下，鲁国勉强加入了反郑同盟，派了一位公子参战。

郑国的田地里的庄稼已经成熟，郑庄公为了保护粮食，不得不出城迎战。结果，反郑联军打败了郑军，割光了郑国的庄稼，这简直是一次"秋收嘉年华"。

三、各个击破

卫国在对郑战争上取得了重大胜利，州吁证明了他想证明的事情。但出乎他意料的是，民众的视线没有被转移，他弑君的事情也没被遗忘，他的君位仍然不稳。

《史记·卫世家》记载："（州吁）好兵，弑桓公，卫人皆不爱。"

州吁有一个亲信名叫石厚，石厚的父亲石碏是已经退休的老臣，非常有智慧。州吁通过石厚，向石碏求教稳固君位的策略。

石碏提议让州吁去朝见天子。周天子如果接见州吁，就相当于官方认证了他当国君的合法性。石碏不愧是老臣，一下就找到了解决之法。

石碏还给出了操作方案，通过陈国去见天子。因为陈国的君主陈桓公深得周天子宠信，陈、卫两国关系非常友好，陈国肯定会帮忙。有陈桓公当中间人，天子必会赏脸。

这真是一个好办法。

州吁和石厚马上行动，带着丰厚的礼物，亲自赶赴陈国。

但等待他们的竟然是绳索和屠刀。

石碏的密函早就送到了陈国。

石碏在密函中说：" 卫是小国，我是老朽，都无能为力。这两个人，杀了我们的国君，请您主持公道，将他们抓起来。"

陈桓公动手抓人，卫国派人到陈国执行死刑。

有人因石厚是石碏之子，提出饶过石厚。石碏断然拒绝，还派自己的管家到卫国监斩石厚。

当时的一位当时的史家说："石碏，纯臣也，恶州吁而厚与焉。'大义灭亲'，其是之谓乎！"（《左传·隐公四年》）

这就是成语"大义灭亲"的出处。

人们忘了，卫桓公的生母戴妫是陈国人，陈国是卫桓公的外公家。石碏正是通过戴妫生前的关系把密函送到了陈国。

州吁忘了，他做公子时，就被石碏所厌恶。石碏曾对卫庄公说："庶子（指州吁）喜欢打仗，又有兵权，将来会出乱子的！"老臣的忠告卫庄公没听进去，结果卫国果然出了乱子。

石厚也忘了，父亲一直反对他和州吁来往。父亲的劝诫，石厚当成了耳旁风。

出乎所有人意料的是石碏竟然能为国家杀掉儿子。

州吁死后，卫国迎公子晋（卫桓公之弟，此前在邢国做人质）回国即位，是为卫宣公。

卫宣公即位后，安葬了卫桓公。

此时，卫国政权动荡，国有大丧，郑庄公的机会来了。郑军攻打卫国的郊野，报东门被围之仇。

卫国迅速组织反击。

卫宣公太心急了，为了迅速出击，他一个盟友也没通知，屁股后面只有一个南燕国（在今河南省延津县东北），就跟郑军开战了。

能在郑国的田野里割庄稼，那是宋、鲁、卫、陈、蔡五国一起出兵，靠的是诸侯联合，以多欺少。

五对一，他们捞到了便宜。二对一，卫国自认为也有胜算。

两军列阵，郑国的祭仲、原繁、泄驾三位大夫率领三军从正面迎战，公子曼伯和子元带着军队绕到燕军后面，偷袭燕军。郑军在制邑的北部大败燕军。

燕军战败，卫军也被打得溃不成军。在用兵上，卫宣公确实不如从小就喜欢研究兵法的州吁。

郑军在对阵燕军时，正面列阵的就有三军，此外还能派出两位公子率领军队绕行到燕军之后。据《周礼·夏官》记载："凡制军，万有二千五百人为军。王六军，大国三军，次国二军，小国一军。"可见，郑国的军力达到了大国标准，军事实力已经非常强大。

这支中原雄狮打败卫国后，又锁定了下一个目标——宋国。

宋国夺取邾国（在今山东省邹城市东南）的田地后，邾国国君向郑庄公请求援助，郑庄公以此为借口，用王室卿士的身份调集天子王师攻打宋国。

公元前718年（鲁隐公五年），王师、郑军、邾军一路打进了宋国都城的外城。

郑庄公又把枪口对准了陈国。陈国的实力远在卫、宋之下，惨败，郑国获得了众多的俘虏和财物。

郑庄公武力攻打，各个击破，连战连胜。

同时，郑庄公还展开了交聘攻势，积极讨好鲁国。

宋、陈、蔡、卫等诸侯伐郑时，曾力邀鲁国加入。鲁和郑并不接壤，两国之间没有实质的利益冲突，所以鲁隐公不想出兵。但鲁国的权臣羽父（公子翚）抗命会盟。其实这时，鲁国还是倾向于宋国的。

郑国打进宋国都城的外城时，宋殇公曾派使者向鲁隐公求援，使者不知何故不肯如实说出战场情况，导致鲁隐公拒绝出兵。

宋、鲁之间出现裂痕，郑庄公立即派使者到鲁国，表达弃怨修好之意，鲁国也欣然接受。

鲁国和郑国有一个历史遗留的领土问题。

郑国的祊田在鲁国附近，祊田是郑国国君佐助周天子祭祀泰山的汤沐邑。鲁国的许田在郑国附近，许田是鲁国国君朝拜周天子时的汤沐邑，而且许田上有一座周公别庙，因为鲁国公族是周公的后代。

郑庄公主动提出交换祊田和许田，由郑国帮助鲁国维护位于许田的周公别庙，并祭祀周公。而且，郑庄公派人先把祊田交接给了鲁国。

因祊田和许田是周天子恩赐的土地，需要获得周王室的批准才能交换。所以，郑庄公意图绕开周王室，私下达成互换协议，鲁国没有同意。但是，对于郑庄公的示好，鲁国是接受的，鲁国因此从宋的与国变成了郑的同盟。

反郑联盟一共五个成员国，卫国、宋国、陈国被打败后，鲁国与郑国修好，小小的蔡国便成不了气候。

只有宋国在多次战败后，仍然坚持作战。

郑国大败宋国那年冬天，宋国包围了郑国的长葛（在今河南省长葛市东北）。

郑国大败陈国这年秋天，宋国再次出兵攻打郑国，占领了长葛。

宋国是块硬骨头，郑庄公决定改变策略。

公元前716年（郑庄公二十八年），郑庄公提出停战。宋殇公也同意停战，两国在宿邑（在今山东省东平县东南约二十里外）结盟。

同年冬天，郑国和陈国媾和。

郑、陈两国结盟，陈桓公提出把女儿陈妫嫁给郑国的公子忽（此时在周王室做人质)。陈妫妫，即陈国的妫姓女子。

齐僖公也出面斡旋，希望郑、宋、卫实现全面和解。

公元前715年（郑庄公二十九年）的秋天，齐僖公、宋殇公、卫宣公在温邑（在今河南省温县）会见，随后在瓦屋（在河南省温县西北）盟誓，捐弃旧怨。

温邑在周王畿之内，齐僖公选择在温邑会见诸侯，意在表现对周王室的尊重，并借机重塑周王室威仪，这给解决诸侯国之间的争端提供了一个新思路：减少对抗，由一个大国出面斡旋，通过谈判，解决争端。

关键在于，是利用周王室，还是绕开周王室。齐僖公的办法是尊崇周王室，少打仗。

周桓王即位后，郑国和周王室的关系非常紧张，可能因为这个原因，郑庄公没有出席会盟。这也说明，郑庄公没有议和的诚意。

公元前714年（郑庄公三十年），郑国再次攻打宋国。

理由是宋国没有履行觐见周天子的义务。

前一年八月，郑庄公曾带着齐僖公去朝见周桓王，想要缓和同周王室的矛盾。很可能郑庄公也邀请了宋殇公，却遭到了拒绝。

公元前713年（郑庄公三十一年），郑庄公联合齐僖公、鲁隐公共同讨伐宋国，攻下了宋国的郜邑（在今山东省成武县东南）和防邑（在今山东省金乡县西南）。郑国把郜邑和防邑都交给了鲁国，以巩固和鲁国的同盟关系。鲁国接受了馈赠，这让宋、鲁很难再次结盟。

郑庄公回师途中，宋殇公已经再次组建了反郑联盟，纠集卫国和蔡国，攻占了郑国的戴邑（在今河南省民权县）。这时，宋、卫、蔡三国同盟内部出了问题。因为宋殇公恶劣的态度，蔡国人内心受到了非常大的伤害，他们非常愤怒。卫国人也感到很不满。

郑庄公率领部队迅速反应，仅用一天时间，就夺回了戴邑，宋殇公纠集的三国联军被打得全军覆没，郑国俘虏了大批士兵。

此后，郑国连续攻打宋国，不给宋国喘息的机会。

宋国外患未除，又发生内乱，直到宋殇公被杀，这场十年之久的中原大战才告一段落。十年时间，宋、卫、陈、蔡等合多国之力，仍未能阻止郑国强劲的发展势头。

郑国，不可阻挡地成为中原强国。

四、两桩谋杀案

公元前712年（鲁隐公十一年），鲁隐公死于鲁国权臣羽父之手。

鲁国，国君姬姓，初为周公封国，后为周公子伯禽封国，都城曲阜（在今山东省曲阜市）。从伯禽算起，鲁隐公应该是鲁国的第十三位国君。

《春秋》中没有鲁隐公举行即位典礼的记载，因为他不是国君，而是摄政君，当时的国君是鲁隐公的弟弟鲁桓公。

隐公、桓公都是鲁惠公的儿子。

鲁惠公的夫人是宋国公主孟子，孟子无子，她去世后，陪嫁的声子做了"继室"，生下公子息姑，息姑是长子，即鲁隐公。鲁惠公后来又续娶了宋国公主仲子，仲子生公子允（一说轨），即鲁桓公。

按当时的礼法，国君的夫人只能有一位，即使夫人去世，诸侯也不能再娶夫人。"继室"的身份是妾，后进门的女人们也都是妾。也就是说，只有孟子是嫡夫人，声子和仲子都是妾。

《左传》开篇说仲子是宋武公之女，出生时手中有"为鲁夫人"的特殊纹路。所以，鲁惠公才突破礼法，续娶仲子为夫人。

允就成了符合礼法，又不符合礼法的嫡子。

孟子无子，息姑是庶长子，他本是合理合法的君位继承人。因为惠公违背礼法续娶了夫人，在息姑四十多岁的时候，他突然有了一个嫡出的弟弟，使他失去了国君之位的继承权。

鲁惠公去世后，因允年幼，息姑"摄当国，行君事"，是为鲁隐公。

弟弟年幼，鲁隐公大权在握，他却没有生出夺权的野心。

允的母亲仲子去世时，遇到一个礼法上的难题。

因国君只能有一位夫人，所以鲁惠公的牌位旁只能摆放孟子的牌位。仲子是鲁惠公突破礼法所娶的第二位嫡夫人，她的牌位要放在哪里？

鲁隐公破例为仲子修建庙宇用于祭祀。在仲子陵寝的落成典礼上，鲁隐公又破例安排了六佾之舞（古代乐舞的行列）。六佾是三公才能享有的待遇。后来声子去世，鲁隐公严格按照庶母之礼安葬了声子。

鲁隐公为什么突破礼法安葬仲子，遵从礼法安葬自己的生母呢？

他是为弟弟正名。

鲁隐公的做法是为证明允即位的合法性。仲子是嫡母，允才是合法继承人，仲子如果是庶母，那允就是庶出。不是"嫡"，也不是"长"，他即位，就不合法。

这是鲁隐公的苦心。

鲁隐公希望像周公辅佐成王一样辅佐允。他准备在弟弟长大后，还政归隐。他没有像公子段、州吁那样致力于成立反政府武装力量，也没有像郑庄公一样把宗法、礼制玩弄于股掌之间的帝王心术。

他友爱弟弟，一心为国，却死于野心家之手。

鲁国的大夫羽父（公子翚）是鲁国的权臣。在反郑联盟第二次伐郑时，鲁隐公不想参与，羽父却带着人去了"秋收嘉年华"，跟着宋国一起割郑国的庄稼。

羽父有野心，没底线。他主动提出去做掉隐公的弟弟，条件是事成之后他做太宰，太宰是百官之首，相当于后世的宰相。

隐公断然拒绝。隐公说："允当国君是先君之命，因弟弟年幼，我才暂代君位，现在他已经长大了，我正准备还政于他，我连养老的地方都选好了，正在那里修建房子。"

白天不懂夜的黑，黑夜也无法触摸白天的光明和温暖，君子的光明，使小人难以靠近，君子的磊落，更让小人感到恐惧。

第二章 郑庄公：在摸索中前行

羽父害怕此事被允知道，于是恶人先告状。他诬陷隐公阴谋夺位，希望允杀了隐公，允被蒙蔽。羽父趁隐公到一位大夫家中斋戒时，刺杀了隐公，栽赃给那位大夫。

隐公枉死，亲政后的允甚至没有按国君的礼仪为他举行葬礼，他极有可能默许了羽父的行动，或者授意羽父采取行动。

你仁，别人未必义。你无愧于心，别人一肚子阴谋诡计。一步行差踏错，就是万劫不复。

鲁桓公即位后，与郑国修好。两国结盟，正式互换了祊田和许田。

鲁隐公被杀后，宋殇公也被杀了。

宋国，国君子姓、宋氏，商朝的后裔，都城商丘位于今河南商丘。商朝的后裔中，周原本分封的是纣王之子武庚，封地在殷。周成王时，武庚叛乱被杀，周公又封商纣王的庶兄微子启于商丘，商丘乃是商朝的旧都。这符合"兴灭国，继绝世"的礼法原则，也利于对前代遗民的统治。

周为宋国挑选了四面无险可守的冲积平原做封地。和平时期，冲积平原土地肥沃，利于农业发展，商朝人擅长经商，平原交通便利，有利于经济发展。遇到战争，难守易攻的地形地貌成了宋国的劣势。

周代的宗法是父死子继，商代却有兄终弟及的传统。宋国传到宋宣公时，宋宣公没有传位给太子与夷，而是传位给弟弟公子和。

宋宣公说："父死子继，兄死弟及，天下通义也。"（《史记·宋微子世家》）

公子和"三让而受之"，宋宣公去世后，公子和嗣位，是为宋穆公。

宋穆公感念兄长的厚恩，在去世前坚持把君位传给兄长的儿子与夷。

宋穆公召见大司马孔父嘉（孔子六世祖）交代后事。

宋穆公说："先君舍弃与夷而立寡人，寡人不敢忘记。如果到了天上先君向寡人问起与夷，寡人要怎么回答呢？恳请先生拥立与夷，以主社稷，寡人虽死，亦无悔焉。"

孔父嘉不赞同宋穆公的提议。

他说："群臣都愿意拥立公子冯（宋穆公之子）。"

宋穆公说:"不可以啊!先君认为寡人贤,让位于寡人。如果不让位,辜负先君的期望,怎么称为贤呢?一定要弘扬先君之德,不可废了先君之功啊!"

宋穆公去世后,与夷即位,是为宋殇公。

宋穆公生前命令公子冯出居郑国。郑国收留了公子冯后,两国结怨。随后宋穆公接受卫国的提议,坐上了反郑联盟的第一把交椅,宋国、郑国之间数年之战从此开始。

因宋国是商朝后裔,周给宋国定的级别是公爵,按公侯伯子男的排序,公爵是最高等级的爵位。宋国在侍奉商朝宗祀时可以使用天子礼乐。周天子举行祭祀活动,要赐祭肉给宋国;周发生丧事,宋去吊丧,周要派人拜谢。诸侯开会时,宋国的座次要安排在前面。

> 宋及楚平。宋成公如楚,还,入于郑。郑伯将享之,问礼于皇武子。对曰:"宋,先代之后也,于周为客。"(《左传·僖公二十四年》)

在周,宋人是尊贵的客人。

所以,宋国习惯了高人一等。

宋殇公在位十年,宋国打了十年的仗,把富庶的宋国搞得民不聊生,百姓怨声载道。

他还搞糟了宋国与其他国家间的关系,蔡国人愤怒,卫国人不满,鲁隐公发怒。

宋国,从座上宾,变成了"臭狗屎"。不管是父死子继,还是兄终弟及,国家有贤德的君主,才是百姓之福,国家之幸。应该被弘扬的"先君之令德"(《左传·隐公三年》),也随着先君去了。受先君嘱托,辅佐宋殇公的孔父嘉也死于非命。

公子冯在国内有很多人支持,如果宋国国力日盛,政局稳定,这些人自然不敢跳出来。而宋殇公屡屡被郑国打败，很多人的心思就开始活泛。太宰华父督与公子冯交好，因此和孔父嘉是政敌。

一个偶然的机会，华父督在路上遇到一位"美而艳"的女子，这个女子就是孔父嘉的妻子。

杀死孔父嘉，既能夺得美人，又能清除政敌。

华父督散布谣言，煽动民众情绪："咱们国君在位十年，居然打了十一次仗，让百姓深陷痛苦之中。是谁造成了这个局面？是大司马孔父嘉！是他拥立了国君，是他帮国君掌管着兵马，是他鼓动我们的国君发动战争。"

所以，孔父嘉死，百姓的生活才能安定。

所以，要"杀孔父以宁民"（《史记·宋微子世家》）。

民众厌战的情绪，成为华父督杀人的武器。

舆论造好后，华父督发动政变，杀死孔父嘉，掳走他的妻子，其妻于途中自杀。因为宣传工作到位，舆论基础打得好，政变还赢得了不少人的支持，大家深信"杀孔父以宁民"的宣传口号。

宋殇公非常震惊和愤怒，华父督惧怕制裁，一不做，二不休，就把宋殇公也杀了。

宋国发生弑君大案，郑国的机会又来了。

宋国的公子冯此时就在郑国。

郑庄公会同鲁桓公、陈桓公、齐僖公在稷邑（在今河南省商丘市）相会，商讨宋国的问题。

华父督提出迎立公子冯为君，命人把原郜国的国宝大鼎献给鲁国，还给郑、鲁、陈、齐四国君主都送上厚厚的礼物。

公子冯返回宋国，继承君位，是为宋庄公。宋国由反郑，转变为亲郑。杀了国君的华父督继续做宋的辅政大臣。

这个结果，各国都很满意。

杀人犯逍遥法外，弑君者大权在握，至于被杀的国君宋殇公、大司马孔父嘉，哪还有国家在意？哪还有人在意？

五、周桓王：惨遭现实毒打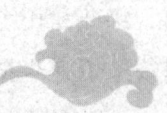

西周末年，周王室所在的宗周王畿受到自然灾害和战争的破坏。骊山之难时，都城镐京被犬戎洗劫、占领。周王室在晋、郑等诸侯的保护下东迁。

东迁后的周王室自顾不暇，天下秩序失去了强有力的管控者，什么牛鬼蛇神都跳了出来，杀国君的杀国君，废太子的废太子，礼崩乐坏，一团乱麻。

旧的秩序难以维系，新秩序没有建立。

天子很难接受，诸侯还没适应，大家都很迷茫。

郑国抓住机遇，开疆拓土，经过桓公、武公、庄公三代国君的打拼，郑国在中原强势崛起。

郑国是少数效忠王室的诸侯国，为周王室出力很多。郑桓公虽然把家产和子孙送到中原安置，他本人却坚持勤于王事，陪周幽王死在了骊山脚下，为国殉难。继任的郑武公又和晋国、秦国一起护送周平王东迁。

郑国和晋、申、吕、虞、（西）虢共同组成了东周王室的藩篱。晋国在北，申国、吕国在南，虞国和（西）虢国在西，东面是郑国。后来，南方的楚国崛起，申国和吕国自顾不暇；北面，晋国分裂为翼和曲沃，内乱不休；东周王室就只剩下西面的虢国、东面的郑国可以依仗了。

郑国的三代国君都是王室重臣。郑桓公是卿士，在幽王时期还被任命为司徒。郑武公、郑庄公也都是卿士。

王室依靠郑国等诸侯国获得重建的机会，需要他们的护卫。郑国也需要卿士的权力为自己谋福利。

周天子和郑国国君各取所需。

郑国从建国开始，就利用自己在王室中的职位，给自己谋福利，谋发展。郑庄公更是多次以王室卿士的身份调集王师，用天子的王师帮自己打仗。

周平王担心郑国的势力过于膨胀，会对王室不利。虢国随周王室东迁后，所在的位置可以帮周王室抵御西戎的侵略。虢国因此也受到周王室的重视。周平王便想把郑庄公的一部分职权分给虢国的国君虢公，削弱郑国的权势。

郑庄公因此埋怨周平王，周平王忙解释说："没有这回事。"为了安抚郑庄公，周平王让王子狐（周平王次子）到郑国去，郑国的公子忽到周来。周天子和郑国国君互换了人质，史称"周郑交质"。

交换人质，只适用于诸侯之间，诸侯和天子交换人质，不符合当时的礼法，王室尊严受损。

周平王的无奈，同郑庄公刚即位时对公子段的纵容一样，乃是形势所迫。周平王只能不争一时之长短，先稳住郑庄公，再想对策，应该说是明智之举。

一方面，人在屋檐下不得不低头，周王室毕竟还得仰仗郑国的护卫。另一方面，靠着人家讨生活还想把人家甩包，也不是很地道。

道理虽简单，却是不经历些磨难很难明白的。

公元前720年（郑庄公二十四年）三月，周平王驾崩。因太子姬泄先于平王去世，群臣拥立平王之孙姬林即位，是为周桓王。

周平王能忍的，周桓王忍不了。

年轻气盛的周桓王，估计早就想打击郑庄公的气焰了。他一上台就准备把原属于郑庄公管理的事务，移交给虢公忌父（虢国国君）掌管，还准备任命虢公忌父为卿士。

当年四月，郑庄公派大夫祭仲（祭足）带兵割了温地的麦子，温在周王畿之内。

秋天，祭仲又带兵割走了成周（在今河南省洛阳市境内）的庄稼。成周是周王室的直属地盘。

周王室和郑国关系持续恶化，但仍保持着往来。

周桓王即位三年后（公元前 717 年），郑庄公第一次朝见周桓王。

这不就是割了人家的庄稼，吃着人家的粮食，还跑到人家里来气人么。周桓王憋着一肚子气，根本不想理郑庄公。

周公黑肩说："我们东迁，依靠的是晋国和郑国。善待郑国，鼓励其他诸侯效法，我们尚且害怕别人不跟着学，何况是对郑国不礼？"（《左传·隐公六年》："我周之东迁，晋、郑焉依。善郑以劝来者，犹惧不蔇，况不礼焉？"）

周王室很怕诸侯不来朝觐。

诸侯定期纳贡是王室的重要经济来源。东周初期，很多诸侯不再述职和纳贡，周王室非常贫穷。穷到天子驾崩，都没钱办丧事的地步。据《左传》记载，周平王死后，周派人到鲁国求赙（助葬费用）。这说明周王室自己的钱不够筹办周平王的丧事，并且诸侯也没主动支援。

郑国主动给了台阶，希望缓和周、郑之间的矛盾，无奈周桓王不想下这个台阶。穷困潦倒、无人理睬的周王，还无法接受周王室衰落的现实。

两年后（公元前 715 年）的夏天，周桓王正式任命虢公忌父为右卿士，郑庄公从卿士变为左卿士。虢公开始积极处理朝政，郑庄公则当起了甩手掌柜。

同年八月，郑庄公带着齐僖公去朝见周桓王。郑庄公很可能是受到了齐僖公瓦屋会盟的启发，意识到除天子王师可以利用外，周天子这块活招牌，在政治上有着更大的开发利用价值。

转过年来，郑庄公讨伐宋国，用的身份是左卿士，用的借口是宋殇公不朝见周天子。

这些举动说明郑庄公没打算和周王室彻底撕破脸。

公元前 712 年（郑庄公三十二年），周桓王做了一件非常不地道、很失体统的事情。他提出和郑国交换土地，郑庄公同意了。

交换后，周桓王得到了邬、刘、蒍、邘之田，这四块土地面积很大，在当时非常富饶。

第二章 郑庄公：在摸索中前行

周王室给郑国的土地是分散的十二块，每一块都很小，最重要的是地虽然在周王畿之内，却不属于周王室，而是早就分封给了苏氏家族。苏氏的先祖苏忿生在周武王时担任过司寇。从后来的记载推测，苏氏根本没有移交土地，郑国从始至终也没得到过那些土地，其中的温邑在很多年后又被赐给了晋国。

商人经营生意都要靠诚信，何况他是天子，经营的是国家。

郑庄公这些年，灭许国，败宋军，同鲁国修好，还在宋国内乱后扶持亲郑的公子冯即位，真是一心一意谋发展。周桓王却只能蝇营狗苟地算计着苏氏和郑国的土地。

这次换地，周桓王既得罪了苏氏，也得罪了郑国。

公元前707年（郑庄公三十七年），周桓王彻底剥夺了郑庄公在王室中的权力。郑庄公不再述职，不再朝觐天子。

郑庄公嚣张，是因为有实力，有底气。

周桓王算计，是因为没搞清楚状况。他在诸侯中的影响力，依仗的是愿意朝见他的诸侯在维护。他想打击郑庄公，重新建立王室的威信，认为这样做后，其他诸侯就会纷纷来朝，结果适得其反。

同年秋天，周桓王御驾亲征，率领虢、蔡、卫、陈等国军队讨伐郑国。

周桓王统领中军。虢公林父率领右军和蔡国、卫国的军队。周公黑肩率领左军和陈国的军队。郑国起兵抵抗，双方在繻葛（在今河南省长葛市北）开战。

郑公子子元说："陈国内乱，民心不安，军队没有斗志。如先进攻他们，陈军一定奔逃。周军见到陈军败逃，定会乱作一团。蔡军、卫军也会争相逃命。我们再集中兵力攻打天子的军队，定可取胜。"

郑庄公采纳了公子子元的建议，分兵三路，曼伯率领右军，祭仲率领左军，郑庄公带着原繁、高渠弥坐镇中军。郑军的左右两路挥动大旗，击鼓而进，使用鱼丽之阵（一种先进的作战阵法）进攻陈军、蔡军、卫军。三国军队一触即溃，迅速逃散，天子的中军果然发生混乱，郑军集中力量合击天子王师。

周军大败，周桓王被射中肩膀，带伤突围。郑国的一位大将请求追击周桓王。

郑庄公说："君子不欲逼人太甚，何况是欺凌天子？能保住社稷，可以了。"（《左传·桓公五年》："君子不欲多上人，况敢陵天子乎！苟自救也，社稷无陨，多矣。"）

到了夜间，郑庄公派大夫祭仲去慰问天子，问候天子的臣子。

适可而止，谋定而动。郑庄公是一个崇尚武力，又善于使用交聘手段解决问题的政治家。

在新的形势下，他是一位表现出色的探索者。以本国的军事实力为基础，通过尊崇周王室，利用周天子的号召力，达到自身发展壮大、诸侯依附的目的。这一争霸思路已经被基本厘清，这将是以后几百年间春秋霸主的政治路线。

任免王室卿士是天子的权力，讨伐对王室不敬的臣子也是天子的权力，只是周王室衰落，周天子失去了征伐天下、维持秩序的实力，注定会逐渐被架空。

"夷王足下堂，桓王箭上肩。"周王室的权威荡然无存，"礼乐、征伐自天子出"，逐渐被"礼乐、征伐自诸侯出"取代。强国争做霸主，小国忙着站队，天下重新洗牌。

一个大国争霸的时代已经到来。

第三章

齐桓公：九合诸侯，一匡天下

一、文姜：是间谍，还是外交家？

齐国，都城在营丘（在今山东省淄博市），原为东夷之地。国君姜姓，吕氏，始封之君是吕尚，又名姜尚，号太公望，也就是大名鼎鼎的姜太公。

齐国有一手好牌。

首先，齐国有特权。

武庚（殷商后裔）和管叔、蔡叔叛乱时，周成王授予吕尚"东至海，西至河，南至穆陵，北至无棣，五侯九伯，实得征之"（《史记·齐太公世家》）的大权。因此，齐国有征伐四方诸侯的特权，不仅普通的诸侯国，连方伯也可以征伐。所以，齐国的政治地位在所有诸侯国之上，这是齐僖公出面斡旋诸侯国争端的政治基础。

齐国很富庶。

姜太公"通商工之业，便鱼盐之利"（《史记·齐太公世家》），为齐国成为经济大国奠定了基础。

齐国还有地理优势。

南是泰山，西是黄河，东临大海，三面都有天然屏障，易守难攻。东、北、西三面都没有强大的国家，南面的鲁国是周边唯一能与其一较高下的对手。

齐国优势突出，但内部争斗不断，并不强盛。直到第十二代国君齐庄公即位，齐国才结束了长达七十年的内乱，开始休养生息。齐庄公在位长达六十四年，国君"超长待机"，齐国在稳定中发展。

齐庄公去世后，齐僖公嗣位，君位传承非常顺利，没有再发生内部斗争，齐僖公凭借前辈打下的基础，尝试主导中原诸侯国之间的秩序。公元前715年（齐僖公十六年）秋天的瓦屋盟誓，齐僖公全力促成了郑、宋、卫和解，齐僖公因此被称为"文小霸"。

不过，齐国在国力上还不如同时代的"武小霸"郑国。公元前706年（齐僖公二十五年），北戎侵犯齐国时，齐国还要向郑国求救。

公元前701年（齐僖公三十年），郑庄公去世，四子争权，郑国陷入内部斗争的泥潭。鲁桓公试图通过尊周礼，充当争端的调停者，谋求在诸侯国事务中发挥领导地位。

公元前698年（齐僖公三十三年），齐僖公去世，其子诸儿嗣位，是为齐襄公。齐襄公继续争取在诸侯国事务中发挥主导作用。

一文一武两位中原"小霸主"先后去世后，"文小霸"的后继者齐襄公、霸政探索者鲁桓公，这两位诸侯形成了竞争关系。

齐襄公一改其父温和的执政态度，对外武力征伐。

纪国因位于东部沿海地区，位于齐国向东发展的必经之路上，因其阻碍齐国的领土扩张，被齐襄公盯上，列入了被清除的名单。齐国和纪国还是世仇。近二百年前（公元前876年），因纪炀侯谗言陷害，齐哀公被周夷王烹杀，处死的手段非常残酷，连一向反战的孔子，都支持齐襄公报灭祖之仇。

纪国讨伐夷国，试图突破齐国的封锁，同时与鲁国联姻谋求保护。鲁桓公试图保护纪国，帮助促成纪国与周王室的联姻，希望获得周王室的声援。

在你来我往的较量中，鲁桓公被下手更狠的齐襄公一劳永逸地解决了。

鲁桓公（鲁隐公之弟）即位后，为稳定地位，迎娶了齐僖公之女文姜为妻，密切鲁、齐之间的关系。

公元前709年（齐僖公二十二年），文姜出嫁，齐僖公亲自将他送到了鲁国境内的讙邑（约在今山东省肥城市）。按当时的礼法，即使是和天子结亲，诸侯国君也不必亲自相送。后来齐僖公还派胞弟仲年到鲁国访问，探望文姜。可见，齐僖公非常重视这个女儿。

文姜出嫁十五年后（公元前 694 年），鲁桓公携夫人文姜访问齐国。这时齐僖公已经去世，继任者是文姜的兄长齐襄公。

妹夫带着妹妹回娘家，一家人应该亲亲热热，共叙天伦。友好邻邦的国君和夫人访问，正是增进齐鲁关系的大好机会。

接下来却发生了凶杀案：鲁桓公被杀。

据《左传》记载，齐襄公设国宴招待鲁桓公，宴席结束，齐襄公派公子彭生送鲁桓公上车后，鲁桓公死在了车上。《史记》中有更详细的记载，说彭生折断了鲁桓公的肋骨。

《史记》还说彭生是受了齐襄公的指使，才胆敢在齐国境内杀死国君的妹夫、别国的元首。鲁桓公被杀的原因是齐襄公和妹妹文姜之间有不伦之恋，这次重逢，二人旧情复燃，鲁桓公得知后暴怒，说太子同恐怕是齐襄公的儿子。但太子同是在文姜嫁入鲁国三年后出生，不可能和齐襄公有关系。

文姜跑到齐襄公那里告状，齐襄公为给妹妹兼情人出气，设局谋杀鲁桓公，公子彭生负责执行刺杀任务。

> 夏四月丙子，享公。使公子彭生乘公，公薨于车。（《左传·桓公十八年》）

这真是骇人听闻。

让人不解的是鲁国的抗议，太过软弱无力。

> 鲁人告于齐曰："寡君畏君之威，不敢宁居，来修旧好，礼成而不反，无所归咎，恶于诸侯。请以彭生除之。"（《左传·桓公十八年》）

鲁国人是这样对齐国说的："我们的国君畏惧贵国君主的威严，不敢安居,来到贵国,重修旧好,礼仪完成却无法再回到自己的国家,我们不知道该归罪于谁。此事在诸侯中造成了很恶劣的影响,请惩办凶手彭生消除影响。"

既没有表示遗憾,也没有表示极大的愤慨,更没有保留做出进一步反应的权利。只是说这件事让诸侯们很不满意,为了消除负面舆论影响,请齐国快点惩办凶手。

在鲁国人民很不强烈的抗议下,齐国处死了彭生,事情就此完结。

齐国强势,鲁国窝囊。

鲁桓公死后,太子同即位,是为鲁庄公。未亡人文姜开始活跃在历史舞台上。

《春秋》中出现了多条关于文姜的记录。人们通常认为这是文姜和齐襄公通奸的"开房记录"。他们认为这是鲁国史官在指控凶手的嚣张跋扈,指控齐襄公荒唐,指控文姜淫荡。

此事可疑,原因如下:

一是《春秋》称呼文姜为"夫人"。

夫人是尊称。这说明鲁国史官认可文姜作为鲁国国君夫人的地位。

二是文姜去世后,鲁国给她的谥号是"文"。

"文"是美谥,"经天纬地曰文"。古代皇帝中得到如此高的评价的有奠定周代基业的周文王、促进文明进步的北魏孝文帝、开创文景之治的汉文帝,还有开创贞观之治的唐太宗,谥号也是"文皇帝";皇后之中,清朝的孝庄皇后称为"文皇后",唐朝的长孙皇后称为"文德皇后"。重礼的鲁国,会把"文"的美谥给一个只知道乱伦通奸的荡妇吗?这合"礼"吗?

有人认为当时齐国强盛,鲁国国力不如齐国,给文姜美谥是为了讨好齐国。鲁国或许会讨好齐国,但是不至于如此夸张。最重要的是被当成"开房记录"的这些记载,除鲁庄公元年三月的那条外,没有阴阳怪气,没有讽刺的痕迹。

《春秋》中部分关于文姜的记录如下:

> 鲁庄公元年三月，夫人孙（通"逊"）与齐；
>
> 二年十二月，会齐侯于禚（齐国城邑）；
>
> 四年二月，享齐侯于祝丘（鲁国城邑）；
>
> 五年夏，夫人姜氏如齐师；
>
> 七年春，会齐侯于防；
>
> 七年冬，会齐侯于榖。

这些记载非常庄重，"夫人""齐侯"的称呼非常正式。"会"是指情人约会，还是两国元首会盟、会见、会面？抑或是兼而有之？这是个值得讨论的问题。

惜墨如金的《春秋》史官，会为记录不伦之恋，花费如此多的笔墨吗？记录先君遗孀的丑事对国君是有利，还是不利呢？

家丑不可外扬。《春秋》关于隐公之死，只留下了一句："冬十有一月壬辰，公薨。"不记录埋葬的地点，也没有记录葬礼的情况，有极大可能是为了帮助鲁桓公隐藏他弑兄的嫌疑。《左传》说这是"不书葬，不成丧也"。

如果文姜存在的意义仅仅是贡献花边新闻，少记、不记、隐去，恐怕才符合春秋笔法的微言大义。

要记载和批判，《春秋》的史官用十个字完全能说得清楚。"郑伯克段于鄢"仅用六个字就指责了郑庄公和公子段兄不友、弟不恭。

能让《春秋》史官耗费如此多笔墨的只能是对鲁国非常重要的历史事件。

《春秋》记载："（鲁隐公九年）冬，公会齐侯于防。"

《左传》的解释是："谋伐宋也。"

公元前714年（齐僖公十七年），鲁隐公和齐僖公在防地会面，两国元首进行了亲切友好的交谈，会上研究了讨伐宋国的重大问题。

《春秋》记载："（鲁隐公）十年春王二月，公会齐侯、郑伯于中丘。"

《左传》的解释是:"癸丑,盟于邓,为师期。"

公元前713年(齐僖公十八年),鲁隐公和齐僖公、郑庄公在中丘会晤,是为在邓邑举行会盟,决定出兵攻打宋国的日期。

"公会齐侯",目的是研究讨伐宋国。

"公会齐侯",目的是定出师的日期。

后续报道是:公元前713年夏,郑、齐、鲁三国出兵伐宋。

《春秋》:"(鲁隐公十年)夏,翚帅师会齐人、郑人伐宋。"

很多学者注意到,文姜出访和鲁国、齐国的军事行动有相关性,便猜测文姜有极大可能掌握了鲁国的朝政。因为国君年幼,先君夫人摄行国政,不是孤例。

依照这一假设,文姜多次"会"齐侯的目的是什么?有没有引发什么政治事件呢?

鲁庄公三年春天,鲁国会同齐国讨伐卫国,帮助流亡的卫惠公复辟,没有成功。

鲁庄公四年夏天,齐国吞并纪国。冬天,鲁庄公和齐国人在禚狩猎。

鲁庄公五年冬天,齐襄公联合鲁、宋、陈、蔡四国攻打卫国,目的是护送卫惠公回国。

鲁庄公六年夏天,齐襄公等诸侯成功扶持卫惠公复辟。冬天,由于文姜的请求,齐人到鲁国归还卫国的宝器。

鲁庄公八年,齐、鲁联军讨伐郕国。

除鲁庄公元年,文姜回鲁国不久后,又逃回齐国那次,每次文姜与齐国来往后,齐国和鲁国就会有联合的军事行动。

而且,关于文姜的记录在齐襄公去世后仍见诸史册:

(鲁庄公十五年)夏,夫人姜氏如齐。

(鲁庄公十九年),夫人姜氏如莒。

(鲁庄公)二十年春王二月,夫人姜氏如莒。(《春秋》)

"如"是"到……去"的意思。例如《三国志》中记载:"权将如吴。"《管子》中记载:"公将如齐。""如"是记录元首出访常用的词汇。

文姜分别在鲁庄公十五年、十九年和二十年,一次访问齐国,两次访问莒国。目的可能是为齐鲁重修旧好,争取莒国和鲁国的支持。

公元前673年(齐桓公十四年)秋七月,文姜去世。

齐襄公和文姜会面,应该是国事办了、私情也办了。

情爱不是文姜人生的唯一主题,在风云激荡的春秋初年,实现政治理想也是她的人生追求。文姜不是谁的附庸,也不受困于世俗的目光。当她不再年轻貌美之时,也是她成为政治家的黄金时刻。

文姜的人生注定充满争议。不伦之恋使她受到千年唾骂,也掩盖了她作为政治家的光芒。

她的奔走,是为齐国的霸业,还是鲁国的发展?她和齐襄公之间的感情是男女之情,还是政治同盟?她和丈夫、儿子之间是亲人,还是政敌?她是齐国的间谍,还是鲁国的外交家?

这些问题淹没在历史长河中,已无法获知确切的答案。

若抛开感情纠葛来看,鲁国和齐国是竞争对手乃是不争的事实。鲁人说:"来修旧好。"曾经友好过,最近不友好,所以是"旧好"。两年前(公元前696年),齐、鲁曾在奚地开战,鲁国阻挡了齐国称霸的进程,这或许是鲁桓公被杀的真正原因。

鲁桓公死后,纪国失去外援。公元前690年(齐襄公八年),齐国把纪国从地图上彻底抹去了。

这时,卫国发生内乱,卫惠公逃到齐国避难,因为卫惠公的母亲宣姜是齐僖公之女、文姜的姐姐。公元前687年(齐襄公十一年),齐襄公召集诸侯们共同讨伐卫国,帮助卫惠公成功复辟。

齐国发展势头强劲,在诸侯中的号召力与日俱增。齐庄公、齐僖公、齐襄公三代国君为齐国争霸打好了基础,谁会成为幸运的后来人?

二、公子小白：跑得要快，演技要好

公子小白即位的机会很渺茫。

公子诸儿、公子纠、公子小白都是齐僖公的儿子，小白最小，排队的话他在第三顺位，而且他的大哥诸儿已经即位，就是齐襄公。

齐襄公对外非常强势，多次出兵攻打卫国，护送卫惠公回国复辟。因九世前的陈年老仇，灭掉纪国。他手段狠辣，鲁国国君说杀就给杀了。几个月后，又在盟会时杀了郑国国君郑子亹（郑庄公之子），还使用车裂的酷刑杀死了郑国卿士高渠弥。

灭纪、伐卫、服鲁、服郑、杀郑国、鲁国两国国君，齐襄公已有称霸之势。但齐襄公的另一面却是荒唐、昏庸、残暴，政令混乱、反复无常，甚至屠杀无辜、欺骗大臣，导致臣怨、民愤。

在没有安全感的大环境下，保命最重要。

公子纠的师傅是召忽和管仲，公子小白的师傅是鲍叔牙。召忽、管仲和鲍叔牙三人是朋友，他们预测齐国会有内乱，商量之后决定保护两位公子出国避难。

公子纠的母亲是鲁国人，所以公子纠去了鲁国，公子小白则去了莒国。

莒国，国君己姓（一说盈或嬴姓），相传为少昊（黄帝长子，中华人文始祖）之后，始封之君为兹舆期，初都介根（在今山东省胶州市西南），后都莒（在今山东省日照市莒县）。莒国在东夷国家中国力最强且位置偏远，邻国的国君或贵族外出避难时，常会选择莒国。齐国公子小白、谭国国君谭子、鲁国公子庆父都曾到莒国避难。

公元前 686 年（齐襄公十二年），齐襄公被堂弟公孙无知（姜姓，吕氏，名无知）等人谋杀，不久公孙无知也被杀，齐国没有国君，陷入混乱。

公子小白获得了齐国国氏、高氏两大贵族的支持，他们不希望鲁国介入齐国内政，便派人通知小白速速回国。公子小白从莒国出发，向齐国国都狂奔。

鲁庄公（鲁桓公和文姜之子）得知公孙无知已死，想通过扶持公子纠即位，提高鲁国的地位，便派军队护送公子纠回国。

纠和小白都是名正言顺的国君候选人，谁能先回国，谁就能即位。

一场赛跑开始了。

公子小白从莒国国都莒（在今山东省日照市莒县）出发，公子纠从鲁国国都曲阜（在今山东省曲阜市）出发，目标都是齐国的国都营丘（在今山东省淄博市）。

在小白的必经之路上，一队人马埋伏在树林之中，等待他的是一支冰冷的箭，"狙击手"一击即中，小白中箭，惨叫一声，倒在车中，车上的人连声呼唤。

原来，鲁国为确保公子纠能顺利继位，派管仲刺杀公子小白。管仲认为已经得手，派人回去报信，鲁桓公和公子纠收到消息，认为小白已死，胜券在握，便放慢了脚步，用了六天才抵达齐国。

鲁桓公和公子纠都没有意识到他们犯了什么级别的错误。这个时候怎么能放慢脚步？谁知道会发生什么意外。

管仲的箭只是射中了小白的衣带钩，小白假装被射死骗过了管仲，然后星夜兼程，赶在纠之前回到了齐国。

这是一次改变了很多人命运的奔跑。

公元前685年（齐桓公元年），公子小白顺利即位，史称齐桓公。

齐桓公即位后，立即出动军队讨伐护送公子纠回国的鲁军，齐军主帅鲍叔牙乘胜打到了鲁国，鲁军大败，鲁庄公甚至跳下国君的战车，换了其他战车逃命。

齐国派使者送了一封威胁信，信上说："公子纠是我的兄弟，我不忍亲自动手，请鲁国代劳杀了他吧。召忽、管仲是我的仇人，请送来，我要亲手处置他们。如不从命，战场上见。"

> 齐遗鲁书曰："子纠兄弟，弗忍诛，请鲁自杀之。召忽、管仲雠也，请得而甘心醢（古代一种酷刑。把人杀死后剁成肉酱）之。不然，将围鲁。"（《史记·齐太公世家》）

管仲的才能被鲁国忌惮，鲁庄公想杀掉管仲，把尸体给齐国。

齐军统帅鲍叔牙派使者口头补充威胁："管仲，我们国君要亲自杀，如果不能得到活的管仲，在群臣面前施刑，不符合我们的要求。请让管仲活着回去。"

管仲，齐国要活的。

> （鲁）庄公将杀管仲，齐使者请曰："寡君欲亲以为戮，若不生得以戮于群臣，犹未得请也。请生之。"（《国语·齐语》）

迫于齐军的威势，鲁国在笙渎（在今山东省菏泽市北）处死了公子纠。把召忽和管仲押送回齐国。

出发前，管仲问召忽："你害怕吗？"

召忽答："怕什么呢？我没有早死，就是在等国家安定。现在国家已经安定，如果让你出任左相，必会令我出任右相。但是，杀了我所辅佐的公子纠，再重用我，这是羞辱我两次。你做活下来的人吧！我去做死节之臣。我明知将得到万乘之国的执政之位还选择自杀，公子纠可谓有为他守节的死臣。你活着，辅佐国君称霸诸侯，公子纠又有了建功立业的生臣。死者成就德行，生者成就功名，功名和德行不可能同时属于一个人，也不可能凭空而至。管仲，你要努力。我死，你生，各自做好为臣的本分。"

> 管仲谓召忽曰："子惧乎？"
> 召忽曰："何惧乎？吾不蚤死，将胥有所定也；今既定矣，

令子相齐之左，必令忽相齐之右。虽然，杀君而用吾身，是再辱我也。子为生臣，忽为死臣。忽也知得万乘之政而死，公子纠可谓有死臣矣。子生而霸诸侯，公子纠可谓有生臣矣。死者成行，生者成名，名不两立，行不虚至。子其勉之，死生有分矣。"（《管子·大匡》）

进入齐国境内后，召忽自刎而死。管仲带着两个人匡扶天下的梦想活了下来。可是，等着他的是齐桓公，曾被他一箭射中衣带钩的公子小白，是掌握生杀予夺大权的新国君。

三、管仲相齐

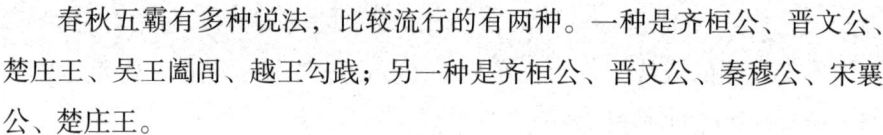

春秋五霸有多种说法，比较流行的有两种。一种是齐桓公、晋文公、楚庄王、吴王阖闾、越王勾践；另一种是齐桓公、晋文公、秦穆公、宋襄公、楚庄王。

两种说法，都是以齐桓公、晋文公为首的。两人的霸主地位最无争议。孟子认为，春秋时代的霸业中"桓公最盛"。

齐桓公能称霸，应该归功于管仲。齐桓公任命管仲为相后，把内政全权交给了管仲，他当起了甩手掌柜。

正如孔子所说："如果不是管仲，我们都要成为野蛮人了。"（《论语·宪问篇》："微管仲，吾其被发左衽矣。"）

管仲，姬姓，管氏，字夷吾。据《史记》记载，管仲是颍上（今安徽省颍上县）人士，管国（周的同姓，在今河南省郑州市管城回族区）之后，齐国大夫管庄之子。

要认识管仲，必须得从鲍叔牙谈起。

管鲍二人相识很早，鲍叔牙非常欣赏管仲的才华和能力，对家道中落的管仲极尽理解、包容和照顾。

管仲曾和鲍叔牙一起经商,管仲经常多分利息给自己,鲍叔牙不认为管仲贪财,他非常体谅管仲家贫;管仲曾为鲍叔牙谋划事情,事情却变得更加糟糕,鲍叔牙不认为管仲愚笨,他知道是时机所致;管仲曾三次出仕为官,三次遭到驱逐,鲍叔牙不认为管仲不贤德,他知道管仲是没赶上好的时机;管仲三次作战,三次逃跑,鲍叔牙不认为管仲怯懦,他知道管仲有老母亲要侍奉。

召忽追随公子纠而死,管仲被囚禁受辱。鲍叔牙不认为管仲无耻,他知道管仲不拘泥于小节,以功名不显于天下为耻。

管仲说:"生我者父母,知我者鲍子也。"(《史记·管晏列传》)

齐桓公即位后准备任命鲍叔牙为相。

鲍叔牙推辞说:"我是一个平庸的臣子。全赖国君的恩惠,使我不受冻挨饿。治理国家非我所长,如果一定要找治理国家的贤才,那只有管夷吾了。"

鲍叔牙接着说他有五个方面不如管仲:"宽惠柔民,我不如他;治理国家不失权柄,我不如他;以忠信团结百姓,我不如他;制定礼仪规范令四方效法,我不如他;拿着鼓槌在军门前指挥作战,使百姓更加勇敢,我不如他。"

齐桓公说:"管夷吾射中了寡人的衣带钩,寡人差点就死在他手中。"

鲍叔牙解释道:"他只是恪尽职守。如果国君能宽宥他,他也会同样会为国君您竭尽全力。"

鲍叔牙还说:"管夷吾不是为了哪个君主,他是为历代先君所留下的国家。"(《管子·大匡》:"非为君也,为先君也。")

这世界上最懂管仲的人,确实是鲍叔牙。

鲍叔牙认为自己治国的才能不如管仲,他保护管仲不被鲁国杀害。在齐桓公准备报一箭之仇时,力保管仲性命。在齐桓公要拜自己为相时,坚辞不受,力荐管仲为相。

鲍叔牙放弃一人之下、万人之上的权力和地位,不为私心所困,知人、识人,为国家举荐人才,管鲍之交成为千古美谈。

齐桓公接受鲍叔牙的提议,通过交聘手段成功引渡管仲回国。他任命管仲为相,鲍叔牙为大谏(官名,掌谏诤)。

齐桓公放下一箭之仇的私怨,全权信任曾经的政敌,成就了"九合诸侯,一匡天下"的霸业。

管仲在治理齐国时,表现出了超越时代的智慧,他的很多思想,即使放到今天仍然适用。他不为虚名所困,忠心为国效力,是春秋时代最伟大的政治家之一,他在经济领域的很多超前见解,直到近代才被一些学者理解。

管仲为相后,对齐国进行了全面的改革。

管仲认为经济基础决定上层建筑,只有先发展经济,让人民先富裕起来,人民才能知荣辱,国家才能安定,法令才能施行。如果人民困苦,法令是无法施行的,国家也会因此动乱。

仓廪实而知礼节,衣食足而知荣辱。(《史记·管仲列传》)
民不足,令乃辱;民苦殃,令不行。(《管子·版法》)

管仲将矿山、湖泊、森林、海洋收归国有,实行盐铁专营,增加国家收入。

管仲铸造、统一钱币,鼓励发展市场经济,由国家对经济进行宏观调控。管仲还开展了经典而且精彩的"货币战争",使齐国的黄金储备量跃居诸侯国之首,粮食储备大大增加。

管仲免除部分税赋,让利于民。

管仲认为,仅按土地数量征收赋税,不考虑不同土地的产出情况,是不合理的。这会引起一部分百姓承担过重的税赋,导致他们破产、逃亡甚至反叛。

所以管仲施行"相地而衰征"(《国语·齐语》)。

衰,意为等差。征,是赋税。"相地而衰征"就是按土地的好坏,分等征收农业税。分等的依据不仅仅是土地的肥沃程度,还要看其发生自然灾害的风险程度。

在新赋税政策的激励下,齐国百姓的生产积极性大大提高,"夜寝蚤(早)起,父子兄弟不忘其功,为而不倦,民不惮劳苦"(《管子·乘马篇》)。

在振兴农业方面,管仲主张不夺民时,保障农业生产;提倡因地制宜,选择合适的作物,不论是种五谷杂粮,还是种植桑麻,国家都予以鼓励;提倡通过加强田间管理,提高农业的产量。

> 无夺民时,则百姓富。(《国语·齐语》)
> 相高下,视肥硗,观地宜……使五谷桑麻皆安其处。(《管子·立政篇》)
> 及耕,深耕而疾耰之,以待时雨,时雨既至,挟其枪、刈、耨、镈,以旦暮从事于田野。(《国语·齐语》)

在鼓励农业生产的同时,管仲非常重视对自然资源的保护,他规定"山泽各致其时",要求百姓按照季节渔猎和砍伐树木。

管仲通过设置专门的机构,分别管理商业、手工业(冶铜、制铁、纺织等)、川泽、山林之事。

管仲的经济政策还包括加强公共设施建设、构建社会保障体系、扶助贫困等。

春秋时代,我们的祖先已经建立了非常成熟的国家管理体系。

管仲的军事改革是和政治改革是为一体的。他推行军政一体,军民一体,统一政权,君权至上。通过户籍制度和行政建制管理,使得战友即乡亲,即邻居。大家"祭祀同福,死丧同恤,祸灾共之","居同乐、行同和、死同哀,是故守则同固,战则同强"(《国语·齐语》),齐国军队的战斗力空前提高。

通过改革,齐国万象更新,强势崛起。

四、曹刿:是军事家,还是伪士人?

鲁国,国君姬姓,始封之君为周公之子伯禽,都城在曲阜(在今山东省曲阜市北)。鲁国的北部是泰山,东部是大海,南面是淮夷,西南是宋国,西北是齐国。齐、鲁两国的交界处是泰山和汶水,汶水流域有着肥沃的土地。

鲁、宋为敌,齐、鲁交战,地理形势是重要原因。

齐国要开拓疆土,鲁国也想有所发展。

齐襄公去世后,齐国出现权力真空,鲁国国内"亲齐派"文姜暂时隐退。鲁庄公逐步掌握了国家政权。鲁庄公还收留公子纠,出动军队护送公子纠回国,派管仲刺杀君位竞争者公子小白。

若公子纠即位,鲁庄公就是公子纠的恩人,鲁国是齐国的友邦。没想到公子小白装死骗过了管仲,抢先一步回国即位。

护送变成了入侵,杀政敌变成了刺杀国家元首,鲁国就成了齐国的敌国。

齐桓公即位后,派齐军截击进入齐国的鲁军,大败鲁军。鲁国虽败,但元气未伤,齐桓公的怨恨也没有消减。

公元前684年(齐桓公二年)正月,齐桓公再次发兵讨伐鲁国。

这就是《左传》所说:"十年春,齐师伐我。"

齐国大举来犯,鲁国君臣开会讨论是战是和。国君鲁庄公"将战",若主要执政大臣也想一战,那接下来的议题应该是作战布置。但鲁国的大臣们,这些"肉食者"们不想开战。

不战的原因很简单:打不过,不占理。

军事实力上鲁国不如齐国。鲁国前一年才被齐国打败。所以，打不过。

鲁国武力干涉别国内政未遂，谋杀现任齐国元首未遂，没有认罪，没有主动和齐国修好。所以，不占理。

鲁庄公想开战，原因也简单：报仇，排险。

齐襄公杀了鲁桓公，他要为父报仇；一个强大且试图对外扩张的邻国，对鲁国国家安全造成重大威胁，他要排除风险。

鲁庄公还在迟疑。

前一年自己落荒而逃的场面，还萦绕在心中。所以，他虽然是"将战"，但还需要有人推他一把，需要有人帮他下定决心。

这个人出现了。曹刿，一个普通士人，对军事有着浓厚兴趣，对国家兴亡有着强烈的责任意识。

他的老乡说："这是政府官员的事，何必去参与呢？"

曹刿说："他们见识短浅，没有远谋。"（《左传》："肉食者鄙，未能远谋。"）

鲁庄公接见了曹刿。

曹刿主动提问："国君您靠什么和齐国作战呢？"

鲁庄公答："衣服食品，不敢独自享用，必定分给别人。"

曹刿说："小恩小惠，只能惠及身边的少数人，百姓不会因此为您战斗。"

鲁庄公说："祭祀时，祭品、玉帛必定按照礼法供奉，不敢滥设祭品，一定会诚心依礼祭祀。"

曹刿说："这只是小信用，神灵不会因此就保佑您。"

鲁庄公说："百姓们的诉讼请求，不论大小，虽无法件件明察，必定根据案件实情予以裁决。"

曹刿说："凭借这点，可以一战。请国君带我去前线。"

曹刿主动求见，却没有主动亮出观点。他反客为主，让鲁庄公自己说出"可以一战"的理由。

鲁庄公所说的三件事，都是国君的私德，与军事实力毫不相关。可见，鲁庄公很清楚，这场仗难打。他只是心存侥幸，希望获胜。

曹刿给出"可以一战"的结论，让鲁庄公头脑更加发热，他带上曹刿，开赴前线。

两军交战的地点在长勺（在今山东省莱芜区）。

长勺位于鲁国境内，鲁军是被侵略的一方，退无可退，同仇敌忾。同时，齐军去年大败鲁军，难免有轻敌之心。鲁国确实有取胜的可能。

鲁庄公亲自指挥作战，曹刿也在他的指挥车上。

战斗打响，齐军擂响战鼓，驾驶着战车开始冲锋，鲁庄公也准备下达冲锋的命令，"公将鼓之"。

曹刿说："等等。"

鲁军没有击鼓冲锋，改为防御姿势，使用弓箭等远距离杀伤性武器固守阵地。齐军被阻挡在鲁军阵地之外，无法和鲁军厮杀，退回了己方阵地。

齐军马上组织第二次进攻，战鼓再次擂响，齐军再次冲锋，鲁军仍然固守阵地，齐军再次退回阵地。

等齐军擂响第三通战鼓，曹刿说："可矣。"

鲁军居然杀得齐军大败。鲁庄公大喜，准备乘胜追击。

曹刿说："不能追。"

说完，曹刿跳下战车，察看齐军的车辙印，又登上战车前的扶手，眺望齐军的旌旗。他判断齐军是真的败退，这才说："可矣。"

鲁军全力追击，齐军大败，被赶出鲁国国境。

战后，鲁庄公询问曹刿克敌制胜的原因。

曹刿说："打仗，靠的是勇气。第一次击鼓时，齐军士气最旺，第二次击鼓，士气有所减退，第三次击鼓时，士气全无。他们士气衰竭，我军士气旺盛，所以我们能够取胜。他们是大国，我担心他们设有埋伏，故而观察他们的车辙，看到车辙印迹凌乱，瞭望他们的战旗，看到战旗东倒西歪，才放心追击。"这就是成语"一鼓作气"的出处。

> 夫战，勇气也。一鼓作气，再而衰，三而竭。彼竭我盈，故克之。夫大国，难测也，惧有伏焉。吾视其辙乱，望其旗靡，故逐之。(《左传·庄公十年》)

这次战役称为长勺之战，经常作为以弱胜强的正面教材来使用。

长勺之战确实是以弱胜强，可曹刿"不按套路出牌"的行为与他的军事才能没有什么关系。因为他的行为不符合春秋战争的准则。

当时关于交战的准则很多。两国交战，不斩来使，就是一个。

作战前，要告知对方，我来打你了，理由是什么。然后双方约定作战地点、作战时间。也可以议和，不打了。

如果准备开战，作战地点的地势要开阔平坦，选两山夹一沟那种地方是不可以的（"不以阻隘"）。作战时，刺伤敌人后，绝对不可以补刀（"不重伤"）。不能把老人抓走做俘虏，要让他们回国安度晚年（"不擒二毛"）。

击鼓，也有明确要求，要等对方列好军阵，做好开战准备，己方才能击鼓进军（"不鼓不成列"）；一方击鼓进军，另一方要同时击鼓进军。因为是"约架"，约好了打架，哪有不打的道理？

> （宋襄）公曰："君子不重伤，不禽二毛。古之为军也，不以阻隘也。寡人虽亡国之余，不鼓不成列。"(《左传·僖公二十二年》)

所以，齐军击鼓，鲁军不击鼓、不迎战，这是违反军礼，是不讲武德的行为。

春秋时，作战使用的是战车，车上的是战士，战士是贵族，贵族要自重身份，要有尊严，要讲礼仪。贵族应该是骄傲的，而不是诡诈的。

著名学者易中天先生称春秋时期的战争为"军事奥林匹克"，战士在战场上要彬彬有礼，要有绅士风度，所以春秋的战争没有屠城，没有坑杀。各国讲礼仪，不讲兵法。

曹刿的策略符合兵法，但不符合士人的精神。我们姑且称他为"伪士人"。伪士人曹刿后来还进入了鲁国的权力中枢。

同年六月，齐桓公再次出兵攻打鲁国，这次他还带上了宋国，齐宋联军深入鲁国国境，在距离鲁国国都曲阜很近的朗地驻扎。

是战是和，这个问题又摆到了鲁国君臣面前。

鲁国大夫公子偃认为宋军是薄弱点，攻破宋军，齐国自然撤军。

半年前靠曹刿"耍流氓"，鲁国侥幸赢了齐国一次，这次鲁国的对手是齐宋联军，敌人更强大了。鲁庄公没有做好再次冒险的准备，他拒绝了公子偃的请求。

公子偃违抗命令，私自调动战车出城。鲁国人再次创新打法，在战场上大搞行为艺术。公子偃命人把虎皮蒙在马匹上。宋国的战马没有见过这样的"怪兽"，无法保持"战士"应有的优雅，嘶鸣着狂奔，战车上的战士被拉着弃阵而逃。

鲁庄公出城支援，在乘丘（在今山东省兖州区西）和溃逃的宋军遭遇，鲁庄公用金仆姑（箭名）射中了宋军主帅南宫长万。

宋军战败，南宫长万被俘，齐军也随之撤兵回国。

两战两败，齐桓公仍不甘心，他认为失败的原因是兵力不够多。

公元前681年（齐桓公五年），齐桓公又一次发兵攻打鲁国。总兵力是鲁军的三倍，估计在十万。

在绝对的实力面前，此前侃侃而谈的曹刿三战三败，鲁庄公被迫以割让城池为代价请求和谈。

会盟的地点在齐国的柯邑（在今山东省阳谷县西北）。与会人员有齐桓公、管仲、鲁庄公、曹刿等人。（《史记》中记为曹沫，《管子》《穀梁传》中记为曹刿，一般认为，曹沫即是曹刿。）

齐桓公开出条件，要求鲁国割让国都五十里外到边境的土地。这样一来鲁国将失去战略纵深之地，从一个大国降级为中小诸侯国。

打，打不过，和谈的条件又难以接受。鲁庄公从怀里拔出一把短剑，他叹息着说："都城距离国境线只有五十里，国家都要灭亡了！"鲁庄公看了看齐桓公，接着说："反正都要死，不如死在您面前吧！"

此时，鲁庄公和齐桓公在坛上，群臣和他们有一定距离。管仲迅速向齐桓公靠近，保护国君。曹刿突然窜了出来，挡住管仲的去路，他手上也拿着一把短剑。转眼间，齐桓公已经成了曹刿手里的人质。

曹刿说："两位国君要改变此前的决定，任何人都不要靠近。"

看来当时盟会，大概没有安检这个环节，否则也不会出现"庄公自怀剑，曹刿亦怀剑"（《管子·大匡》）的情况。

现在齐国只能妥协，先稳住"劫匪"曹刿的情绪最重要。劫持人质，不杀人质，一定是要谈条件。

管仲问："你有什么要求？"

曹刿说："齐鲁接壤，齐国却数次侵犯我国领土，现在鲁国的城墙坍塌，都倒在齐国境内了。"

曹刿指责齐桓公欺人太甚，提出让齐国归还所侵占的鲁国土地。齐桓公连忙答应。

目的达到后，曹刿扔掉匕首，站回群臣的队列中，"颜色不变，辞令如故"（《史记·刺客列传》）。

在自己的地盘上被劫持，齐桓公非常愤怒，所以"欲倍（背叛）其约"（《史记·刺客列传》）。

管仲说："不能这么做。因贪小利，图一时之快，失信于诸侯，齐国将会失去天下人的支持，不如把地给他。"

> 管仲曰："不可。夫贪小利以自快，弃信于诸侯，失天下之援，不如与之。"（《史记·刺客列传》）

这真是卓越的政治智慧。

齐桓公归还了所占的鲁国土地，齐国守信，誉满天下。柯邑会盟，使齐国获得了前所未有的声誉，这是齐国对外交往战场上的重大胜利。

《公羊传》评论："桓公之信著乎天下，自柯之盟始焉。"

柯邑会盟后，齐鲁关系相对和睦。鲁国保住了国土，但从此失去了大国地位。事实上，鲁国从长勺之战开始，已经背离了礼仪大国的道路，失去了争霸的软实力，靠耍赖皮、违反准则，获得一时之利，却损害了长远利益。

公元前679年（齐桓公七年）春，隐退多年的文姜再次出现在史书的记载中："夏，夫人姜氏如齐。"文姜复出，这是齐国、鲁国友好的信号。

公元前662年（齐桓公二十四年），在位三十二年的鲁庄公去世。鲁国因君位继承问题爆发庆父之乱，齐国借机扶持鲁僖公（鲁庄公之子，公子申）即位，帮助鲁国平息内乱。鲁国此后成为齐国的盟友。

五、齐桓公始霸

公元前684年（齐桓公二年），齐桓公联合宋国进攻鲁国，宋军在乘丘大败，主帅南宫长万（一作南宫万）被俘。

次年五月，宋闵公发动复仇之战，两军在鄑地交战。

按春秋的交战规则，两军要先列阵，阵势摆开后，一同击鼓、进军。宋军抵达战场，正准备摆开阵势，没想到鲁庄公突然发动袭击，宋军大败，宋闵公败逃。

虽然《左传》没有记载，但我们仍然怀疑曹刿当时坐在鲁庄公的指挥车上。因为这完全是他的路数，不按常理出牌，突破礼法规则，实用主义至上，不考虑舆论和国家形象。

当年秋天，宋国发生水灾。

自齐桓公上台，鲁国和齐国厮杀不断，如果再同宋国交恶，鲁国将陷

第三章　齐桓公：九合诸侯，一匡天下

入包围圈中，面临巨大的压力。

鲁庄公调整了对宋策略，主动向宋国示好，派大夫臧文仲驰援宋国，运去了宋国急需的救灾物资，表示慰问。两国重新修好，鲁国应宋国请求释放了南宫长万。南宫长万重获自由，官复原职。

这年秋天，宋闵公外出打猎，南宫长万与人发生争执，宋闵公发怒，说："起初我很敬重你，今天看来，你就是鲁国的俘虏，我不再敬重你了。"（《左传·庄公十一年》："始吾敬子，今子鲁囚也，吾弗敬子矣。"）

打人脸，揭人短，南宫长万被深深地刺痛，他的怨恨之火悄悄燃烧，最终酿成了宋国的又一次大内乱。

一年后（公元前682年），宋闵公巡视蒙泽，南宫长万找了个借口觐见宋闵公，一拳打死了宋闵公。大夫仇牧听到有异动过来查看，被南宫长万一拳打倒，撞上门扇毙命。逃跑路上，南宫长万遇到了权臣华父督，他又是一拳，把年迈的华父督送去了黄泉。

一拳结束一条人命，南宫长万绝对能上春秋大力士排行榜。随后，南宫长万杀回都城，拥立公子游（宋闵公堂弟）为国君，史称宋前废公。

宋国的公子们逃到了萧邑（在今安徽省萧县西北），宋闵公的弟弟公子御说逃到亳邑（在今河南省商丘市谷熟镇西南）。南宫长万派弟弟南宫牛、部将猛获包围亳邑，想要斩草除根。南宫牛、猛获，看名字都像大力士，可打仗不是光靠个人的力气。

公子御说在亳邑组织起强有力的反抗，南宫牛被牢牢牵制在亳邑。

萧邑大夫萧叔大心（子姓，字叔，名大心）和其他公子（宋戴公、宋武公、宋宣公、宋穆公、宋庄公的族人）以萧邑为根据地，组织讨伐南宫长万。

萧邑方面借调曹国军队，营救亳邑，南宫牛被杀，猛获逃到卫国。萧邑和亳邑合兵一处，杀回都城，杀死宋前废公。南宫长万用车拉着老母亲逃到了陈国。

公子御说（宋庄公之子，宋闵公之弟）被立为国君，是为宋桓公。

宋桓公即位后，花费重金引渡南宫长万回国，把他剁为肉酱，猛获也被从卫国引渡回国处死。

宋国发生弑君大案，齐国的机会又来了。

公元前681年（齐桓公五年），齐桓公在北杏召开会议，邀请宋、陈、蔡、邾、遂五国国君参加，讨论宋国内乱的善后问题。

北杏会盟是齐桓公首次召开的诸侯盟会。

齐国和宋、陈、蔡、邾四国在北杏会盟，五国签署了一系列旨在稳定宋国局势的协议。齐桓公继续使用齐僖公的称霸策略，通过诸侯盟会主导诸侯国事务。

遂国拒绝出席北杏会盟。

遂国是鲁国的附庸国，相传为虞舜之后，妫姓，周武王所封，在今山东宁阳西北一带。公元前684年（齐桓公二年）正月，鲁国在长勺之战打败齐国。同年夏天，鲁国又大败齐、宋联军。齐鲁交恶，鲁国暂时占了上风。这应该是遂国拒绝参会的原因。

北杏会盟在公元前681年（齐桓公二年）春天召开。同年夏天六月，遂国就在地图上消失了。同年秋天，齐国大败鲁国，两国在柯邑会盟议和。

遂国是大国争霸的牺牲品，还有谭国（在今山东省济南市）。

早在公元前684年（齐桓公二年）冬天，齐桓公已经吞并谭国，谭国国君谭子流亡到莒国避难。齐国灭谭国给出的理由是谭国对外出避难的公子小白"不礼"，公子小白即位后，各国都去祝贺，谭国"又不至"。

遂国和谭国都位于泰山山脉附近，夹在齐国和鲁国之间，谭国靠近齐国，遂国靠近鲁国。

齐国灭谭国，是在一年之内两次败于鲁国之后，有找回面子的嫌疑；齐国灭遂国，是在打败鲁国、柯邑会盟之前，灭遂国是震慑鲁国的一步，让鲁国看看不听齐国招呼的下场。

北杏会盟是齐桓公通过召集诸侯会议，解决各诸侯国争端的开始。

宋国没有看清形势，背弃了北杏会盟。

背叛是要付出代价的。公元前680年（齐桓公六年），齐桓公悍然出兵讨伐宋国，齐桓公不仅喊上了陈、曹两国，还请求周天子派王师参战。

周王室也希望通过亮相国家舞台，提高周王室的影响力。周僖王派单伯率王师参战。在齐、周、陈、曹联军的打击下，宋国只能屈服。宋国请求归顺周王室，承诺遵守北杏会盟的内容。

这是齐桓公首次"挟天子以令诸侯"。

齐国召集宋国、卫国、郑国在鄄城（在今山东省）举行诸侯会议。

公元前679年（齐桓公七年），齐桓公再次在鄄城召集会盟，齐、宋、卫、郑、陈五国参会。

黄河下游的大国都已经倒向齐国，齐国霸业的基础已经完成。所以，史学家们认为齐国是从这次鄄城会盟开始称霸的。

> 十五年春，复会焉，齐始霸也。（《左传·庄公十五年》）

与此同时，南蛮之地的楚国迅速崛起。

六、召陵之盟：两大强国的对话

郑国成了风箱里的老鼠，两头受气。

郑国位于新郑，这是郑桓公（郑国始封之君）在太史伯（王室史官）的指点下选定的位置。新郑位于黄河中下游平原，土地肥沃，交通四通八达，非常宜居。四周没有强大的威胁，又有小国可以吞并，给郑国留下了发展空间，经过三代国君的励精图治，郑国在郑庄公时期实现"小霸"。

郑桓公曾问太史伯："去南方发展不行吗？"（《国语·郑语》："南方不可乎？"）

太史伯说楚国正在崛起，靠近楚国会有危险。

楚国，国君芈姓、熊氏。周成王时期，封楚人首领熊绎为子爵，建立楚国。关于楚国的先祖起源，尚存争议。他们的先祖应是荆楚地区的土著居民，或者是迁移到荆楚地区的华夏族与当地土著混居通婚，受当地土著居民影响颇深。

不论起源如何，楚人被华夏视为蛮夷，他们也自认为是蛮夷。楚武王就曾说："我蛮夷也。"（《史记·楚世家》）

楚国原本是南方的小国，西周时经历了一次大发展，因周宣王南征，楚国中衰。西周灭亡后，楚国复兴。楚国的南边是大片未被开发的荒野，东面也无劲敌，疆域一直在扩张，从最初的南蛮小国，扩张为列国之中疆域最大的诸侯国。《史记·楚世家》评价："楚强，陵江汉间小国，小国皆畏之。"

中原诸侯国嗅到了危险的气息。

公元前710年（齐僖公二十一年），蔡桓侯和郑庄公在邓（疑在今河南省漯河市境内）会见，讨论关于防范楚国的问题。

> 蔡侯、郑伯会于邓，始惧楚也。（《左传·桓公二年》）

当时，楚国的国君是一代雄主楚武王熊通（楚蚡冒之弟）。楚武王灭掉了权国（子姓，在今湖北省当阳市），又渡过汉水讨伐随国（姬姓，在今湖北省随州市南），汉水流域的姬姓诸侯国皆被楚国吞并。

楚武王自封王爵。

楚武王死后，其子熊赀即位，是为楚文王。楚文王迁都到郢城（在今湖北省荆州市），继续向外扩张。

公元前684年（齐桓公二年），楚国攻打蔡国（姬姓，在今河南上蔡县），在莘地（今河南省汝南县境内）俘虏蔡哀侯。公元前680年（齐桓公六年），楚国灭息国（姬姓，在今河南省息县），攻入蔡国，蔡国成为楚国附庸。公元前678年(齐桓公八年),楚国灭邓国(曼姓,在今湖北省襄阳市);同年,楚国攻打郑国。

蔡桓侯和郑庄公担心的事情,还是发生了。

这时郑国的国君是郑厉公,郑厉公是郑国的中兴之主。五年后,郑厉公去世,继任者皆平庸,郑国衰落。当年和郑庄公会盟的蔡国,也被楚国征服。

楚文王灭邓、灭息、攻蔡、伐郑,楚国已经对中原诸国构成严重威胁。《史记·楚世家》说:"齐桓公始霸,楚亦始大。"

中原霸主和南方霸主之间定然会起争端。两国斗争的焦点在郑国。因郑国位于中原腹地,是中原的枢纽和门户。公元前666年(齐桓公二十年),楚国再次伐郑,这时楚国的国君是楚成王熊恽(楚文王之子)。公元前659年(齐桓公二十七年)到公元前657年(齐桓公二十九年),楚国又连续三年出兵攻打郑国。

从楚文王到楚成王,楚国五次伐郑。郑国被迫在齐国和楚国间左右摇摆。郑国依靠郑庄公、郑厉公留下的好基础,才没有亡国。

公元前657年(齐桓公二十九年)冬天,郑文公感到无比凄凉和寒冷,他想要和楚国议和。

大夫孔叔说:"齐国正准备出兵救我们,现在投降,是背弃盟国,不祥。"

公元前656年(齐桓公三十年),齐桓公率齐、鲁、宋、陈、卫、郑、许、曹之师浩浩荡荡杀了过来,兵锋所指却不是楚国,而是蔡国。齐国准备先打掉楚国进入中原的跳板蔡国,然后携胜利之师,偷袭楚国,郑国的危险自然就解除了。

蔡国是中原的诸侯国,此前和郑庄公开会讨论防范楚国问题的就是蔡桓侯。蔡国因遭到楚国多次"暴打",变成了楚国的与国。

齐桓公攻打蔡国,需要一个出兵的理由。

齐桓公的夫人是蔡穆侯的妹妹蔡姬。一天,他和蔡姬在船上嬉戏,蔡姬熟悉水性,摇晃船只,霸主齐桓公非常害怕,不让蔡姬晃船,蔡姬还是继续晃船,齐桓公太害怕了,下船而去。他怒了,一怒之下把蔡姬送回了娘家蔡国。但是,没办理"离婚手续"。

蔡穆侯听说妹妹因为这么个理由被送回来,也怒了,一怒之下让蔡姬改嫁他人。

齐桓公听到蔡姬改嫁的消息,又怒了,一怒之下决定讨伐犯了"重婚罪"的蔡国。

> 二十九年,(齐)桓公与夫人蔡姬戏船中。蔡姬习水,荡公,公惧,止之,不止,出船,怒,归蔡姬,弗绝。蔡亦怒,嫁其女。桓公闻而怒,兴师往伐。(《史记·齐太公世家》)

其实大家都知道,齐国攻打蔡国是因为蔡国投靠楚国,背叛了中原诸侯国,齐国必须整治蔡国,以儆效尤。而且蔡国在去攻打楚国的路上,顺路;蔡国是小国,很容易征服。

蔡军大败,国君蔡穆侯被俘。夹缝中的小弟们,太难了,怎么站队都不是,两位大佬斗法,被打的却是他们。

打完蔡国,接下来该进攻楚国了。

这时,楚成王的使者却到了。

使者带来了楚成王的问话:"贵国君主住在北海,寡人住在南海,马和牛这些牲畜谈恋爱也不会跑这么远。没想到您却不远千里来到寡人的土地上,这是什么缘故呢?"

> 君居北海,寡人居南海,唯是风马牛不相及也。不虞君之涉吾地也,何故?(《左传·僖公四年》)

楚成王是问齐桓公:"你的理由呢?借口呢?'外交辞令'呢?"

齐桓公一时语塞。

第三章 齐桓公：九合诸侯，一匡天下

齐桓公讨伐蔡国是精心准备了借口的，讨伐楚国的理由却没有提前准备。因为楚国强大，正面交锋很难占到便宜，齐国的本意是要偷袭楚国，偷袭自然不用准备"外交辞令"。

管仲代齐桓公做了回答，给出了三条理由：

"一是，我们有授权。召康公（西周宗室，与周武王、周公旦同辈，辅佐成康二王开创了'成康之治'）曾对先君姜太公说：'五等诸侯、九州方伯，如有不听王命者，你都可以征伐，以辅弼周王室。'

"二是，你没尽到应尽的义务。楚国没有按时进贡苞茅，导致王室祭祀没有苞茅使用，无法滤酒请神，寡人就是为此而来。

"三是，周昭王南征，身死荆楚异地，寡人来调查原因。"

> 管仲对曰："昔召康公命我先君大公，曰：'五侯九伯，女实征之，以夹辅周室！'赐我先君履，东至于海，西至于河，南至于穆陵，北至于无棣。尔贡苞茅不入，王祭不共，无以缩酒，寡人是征。昭王南征而不复，寡人是问。"（《左传·僖公四年》）

这三条理由，冠冕堂皇，听起来很唬人，却都站不住脚。

第一，齐国说自己征伐诸侯，有周王室的授权，谁给的授权呢？西周初年的王室辅政大臣召康公。授权给谁了？姜太公。距离现在有多久了？几百年。现在的天子给了齐国授权吗？至少这次没给。

第二，齐国指责楚国没有进贡苞茅。按照封建制度，被分封的诸侯都有定期述职、按时进贡的义务，楚国的义务有一项就是进贡苞茅。春秋时期，不觐见天子的诸侯比比皆是，为什么单单讨伐楚国呢？

第三，周昭王是西周的第四任天子，热衷武力征伐，对西周开辟疆土出力很多，被开辟地区的人却不欢迎他。他死在汉水，死因众说纷纭。这是一件数百年前的旧案。周王室这么多年都没来调查，齐国却想起来调查了，真是奇怪。

但其实至少有两件事可以让齐桓公师出有名，管仲却绝口不提。

一是，楚武王僭用王号，没有周天子授权，之后历代楚君都自称为"王"，包括现任楚国国君楚成王。

二是，楚国多次攻打郑国，最近的一次就在去年，齐桓公召集八国诸侯，组建"八国联军"，起因就是楚国攻打郑国。

管仲为什么避重就轻，翻出陈年老账来做说辞？

他是为了给楚国留余地，也给自己留面子。

两虎相争，必有一伤。齐国和楚国就是两只老虎，齐国称霸中原，楚国虎视南方。齐国畏惧楚国，又不能显得软弱，要有中原各国盟主的气势。楚国其实也畏惧齐国，但楚国同样不能示弱，要保持南方霸主的形象。两国都不想与对方发生大的武装冲突，都在竭力避免大决战。

这种情况，就可以坐下来再谈一谈了。

管仲给了台阶，楚国的使者也非同一般，马上就走了下来。

楚国使者说："没有及时进贡苞茅，是我们的过失，我们保证会及时进贡。周昭王的事情，我们确实不清楚，还请到汉水之滨去调查吧。"

> 对曰："贡之不入，寡君之罪也，敢不共给？昭王之不复，君其问诸水滨。"（《左传·僖公四年》）

这是说："苞茅的问题，我们有错，我们马上改；周昭王的事情和我们无关，你要调查，别找我。"

第一次对话完毕，对抗的姿态还摆着，但是两国都心知肚明，对方不想真打。

齐国为表现自己中原大国的气势，不退反进，带领大军进驻陉地（其地不详）。双方表面上咄咄逼人，装得剑拔弩张，做着战争的筹备工作，这一筹备两三个月就过去了。

样子工程做好后，楚成王派使者屈完到联军营地，与齐桓公会面，经过亲切友好的会谈，双方达成了共识。为表诚意，齐桓公后退至召陵（其地不详，可能在今河南省郾城区），为了炫耀联军武力，齐桓公决定搞一次军事演习。

齐桓公携屈完同乘一辆战车，检阅部队。

阅兵完毕，齐桓公表达了想和楚国建立友好关系的愿望，屈完说那也是我国的愿望。

最后一个环节是互放狠话。

齐桓公说："这支雄师，谁能抵挡？他们去攻城，哪个城池能不被攻破？"

> 以此众战，谁能御之？以此攻城，何城不克？（《左传·僖公四年》）

屈完答："君上如果以德服人，谁敢不服？君上如果以武力征伐，楚国将以方城山为城墙，以汉水为护城河，您兵力虽多，也没有用武之地。"

> 君若以德绥诸侯，谁敢不服？君若以力，楚国方城以为城，汉水以为池，虽众，无所用之。（《左传·僖公四年》）

姿态做足后，两国在召陵签订盟约，各自收兵回国。这就是召陵之盟。

召陵之盟达到了两个目的："尊王"和"攘夷"。

楚国承诺按时进攻苞茅，这是"尊王"。楚国虽未放下觊觎中原的野心，但其北进的锋芒暂时收敛，这是"攘夷"。

齐桓公不战而霸，中原诸侯盟主的身份也更加稳固。

公元前651年（齐桓公三十五年），齐桓公在葵丘（在今河南省兰考县）再次大会诸侯，鲁、宋、郑、卫、许、曹六国代表参会。

周襄王派宰孔，赐王室祭肉给齐桓公。按周礼，天子赏赐，诸侯要下拜。

姬孔代周天子传话:"伯舅年龄大了,又有大功于社稷,就免了下拜之礼吧。"(周天子尊称同姓诸侯为伯父或者叔父,尊称异姓诸侯为伯舅。)

齐桓公说:"天威不可违背。小白若不下拜,恐怕是对天子不敬,将使天子蒙羞。小白怎敢不拜?"

齐桓公严格按照礼仪走下台阶,依礼跪拜后,登阶,接受祭肉。

> (齐桓公)对曰:"天威不违颜咫尺,小白,余敢贪天子之命,无下拜?恐陨越于下,以遗天子羞。敢不下拜?"(《左传·鲁僖公九年》)

随后,与会各国盟誓:"凡我同盟之人,既盟之后,言归于好。"(《左传·鲁僖公九年》)

这就是葵丘之盟。通过这次盟会,齐桓公成为官方认定的中原霸主。

七、霸主是怎样炼成的

霸业和霸主

公元前684年(齐桓公二年),齐桓公、管仲君臣有过一次对话。

齐桓公问:"社稷能够安定吗?"

管仲答:"国家成就霸业,社稷就能安定;国君不做霸主,社稷就不能安定。"

> 君霸王,社稷定;君不霸王,社稷不定。(《管子·大匡》)

第三章 齐桓公：九合诸侯，一匡天下

齐桓公说："我没这么大的志向，能定社稷就可以了。"

管仲坚持请齐桓公以霸业为目标。被齐桓公拒绝后，管仲拂袖而去。

齐桓公连忙召管仲回来，流着汗说："别走嘛！我听你的，勉强尝试下建立霸业吧！"

在管仲的坚持下，齐桓公"勉为其难"地开始争霸。国家称霸，国君做霸主被定为齐国国策。

霸主是有制度根源的。它实际是介于周天子和诸侯之间的管理层，叫"方伯"。按《白虎通·号篇》所说："霸者，伯也，行方伯之职。"

"方伯"是商、西周时由王室任命的一方诸侯之长。一般由王室功臣、懿亲担任。方伯代王室管理天下的一个区域，担负管控一方诸侯、抵御夷狄侵扰的职责。

因被王室所依仗，方伯国依靠获得的政治特权，得以优先发展。周文王、周武王都曾利用自己商代西伯（西方诸侯之长）的身份，攻灭商的方国，扩大自己的疆域。

西周时期的主要方伯国有齐、鲁、卫、晋、（北）燕。

周王室东迁后，王室衰微，丧失了管控天下秩序的能力。原本只有财权和治权的诸侯国，逐渐脱离周天子的管控，成为事实上的半主权国家，各国混战不断，中国历史迎来了第一个大分裂时期。

方伯，不再由周天子任命，而是靠实力争取。

这才涉及"争霸"。

"争霸"成就的事业是"霸业"，称霸成功的国君是"霸主"，霸主要有实力，霸主也要有责任，霸主的责任是"尊王""攘夷"。

蛮夷和华夏

"尊王"是尊周天子，"攘夷"是攘除蛮夷之患。

那么谁是蛮夷？

蛮夷是相对于华夏来说的。

按地域区分，居住在"天下之中"的是华夏，住在其他地方的是蛮夷。春秋时，蛮夷同华夏错综杂处，界限并不十分分明，但是大致都在华夏的四周。

按文化区分，文化先进的是华夏，落后的是蛮夷。

华夏，代表着文明。文明与否，首先要看生产、生活方式。生活方式最重要的是吃饭和穿衣。

饮食习惯上，东夷和南蛮"不火食"，即不生火做饭，吃生的食物；西戎、北狄"不粒食"，即不吃粮食，只吃肉；夏代和商代，是被称为粟（谷子、小米）文化的王朝，说明他们吃粮食。通过文字记载和考古发现，我们知道他们不仅吃熟的粮食，还掌握了用粮食酿酒的高超技术。

服饰习惯上，吴越不穿衣服，北狄穿着羽毛，西戎披着兽皮，南蛮光着脚板。华夏穿衣服，穿鞋子。吴越断发，戎狄披着头发，华夏束发。蛮夷文身，华夏不文身。

信仰上，蛮夷崇拜生殖器官或者图腾；华夏以人为本，崇拜祖先。

> 东方曰夷，被发文身，有不火食者矣。南方曰蛮，雕题交趾，有不火食者矣。西方曰戎，被发衣皮，有不粒食者矣。北方曰狄，衣羽毛穴居，有不粒食者矣。（《礼记·王制》）

"东夷、南蛮、西戎、北狄"这一把族群和区位概念结合的称呼方式，要到战国才慢慢形成。春秋时，"戎夷蛮狄"只是华夏对文化落后氏族的称呼，不和固定的方位挂钩。当时，但西方有戎族，其他方向也有戎族。

事实上，蛮夷同华夏，有的是近亲，有的是远亲，同源异流，并非异族。姜戎（陆浑戎的一支）就和齐国、许国、申国等国同祖。骊戎为姬姓，他们和周王室同祖，姜姓和姬姓还长期通婚。

而且，是否被划分为蛮夷，还要看他们同华夏的关系好坏，敌对时，蔑称对方为蛮夷，关系好的时候，又视其为同盟。

所以,"戎狄蛮夷"和华夏之间的区分,政治含义大于族群含义。

从西周末年开始,蛮夷对华夏文明造成了严重威胁。

西周王室被犬戎攻破都城,无法收复失地,被迫东迁。

各诸侯国都不同程度受到戎狄的侵扰,一些小国甚至受到了极大威胁。据统计,春秋前期,齐国、卫国、晋国、鲁国、邢国都受到过至少一次狄人入侵。其中,邢国被迫迁都一次,卫国被迫迁都两次,国君卫懿公死于狄人之手,国土大半被狄人占领,连周天子都被赶出过都城。

天子出逃,诸侯迁都,国君被杀,国土沦陷。

蛮夷是华夏共同的敌人。遏制蛮夷侵扰,才能维护华夏文明的发展,确保华夏文明的延续。

外部的威胁,促使诸侯国必须团结起来。

团结需要一个核心。没有核心,会变成一盘散沙,内部混战,会让别人有机可乘,最后任人宰割。有核心,有凝聚力,才能调动最多的人力、物力,抵御蛮夷入侵。

所以,谁有实力,谁能"攘夷",谁能保护我的国家、我的族人、我的文明,我就投谁的票,我的脚步就跟谁走。

西周时,周王室也一直在同戎狄作战。周天子是核心,统一领导诸侯国,集中力量,对付外部威胁。春秋时代,周王室自顾不暇,根本无力抵抗戎狄入侵。

天下需要一个能够团结"诸夏"的强大国家,"霸主"应运而生。

为什么尊王

周天子羸弱,强大的"霸主"却要"尊王",这看起来很不合理。

东周的都城在洛邑,王畿之地在春秋初期还比较大。后来因为分封功臣,王畿之地仅剩下一二百里的范围了,国土面积和卫国、郑国差不多。"霸主"有着强大的势力,何必还抬着周天子这尊大神?

各国疆域大小的等地,大致楚国最大,晋次之,吴次之,齐次之,秦

次之，越、燕次之，宋次之，鲁次之，卫、郑、周最小。(童书业《春秋史》)

因为"尊王"不是恢复周天子的真正权威。"尊王"是"尊天子以令不臣""挟天子以令诸侯"。"霸主"借天子的名义发号施令，通过"尊王"获得话语权，通过盟会制定的协约条款，约束各国行为，形成国家共识，形成新的秩序，有秩序才能发展。

在礼法上，在观念上，在思想上，人们仍认同周天子是天下"至尊"，他是上天的"代言人"，地位在诸侯国君之上。天子是天的代言人，霸主是天子的代言人，所以各国要听霸主的号令。否则同为诸侯国君，应该平起平坐，为什么我要听你的号令。

所以，"尊王"利于内部团结，"尊王"则政治正确。

因为自身实力不够，春秋时期的各诸侯国中还没有一个国家强大到能一统天下。小国陆续被吞并，大国却谁也灭不了谁。因受经济基础制约，各诸侯国的国力，都不足以支撑太长时间的战争。钱不够，人也没有那么多。所以，春秋时期的战争多为点到为止。

谁做出头的椽子，不尊王室，谁就会成为天下公敌，被各方讨伐，这样的战争，各国都无法承受。

所以，为了安全也要"尊王"。

"尊王"和"攘夷"其实是一体的，为了"攘夷"要"尊王"，"尊王"有利于"攘夷"，有利于保护自身安全，保护华夏文明。虽然各诸侯内心都有自己的小算盘，表面上大家却达成一致："尊王""攘夷"。

因为，"尊王""攘夷"符合各方利益。

于是，天子当门面，当旗帜；实力派当家，做核心；诸侯们站队，出力气。

华夏一家亲

诸侯与蛮夷戎狄的战争在平王东迁前已经开始，周幽王被杀，都城被

第三章　齐桓公：九合诸侯，一匡天下

犬戎所毁。周王室东迁后，秦国留在了西周故地，坚强地挺立在西北的土地上，成为华夏阻挡西戎入侵最坚实的屏障。

春秋初期，第一个崛起的国家郑国，也取得了杰出的"攘夷"成绩。

公元前714年（郑庄公三十年），北戎南下，攻打郑国，郑军几乎全歼了入侵的北戎军队，成为华夏抵抗蛮夷的中坚力量。

北戎在郑国碰壁，转而把矛头对准齐国。齐国当时的国力不足以对抗北戎，便去请求郑国援助，郑庄公派太子忽率军救援。公元前706年（郑庄公三十八年），太子忽大败北戎，俘虏戎人将领两人，砍掉了三百名带甲戎人的脑袋。

战后，各诸侯国派出军队，进驻齐国北部边境，帮助齐国防范北戎再次南下。

到齐桓公在位时期，北方的戎族再次成为华夏的威胁。

公元前664年（齐桓公二十二年），北方山戎部落入侵燕国，攻势强大，燕国无力抵抗。燕国向齐国求救，寻求庇护。

齐桓公亲自率军北伐，击退山戎，一直追击到孤竹国（在今河北省卢龙县、滦州市一带），得胜回师。

燕庄公感激齐桓公恩德，亲自送齐桓公回师，一直送到了齐国境内。按照周礼，只有送天子时才能越过国境，诸侯之间相送，不能越过边境线。

齐桓公说："除天子外，诸侯相送不能出国境，我不可以无礼于燕。"

> （齐）桓公曰："非天子，诸侯相送不出境，吾不可以无礼于燕。"（《史记·齐太公世家》）

齐桓公把燕庄公所到的齐国国土全部割给了燕国，还叮嘱燕庄公要尊崇王室，如同周成王、周康王时一样，向天子纳贡。

于是，"诸侯闻之，皆从齐"（《史记·齐太公世家》）。

夷患并没有就此消除，居住在山西东南的赤狄（北狄的一支）更加

凶悍。

公元前662年（齐桓公二十四年），赤狄南侵，进攻邢国（在今河北省邢台市附近），邢国向齐国请求军事援助。

这次，齐桓公犹豫了。戎狄强大，救援别国，难免伤亡。

管仲说："戎狄的性情和豺狼一样，没有满足的时候；诸夏各国都是亲戚，不可以抛下；安乐如同鸩毒，不可过分留恋。"

> 狄人伐邢。管敬仲言于齐侯曰："戎狄豺狼，不可厌也；诸夏亲昵，不可弃也。宴安酖毒，不可怀也。"（《左传·闵公元年》）

公元前661年（齐桓公二十五年），齐桓公率军救援邢国，击退赤狄。两年后（公元前659年），赤狄再次入侵邢国。齐桓公、宋桓公、曹昭公三位国君率领诸侯联军救援邢国。

此时的邢国军队已经无法抵抗，靠着意志强撑着最后一口气，看到援军时，他们全线撤退，投奔诸侯联军。

诸侯联军赶走了赤狄，保住了邢国的军民。但是，邢国国都已在战乱中被毁。齐桓公帮助邢国迁都夷仪（在今山东省聊城市西），齐、宋、曹三国帮助邢国重建都城。夷仪靠近齐国，较为安全。齐国还留下一千名战士、一百辆战车帮助邢国防御赤狄。

同样遭到严重侵扰的还有卫国。

公元前660年（齐桓公二十六年），赤狄入侵卫国（在今河南省淇县）。卫懿公（卫惠公子赤，嗣惠公位）淫乐奢侈，癖好养鹤，给鹤封官位，让鹤乘坐大夫的车，以致失去了民心。赤狄入侵时，国人让卫懿公派鹤去抵抗："使鹤，鹤实有禄位，余焉能战？"（《左传·闵公二年》）

卫懿公虽骄奢，却还有几分血性，他临时拼凑了些人马抵御狄人，在荥泽兵败被杀。

卫国兵败后，赤狄屠戮无辜百姓，追杀卫国百姓一直到黄河岸边。宋国同卫国毗邻，宋桓公亲自组织营救，也只救出了卫国遗民七百三十人，卫国在共邑和藤邑（这两地似乎没有遭到入侵）还有一部分百姓，加在一起卫国只剩下遗民五千人。宋桓公暂时将卫国遗民安置在曹邑（在今河南省滑县附近），卫人立公子申（卫宣公之孙、卫懿公堂弟）为君，是为卫戴公。

齐桓公得到消息后，派公子无亏（齐桓公之子）率领三百辆战车及三千名战士帮助卫国戍守曹邑，防范狄人再度入侵。齐国还给难民带来了赈济物品，包括车辆、马匹、牛、羊、猪、鸡、狗等，还有重建房屋所需的木材等材料，以及国君所需的重要物资。

公元前648年（齐桓公三十八年）春，齐桓公征召诸侯，帮助卫国修筑楚邱的城郭，以防备狄人入侵。

史称"邢迁如归，卫国忘亡"。

齐桓公作为中原诸国的领袖，带领着中原各国在以后数年，团结合作，共同抵御戎狄入侵。

公元前647年（齐桓公三十九年）夏，齐桓公在咸地召集诸侯会盟，研究杞国受到淮夷的侵扰，周王室被戎族侵扰的事情。这年秋天，为防戎狄侵扰周王室，诸侯们出兵保卫王室安全。

公元前646年（齐桓公四十年）春，诸侯们在缘陵筑城，帮助杞国迁都，躲避淮夷之祸。

公元前645年（齐桓公四十一年）春，因楚国讨伐徐国，诸侯们在牡丘盟会，派兵营救徐国。

公元前644年（齐桓公四十二年）秋，周王室又遭戎族侵扰，齐桓公召集诸侯，派兵帮周天子守卫王畿。同年十二月，齐桓公召集诸侯在淮地开会，讨论帮鄫国抵御淮夷以及治理东夷的事情。会后，诸侯们又帮鄫国筑城。

齐桓公联合华夏各诸侯国，组成诸侯联盟，东奔西走，忧劳四方，多次击退了戎狄的进攻，保护周王室不受戎狄侵扰，保护中小诸侯国免遭戎狄蹂躏。

从第二次在鄄城会盟到齐桓公去世，三十多年的时间里，齐国的霸主地位从未动摇过。齐国三次联合诸侯出兵，六次召集会盟，坚决维护周天子的地位，维护嫡长子继承的宗法制，坚决地保护诸夏各诸侯国。

"九合诸侯，一匡天下"（《史记·齐太公世家》），齐桓公与管仲保护中原地区不至于沦亡，维护周天子地位，对于保存华夏文化，延续中华文明，功不可没。

八、宋襄公：开历史倒车的殷商后裔

霸主接班人

齐桓公是当之无愧的霸主，但在处理家务事上，还有个人作风上，就只能算是个庸人了。

齐桓公有三位夫人王姬、徐嬴、蔡姬。三位夫人都没有生下嫡子。姬妾中的六位各有一个庶子：

长卫姬生公子无亏，少卫姬生公子元（齐惠公），郑姬生公子昭（齐孝公），葛嬴生公子潘（齐昭公），密姬生公子商人（齐懿公），宋华子生公子雍。

没有嫡长子，庶子都想当国君。

葵丘之盟后，管仲催促齐桓公早立太子。齐桓公立公子昭为太子，为保障太子昭顺利即位，齐桓公和管仲把太子昭交托给宋襄公（宋桓公之子，名兹父，嗣桓公位），请宋国做太子昭的"外援"。

晚年的齐桓公非常昏聩，身边被佞臣围绕。

管仲病重，齐桓公去探望，询问谁可以接替管仲为相。

管仲说："知臣莫如君。"

没想到齐桓公连续提名的四个候选人都是小人，都是佞臣。

易牙，因为一句玩笑，就杀了自己的孩子讨好君主；开方，是卫国的太子，为了表现自己对齐国的忠诚，背弃亲人，不肯回国；竖刁，有儿有女，为了讨好齐桓公，居然阉割自己，说是方便在后宫侍奉君主；常之巫，说自己会用巫术治病，招摇撞骗。

管仲苦口婆心地劝说齐桓公远离这四个人。可是，齐桓公对他们显然非常信任，管仲的劝谏没有起作用。

在易牙和竖刁（寺人貂）等人的撺掇下，齐桓公私下改立公子无亏为太子。

管仲的苦心安排，付诸东流。

在齐国内政的管理上，齐桓公一直是甩手掌柜，他全权信任管仲，管仲也没有辜负齐桓公的信任。管仲对齐国的霸业至关重要，甚至可以说没有管仲，就没有齐桓公的霸业。孔子曾说："管仲相桓公，霸诸侯，一匡（正）天下，民到于今受其赐。微管仲，吾其被发左衽矣。"（《论语·宪问》）

公元前645年（齐桓公四十一年），管仲去世。

管仲去世后，再也没人能劝谏齐桓公，也没人能压制这些佞臣了。易牙、开方、竖刁、常之巫四人专权，把持齐国国政，齐桓公的儿子们都要谋夺太子之位。

齐国霸业开始走下坡路。

公元前643年（齐桓公四十三年），齐桓公病重，易牙、竖刁等人把齐桓公困在一个屋子里，不让他外出。公子们率各自的党羽争斗不休，打得昏天暗地，齐国陷入空前的混乱。

这年冬天，一代霸主齐桓公被饿死在宫中，尸体在床上停放了六十七天，无人问津。直到易牙、竖刁等人拥立了公子无亏为国君，无亏才将齐桓公收殓。

太子昭逃到了宋国。公元前642年（齐孝公元年）春，宋襄公联合曹、卫、邾三国起兵伐齐，帮助太子昭回国。在诸侯联军的攻打下，齐国国内的国氏、高氏两家设计诱杀了公子无亏和竖刁，准备迎立太子昭。这时，其他几个公子的追随者，攻打回到齐国境内的太子昭，太子昭再次逃亡宋国。

宋襄公坚守承诺，再度发兵讨伐作乱的众公子，在甗（在今山东省济南市附近）打败齐国众公子的势力。太子昭返回齐国即位，是为齐孝公。

此次动乱之后，齐国国力衰落，霸业告终。中原失去霸主，失了重心。宋襄公两次护送太子昭回国，平定了众公子的叛乱。打败了齐军的宋襄公，认为他图霸的时机已经成熟，开始在诸侯国关系中，谋求主导地位。

在齐桓公称霸的这几十年里，宋国一直跟随着齐国的步伐。在众诸侯中，宋襄公最得齐桓公信任。因为宋襄公非常仁义，而且一直很可靠。

仁德国君

宋襄公是宋桓公之子，名兹甫，即位前是宋国的太子。

在宋桓公病重时，他主动提出让位给年长且仁的公子目夷。宋桓公想要答应太子的让位请求。

公子目夷推辞说："推位让国，还有比这更大的仁吗？而且我即位，也不符合继承顺序。"

太子兹甫是嫡长子，公子目夷是庶长子，太子兹甫被封为太子，继承国君之位，符合周代的宗法制度，公子目夷认同并且愿意执行这一宗法制要求，为躲避宋襄公让位，公子目夷去了卫国。

在太子兹甫的观念中嫡长与否无所谓，宋桓公显然和宋襄公一样，并不在乎嫡长与否。因为宋国是商代的后裔，商代的继承制度是"兄终弟及"。

宋国公室使用商王室礼乐，宋国国君家族要接受商的礼乐教训，学习商代的历史知识。

宋国第十三任国君宋宣公病重时，就舍弃了自己的儿子与夷，让位给弟弟公子和。他说："父亲去世儿子继位，兄长去世弟弟继位，这是天下的通义。我要让位给公子和。"

宋人对商代有认同感、有归属感。宋人学习商代历史时,一定会宣扬自己祖先的伟大,也会反思亡国的经验教训,他们可能还会叹息,如果让年长且贤德的微子为国君,商代是不是就不会灭亡。

这些应该是太子兹甫提出让位的思想根源。

因公子目夷的坚决拒绝,出走他国,太子兹甫的让位之举只好作罢。

公元前651年(齐桓公三十五年)三月,宋桓公病逝,太子兹甫即位,是为宋襄公。

宋襄公即位后,以公子目夷为左师,执掌宋国政事,宋国大治。

宋襄公让位体现了美德,在治国理政上又表现出了能力。这是他能被齐桓公信任的基础。

齐桓辅助

宋襄公即位当年的夏天,齐桓公召集诸侯在葵丘召开大会。

宋国是否参会是一个非常难以抉择的问题。按照古礼,天子去世后七个月下葬,诸侯去世后五个月下葬。宋桓公在三月份去世,要等到五个月后,秋天的时候才能下葬。先君没有下葬时,新一任国君要在国内守丧,不参加外部事务,以示哀思之情。

> 天子七月而葬,同轨毕至;诸侯五月,同盟至;大夫三月,同位至;士逾月,外姻至。赠死不及尸,吊生不及哀,豫凶事,非礼也。(《左传·隐公元年》)

所以,按照礼法,宋襄公不能去参会。

鉴于葵丘会盟对齐国非常重要,宋襄公不囿于古礼的束缚,毅然参会,支持齐桓公称霸。葵丘会盟上,周天子赐祭肉,齐桓公的霸主地位得到周王室的认可和诸侯们的拥戴。齐桓公前后共召集了十余次诸侯大会,宋国是唯一参加全部会议的诸侯国。

在"攘夷"方面，宋国也积极响应齐桓公的号召。

我们再回看一下卫国被救援的历史片段，在卫懿公被杀，卫国百姓被屠杀，逃到黄河岸边时，首先伸出援手的是宋国。宋桓公亲自组织营救，在黄河岸边接应卫国百姓，救下了七百三十人，加上共邑和藤邑幸存的百姓，卫国共有遗民五千人。又是宋桓公把这五千遗民安置在曹邑（在今河南省滑县西南）避难。

宋国几乎参加了齐桓公组织的所有"攘夷"活动，东奔西走，拯救诸夏。我们不应该忘记宋国在"攘夷"方面做出的贡献。

齐桓公的盟主地位延续三十多年没有变迁，宋国也支持了齐国三十多年，不辞辛劳。宋国一直是齐桓公霸业的中坚力量，在"齐桓联盟中与齐最亲"（童书业，《春秋左传研究》），宋襄公是最受齐桓公信任的诸侯。这是在长期合作中建立的信任。

因此，齐桓公在世时，把继承人嘱托给宋襄公照拂。齐桓公去世后，宋襄公不负所托，帮齐国平定内乱，扶持太子昭即位。

宋襄公联合曹、卫、邾三国起兵伐齐。鲁国、狄国都出兵救齐。宋襄公能在鲁国、狄国出兵的情况下，击败众公子的势力，说明其兵力不弱。

春秋初年，和郑国大战十年的是宋国，襄助齐桓公称霸诸侯的也是宋国，在黄河岸边勇救卫国百姓的也是宋国。

宋国不是中原最强的国家，却是中原最强大国家的对手或者副手。

求霸失败

宋襄公两次出兵，安定齐国，生出了放眼中原、谁与争锋之感，他准备副手转正，接替齐桓公，做新一代的中原霸主。

为了威慑不服的诸侯，公元前641年（宋襄公十年），宋襄公抓了滕宣公。

宋襄公同曹共公、邾文公在曹国南境会盟。鄫国国君鄫子去的稍迟，宋襄公竟然指使郑文公把鄫子用作"牺牲"，祭祀次睢地方的社神，借此威慑东夷。"牺牲"就是用来祭祀的祭品，用活人祭祀这真是骇人听闻。

曹国不服气，宋襄公又兴兵围了曹国都城。

宋襄公执滕宣公，杀鄫子，围曹国，手段强硬。

《风俗通·五伯》把宋襄公列入春秋五霸。但是，他的霸主地位常被质疑，甚至被认为是一场闹剧。

公元前639年（宋襄公十二年），宋襄公在盂地召集诸侯会盟，想当霸主，却被参会的楚国抓走。当年冬天又被释放回国。

第二年，郑国投靠了楚国，宋国讨伐郑国，楚国攻打宋国，以营救郑国，两国在泓水交战。宋襄公坚持等楚军完全渡过泓水，列好军阵，才开始攻打楚军。结果，宋军大败，宋襄公身负重伤，后因伤势复发，不治身亡。

死掉的宋襄公被骂得很惨，有人说他愚蠢，有人说他落后，有人说他顽固，有人说他迂腐。

质疑是有理由的。

会没开成，人被俘虏了。仗打败了，人还受伤去世了。如此既没有霸气，也没有主宰作用的人，怎么可能是霸主呢？何况，他还犯了不可原谅的错误，杀鄫子做"牺牲"，使用活人祭祀。就更要把他从五霸的候选名单中剔除了。

楚成王也不地道。楚国受宋国邀请出席盟会，事先是有预备会议的。公元前639年（宋襄公二年）春天，宋国在鹿上（宋地）召开过一次会议，只有宋国、齐国、楚国参会。宋襄公希望楚国支持他成为霸主，楚成王答应了。

> 宋人为鹿上之盟，以求诸侯于楚。楚人许之。（《左传·僖公二十一年》）

秋天，宋襄公又在孟地（宋地）召开了规模更大的诸侯会议，与会国家有宋、楚、陈、蔡、郑、许、曹。既然楚成王答应支持宋襄公，宋襄公按照约定召开盟会，这有什么值得质疑的呢？

反倒是楚国，允诺在先，背信弃义在后。各诸侯国也不支持楚国的做法，楚成王迫于鲁国和其他诸侯国的压力，在当年冬天就释放了宋襄公。

俘虏宋襄公，楚国的信誉受到的影响更大。

会前，公子目夷曾建议宋襄公率军队参会，被宋襄公拒绝。宋襄公认为，一个国家不可失信于他国，约定好的事情，就不能更改。

宋襄公也有所防范，他发现楚人的异动后，安排公子目夷回国，主持国家工作，必要时代替自己为新的国君。楚成王兵临城下，以宋襄公为人质威胁宋国人就范。

宋国人说："赖社稷神灵保佑，宋国已经有新的国君了。"

宋国，严阵以待。

可见，宋襄公处事非常果断，而且也提前做好了准备。他自矜信义，为的是尽最大可能争取楚国的支持。

周王室没落，霸主齐桓公去世后，中原失去了"定海神针"，四方蛮夷虎视眈眈，这促使商代的后裔产生了复兴殷商的想法。一些学者认为，宋襄公是要复兴殷商的统治，以争霸为手段重建殷商。

宋襄公要想复兴殷商，周天子是他要推翻的对象，他不可能再尊周王。在这点上，中原诸侯就不可能和他站在同一条战线上，而南蛮楚国更不在乎尊王不尊王。因此，楚国在宋襄公的争霸计划里有着无法取代的地位。

宋襄公希望通过严守军礼，为宋、楚在战后弥合关系做准备。

他要立威，不仅是春秋霸主的威，还有商代后裔的威。所以，使用活人做"牺牲"这种商代陋习，再次被使用。

宋襄公不尊王，不攘夷，完全站在了中原诸侯国的对立面上。"尊王""攘夷"不是齐桓公、管仲凭空发明创造出来的东西，这是由现实状况所决定的，戎狄交侵，不攘夷，就不可能团结诸夏，诸夏危险，华夏文明就危险。

宋襄公逆历史潮流而行,妄图重建殷商。(刘勋,《称霸:春秋国际新秩序的建立》)

这当然非常不得人心,实力强点的诸侯国都不同宋国为一党。童书业先生认为,这时"大概楚、齐、鲁、郑、陈、蔡、邢、狄诸国合成一大集团,共同威胁宋国;宋襄公的一党只有卫、邾、许、滑等寥寥几国,势力实在很是薄弱。宋襄公却不度德,不量力,仍妄想做盟主"(童书业,《春秋史》)。

鲁国大夫臧文仲评论说:"让自己服从众人的意愿是可以的,要众人服从自己的意愿,那是不能成功的。"

> 宋襄公欲合诸侯,臧文仲闻之曰:"以欲从人则可,以人从欲鲜济。"(《左传·僖公二十年》)

宋国的大司马劝谏:"上天抛弃殷商已经很久了,国君想要再次兴盛它,这是不可能的。"

> 楚人伐宋以救郑。宋公将战,大司马固谏曰:"天之弃商久矣,君(宋襄公)将兴之,弗可赦也已。"弗听。(《左传·僖公二十二年》)

宋襄公被复兴殷商的梦想攫住了心智,完全没有意识到,谁能带领诸夏,团结诸夏,抵御蛮夷入侵,谁才能成为新一任霸主。

开历史倒车的宋襄公不可能成为霸主,真正接下齐桓公霸主"接力棒"的另有其人。

第四章

晋文公：一战而霸

一、被偷梁换柱的晋国

曲沃并晋

晋国,是西周最早的封国之一。始封之君是周武王姬发之子、周成王之弟唐叔虞。晋最初的封地在唐(在今山西省太原市),"方百里"。后因迁都到晋水旁,改国号为"晋"。晋成侯时迁都曲沃(在今山西省闻喜县东),晋穆侯时迁都翼(在今山西省翼城县东南)。

晋国早期的历史,史书中记录不多,其中有几代国君的历史甚至是完全空白的。一直到晋穆侯时期,史书对晋国的记载才丰富起来。

晋穆侯,名费王,公元前812年(晋献侯十一年)嗣晋献侯之位。四年后,晋穆侯迎娶齐国宗室女姜氏为夫人,史称齐姜。

公元前805年(晋穆侯七年),晋穆侯随周天子出征,讨伐条戎,晋军战败。恰在此时,齐姜生下他们的嫡长子,晋穆侯为嫡长子取名为"仇"。

三年后(前802年),晋穆侯讨伐北戎,晋军一击即中,大获全胜。齐姜又生一子,晋穆侯为嫡次子取名为"成师"。

当时就有人为此感到担忧。大夫师服说:"国君给孩子起的名字,真是奇怪。长子叫仇,弟弟叫成师,这是预示要出乱子啊!"

公元前785年(晋穆侯二十七年),晋穆侯去世后,其弟殇叔自立为国君,史称晋殇叔。

太子仇流亡国外,四年后,太子仇杀回晋国,夺回君位,是为晋文侯。

晋文侯执政时期正值西周末年,周幽王被杀,诸侯们拥立原太子姬宜臼(周幽王之子)即位,是为周平王。周幽王的残余势力则拥立周幽王之弟姬余臣（一说是周幽王叔叔）为国君，是为周携王。

周王室"二王并立"，西周都城被毁，犬戎虎视眈眈，周携王一系也不能容忍周平王的存在。周平王无法在关中立足，想把都城迁到洛邑（在今河南省洛阳市），依靠几个强大的诸侯国做樊篱拱卫王室。但是，单靠王室力量已经无法完成迁都之举。

关键时刻，晋文侯会同郑武公、秦襄公护卫周平王东迁。后来，晋文侯又率军诛杀周携王，帮助周王室结束了二王并立的局面。晋文侯"尊王攘夷"，深受王室倚重。

《国语》评价："晋文侯于是乎定天子。"

据《左传·昭公十五年》记载："晋居深山，戎狄之与邻，而远于王室。"晋国与戎狄为邻，既受到威胁，也有了更大的发展空间。受地理环境限制，晋国与中原的交往不频繁，这也给了晋国独立发展的机会。

同样获得发展机会的还有秦国。郑国这时也吞并了一些周边的小国。

后来，晋国出了晋文公、郑国出了郑庄公、秦国出了秦穆公。西周覆灭，东周初建，这是一个机会，短暂且易逝。晋国、郑国、秦国都把握住了这一历史机遇。

公元前746年（晋文侯三十五年），晋文侯去世，其子伯嗣位，是为晋昭侯。第二年，晋昭侯封叔父姬成师于曲沃。姬成师，史称曲沃桓叔。

据《左传·桓公二年》记载："惠之二十四年，晋始乱，故封桓叔于曲沃。"时间顺序上，晋国是先"乱"，而后封姬成师于曲沃，大概当时姬成师的势力已经很大，晋昭侯分封也是无奈之举。

大夫师服再次发表评论，表达自己的忧虑："国家本小而末大，怎么会长久？"

一次长达六十七年的内乱，由此肇始。

公元前739年（晋昭侯七年），晋昭侯被大臣潘父所杀。潘父为逃脱弑君的罪责，准备迎曲沃桓叔入翼都，立为国君。

据《史记》记载，曲沃桓叔"好德"，深受民众爱戴，晋国人都去投奔桓叔。但事实恐怕不是这样，这次晋人用脚站队投票，他们是反对桓叔的。同样是《史记》所载，桓叔准备到翼都时，晋人发兵攻打桓叔，桓叔兵败，退回曲沃，晋人拥立了公子平（晋昭侯之子）为国君，是为晋孝侯。潘父被杀。

晋国从此分裂。

住在翼都的，是晋国正统——晋文侯以及文侯的后代。

住在曲沃的，是准备夺权的反政府武装——曲沃桓叔以及桓叔的后代。

八年后（前731年），桓叔去世，其子庄伯嗣位，是为曲沃庄伯。

公元前724年（晋孝侯十五年），曲沃庄伯大举进攻翼都，杀死晋孝侯。晋国军队顽强抵抗，荀等诸侯也出兵援助晋国，庄伯被迫退回曲沃。晋人拥立晋孝侯之子郄（一说是晋孝侯之弟）为国君，是为晋鄂侯。

公元前718年（晋鄂侯七年）春，曲沃庄伯联合郑国、邢国攻打翼都。庄伯还贿赂了周王室，周桓王派大夫尹氏、武氏出兵协助曲沃庄伯。晋鄂侯战败，逃奔随邑（晋地，在今山西省介休市东南）。

这年，因曲沃庄伯背叛了周王室，周天子派虢公讨伐曲沃。晋人在周王室的帮助下，击退曲沃庄伯，立公子光（晋鄂侯之子）为国君，是为晋哀侯。

次年，晋鄂侯被晋国大族迎入鄂邑，"鄂侯"名号由此而来。

公元前716年（晋哀侯三年），曲沃庄伯去世，其子称嗣位，是为曲沃武公。

公元前709年（晋哀侯九年），曲沃武公攻打晋国，俘获晋哀侯。晋人立晋哀侯之子小子为君，是为晋小子侯。

翼都的晋人和曲沃的小宗对抗到底，曲沃亡晋之心不死，晋小子侯嗣位后，曲沃武公派人杀了晋哀侯。后来，又诱杀了晋小子侯。

晋国大宗势力大为削弱。曲沃小宗的势力因此增长。

周桓王再次出手，派虢仲率军讨伐曲沃武公，将武公逼退回曲沃。周桓王又立公子缗为晋国国君，即晋侯缗。

公元前 678 年（鲁庄公十六年），曲沃武公再次出兵，攻灭晋侯缗，翼的大宗被灭。

当时东周已经传到了第四任天子周釐王（一作僖王），周釐王喜好高大的宫殿、华丽的装饰。曲沃武公拿晋国的所有珍宝器物贿赂周釐王。

周釐王承认曲沃武公为晋国国君，组建一军。

六七十年间，曲沃历经桓叔、庄伯、武公三代，杀五位晋君，驱逐一位晋君，取代了翼都的晋国正统。姬成师一系打败姬仇一系，曲沃武公变成了晋武公，这就是"曲沃并晋"。

"曲沃并晋"内乱中被杀或流亡的晋国国君如下：

晋昭侯，第十二任国君，被大臣潘父所杀。

晋孝侯，第十三任国君，被曲沃庄伯所杀。

晋鄂侯，第十四任国君，战败后逃出国都。

晋哀侯，第十五任国君，被曲沃武公俘虏，后被杀。

晋小子侯，第十六任国君，被曲沃武公诱杀。

晋侯缗，第十七任国君，被曲沃武公所杀。

关于晋鄂侯的结局，《左传·隐公六年》记载为，公元前 717 年（晋哀侯元年），逃亡的晋鄂侯被晋国大族迎入鄂邑，"鄂侯"名号由此而来。《史记》则记为晋鄂侯在公元前 718 年（晋鄂侯六年）去世。此从《左传》记载。

公元前 677 年（晋武公三十九年），晋武公去世，其子诡诸即位，是为晋献公。晋国进入了一个快速扩张发展的时期。

晋献公在位时"并国十七，服国三十八"，晋国疆土从黄河北岸伸展到黄河南岸和黄河以西，正是在晋献公开拓的基业上，晋国才开创了百年霸业。

骊姬的阴谋

晋献公晚年宠爱妾室，废长立幼，导致他去世后，晋国再次陷入内乱。

晋献公的原配嫡夫人来自贾国，无子。第二任嫡夫人是齐姜，是齐桓公之女，原是晋武公的妾室，晋献公"烝于齐姜"，生了太子申生和穆姬（秦穆公夫人）。

两位妾室大戎狐姬和小戎子是戎人，大戎狐姬生公子重耳（晋文公）、小戎子生公子夷吾（晋惠公）。

公元前672年（晋献公五年），晋献公灭骊戎（西戎分支，居住在骊山一带），得到两位美人，骊姬和她的妹妹。骊姬生奚齐，其妹生卓子。骊姬被立为第三任夫人。

大戎狐姬、骊姬和骊姬的妹妹，这三个人都是姬姓，晋国的国君也是姬姓。在当时，同姓之间是不能通婚的。晋献公竟然娶了三个同姓女子，他的第二任夫人还是自己的庶母，可见这几位女子都非常美貌，以至于晋献公不顾及社会舆论，突破礼法娶妻纳妾。

骊姬被立为夫人后，奚齐子以母贵，身份从庶子变成了嫡子。

这时申生已经被立为太子，申生也是嫡子，而且年长。只有在申生死亡的情况下，奚齐才能作为"顺位继承人"继承君位。年长且贤德的重耳和夷吾也是有力的竞争者。

按当时的宗法制，国君之位的继承顺序是：第一顺位为嫡长子，第二顺位是嫡长子之弟，第三顺位为庶长子，若有两位年龄相当的庶子同为候选人，则选贤能的，若贤能程度相当，则通过占卜确定。

> 己亥，孟孝伯卒。立敬归之娣齐归之子公子裯，穆叔不欲，曰："大子（嫡长子）死，有母（嫡母）弟则立之，无则长（庶长）立。年钧择贤，义钧则卜，古之道也。"（《左传·襄公三十一年》）

《诗经·板》中说："心怀美德就是安宁，大宗嗣子就是坚城。"（原文："怀德维宁，宗子维城。"）

申生此时就是晋国的大宗嗣子。

第四章 晋文公：一战而霸

骊姬年轻貌美，极受宠爱，而申生的母亲早已经去世。

骊姬想立奚齐为太子，她贿赂了晋献公的男宠梁五和东关嬖五，让他们设法把申生、重耳、夷吾调离都城。

梁五和东关嬖五对晋献公说："曲沃是陪都非常重要，需要有能力的人管理。蒲和屈是边疆重镇也非常重要，也需要有能力的人镇守。谁有能力呢？如此重责大任，只有申生、重耳和夷吾可以胜任。"

结果，太子、重耳、夷吾都被调出国都，太子申生镇守曲沃，公子重耳镇守蒲邑（在今山西省隰县），公子夷吾镇守屈邑（在今山西省吉县）。

只有奚齐、卓子留在了国都。

公元前661年（晋献公十六年），晋献公把晋国的兵力从一军扩充为上、下二军。上军由晋献公统领，下军由太子申生统领，赵夙（战国赵国先祖）驾驭战车，毕万（战国魏国先祖）担任护右。晋国先后灭掉了耿国（在今山西省河津市）、霍国（在今山西省霍州市）、魏国（在今山西省芮城县）。

晋献公把耿地赐给赵夙，魏地赐给毕万，封他们为两地的大夫，还为太子申生在曲沃增修城墙。

大夫士蒍察觉到这是个危险的信号。把新开拓的疆土封给有功之臣是常规操作，把大的城邑封给太子，封太子为卿爵，这是反常的举动。他认为晋献公要改立储君，申生面临着危险。

士蒍劝申生效仿吴太伯（周文王伯父），避走异地，既能保命，还能留个谦让的美名。

离开自己的国家，远走蛮夷之地，放弃太子的身份和唾手可得的国君之位，每一件事都很难。申生没有接受士蒍的建议。

公元前660年（晋献公十七年），赤狄攻打卫国，老巢空虚，晋献公派太子申生讨伐东山的皋落氏（赤狄别种）。

申生出征前，狐突劝太子不要出征，狐突认为晋国具备了祸乱的根源：内宠骊姬，外宠梁武和东关嬖五，嫡子和庶子同等，太子申生的曲沃又是非常大的城邑。

> 大子（申生）将战，狐突谏曰："不可，昔辛伯谂周桓公云：'内宠并后，外宠二政，嬖子配适，大都耦国，乱之本也。'"（《左传·闵公二年》）

春秋时期的君位继承是不看战功的，只看血缘出身，只认嫡庶长贤，申生出征不能给他增加政治资本，反而会遭到非议。

让太子出征本身就是阴谋，太子申生得胜归来，离间太子申生和晋献公的谗言已在宫中兴起。

公元前656年（晋献公二十一年）的冬天，骊姬对太子申生说："国君梦到你故去的母亲齐姜，你快回去祭祀她，再把祭肉拿回来。"

申生返回曲沃祭祀齐姜，而后返回国都，向晋献公进献祭肉。当时，晋献公外出打猎不在宫中，骊姬趁机在祭肉中下了毒。晋献公六天之后才回宫，骊姬借口担心祭肉已经变质。祭地，地面隆起。喂狗，狗倒地而死。又给一个小臣（官名，内侍）吃，小臣也当场毙命。

骊姬哭着说："太子他怎么忍心啊！对父亲都要杀了取而代之，何况是对别人。而且国君您已经是垂暮之人，他居然都没有耐心等国君离世，就要杀了国君。"

晋献公大怒，下令捉拿太子申生。

有人劝太子，申明原委。

申生说："国君老了，没有骊姬，寝不安，食不甘。即使辨明了，国君仍然要发怒。不能这么做。"

申生孝顺，担心父亲失去骊姬后不能安度晚年，他也不想背负弑父的罪名流亡，申生选择了自杀。

这时公子重耳、公子夷吾返回国都，朝见晋献公。骊姬又诬陷他们知道太子的阴谋，却不向国君报告。两位公子得到消息，火速逃出了国都。

第四章　晋文公：一战而霸

公子重耳逃回蒲邑，公子夷吾逃回屈邑。随后重耳逃往赤狄，夷吾逃往梁国，各自流亡。

公元前651年（晋献公二十六年），晋献公去世，骊姬之子奚齐即位。

晋献公知道立奚齐为君，难以服众。去世前委托大夫荀息辅佐奚齐。荀息是实力派人物，曾献计"假道灭虢"，使晋国顺利攻灭虢国（在今河南省陕州区）、虞国（在今山西省平陆县），打通了晋国向中原发展的道路。

荀息受先君之托，忠心辅佐幼主。

晋国国内同情太子申生，支持公子重耳和夷吾的人非常多，他们同样具备强大的实力。

大将里克支持迎重耳回国即位。里克是晋献公开疆拓土的股肱之臣，统帅军队攻无不克战无不胜。晋献公去世一个月后，里克发动政变杀死奚齐。荀息又改立卓子为国君，里克又发动政变杀掉了卓子和骊姬。荀息自杀身亡。

里克派人到狄国（翟国）迎重耳回国，重耳说："我背弃父亲之命出逃。父亲去世我不能尽人子之礼，重耳怎敢回国？请大夫您立其他的公子吧。"

里克等人改为到梁国迎公子夷吾回国。夷吾担心贸然回国会有危险，派人送信给秦穆公，约定如果秦穆公助夷吾当上国君，晋国将割让八座城池作为酬谢。

秦穆公的夫人穆姬是公子申生的同母姐姐，也是公子夷吾的异母姐姐。情分上，秦穆公应该帮助妻弟。帮助公子夷吾回国，秦国能得到土地；扶持一个亲秦的诸侯国君，可以提高秦国的地位，有利于秦国的发展。

所以，秦穆公派军队护送公子夷吾回国。

这时，齐桓公也带领诸侯联军进入晋国，准备处理晋国内乱的事，他见秦国已经出兵护送公子夷吾，就派大将隰朋会合秦军一同护送，做个顺水人情。

公子夷吾回到晋国都城，即位为国君，是为晋惠公。

二、晋惠公：信用破产户

四德皆失

谁都没想到晋惠公竟是个忘恩负义的小人。他回国后撕毁和秦穆公之间的协议，拒不交付土地。

晋惠公派使臣邳郑到秦国传话："起初夷吾许诺把河西之地给您，才有幸做了国君。大臣们却说：'土地是先君的土地，您逃亡在外，凭什么擅自把土地许给秦人？'寡人全力争取，依旧得不到他们的支持，所以来向您致歉。"

他还翻脸无情，全然不顾里克铲除骊姬一党的功劳。

此前晋惠公答应给里克汾阳邑，没有兑现。不仅如此，他还夺了里克的权力。晋惠公说："没有你我当不上国君，虽然如此，但你杀了两位国君、一位大夫，当你的国君是不是太难了。"

里克冷笑着说："不废黜旧君，您能成为国君吗？国君是想杀臣，却找不到借口了吧？真是欲加之罪。臣明白您的意思了。"

里克伏剑自杀。

晋惠公又大肆捕杀里克的同党，邳郑和七舆大夫（晋国高级军官，原属太子申生管理的下军）全部被杀。

公元前649年（晋惠公二年），周襄王派召公出访晋国，晋惠公非常傲慢，遭到召公的讥讽。

晋惠公背信弃义，拒绝兑现诺言，又杀里克，诛七舆大夫，无礼于天子的使者。在国内，国人不附；在国外，和周王室、秦国关系恶化。

晋惠公的脸皮还可以根据需要变厚变薄。

公元前647年（晋惠公四年），晋国发生饥荒。晋惠公派使者去秦国

"乞籴"。

乞籴，是一种睦邻制度，某个部落发生灾荒时，可以向相邻的部落求援。

秦国大夫公孙枝说："施恩给晋国，本就不图回报。受恩不报，晋国的百姓必会与他离心，我们再去讨伐，他没有国人的支持，必败。"

百里奚也说："天灾流行，各国都有，救灾、恤邻是道义，行道义，有福报。"

邳郑之子邳豹流亡秦国，他提议趁灾荒讨伐晋国。

秦穆公说："晋国的君主可恶，晋国的百姓有什么罪过呢？"（《左传·僖公十三年》："其君是恶，其民何罪？"）

秦国出于人道主义，捐弃旧怨，坚持"救灾恤邻"。

秦国救灾的粮食，通过水路运往晋国。船只从秦国都城雍城（在今陕西省凤翔区南）出发，络绎不绝地驶往晋国，史称"泛舟之役"。

第二年，秦国发生灾荒，秦穆公派使者到晋国求助，竟然遭到了拒绝。没错，晋惠公拒绝了。

冬，秦饥，使乞籴于晋，晋人弗与。（《左传·僖公十四年》）

晋国大夫庆郑批评晋惠公："忘恩负义，无亲；幸灾乐祸，不仁；贪逐小利，不祥；激怒邻国，不义。四德皆失，何以守国？"

虢射反驳说："皮之不存，毛将安傅？"

庆郑反问："失信于人，背弃邻国，将来再遇到灾祸，谁还会帮我们？失去信誉，忧患兴起；失去外援，必将衰亡。"

虢射说："我们没给他们土地，他们已经怨恨我们了。给他们粮食会增加他们的势力，不如不给。"

庆郑说："背弃帮助过我们的国家，还幸灾乐祸，我们会被百姓所抛弃。亲近的亲友，都会因此反目，何况是有宿怨的国家呢？"

不论庆郑怎么劝谏,晋惠公都"弗听"(《左传·僖公十四年》)。

而且,晋惠公还发兵讨伐秦国。

晋惠公拒绝卖粮食给秦国。秦国百姓能不怨恨晋国吗?如果两国开战,秦国军民能不上下一心、同仇敌忾吗?

就连穆姬也怨恨晋惠公。

穆姬曾嘱托晋惠公回国后照顾申生的遗孀贾君,再让流亡在外的公子们回国。晋惠公却和贾君通奸,还拒绝让公子们回国。

晋惠公真是把秦国里里外外、上上下下都得罪了。

韩原之战

晋惠公对国家危险的处境毫无察觉,他对自己的愚蠢更加一无所知。

秦穆公任命邳豹(晋大夫邳郑之子)为将,亲率大军进攻晋国。秦军三战三胜,向东渡过黄河,进抵韩原(在今山西省河津市附近)。

晋惠公决定"御驾亲征"。

出征前,要挑选国君战车的护卫和驾车的战马。他通过占卜挑选战车的护卫,占卜得到的结果是庆郑,庆郑总是给他提意见,他很不高兴,另选了一个人。

晋惠公挑选的战马是"进口"马匹,来自郑国。爱提建议的庆郑又说话了:"打仗要用'国产马',熟悉地形,'进口马'人生路不熟的,遇到意外,难以控制,恐怕会陷国君于危险之中。"晋惠公照旧"弗听"(《左传·僖公十五年》)。

晋惠公坐着"进口马"拉的战车开赴前线。

到了韩原,晋国大将韩简奉命侦察秦军虚实。

韩简汇报侦察结果时说:"秦军比我们少,斗士比我们多。"

晋惠公大惑不解,问:"何故?"

韩简说:"秦国多次援助我国,我们没有报答,他们才兴师问罪。国君您不反省自己的过错,及时纠正,向秦国求和,反而倾全国之力迎战,我们的将士士气低落，秦军将士斗志昂扬。如此看来，秦国的斗士又何止比晋国多一倍呢？"

晋惠公不仅"弗听"，还非常生气。

他说："一个人尚且不肯受辱，何况一个国家呢？"

这会儿，他知道脸面的存在了；这会儿，他知道自己代表一个国家了。

韩简回到军营说："咱们能活着做俘虏，就是万幸了。"

九月三十日，两军在韩原决战。

果然被庆郑言中，晋惠公的"进口马"不熟悉地形，掉进了泥潭，晋惠公被俘。

果然被韩简言中，晋军大败，大夫们被俘虏，披散着头发，挡住脸，垂头丧气地跟着晋惠公被押解到秦国。

穆姬很重视亲情，她虽怨恨晋惠公的作为，却不忍心看到弟弟成为阶下囚。穆姬带着子女，以死要挟，请求秦穆公放晋惠公回国。

公孙枝说："可以让晋国用太子换回国君。晋国是大国，无法攻灭，杀了晋惠公，会增加两国仇恨，于己不利。"

秦穆公接受了公孙枝的提议。

晋惠公被释放回国，晋国太子圉入秦国为质，晋国割让黄河以西的土地给秦国。

大败后的晋国再次遭遇灾荒，秦穆公不念旧怨，再次出于人道主义救援晋国。太子圉到秦国后，秦穆公还把女儿嫁给太子圉，归还了晋国割让的土地。

秦国不希望同晋国为敌，秦穆公对太子圉也寄予厚望，希望他将来即位，延续秦晋之好。事情如果按此发展下去，等到晋惠公去世，秦国自然会送太子圉返回晋国即位。没想到，晋惠公病重时，太子圉居然不告而别，逃回晋国，这让秦穆公大为恼火，他决定请流亡在外的公子重耳回来，取代太子圉。

三、重耳：十九年流亡路

逃离晋国后，重耳避难的第一站是狄国（赤狄所建）。

之所以选择狄国，一是因为重耳的母亲是狄国人，狐偃是重耳的舅舅，重耳和狐偃与狄国有亲缘关系，狄国会接纳重耳；二是因为这时的晋国和狄国关系不佳，晋国无法通过交聘手段让狄国交出重耳；三是因为狄国靠近晋国，便于掌握晋国国内时局。

狄国国君收留了重耳。一次狄国讨伐廧咎如（狄国同族，赤狄的一支）时俘获了两个女子叔隗、季隗（应为赤狄首领之女），狄国国君把他们送给了重耳。

重耳娶了季隗，生下伯鯈、叔刘。赵衰娶了叔隗，生下赵盾。赵衰是晋文公五贤之一，赵国的始祖，他的曾孙赵武就是著名的"赵氏孤儿"。

公子重耳在狄国度过了安稳的十二年。

这十二年，晋惠公时刻担心重耳回国取代自己，在他被秦国俘虏又被放回晋国后，他决定派刺客刺杀重耳。

重耳得到消息，再次流亡。

这次重耳的目的地是齐国。

齐国是东方大国，中原霸主。里克杀奚齐和卓子二君时，齐国曾率领诸侯国联军到晋国主持平乱事宜。因秦军护送夷吾回国，齐桓公还顺势加入护送行列，希望拉晋国入伙，把晋国也划入自己的统筹圈，扩大以齐国为核心的中原诸侯国联盟。

齐、晋两国距离远，晋国鞭长莫及，不容易渗透到齐国内部暗杀重耳；齐国的霸主地位，对其他国家也有震慑作用，一般情况下，谁都不想惹怒齐国。这是安全方面的考虑。

还有事业发展的问题。这时管仲（公元前723—公元前645）已经去世，齐桓公痛失臂膀，被佞臣、小人围绕，他需要一个能帮他谋划国事的人。

所以，齐国有同晋国建交的欲望，齐桓公是可以亲近的人。

临行前，重耳和季隗告别："你等我二十五年，如果我没有回来，就改嫁吧。"

季隗笑着说："我已经二十五岁，再等二十五年，恐怕坟茔上的柏树都长得老高了，我等你。"

公元前644年（晋惠公七年），重耳告别季隗，上路而去。

从狄国去齐国，要穿过晋国。

怎么通过晋国是一个问题。很多学者注意到晋国战败后，狄国趁乱打劫占领了晋国的狐厨、受铎二地。重耳可能以军事护送行动为掩护，穿过了晋国。也有可能是重耳向北绕行，经过北方狄人的领地进入卫国。

两种路线，都与狄人有关。

据《史记·晋世家》记载，重耳一行人来到卫国时，"卫文公不礼"。

十六年前（公元前660年），赤狄攻打卫国，杀死卫懿公，大肆屠戮卫国百姓。在宋桓公的救助下，卫国才勉强保住遗民五千人。齐桓公派军队帮助卫国防守，卫国在各诸侯国的救助下异地重建。

没有宋国的救护、齐国的援助、诸侯们的帮助，卫国已经亡国。卫国和狄人间是血海深仇，是家仇国恨。重耳和狄人有亲缘关系，又和狄人关系亲近，自然被卫国视为仇敌。

宁庄子对卫文公说："晋公子是个善人，又是卫国的宗亲。君主不以礼相待，抛弃了礼、亲、善三种美德。臣下希望您重新考虑一下。"

宁庄子接着劝道："我国祖先康叔是文王之子。晋国祖先唐叔是武王之子。武王有大功于周，上天会保佑他的后代。只要周朝没有断绝，承天启运的定是武王后代。武王后代中，只有晋国仍然昌盛。晋国的后代中，公子重耳德行最佳。上天会保佑有德之人，守住晋国祭祀的一定是公子重耳。"

宁庄子认为,如果重耳回到晋国,就会讨伐对他无礼的国家。他非常担心,恳请卫文公早做打算。

卫文公不听劝告。

重耳没有被国君接待,落魄到在卫国境内讨饭。走到五鹿村时,饥肠辘辘的重耳向田野里的农夫讨饭,农夫把土块丢给重耳。

史书没有记录农夫的言辞,如果有记录,应该是一长串骂人话。

重耳很生气,想拿鞭子抽打卫国的农夫。

赵衰劝道:"土者,有土地之意。公子应当拜受。"

重耳转怒为喜,两次下拜后,恭敬地接过土块,放到了车上,继续赶路。

重耳终于抵达了目的地齐国,得到了"齐桓公厚礼"(《史记·晋世家》)。

齐桓公送了重耳马二十乘(一乘四匹马,可驾车一辆,二十乘共八十匹马),还选了宗室女姜氏(齐姜)嫁给重耳为妻。

重耳再娶贤妻,还在齐国再就业,进军齐国政坛,发光发热。

有了足够的财富,生活安逸富足,重耳打算在齐国终老。

重耳到齐国第二年,齐桓公惨死,齐国政局动荡不安,霸业衰落,重耳仍没有离开的打算。

他的追随者还都斗志昂扬,想着有一天能回国,成就一番大事业。

公元前638年(齐孝公五年),齐国的一棵桑树下,狐偃等人不无惆怅地讨论离开齐国的事。一个养蚕的小妾恰好在树上采桑叶,听到这些晋国人要逃离齐国,她隐藏到茂密的枝叶之后。

等狐偃等人离开,小妾立刻报告了齐姜。齐姜害怕万一消息泄露,齐孝公(齐桓公之子)会迁怒重耳,非常果断地杀了这个小妾灭口。

齐姜对重耳说:"您的追随者,想让您离开,得知计划的人已经被我除去。您一定要听从他们,不可迟疑。疑则不成天命,《诗经》上说:'上帝临女,无贰尔心。'武王顺应天命,才得到天下。自从你离开晋国,国无宁岁,民无成君。上天没让晋国灭亡,晋献公也没有其他儿子在世。得到晋国的,除了您还能有谁呢?您要自勉。您有上天眷顾,如果犹豫不决,恐怕会有灾祸。"

重耳说:"我不走,我准备死在齐国。"

齐姜又诗曰子云地讲了很多道理,"公子弗听"(《国语·晋语四》)。

重耳不想放弃现在的安逸生活,不想冒着生命危险去追逐权力。他坚持留在齐国,青春流逝,意志消磨,重耳已经失去了鹰击长空的志向。

齐姜只好与赵衰等人商量,商议后众人决定把重耳灌醉,偷运出齐国。

重耳一觉醒来,发现已经离开齐国。他跳下车子,拿着戈追赶狐偃,大喊:"如果不能成功,我就吃舅舅的肉。"狐偃边逃边说:"事业不成,都不知道会死在哪里,你难道要和豺狼争食?如果成功,公子有的是晋国美食可以享用。狐偃之肉腥臊,有什么好吃的。"

到哪去,又成为一个问题。

齐桓公去世后,中原国家中宋国的实力较强,而且和齐国毗邻。齐孝公回国即位,就是靠宋襄公出兵相助。宋襄公也有接棒称霸的野心。

重耳一行准备去宋国,路过曹国时,"曹共公不礼"。

曹共公听说重耳的肋骨连在一起,就趁着重耳洗澡,偷窥重耳。

曹大夫僖负羁说:"晋公子重耳贤德,又是我国的同姓,身处困境,前来投奔,奈何不礼?"

曹国,国君姬姓,始封之君是周文王第六子曹叔振铎。曹共公也是位不听劝的国君。

僖负羁私下给重耳送了食物,还在食盘下藏了玉璧。重耳收下食物,归还了玉璧。

重耳离开曹国,继续奔向宋国。

重耳到宋国时,宋襄公以国君之礼接待重耳,还送给重耳二十乘马。

宋国司马公孙固说:"宋是小国,现在又遭到困厄,无力帮助公子重耳回到晋国,你们到大国去吧。"

宋国在泓水之战中被楚国打败,宋襄公还被射伤了大腿。宋国国内对宋襄公图霸都持悲观态度。

重耳一行又投奔了郑国,"郑文公弗礼"(《史记·晋世家》)。

叔瞻说:"晋公子重耳贤德,跟随他的人都是国相之才。晋与我国同为姬姓。郑国出自周厉王,晋国出自周武王。"

郑文公说:"诸侯国流亡的公子那么多,安可尽礼!"

叔瞻说:"国君如果不能以礼相待,不如杀了他,免留祸患。"

"郑君不听"。(《史记·晋世家》)

不听包括两个层面,一是坚持"弗礼",二是没有"杀之"。既不以礼相待,也不杀他。完全不予理睬,两只眼睛都看不到重耳,无视重耳的存在。因为现在的重耳不重要,郑文公也不相信重耳明天会变得重要。

中原无处可栖身,重耳只好去投奔楚国。

楚成王按接待诸侯的礼节接待重耳,重耳受宠若惊,不敢接受。

赵衰说:"公子逃亡在外十余年,小国尚且轻视公子,何况是大国?现在大国楚国,使用高规格的礼仪接待公子,请公子不要推辞,这是上天属意于公子。"

楚成王待重耳为上宾,重耳留在了楚国。

一次宴会上,楚成王问:"公子回国,拿什么回报寡人?"

重耳说:"羽毛齿角玉帛,君王多的是,重耳不知道该拿什么报答您。"

楚人自称蛮夷,说话直来直往。

楚成王说:"虽然是这样,难道就不回报了吗?"

重耳说:"不得已的情况下,如果与君王兵戎相见,重耳会后退三舍(九十里)。"

一个落难的公子,远走他乡,颠沛流离,备受冷遇,好不容易得到一个栖身之所,受到礼遇。寄人篱下,却说出将来战场上见这种话。

楚国大将子玉非常生气,他说:"君王厚待晋公子重耳,重耳竟然出言不逊,臣请杀之。"

第四章　晋文公：一战而霸

楚成王说："晋公子贤德，虽久困于外，跟随他的却都是国之重器，这是天命在他，岂可杀之。而且他的话又有什么不对呢？"

数月之后，晋惠公病重，入质秦国的太子圉为顺利即位，逃回了晋国，惹怒了秦穆公。秦穆公听说晋公子重耳在楚国，派使者远赴楚国，邀请重耳到秦国去。

楚成王说："楚、晋相距太远，要通过数个国家才能到达。秦、晋接壤，秦国君贤，公子请努力前行。"

楚成王封了厚礼，送重耳去秦国。

公元前637年（晋惠公十四年）秋，重耳抵达秦国，秦穆公选秦女五人嫁给重耳。

五女中有一位是秦穆公的女儿，后来被称为文嬴，另外四人相当于陪嫁的媵妾。所以，重耳把她们当作仆人一样呼来喝去。一次，重耳盥洗后，把手上的水甩到了其中一位女子身上。

那个女子发怒说："秦、晋地位相同，你为什么低看我？"

重耳觉得此女身份非同一般，连忙请罪。原来她也是秦穆公的女儿，还曾嫁给过晋太子圉，史称怀嬴或辰嬴。

重耳向秦穆公表达歉意。

秦穆公说："寡人的女儿中，她最有才华。圉在秦国为质时，寡人把她许配给圉。寡人担心她曾离异的恶名，因此没有告知公子她的身份。令公子受辱是寡人之罪。此事听凭公子处置。"

辰嬴曾是重耳的侄媳妇，重耳不打算接受她。可秦穆公声称辰嬴是自己的女儿，他也不好得罪秦穆公，这让重耳十分为难。

胥臣说："我们将要夺取圉的国家，又何必在乎娶的是不是他的妻子呢？应该依从秦国君主的意愿。"

重耳接受了辰嬴，秦穆公非常高兴。

公元前637年（晋惠公十四年），晋惠公去世，太子圉即位，是为晋怀公。

晋怀公惧怕重耳返回国内，下令所有追随重耳的人按规定期限返回晋国，逾期就处死他们的整个家族。重耳的舅舅狐偃与狐毛不可能回国，晋怀公杀死了狐偃的父亲，也就是重耳的外祖父。

新君即位，没有着手稳定局势，反而激化矛盾，这引发了国内贵族的强烈不满。他们中很多人得到了重耳在秦国的消息。晋国大夫栾枝、郤谷等人暗中派人劝重耳回国，取而代之。

公元前636年（晋文公元）春天，重耳在秦军的护送下返回晋国。

晋怀公想要抵抗，晋国的将士和民众没人愿意跟随他，他们都翘首期盼一位有德行的国君。

公子重耳，结束了十九年的流亡生涯，回国即位，是为晋文公。三十六岁的晋文公迎来了属于他的时代。

关于晋文公的年龄有不同的说法。一种说法认为，重耳出逃时的年龄是四十三岁，回国时是六十二岁。依据的是《史记·晋世家》的记载："重耳遂奔狄。狄，其母国也。是时重耳年四十三。""出亡凡实十九岁而得入，时年六十二矣，晋人多附焉。"

另一种说法认为，重耳出逃时的年龄是十七岁，回国时是三十六岁。依据的是《国语·晋语四》的记载："晋公子生时期年而亡，卿材三人从之。"以及《左传·昭公十三年》的记载："生十七年，有士五人。""亡十九年，守志弥笃。"杨伯峻先生编著的《春秋左传注》、张以仁先生撰写的《晋文公年寿辨误》都支持晋文公登君位时，年龄为三十六岁的说法。

四、开局就是勤王之功

混乱的卫国

晋文公回到晋国这年，周王室爆发了内乱。

第四章 晋文公：一战而霸

内乱的起因要从多年前卫国的内乱讲起，让我们把时间拉回郑庄公、齐僖公的时代，拉回到春秋时代的第一件弑君大案。

公元前719年（晋鄂侯五年），卫国州吁叛乱，杀死卫桓公，自立为国君。卫桓公和州吁都是卫庄公的儿子，卫桓公是嫡长子，州吁是庶出，是弟弟。州吁杀卫桓公，是弟弟杀哥哥，庶出杀嫡出，臣子杀国君。

大臣石碏平定州吁之乱后，卫人迎回了在邢国作人质的公子晋（卫桓公之弟）即位，是为卫宣公。

卫宣公上台后，卫国更乱了。

乱的首先是国君家庭的男女关系。

卫宣公的夫人是夷姜，他另有一个妾室宣姜（齐僖公之女，文姜之姐）。夷姜原是卫庄公的妾，宣姜曾是太子伋未过门的妻子。卫庄公是卫宣公的父亲，太子伋则是卫宣公的儿子。

卫宣公的一妻一妾，妻是他的庶母，妾是他儿子的未婚妻。

卫庄公在世时，卫宣公就和庶母夷姜私通，生下一子，取名伋（一说急子），他非常宠爱夷姜，也非常喜爱公子伋。卫宣公即位后，立夷姜为夫人，立公子伋为太子，安排右公子职担任太子伋的老师。夷姜后来又生了两个儿子公子黔牟和公子顽。

后来，右公子到齐国为太子伋迎娶宣姜为妻。宣姜一定是位绝色佳人。她的姑祖母庄姜、妹妹文姜都是春秋时代著名的美人。

当宣姜抵达卫国时，卫宣公窥见了未来儿媳的美貌，在儿子正式娶妻之前，他霸占了宣姜。宣姜嫁给卫宣公后，育有公子寿和公子朔。卫宣公安排左公子泄教导他们。

太子伋的身份异常尴尬，他是父亲和庶祖母通奸所生，又是自己庶母的前任丈夫。这让他不得不战战兢兢，时刻小心。

宣姜可不是徒有其表的花瓶，她原本应该是年轻太子的嫡夫人，将来太子即位，她就是国君夫人，现在却变成了老国君的妾室，连带自己的儿子都变成了庶出。她决定夺嫡篡位，凭借卫宣公对自己的宠爱，她和公子朔毁谤太子伋，色迷心窍的卫宣公动了杀心。

卫宣公是个什么样的人？庶母貌美就"烝于"庶母，有了新欢，又把夷姜一脚踢开。夷姜因无法接受失宠的现实，上吊自杀。宣姜现在是他的心头好，他又要为宣姜杀了太子伋。卫宣公派太子伋出使齐国，授予他白色旄节，然后指使强盗在卫国边境杀掉持有白色旄节的人。

虎毒尚不食子，卫宣公的恶，超过了禽兽。

公子寿和母亲宣姜、弟弟公子朔完全不同，他得知了卫宣公的阴谋，立刻去通知太子伋，让他赶快逃走。

太子伋说："违背父亲的命令，潜逃求生，我做不到。"

公子寿用酒灌醉了太子伋，偷走白色旄节，坐上马车赶往边境，代太子伋而死。

太子伋醒来后，追到边境，看到公子寿的尸体，万分悲痛。

他对强盗说："应该死的是我，他有什么罪？请杀死我吧！"

强盗又杀了太子伋，然后向卫宣公复命。

太子伋是伤心赴死的。他伤心，是因为母亲自杀身亡；他伤心，是因为生父要置他于死地；他伤心，是因为弟弟为他而死；他伤心，是不知道要怎么活在这道德沦丧的时代里。

这又是一个为了小妾杀嫡子的故事，这又是一个太子为了孝道，放弃逃命机会的故事。

公子朔被改立为太子。卫宣公去世后，公子朔即位，是为卫惠公。

内乱仍然没有完结。

右公子职和左公子泄，对卫宣公害死太子伋一事非常怨恨，他们发动政变，攻击卫惠公，拥立太子伋同母弟公子黔牟为国君，史称卫君黔牟。

卫惠公逃走，到齐国避难。公元前689年（齐襄公九年），齐襄公联合鲁、宋、陈、蔡四国攻打卫国，护送卫惠公回国。第二年，卫惠公复辟成功，卫君黔牟逃亡。

卫君黔牟是周王室的女婿，他逃到成周王畿，周王室收留了他。卫惠公因此对周王室极为不满。

贪婪的天子

这时的周天子是周惠王，他非常贪婪，得罪了很多国家，得罪了很多人。

人家菜园子好，他给占了，养猛兽；别人靠近王宫的房子好，他给占了；别人的田地好，他给占了；连大臣的俸禄，他也给占了。

菜园被霸占的蒍国国君与失去房产、地产、俸禄的大夫们，联合贵族苏氏发动叛乱。苏氏和周王室的关系一直不好，因为周王室曾用苏氏的土地交换郑国的土地。

叛乱的大夫们拥奉王子颓，攻打周惠王。

王子颓是周庄王庶子，周釐王之弟，周惠王的叔父，他也曾是备受父亲宠爱的小儿子。

叛军失败，逃到了温邑（在今河南省温县西南）。苏氏保护王子颓投奔了卫国。

公元前675年（卫惠公二十五年），卫惠公联合南燕国攻打东周，拥立王子颓为周天子，周惠王逃出国都，流亡在外。

愤怒的郑国

王室发生政变，正是借机"勤王""尊王"的好机会。

公元前674年（晋献公三年）春天，郑厉公（郑庄公次子，郑昭公异母弟）出面调解，没有成功。郑厉公将南燕国国君仲父抓了起来，又把周惠王接到郑国的栎邑（在今河南省禹州市）居住。

秋天，周惠王在郑厉公的陪护下，回到成周王畿，取回了周的宝器。

第二年夏天，郑厉公联合虢叔（虢国国君）攻打叛军，帮周惠王夺回国都，杀死了王子颓和作乱的大夫们，周惠王复辟成功。

为酬谢郑国和虢国，周惠王将酒泉（在今陕西省东部一带）赐给虢国，把从虎牢（在今河南省荥阳市西北）以东，原本属于郑武公的土地重新赏赐给郑厉公。

很显然，周惠王给郑国的赏赐不如虢国，郑国由此对周王室心存不满。

这年（前673年）五月，郑厉公去世，其子踕即位，是为郑文公。

上一代的恩怨还在延续。

我们把时间拉回到晋文公上台这一年。

公元前636年（晋文公元年），郑国的属国滑国叛郑附卫，郑文公兴师问罪，出兵攻打滑国。

这时的周和卫关系有所改善。两国的国君都换了人：周惠王在公元前653年（晋献公二十四年）去世，其子郑即位，是为周襄王。卫惠公在公元前669年（晋献公八年）去世，其子赤即位，是为卫懿公。

对内，卫懿公在国内很不受待见。他的父亲卫惠公在做公子时，向卫宣公进谗言，导致太子伋被杀，卫人对卫惠公、卫懿公父子好感度非常低。对外，卫懿公应该和周王室重新修好，否则周天子不会出面帮卫国说话。

郑国攻打叛郑附卫的滑国，周惠王派大夫伯服、游孙伯到郑国调解争端，希望郑国撤兵。

当年，郑厉公帮周惠王复辟，周王室给郑国的赏赐明显不如虢国。现在周襄王上台，周王室又偏袒卫国和滑国。郑文公非常愤怒，他拘留了天子使者，拒绝听从王命。

周襄王想出兵教训郑国，可天子的王师实力远逊于郑军，周襄王思来想去，把目光锁定在了狄人身上。他派颓叔和桃子引狄人讨伐郑国，狄人攻占了郑国的栎地，周襄王非常满意，为表示对狄人的感激，周襄王立狄女隗氏为后。

大臣富辰极力反对，他说："狄必为患。"（《左传·僖公二十四年》）

周襄王仍坚持立狄女为后，这件事就像在王室埋了根将会引发祸患的引线。

第四章 晋文公:一战而霸

王室的丑闻

王室内部还有上一代周天子埋下的一颗暗雷。

周襄王的父亲周惠王,就是上文中被王子颓赶出国都,又被郑厉公送回国都的那位周天子。他虽然经历了变乱,在处理家务事上还是没什么成长。

周惠王的第一任皇后陈后生了周襄王,陈后去世得早,周惠王又迎娶了一位陈国女子为后,称为惠后,惠后又生一子名带。

惠后和王子带想要夺嫡,事情谋划后正在实施中,主谋惠后就去世了,计划随之被搁浅。

王子带备受宠爱,势力不小。周惠王去世后,周襄王(时为太子郑)惧怕王子带作乱,秘不发丧,向齐桓公告难。在齐桓公的支持下,周襄王才得以顺利即位。

几年后,王子带引来戎人攻打周的国都,烧毁了东周都城的东门。秦穆公、晋惠公攻打戎军,勤王救驾。缓过气来的周襄王,出兵讨伐王子带,王子带逃去了齐国。

后来,周襄王接受大臣富辰的建议,又召王子带回国。

东周时,周天子的地位与日俱降,诸侯争霸,小国投靠有实力的霸主。葵丘会盟时,赐齐桓公王室祭肉的正是周襄王。周襄王想提高周天子的地位,想振兴周的国运。怎奈时运不济,轮不到他做守成之主,也没机会开疆拓土。

成周王畿,面积小不说,根本无处发展。周边这几个大国尊王时是周的藩篱;不尊王时,就是周王室最大的威胁。召王子带回国本意是为和睦王室,提升周王室的形象,依靠宗室力量,增强自身实力。

王子带被召回国后,仍然觊觎王位。狄女隗氏做了王后,他又觊觎王后。

王子带盗嫂,东窗事发,周襄王废黜了隗氏。

暗雷被引线点燃，触发了一系列政治事件。

此前负责和狄人联系的颓叔、桃子害怕狄人报复，改投到王子带门下，帮王子带引狄人攻打周的国都。

天子引狄人攻打自己的诸侯，王子引戎狄人攻打自己的国都，诸侯国君之间搞争霸大战，诸侯国内乱不断，真是乱成一团。

王子带自立为王，与隗氏住在温邑（周地，被狄人侵占，在今河南省温县西南），建立起反政府武装。

周军大败，天子出逃，周襄王逃到郑国的氾邑（在今河南省襄城县南）。

郑国虽对王室不满，但是没有落井下石，还派人给周襄王送了生活必需品。

大国的崛起

中原霸主齐桓公去世后，齐国霸业凋零，南方楚国勃然兴起，对中原虎视眈眈，连宋国国君都到楚国觐见楚王。

中原没有霸主，夷狄再次入侵，天子再次落难。

"尊王""攘夷"的重责大任使称霸中原的第二次绝佳时机出现。

流亡中的周襄王向鲁、晋、秦三国告难。

鲁国的大夫臧文仲说："天子蒙尘于外，我们怎么敢不跑着慰问天子的随从官员。"然后，就没有然后了。

次年（公元前635年）春，秦穆公率领秦军到达黄河岸边，准备会同晋文公一起东进中原，送周襄王回国。

狐偃对晋文公说："求诸侯，得霸业，不如勤王成就霸业。勤王会得到诸侯的信任，而且这是大义。继承晋文侯拥立周平王的功业，宣扬晋国的信誉于诸侯，现在可以做到了。"

秦伯师于河上，将纳王。狐偃言于晋侯曰："求诸侯莫如勤王。诸侯信之，且大义也。继文之业，而信宣于诸侯，今为可矣。"（《左

传·僖公二十五年》）

现在天子在郑国，秦军等在黄河岸边。按常规操作，晋文公应该会同秦穆公东进，抵达郑国后再和郑文公一同商讨如何勤王。晋、秦、郑再次合作勤王。

合作，代表着共赢。

晋文公的野心不止于此。他要想成为最强者，这一票就要单干。晋文公派使者辞谢秦穆公的邀请，又收买草中之戎和丽土之狄，率军抄近道东进，进驻阳樊（在今河南省济源市西南）。

晋文公派右师出兵包围温邑，派左师迎接周襄王。仅用了半个月时间就把周襄王送回了王城，诛杀了王子带。

晋文公去朝见天子，周襄王用享礼接待他。晋文公请求周襄王允许自己死后使用天子的下葬典制。

周襄王说："王室自有王室的章法。晋国还没有取代周的德行，如果天下出现两位天子，也是叔父所厌恶的。"

周襄王借周平王时二王并立之事，自比周平王，警告晋文公如有僭越之举，会和被杀的周携王下场一样。

敲打归敲打，勤王的大功仍需封赏，周王室已经拿不出大块成片的土地赏赐功臣，只得把阳樊、温、原、欑茅四邑赐给晋国。阳樊和原拒绝归属晋国，晋文公率军包围了阳樊和原，靠武力才成功接收两邑。

这四邑位于太行山以南，河水以北，称为"南阳"。晋国得到南阳地区，东进中原，南下争霸就有了"前进基地"。

晋文公出定襄王，开拓南阳，霸业已经勃然兴起。

五、城濮之战（上）

战争背景

楚国是春秋第一大国。

中原老牌诸侯国多，强国多，相互争夺发展空间。楚国地处南方，这里只有他一个大国崛起，楚国野蛮发展，拓地千里，发展为诸侯中疆域最大的国家，成为春秋第一大国。

中原霸主齐桓公去世后，齐国出现君位之争，宋襄公借机争霸，却在泓水之战中受伤惨败。宋襄公去世后，其子宋王臣即位，是为宋成公。

宋国图霸不成，归顺楚国。

宋国从此成为"郑国第二"，开始在南方霸主和北方预备霸主之间摇摆。宋国因此成为被讨伐的对象。宋国依附楚国几年后，晋文公打败狄人军队，消灭王子带叛军，助周襄王夺回王城。

晋国崛起，宋国又背楚投晋。

这时，因鲁国和卫国、莒国结盟，同齐国对抗，齐国出兵攻打鲁国。鲁国派人向楚国求助。楚军受到邀请，正准备北上救鲁，见宋国背弃盟约，于是调转枪头，先行讨伐宋国，出兵围困了宋国的缗邑。

随后，楚军又讨伐齐国，占据了齐国的谷邑（在今山东省东阿县），还把齐桓公的儿子公子雍安置在谷邑，让易牙辅佐他。楚国的申公叔侯带兵驻守谷邑，作为鲁国的援助。

安置好齐国的问题，楚国就要对宋国实施更大的打击了。

公元前633年（晋文公四年）冬天，楚成王亲征，率领郑、陈、蔡、许诸侯国联军围困宋国。鲁国赶到宋国，同诸侯们结盟。

宋国派公孙固到晋国求援。

第四章 晋文公：一战而霸

晋国大夫先轸对文公说道："报施救患，取威定霸，在此一举。"

晋文公避难流亡时路过宋国，曾受宋襄公的厚赠，所以晋国救宋国，是回报当年的恩情，是为"报施"；宋"背楚投晋"，遭到楚国攻击，晋国救宋国，是为"救患"；打败楚国，营救前霸主齐国，前预备霸主宋国，定能扬威天下，霸业即成，是为"取威定霸"。

报恩、救患、取威、定霸。

宋国、齐国一定要救，需要讨论的是怎么去救。

狐偃说："曹国刚归附楚国，卫国新近与楚国结为姻亲。如果讨伐曹、卫，楚国必定营救，齐国、宋国的祸患自会免除。"

曹国和卫国被攻打，楚国作为盟主、霸主、大哥，一定会救援。而且，晋文公流亡时，"卫文公不礼""曹共公不礼"，这时候不打他们打谁？

通过讨伐曹国、卫国进而救宋、救齐的计划确定后，晋文公在被庐阅兵，在原来上、下二军的基础上，增设中军。

中军，以郤縠为将，郤溱为佐；

上军，以狐毛为将，狐偃为佐；

下军，以栾枝为将，先轸为佐。

荀林父为元帅战车的御戎（驾驶员），魏犨为元帅战车的车右（护卫）。

中、上、下三军的将、佐，相当于军队的正、副司令，中军将是晋国军队的元帅。这六人是晋国的六卿，掌握着晋国的军政大权。

侵曹伐卫

被庐阅兵后，晋国正式起兵。

公元前632年（晋文公五年）春，晋文公和卫国借道，准备讨伐曹国，卫国不借，晋军以此为借口先讨伐卫国，攻占五鹿（在今河南省濮阳市附近）。

晋文公当年在卫国挨饿，曾在五鹿讨饭，当地的农民丢了他一个土块，赵衰当时曾预言，土为土地，这代表晋文公将会拥有土地，赵衰的预言应验了。五鹿位于进攻曹国的路上，为方便晋国的战车通过，晋文公要求当地农民把田垄的方向改为东西走向。

二月，晋军中军司令郤縠去世。晋文公破格提拔下军副司令先轸为中军元帅，提拔胥臣为下军副司令。

晋文公、齐昭公在敛盂（卫地，在今河南省濮阳市东南）举行会盟。

卫成公（卫文公之子郑，嗣文公位）请求参会与盟，被晋国拒绝。他想要投靠楚国，卫国人拒绝投靠楚国，就把卫成公驱逐出了国都。

鲁国受到了很大的刺激。

鲁国这时是卫国的同盟，先前卫国被攻击时，鲁国派国卿公子买帮卫国戍守都城。楚人救卫没有成功，卫国战败，鲁国担心被惩罚，派人杀掉公子买，对晋国谎称帮卫国戍守是公子买的个人行为，与鲁国无关；鲁国又害怕被楚国追责，对楚国解释说公子买擅自撤兵，没有尽力守御，这才杀他以儆效尤，鲁国没有责任。

楚国要北上发展，晋国要南下发展。两国必有一场大战。夹在中间的诸侯们忙着站队，只好今天向晋国献媚，明天和楚国邀宠，左右逢源，寻求保护。

三月八日，晋军攻下曹国都城。晋国的军事行动取得了胜利，但是楚军却没从宋国撤离来营救曹国和卫国。

宋国派门尹般赶赴晋军驻地，再次告急。

晋国有三个选择：一是放弃宋国，收兵回国；二是与楚和谈，让他们放弃；三是直接救宋。

晋国若不救宋国，宋国必会投降楚国，晋国将失去威信，不再被诸侯国信任。晋国和楚国谈判，请楚国放弃宋国，楚国必不会接受。所以，只剩下救宋一个选项了。

救宋就要同楚国开战，齐国、秦国又未必肯合作，晋文公很是踌躇。

先轸说："让宋国舍弃我国，去贿赂齐国、秦国，请齐、秦出兵营救。我们抓住曹国国君，把曹国、卫国的土地，分赐给宋人。楚国重视曹、卫两

第四章 晋文公：一战而霸

国，一定不能容忍。齐、秦得到贿赂，楚国也被激怒，一定会因此开战。"

晋国让宋国出面，给齐国、秦国送上厚礼，请求两国出兵援助。晋文公捉了曹共公，把部分曹国、卫国的田地分赐给了宋人，稳固宋国和晋国的关系。

就在此时，楚成王退出了战场。

楚成王返回楚国申县，命令申公叔侯从齐国的谷邑撤兵，命令令尹子玉从宋国撤兵。

楚成王说："不要去跟随晋军与他交战。晋侯流亡十九年，得到晋国。险阻艰难，全都尝过；民生民情，全都知晓。上天给了他年寿，排除了祸患，这是天意，能废弃吗？《军志》上说'允当则归'，又说'知难而退'，又说'德不可敌'。这三条说的就是晋国。"

楚成王苦口婆心地叮嘱"无从（跟随）晋师"，但令尹子玉仍坚持请战。他说自己不是为了立功，而是要堵住谗言祸国之人的嘴巴。

子玉的固执，激怒了楚成王，楚成王留了少量军队给子玉，不再管他。

子玉派使者宛春向晋军传话："卫侯复位，曹国复国，臣下就解除对宋国的包围。"

这真是给晋文公出了个大难题。

如果拒绝子玉的要求，就是放弃宋国，就是使卫国、曹国、宋国罹患苦难；答应子玉，三个国家全都得以安定。子玉一句话，安定了三个国家，而晋文公却只能获得楚国放过宋国这一项战果。

所以，狐偃说："子玉无礼哉！"

先轸又献一计，他说："先答应他。安定三个国家，符合礼。楚人一言而定三国，我国一言而亡之。我们无礼，又拿什么开战呢？不答应楚国，就是抛弃宋国。我们来救援宋国，又抛弃了他，其他诸侯会怎么想呢？楚国有三项恩德，我们结下三个怨仇，怨仇已多，将何以战？不如私下答应曹、卫让他们复国，让他们和楚国离心。再逮捕楚军使者宛春来激怒楚国，等仗打起来再说后面的事。"

晋文公采纳了先轸的建议，许诺卫国、曹国，允许他们复国。得到了晋国的承诺后，卫国、曹国宣布和楚国断绝交往关系。

晋国扣留了楚军使者宛春，违背交聘惯例，是为激怒子玉，引他和晋军决战。子玉中计，被激怒，率军离开宋国，追赶晋军。楚成王退军时嘱咐"无从晋师"，就是担心出现"子玉怒，从晋师"（《左传·僖公二十八年》）的情况。

退避三舍

激怒子玉后，晋军后退了三舍之地，即九十里地，退到了卫国境内的城濮（在今山东省鄄城县西南）驻扎。

晋文公流亡楚国时，楚王以礼相待，晋文公曾说："如果将来不幸同您在战场上相见，我会退避三舍，报答大王的恩情。"现在是他兑现承诺的时候。

楚成王回国，晋文公后退，楚军将士不想继续作战，只有子玉坚持追赶晋国的联军到城濮。（《左传·僖公二十八年》："楚众欲止，子玉不可。"）

晋军中开战的呼声越来越高。

晋文公看到楚军占据了有利的地形，有些犹豫。

狐偃劝道："开战吧！交战得胜，必得诸侯，成就霸业。如果不胜，晋国外有黄河，内有太行山，必定不至于有祸患。"

晋文公流亡时，楚成王对他以礼相待，他因此感到为难。

栾枝说："汉水以北那些姬姓的诸侯国，都是楚国攻灭的。怎么能想着他给你的小恩惠，忘记同姓宗族的大耻辱呢？不如开战。"

晋文公梦到自己和楚成王搏斗，自己被打倒在地，楚成王趴在他身上，咀嚼他的脑，晋文公感到非常害怕。

狐偃说："此梦大吉啊，您仰卧，是预示我们得到天。楚王趴着，是在认罪。脑子柔软，这是我们柔服诸侯之兆。"

晋国的疑虑一一打消，晋军的信念全面建立。晋文公下定决心：决战！

六、城濮之战（下）

大战在即

楚军统帅令尹子玉也做了一个梦。

他梦到河神索要他的帽子。那是一顶纯手工制作，高端私人定制，用华贵的琼玉装饰的，从未戴过的，崭新的皮冠。

河神说："把冠给我，我赐你孟诸泽的水草。"

孟诸泽是中国九大古泽之首，位于宋国境内。水草丰茂，土地肥沃。这是子玉取胜的吉兆，预示着宋国将要重新依附楚国，晋国将被楚军打败。只是有条件，需要把子玉的冠献给河伯。

子玉不想献冠。

大夫孙伯和子西派荣黄去劝说子玉。

子玉拒绝。

荣黄说："献出生命有利于国家尚且要去做。何况只是琼玉装饰的冠？献出像粪土一样毫无价值的冠，利于现在的战事，有什么舍不得的呢？"

子玉不听。

荣黄对孙伯、子西说："不是河神让令尹失败，是令尹不尽心尽力为民，才导致失败。"

这是打心理战的好机会。身为楚军统帅，哪怕自己是无神论者，坚定地站在科学的一边，此时也大可装神弄鬼一翻。在河边搞一个盛大的仪式，条幅扯上，音乐安排上，新闻通稿发出去。不仅能振奋己方将士的士气，还能让晋军产生恐惧心理。楚、晋双方将士都会受到巨大的心理暗示。开战前，就能先胜出一筹。

子玉用一顶帽子的代价，就能提振楚军的士气、打击晋军的士气，他竟然不去做，而吝惜一顶没什么实际用处的冠。所以，荣黄才认为，如果战败，子玉要为战争的结果负责。

大战前一天，晋、楚两军互递战讯。

子玉派斗勃请战，说："楚国子玉请求和国君的将士游戏一番，国君您扶着车前的栏杆观看，臣也可以一观。"

晋文公派栾枝代他回话："寡君收到命令了！楚王的恩惠，寡君不敢忘怀，是以退避三舍，退到了这里。认为大夫您会退兵，你身为臣子怎么敢抵挡国君？既然得不到贵国撤军的命令，烦请大夫告知楚国的大夫们：'驾驶好战车，忠于国事，我们明日清晨，战场上见。'"

这时晋军的主力共有战车七百乘，齐国、宋军、秦国三国也派军队来助阵，军中还有晋惠公时期从秦地迁来的群戎。

晋文公在大战前，登上莘之墟视察军队，他非常有信心地说："这支军队可以作战。"晋军还砍伐树木，赶造了一批新的兵器。

楚国联军的主力是西广、东宫和若敖六卒所属的军队，有郑国、陈国、蔡国、卫国四国和群蛮的军队助阵。卫军是卫成公的流亡政府军。

战争过程

公元前632年（晋文公五年），周历四月二日，晋、楚两军在城濮摆开军阵。

战前，子玉说："今日必无晋矣！"（《左传·僖公二十八年》）

大战开始，晋军下军副司令胥臣把战马蒙上虎皮，全力冲击陈、蔡两国军队。陈、蔡两军仓皇奔逃，楚军右师随之溃散。楚军的战斗力很强，陈军和蔡军很弱，他们是楚军的薄弱之处。

接着，晋军上军司令狐毛故意派了两辆车，载着代表大将所在的大旗向后跑。晋军下军司令栾枝，命令战车拖着树枝向后奔跑。

楚左师见晋上军大将后撤，晋下军和楚右师的阵地尘土飞扬，误以为晋军全面撤退，于是冲出阵地，攻击晋上军。

晋军等楚左师进入晋上军所在区域后,晋中军元帅先轸、副司令郤溱率领晋军精锐将楚左师拦腰截断,与晋上军夹击楚军左师,楚军左师溃败。

子玉如果冲出阵地去救援,他的左右翼都没有保护,中军精锐也将陷入危险,子玉无可奈何,收住中军,撤出战场,避免蒙受更大的损失。

城濮之战布阵图

晋　军		
大旗后退	拦腰截断楚国左师	击退楚军右师 柴薪起灰
上　军 将:狐毛 佐:狐偃	中　军 将:先轸 佐:郤溱	下　军 将:栾枝 佐:胥臣
左　师 子西		
冲出阵地,追击晋军 被拦腰截断,大败		
	中　军 子玉、若敖六卒	
	撤出战场	右　师 子上、陈军、蔡军
		败退
楚　军		

城濮之战,楚军战败,这是楚国在中原战场遭受的第一次惨败。

晋军住进楚军的军营中,吃了三天楚军留下的粮食,休整好后才班师回国。

子玉刚而无礼,勇而无谋。从战役的过程看,子玉身为主帅,在战前没有进行战术布置,导致三军各自为战。

楚成王得到子玉战败的消息,派使者对他说:"大夫如果回国,不知道要如何向阵亡将士的乡亲父老交代?"

子玉自杀谢罪。

子玉固然有错，楚成王就没有责任吗？

他身为一国之君，若不许子玉出战，就不要给他士兵，若许他出战，就给他谋臣和精锐。留少许的兵给子玉，这不是陷子玉和楚军于不利的境地吗？

楚成王也有难处。春秋时期的国家，国君的权力没有帝国时期的皇帝大，或者说当时还是比较"民主"的，民众甚至可以在公开场所讨论国政的得失，国君被国人驱逐出境也是发生过的，大夫们的权力也很大。留下子玉，很可能是无奈之举。

子玉的自负也是有原因的。楚成王称得上一代霸主，当时鲁、卫、郑、陈、蔡等国均已归附楚国。齐国受到楚国的攻击，宋国也受到楚国攻击。当年霸主齐桓公率领八国军队，也不敢和楚军决战。

可见，楚军的强盛，楚国的强大。

但是楚成王一没有"尊王"行为；二没有"攘夷"，因为他本身就是蛮夷；三是城濮之战大败，因此被排除在"春秋五霸"的名单之外。他的手下败将宋襄公却位列其中，偏居一隅的吴、越两国也榜上有名。

楚成王，可惜！

城濮之战战败，使楚国北进中原的战略受挫。战后，郑国、鲁国、陈国、蔡国等原来依附楚国的国家纷纷倒向晋国。

晋国的胜利，被视为华夏对蛮夷的胜利。

晋文公继护送周襄王回王城，平灭王子带叛乱的"尊王"之举后，又取得了"攘夷"的巨大战果。

为对付狄人，晋国在三军之外又建立三行，为在形制上区别于周天子六军，后来又改为五师。楚国后来也与晋国通好，北方狄人的势力也开始衰落。

童书业先生认为："自从城濮一战之后，蛮族的势力一落千丈，中原反危为安，转弱为强。晋文公'攘夷'的功绩确是远在齐桓公之上！"

（童书业，《春秋史》）

践土会盟

晋国一战而霸，成为中原的新霸主。

晋文公向周天子献俘，周天下策命晋文公为"侯伯"，即诸侯之长。晋文公的霸主地位获得了官方认证，他"持证上岗"，召集诸侯盟会。

首次会议在郑国的践土（在今河南省原阳县）召开，晋、鲁、齐、宋、蔡、郑、莒、卫八个国家参会，周天子受到邀请，莅临会议举办地。

会议当天，周王室大臣王子虎邀参会诸侯共同盟誓："与会诸侯，同心协力，辅佐王室。诸侯之间，互不侵害。有渝此盟，天神降罪，兵败亡国，子孙老幼，无一幸免。"

这次盟会，史称"践土之会"。

温地会盟

这年（公元前632年）冬天，晋国召集诸侯在温地（在今河南省温县）会盟。晋、鲁、齐、宋、蔡、郑、陈、莒、邾、秦十个国家与会。

温地会议，晋文公召周天子参会，为掩饰这一无礼行为，晋文公邀请周天子到南阳狩猎，还到天子狩猎的地方朝拜。

南阳是此前周天子赏赐给晋国的封地，那块地方周王室一直无法控制。在赐给晋国前，其中的温地还曾被赐给过郑国，郑国接收失败。晋国勤王，周王室又把这块地赐给了晋国，短短几年，包括温地在内的南阳已经彻底臣服于晋国。

晋文公请天子到南阳打猎，有显摆的嫌疑。

晋文公与齐桓公相比更多了几分霸气，周王室则比齐国称霸时更加衰落。大家虽然还打着"尊王"的招牌，实际已经不把周王室放在眼里。

这次会议以"讨不服"为主题。

当时，对晋国不服的是卫国和许国。许国留待会后通过武力解决。会上主要处理了卫国的问题。

晋文公通过类似于"国际法庭"的形式,处理了一场卫国的诉讼案。诉讼的一方是卫国国君卫成公,另一方是卫国大夫元咺。

卫成公在城濮之战中被驱逐出境,卫国国政暂由卫成公的弟弟叔武管理。流亡期间,卫成公派大夫元咺回国,帮叔武管理卫国。叔武和元咺积极争取同晋国和解,还派代表参加了晋国在践土组织的会盟,全力争取让卫成公回国执政。卫成公却听信谗言,处死元咺之子元角,杀回卫国,杀死弟弟叔武,夺回政权,元咺逃到晋国避难。

霸主晋文公最终宣布卫成公有罪,由卫国的臣子代他接受刑罚。卫国的士荣被杀,鍼庄子被砍了脚,卫成公被送入周王室所在地囚禁。

晋文公主持"国际法庭",担任审判长,强势邀请周天子,不仅让周天子为他站台,还要执行他所做出的决议。这是春秋时代第一次通过"国际法庭"的形式,解决诸侯国内部争端。

会后,晋文公带领温地会议的与会诸侯共同讨伐许国。因晋文公生病,晋军无功而返,讨伐许国的事情被暂时搁置。

在晋文公称霸期间,中原诸侯国之间的混战得到遏制。当"至尊"的周天子无法维持秩序时,由一个至强的国家元首担任事实的领导核心,解决诸侯国争端,抵御戎狄入侵对保护华夏文明发展,意义非凡。

公元前628年(晋文公九年),晋文公去世,其子欢嗣位,是为晋襄公。在晋文公留下的一批老臣、能臣的辅佐下,晋襄公继续称霸中原。

第五章

秦穆公：天子致伯，诸侯毕贺

一、奠基者们

秦国的祖先是商代的诸侯。

传说中，嬴姓之族是颛顼的后裔。女脩食了玄鸟卵生始祖大业，大业之子伯益（一名大费），帮大禹治水，又帮舜调训鸟兽，被赐嬴姓。大费的子孙"或在中国，或在夷狄"。殷商时，其先人"在西戎，保西垂"（《史记·秦本纪》），是商的诸侯。

嬴姓一族的衰落，始于西周建立。

武王灭商时，杀了秦世祖蜚廉、恶来父子。恶来的后代又有人成为周的臣子。封地在赵城的一支是战国赵国的先祖；封地在秦邑（位于渭水上游，秦川东岸，靠近宗周王畿）的，继承了嬴氏的祭祀，称为秦嬴，当时是周的附庸，不是诸侯，这一支后来发展为秦国。

周厉王时，秦邑的秦仲被封为大夫，讨伐西戎，兵败被杀。秦仲有五子，长子即秦庄公。秦庄公兄弟子承父业，带七千人西征，大破西戎。秦庄公因功被封为西垂大夫。秦庄公去世后，其子秦襄公即位，这时秦仍不是周的诸侯。

嬴姓一族的复兴，始于西周灭亡。

公元前771年（秦襄公七年），周幽王被犬戎所杀，秦襄公带兵护卫周王室，"战甚力"（《史记·秦本纪》）。次年，秦国和晋国、郑国一同护送平王东迁洛邑（在今河南省洛阳市），躲避戎寇。周平王封秦襄公为诸侯，赐给他岐山以西之地。

岐山以西之地是"沦陷区"，当时被西戎占据，要靠秦国自己打下来。秦国建国，就注定了要扩张。

第五章 秦穆公：天子致伯，诸侯毕贺

开场很不顺利。

秦襄公在位时，多次讨伐西戎，都没有成功。有"产权证"，地却在别人手里拿不回来，找周天子打官司也打不成。当初约定好了，产权给你，能不能拿到，就看秦国自己的实力和运气了。

公元前766年（秦襄公十二年），秦襄公讨伐入侵岐山地区的西戎，不幸在途中去世，其子秦文公即位。

秦文公带领族人到秦嬴的封地筑城定居，他设立史官，制定法律。

平王东迁二十一年后（公元前750年），秦文公大败西戎，戎族被赶出岐山一带，秦文公组织流亡周人返回旧地安置，把岐山以东献给了周王室。

秦国的发展史，堪称一部和西戎的作战史。

公元前714年（秦宁公二年），秦国攻打西戎亳国核心基地荡社。公元前713年（秦宁公三年），秦国讨伐西戎亳国，大败西戎，亳王出奔，秦国占领荡社。公元前704年（秦宁公十二年），秦国攻取西戎部落荡氏。公元前697年（秦武公十年），秦军讨伐戎族彭戏氏，打到了华山脚下。公元前688年，秦国灭邽戎、冀戎。公元前687年（秦德公元年），秦军灭小虢。

秦国的领土不断扩张，公元前677年，秦国迁都到雍，占领了渭河平原，也就是"关中"地区。

公元前659年（秦穆公元年），一位在秦帝国崛起道路上至关重要的君主即位，他就是秦穆公。

秦穆公嗣秦成公位，秦成公是穆公的兄长，他有七个儿子，却把国君的位置传给了弟弟。这说明秦成公一定经过了慎重的考虑，在这番考量中，秦国的发展被放在了最重要的位置上。

事实证明，秦成公的选择非常成功。

秦国虽为东周的诸侯国，又有大功于王室，但因位于西周故地，戎狄杂居，文化较为落后，一直被华夏视为夷狄小国。《史记·秦本纪》说："秦僻在雍州，不与中国诸侯之会盟，夷翟遇之。"

自平王东迁，秦国一直在扩张发展，它之所以还是小国，是因为原来更小。谁也想不到，最后结束诸侯混战，统一华夏，建立大秦帝国的，会是这个西北边陲的小国。

小国，发展不容易，争霸，更是难上加难。

秦国也是一个蒸蒸日上，有着旺盛生命力的国家。随着土地的扩展、人口的增长，原来粗犷的行政管理体系已经无法适应国家的发展。秦国急需擅长顶层设计的管理人才。这个人才随着秦穆公的夫人，一起"嫁"进了秦国。

为同晋国搞好关系，开辟东进的道路，秦穆公求娶了晋献公的女儿穆姬（晋文公异母姐），两国联姻通好。

晋国灭虞国时，虞国的俘虏中有一位七十多岁的老人——百里奚（姜姓，百里氏，名奚），他是虞国的大夫，被俘后，晋国把百里奚选作了穆姬的陪嫁媵臣。

从一国大夫到陪嫁奴仆，百里奚不堪受辱，进入秦国境内后，百里奚逃跑了，逃得很远，从西北的秦国，逃到了南方的楚国边境。楚国人误把他当成了秦国的间谍。百里奚再次身陷囹圄，被罚牧牛。百里奚的才干被秦穆公知晓，他派人用五张羊皮赎回了百里奚。

人生七十古来稀，七十岁的年纪在古代是高寿了，百里奚偌大年纪，辅佐的国君国家被灭，自己一次被俘虏，一次被抓，颠沛流离。当他再次被装在囚车中，心里的绝望可想而知，他可能已经预想了自己会老死在秦国，死前还要经受痛苦和折磨，这种折磨主要是理想和抱负无法实现后来自精神上的折磨。

就在百里奚绝望的时候，秦穆公亲自为百里奚打开了囚锁，真心求问国家大事。

百里奚说："亡国之臣，有什么值得询问的呢？"

秦穆公说："虞国的君主不用你，乃至亡国，这不是你的过错。"

秦穆公和百里奚恳谈数日，对百里奚的治国理念非常欣赏，授以国政。

第五章 秦穆公：天子致伯，诸侯毕贺

百里奚从亡国俘虏、陪嫁奴仆、阶下囚徒，一跃成为一国之相，后人因百里奚是用五张羊皮换来的，称他为"五羖大夫"。

秦穆公重用百里奚，在秦国的发展史上至关重要。如同管仲辅佐齐桓公称霸一样，百里奚也成功辅佐秦穆公称霸。

治国需要人才，百里奚首先解决的是人才问题，他向秦穆公推荐了蹇叔（子姓，蹇氏）。

蹇叔是宋国人，百里奚是虞国人。早年两人游历时在齐国相遇。百里奚当时非常落魄，蹇叔收留了他，两人成为好友。百里奚积极入世，蹇叔淡泊名利。百里奚擅长做事，蹇叔擅长识人，更善于审时度势。

百里奚曾有三次出仕的机会。

齐襄公被害时，公孙无知掌握了齐国政权，百里奚想去碰碰运气。蹇叔认为公孙无知不会长久，后来公孙无知被杀。

王子颓政变时，百里奚恰好在王畿，他急于从政，想投靠王子颓的伪政府。蹇叔预测王子颓政变不可能成功，后来王子颓果然被杀。

因为蹇叔阻止，百里奚躲过了两次杀身之祸。

百里奚要回虞国时，蹇叔说虞国国君昏庸，不听劝谏，不值得追随。多年蹉跎，百里奚心急如焚，这次他没听蹇叔的劝告。结果虞国被灭，他做了俘虏。

秦穆公求贤若渴，他派人带着厚礼和百里奚的书信去请蹇叔。蹇叔对贵重的礼物无动于衷，直到使者拿出百里奚的书信，蹇叔才决定结束隐居。秦穆公以蹇叔为上大夫。

主明臣贤，百姓受益，国家发展。秦穆公在蹇叔、百里奚等贤才的辅佐下，教化民众，秦国的政治、经济、文化获得巨大发展，国势日盛。这为秦国从一个文明落后、国家管理落后的小国，发展成为引领中华文明进程的大国奠定了基础。

百里奚的儿子孟明视，蹇叔的儿子白乙丙、西乞术也都得到了重用，孟明视、白乙丙、西乞术后来都成为秦国的著名将领。秦穆公用五张羊皮

换回了百里奚,得到了五个人才,人均才一张羊皮,这笔生意做得太划算了。

二、蜜月阴谋

单方面分手

因秦穆公曾护送晋文公回国即位,晋文公在世时,晋国和秦国一直保持着比较友好的关系,算是秦晋的"蜜月期"。

其间,也有两次不愉快。

一次,营救周天子的订单,晋文公甩开秦穆公单干了。

另一次,两国一起讨伐郑国,秦穆公甩开晋文公,同郑国结盟,撤军回国。记载这件事的散文《烛之武退秦师》很出名,被选进了课本。

公元前630年(秦穆公三十年),因郑国在和晋国结盟的同时,又和楚国结盟,为阻止楚国势力向北蔓延,晋文公、秦穆公带兵包围了郑国。

晋军屯兵函陵(在今河南省新郑市北),秦军屯兵氾南(古泛水之南,泛水故道在今河南省襄城县南)。

夜幕降临,郑国的说客烛之武,一位没受到过重用,已经退休的老人,被绑在绳子上,悄悄地被顺下城墙,送出了郑国的都城。

烛之武见到秦穆公,帮秦国分析利害关系。

灭掉郑国,对秦国有好处吗?没什么好处。越过晋国,把郑国作为秦国的边境,管理很难。

灭掉郑国,对秦国有坏处吗?有!将会使邻国强大。

不打郑国,秦国有损失吗?没有损失,还有好处。好处是在中原多一个同盟,可以作为日后开拓疆土的基地。

同盟晋国值得信任吗?不值得信任。首先,这个国家有历史污点。晋文公的兄弟晋惠公，就是个反复小人，国君您是吃过他的亏的。您帮助晋惠公回国，他答应给您焦、瑕二地。结果呢？他才渡过河水，就反悔了。

更重要的是晋国要发展，无非是东、西、南、北四个方向，晋国征服完东面的郑国，是不是就要向西扩张了？晋国的西面不就是秦国吗？不攻打秦国，晋国怎么扩张呢？

所以，晋国迟早会和秦国成为敌人。

秦穆公不得不思考。秦国为什么要用自己将士的生命，壮大明天的敌人，自己却得不到多大益处呢？

开战的原因是"以其无礼于晋，且贰于楚也"，这和秦国根本没什么利害关系。秦国参与，无非是想获得利益，得到现实的好处或者提升秦国的影响力。

在秦国和晋国的多次合作中，秦国的地位没有获得大幅度的提升。城濮之战，秦国和齐国、宋国同为战胜国。秦国是被晋国拉下水的，在战场上是"助战"，不是主导。战争胜利，晋文公向天子献俘，被周天子册封为"侯伯"，主导诸侯国会议，充当诸侯国事务的裁判。晋文公一战而霸，在霸主光芒的掩映下，其他诸侯国都是跟随者。

秦穆公是晋文公的恩人，但是两人在中原舞台上合作时，晋文公是主导者。

秦穆公意识到是时候调整对晋策略了。他迅速做出决策：结盟，留后路，撤军。

秦国与郑国结盟，留下一支军队，帮助郑国协防，"使杞子、逢孙、杨孙戍之"（《左传·僖公三十年》），撤兵回国。

晋国大夫狐偃请求追击秦军。

晋文公说："如果不是这个人，我无法成为国君。"晋国也撤军回国。

这是秦、晋"蜜月期"结束的前奏。

反目成仇

公元前 628 年（秦穆公三十二年）冬，晋文公去世，公子欢即位，是为晋襄公。

晋国国丧，无暇他顾。秦穆公派孟明视、西乞术、白乙丙三员大将东征郑国。

郑国总是挨打。

因为夹在大国中间，尤其是争霸的大国中间，郑国无奈地左右摇摆，被迫成为骑墙派。因为骑墙，总是挨打。郑国之所以被逼得左右摇摆，频繁被攻击，是因为它所在的位置非常重要。

郑国毗邻周王室所在地，齐国向西，楚国向北，晋国向东，都要通过郑国。秦国要称霸中原，郑国是必争之地，秦国要向东发展，距离中原腹地各国的距离都过远，如果能征服郑国，就可以以此为根据地，向四面发展。所以，秦穆公在这里埋了钉子，留了人马。

秦穆公留在郑国的军队到发挥作用的时候了。杞子、逢孙、杨孙等人在郑国三年，对郑国的内政了如指掌，赢得了郑国的信任，帮助掌管郑国国都北门的钥匙，有他们做内应，秦穆公成功的概率很大。何况，郑国经历多年打击，国力疲敝。更何况，秦军是偷袭。

秦穆公仿佛看到了胜利的曙光，秦国的将士也充满了必胜的信心奔向郑国。

公元前 627 年（秦穆公三十三年）的春天，秦军进入成周王畿，路过周王室国都北门，秦军士兵只是脱掉头盔应付了事，刚跳下车，就立即跳回车中，显示自己的英勇。按照周礼规定，各国军队在经过周国国都时，需要下车步行，以示恭敬。年纪尚幼的王孙满预言："秦师轻而无礼，必败。"（《左传·僖公三十三年》）

秦军偷袭郑国，蹇叔坚决反对。

蹇叔说："劳师远征，将士疲敝，士气衰竭。而且千里行军，谁会不知道呢？秦军的动向，必定会被郑国所知晓，又何谈偷袭？"

事实如蹇叔所料，周王室的王孙能看到秦军，其他人也能。秦军行进到滑国时，就被郑国的商人弦高发现了。

弦高准确判断了秦军的来意，立即派人回国送信，向郑穆公预警。

郑国收到消息，定会有所防范，使秦国无法偷袭。秦军如果继续前进，兵临城下时，郑国还是要面临一场危难。如果能让秦军撤军回国，才是上上策。

弦高决定为国家彻底化解这场危难。弦高自称是郑国的使节，不顾个人安危，进入秦国军营，同秦军主帅谈笑风生，代郑国国君问候秦军，拿出自己的十二头牛、四张牛皮作为劳军的慰问品。

与此同时，郑穆公收到了弦高的预警，他派人探查秦国人的动静。回报的人说："秦国人装好了战车，磨快了兵器，喂饱了马匹，进入了一级战备状态。"

郑穆公派人给秦国人下了逐客令："你们在鄙国太久了，鄙国已经拿不出粮食和肉招待你们了，听说你们将要离开。要不你们去鄙国的猎场打几只麋鹿带回去，算是鄙国的一点心意。"

知道事情败露，杞子逃到了齐国，逢孙、扬孙投奔了宋国。秦军也知道行踪败露，无法再偷袭，就不再前进，但本着"贼不走空"的原则，就近灭了滑国（姬姓，在今河南省偃师区境内），班师回国。

郑国保住了，滑国被灭国，晋国被惹恼了。

他们痛恨秦国"不哀吾丧，而伐吾同姓"（《左传·僖公三十三年》）。

郑国、滑国、晋国同为姬姓。

先轸说："现在讨伐秦师是天命，违天不祥，必伐秦师。"

栾枝说："放任秦军离开，会带来'数世之患'。"

晋国国内同仇敌忾，决定在秦军的归途进行伏击。你偷袭，我也偷袭，以彼之道，还施彼身。

晋襄公还在孝期，他把白色的丧服染成了黑色，发动姜戎（姜姓戎人）参战，率军埋伏在崤山（在今河南省渑池县、洛宁县一带），准备截击回师的秦军。

秦军出发前，蹇叔曾哭着对出征的儿子说："晋人一定会在崤山设伏，我要到那里为你收尸了。"

公元前627年（秦穆公三十三年）四月十三日，秦军走到崤山，遭到晋军的伏击，全军覆没，尸横遍野，无人掩埋，秦军主帅孟明视、西乞术、白乙丙被俘。这是春秋时代的第一场伏击战、歼灭战。

晋襄公全歼秦军后，回国安葬晋文公。

晋襄公的嫡母文嬴是秦穆公之女。联姻公主的身份决定了她在关键的时刻会帮助秦国。孟明视、西乞术、白乙丙是秦国最重要的将帅，文嬴决定营救三人返回秦国。

她对晋襄公说："他们离间两国君主，敝国寡德之君恨不能吃他们的肉。不如把他们交给秦君处理，让他们回秦国接受刑罚，满足一下敝国国君的愿望，怎么样？"

晋襄公听了嫡母的建议，放孟明视、西乞术、白乙丙三人回国。

晋国中军元帅先轸知道此事后大怒，在晋襄公面前大发脾气。晋襄公后悔不及，连忙派人去追。但此时秦国的三员大将已经驾船，驶离了黄河河岸。

孟明视在船上稽首行礼，说："感谢贵国君主，没有把臣军前衅鼓。下臣回到国内，如果被处死，死且不朽；如果敝国君主因贵国君主的仁爱之心，愿意赦免下臣的罪过，下臣与您约定，三年之后再拜谢国君大德。"（《左传·僖公三十三年》："若从君惠而免之，三年将拜君赐。"）

三人回国后，秦穆公身着凶服，到国都外亲自迎接。

秦穆公哭着说："孤悔不听蹇叔的忠言，让你们受辱是孤的罪过。"

主帅孟明视官复原职，秦、晋的交锋还在继续。

两年后，秦晋在彭衙（在今陕西省白水县）再次交战，秦国再次战败。因孟明视曾说"三年将拜君赐"，晋人讽刺秦军为"拜赐之师"。

一年后（公元前624年），秦晋又一次交锋。秦穆公亲率军队，渡过黄河讨伐晋国。秦军为表不取胜、不回师的决心，烧毁了渡河的船只。随后攻占了王官和郊邑两地。

晋人不敢应战，坚守不出。秦军从茅津济过河，再次进入崤山，掩埋了三年前崤之战中阵亡将士的尸骨。他们默哀，祭奠，告诉秦国的将士们，为国家而战的人不会被遗忘。

三、称霸西戎

秦穆公掩埋了崤之战的阵亡将士后，率秦军返回国内。

这次出兵晋国，虽然秦军和晋军没有真正交手，但秦军在晋国的土地上来去自如，又到崤山掩埋、悼念了阵亡的将士，秦军终于从崤之战的阴影中走了出来。

此后，秦穆公展开了针对西戎的兼并战争。

在秦国周边的戎人中，绵诸国实力最强，绵诸王号称西戎王，名义上是周西方各戎族的王，其实这只是一个非常松散的"协会"。据《史记·匈奴列传》记载，西戎"各分散居溪谷，自有君长，往往而聚者百有余戎，然莫能相一"。西戎各自为政，互不统领，很容易被各个击破。

秦国和西戎之间，有战，有和，有通商，也有联姻。西戎王"闻缪公贤"（缪公，即秦穆公），派使团出访秦国。

西戎使团的团长由余是晋国人，他的先祖在晋国内乱时逃到了西戎，由余在西戎长大，他会说晋国话。由余既是"晋国通"，又是"西戎通"。

西戎使团抵达秦国后，秦穆公非常热情地接待他们，带着他们去参观秦国的宫殿、粮食、宝物。

由余说："使鬼为之，则劳神矣。使人为之，亦苦民矣。"（《史记·秦

本纪》）

秦穆公是一位非常有进取精神的国君，他在治国的时候，也产生了很多疑问。见由余说到了"苦民"的问题，他借机提出疑问："中国以诗书礼乐法度为政，治理国家，却经常发生动乱，戎夷没有这些法度，靠什么治理国家呢？"

由余答："中国正是因此而乱。黄帝制定了礼乐法度，以身作则，仅仅实现了小治。后世的人，日益骄淫。法度的威仪，只用来约束百姓。导致上下交争怨而相篡弑。戎夷和华夏不一样，他们上含淳德以遇其下，下怀忠信以事其上，一个国家的治理，如同一个人身体的治理，上下一心，不用做什么就能达到治世，这是真正的圣人之治。"

秦穆公茅塞顿开，学以致用，马上用到了实战中。既然"日益骄淫"会导致"上下交争怨"，继而"相篡弑"，那就让西戎王"日益骄淫"。

秦穆公给西戎王送了女乐十六名。音乐美妙，女色惑人，西戎王沉迷于声色犬马，竟然长达一年的时间没有带领部落迁徙。这正是由余说的"日益骄淫"。

秦国要搞"西部大开发"，由余正是他需要的人才。秦穆公一边对西戎王用美人计，一边也在实施反间计。秦穆公以各种理由阻止由余离开。一年后，才放由余回国。

由余返回了西戎，因为绵诸长时间不迁徙，牛羊没有充足的牧草，已经死掉了一半。他非常痛心，劝西戎王勤于国事，远离酒色。西戎王被酒色所惑，看到由余就感到束缚和扫兴。而且由余滞留秦国久久不归，也让西戎王对他深表怀疑。

秦穆公派人多次邀请由余。由余知道留在西戎已经没有意义，他悄悄离开西戎，投奔秦国。

秦国祭奠完崤之战阵亡的将士后，发动了对西戎各国的战争，由余是总策划师，孟明视是战场总指挥。

公元前 623 年（秦穆公三十七年），秦国"益国十二，开地千里，遂

第五章 秦穆公：天子致伯，诸侯毕贺

霸西戎"（《史记·秦本纪》）。

周天子派召公赐秦穆公金鼓，鼓励他继续擂响进攻戎人的战鼓。秦穆公"攘夷"的功绩，得到了周天子的官方认可，正式成为霸主。

后来秦孝公在颁布的《求贤令》中说："昔我缪公（秦穆公）自岐雍之间，修德行武，东平晋乱，以河为界，西霸戎翟，广地千里，天子致伯，诸侯毕贺，为后世开业，甚光美。"（《史记·秦本纪》）

秦穆公重视引进人才，使用人才。虞国人百里奚、宋国人蹇叔做顶层设计、战略规划。岐州人公孙支、晋国人邳豹专注于对晋事务。晋人由余全面负责对西戎的战事管理。孟明视等将领在战败后仍得到重用，在对西戎作战时屡建功勋。

秦穆公是有远略的，他的远略就是秦国必须融入华夏文化圈，必须向东发展，进军中原。为了东进，他即位之初就同晋国联姻，他护送晋惠公回国，又护送晋文公回国。

秦穆公称霸西戎，扩大了秦国的统治面积，为后来秦灭六国奠定了基础。

但是，他也犯了严重的错误，这个错误导致他去世后，秦国发展长期停滞不前。

公元前621年（秦穆公三十九年），秦穆公去世，使用活人殉葬，殉葬人数高达一百七十七人，著名的贤才子车奄息、子车仲行、子车针虎也在其中。时人哀之，做《黄鸟》纪念。

当时就有人说秦国"不为诸侯盟主"是天经地义，秦国"不能复东征"是理所当然。活着的时候求贤若渴，死了却杀掉这些人陪葬，各国人才对秦国望而却步。

春秋五霸比较流行的版本有两种。一是《荀子·王霸》所说，齐桓公、晋文公、楚庄王、吴王阖闾、越王勾践；二是齐桓公、晋文公、楚庄王、秦穆公、宋襄公，载于《风俗通·五伯》。

《荀子·王霸》把秦穆公排除在霸主名单外，同时被踢出去的还有宋

141

襄公，因为秦穆公杀活人殉葬，宋襄公杀活人祭祀。这些肮脏、冷酷的制度，不尊重人的生命，违背人道主义，他们被踢出去，符合人道主义思想，符合仁，符合道，符合义。

春秋一世，宋国在宋襄公之后，沦为霸主的"小弟"，秦国在秦穆公之后，再无建树。

第六章

楚庄王：问鼎中原

一、休眠状态,勿扰!

楚成王:一代雄主

比秦穆公、宋襄公更有霸气,更像霸主的是楚成王。

楚成王是楚国的第三位王,他在位四十六年间(公元前672—公元前626),齐桓公称霸、宋襄公图霸、晋文公称霸。

齐桓公率领诸侯联军,浩浩荡荡杀奔楚国。遇到楚成王,却不敢同楚国决战,两国订立召陵之盟;宋襄公遇到楚成王,一次被绑架,另一次被射中了大腿,没过一年就呜呼哀哉了;城濮之战,晋文公打败楚国令尹子玉称霸中原;秦穆公和楚成王同样被视为蛮夷戎狄,楚成王的势力对中原霸主造成了巨大威胁,秦穆公则一直被晋国阻挡在西部地区。

楚成王几乎和同时代的霸主都较量过。他和齐桓公势均力敌,同晋文公、晋襄公难分伯仲,比秦穆公、宋襄公影响力更大。

论实力,他不差,论盟会,他开的不少。如此英雄,也没能免俗,又是同一个剧本:废长立幼。

楚成王想废掉太子商臣,改立王子职。

华夏的宗法是立嫡立长,楚国崇尚武力,他们的惯例是选择年富力强的年轻人为继任者。楚国令尹子上曾说:"楚国之举,恒在少者。"(《左传·文公元年》)

楚成王的太子是商臣,具体出生年份不详。通过楚成王在位四十六年、商臣是长子这两点来推测,楚成王四十六年时,商臣应该已经人到中年。

商臣证实了自己要被废的消息后,去找老师潘崇商议对策。

潘崇问:"能谨慎为人,侍奉他人为君吗?"

商臣答:"不能。"

潘崇问:"能离开楚国,去流亡吗?"

商臣答:"不能。"

潘崇问:"能行大事乎?"(《左传·文公元年》)

商臣答:"能。"

大事,就是造反弑君,杀掉楚成王,也就是商臣的亲生父亲。

公元前626年(楚成王四十六年),商臣带着披甲士兵围住了楚成王,楚成王请求再吃一次熊掌,也被无情地拒绝了,楚成王带着遗憾自缢而死。

据《左传》记载,商臣给楚成王选了"灵"为谥号,"灵"是"恶谥",楚成王不肯闭眼。商臣只好改"灵"为"成",楚成王才肯闭上眼睛。

多年后,他们有一个后代用上了这个恶谥,"楚王好细腰,宫中多饿死",其中提到的那位楚王被称为楚灵王,也是自缢而死。

楚成王去世前一年,晋文公去世。楚成王去世五年后,秦穆公去世。这些争霸天下的国君,在人生和历史的舞台上同时谢幕。

商臣即位,是为楚穆王。

这时正是晋国霸业的兴盛期,楚、晋都积极地寻求第三国的支持。

晋襄公不是位长寿的君主,他在执政的第七年便撒手人寰,太子夷皋继位,是为晋灵公。晋国权臣争立新国君,大权旁落,晋灵公荒淫无道,晋国开始衰落。

楚穆王先后灭掉了江(在今河南省正阳县)、六(在今安徽省六安市)、蓼(在今河南省固始县)等小国。

公元前618年(楚穆王八年)春,楚国大夫范山对楚穆王说:"新上任的晋国国君年少,志向不在称霸诸侯,我们可以趁机北上。"

楚穆王挥师北上,攻打郑国,郑国求和;攻打陈国,占领了壶丘(在今河南省新蔡县东南),陈国也向楚国求和;正准备攻打宋国,宋国国君连忙求和;攻打麇国(在今湖北省郧阳区附近),一直打到了麇国国都;

拘了舒国（在今安徽省舒城县、庐江县、巢湖市一带）、宗国（在今安徽省舒城县、庐江县附近）的国君，围困巢国（在今安徽省六安市东北）。

楚国势力发展到江淮地区。楚国的霸业基础，打得非常坚固。

公元前614年（楚穆王十二年），楚穆王去世，其子侣（一作吕、旅）即位，是为楚庄王。

楚庄王：三年不飞

楚庄王即位时，不足二十岁，符合楚国对国君的期望：年富力强。

楚穆王去世，新君即位，立足不稳，此前臣服的舒国等国，趁机发动叛乱。楚国令尹子孔、太师潘崇率兵讨伐舒、蓼等国，内政大权交由公子燮（楚穆王之子，楚成王之孙）和子仪代管。

子仪，曾被秦国俘虏。后来秦国调整策略，想与楚国结盟，释放子仪回国，这一作法促成了两国结盟。楚国因他曾被俘虏，没有给他奖赏，他怀恨在心。

子仪怨恨未除，公子燮想取代子孔做令尹，两人发动叛乱挟持国君，威胁令尹。

楚庄王莫名其妙就做了阶下囚。

公子燮的目标不是做国君，而是做令尹，他派人刺杀令尹子孔，没有成功。他想在国都挟持天子，发布号令，无人听从。令尹子孔知道他发动叛乱，带大军返回郢都，公子燮等人挟持楚庄王，逃离郢都，准备前往商密。

经过庐邑时，当地官员假意热情接待，暗中埋伏了甲士。主犯公子燮被剁成肉泥，其他从犯被一网打尽，楚庄王被护送回郢都。

回到郢都后，楚庄王"不发一言"，长达三年的时间中，这位年轻的国君没有发布一条政令，吃喝玩乐，骄奢淫逸。

楚庄王这样做的原因不详，只能靠推测，靠猜。可能是他受了政变的刺激，感到生命无常，想及时行乐。可能是权臣把持朝政，楚庄王羽翼尚不丰满，他是蛰伏待机。也可能是他无法确定大臣和国人的政治倾向，对能否得到支持，持观望态度。

楚国前四任君主——武王、文王、庄王、穆王在位时，国土面积高速扩张。楚庄王一言不发，庞大的国家只能靠惯性运转，靠楚成王执政四十六年、楚穆王执政十二年形成的有效管理体系在运转。

公元前611年（楚庄王三年），楚国发生大饥荒。戎族进攻南部边境，庸人带兵反叛，麇人预备伐楚。

戎族攻打楚国的西南方，打到阜山（在今湖北省房县），驻兵大林（在今湖北省荆门市），接着又攻打楚国的东南方，打到了阳丘（在今湖北省钟祥市），进攻訾枝（亦在今湖北省钟祥市）；庸人（在今湖北省竹山县）率群蛮叛楚；麇人携百濮之族在选地（在今湖北省枝江市）聚会，预备去伐楚。

北方对楚国的威胁也很严重，楚国申、息两地的北门戒严，不敢打开。时局非常严峻，危机非常严重。

楚人已经讨论是否要迁都到阪高去。

蒍贾反对迁都，他说："我们能去的地方，敌人也能去。不如讨伐庸人。麇人和百濮，认为我国饥荒，不能出师，因此准备攻打我国。若我国出师，他们必会惧怕返回。百濮分散，他们各自返回所在之地，谁还会谋划攻打我国的事情？"

果然，楚国出兵十五天后，百濮纷纷撤军。

楚国上下团结一心，优先保证军队的粮食供给。楚军在首战不利的情况下，采取诱敌深入的策略。楚军七次佯败后，庸人对楚军不再设防，楚军夹击庸军，楚的盟国秦和巴也出兵帮助楚国（秦国在崤之战后与楚国结盟）。群蛮见形势逆转，背弃庸国，与楚国结盟。楚国从此把庸国从地图上抹去了。

楚国的危机解除了。

若追究原因，楚庄王有不可推卸的责任。他执政仅仅三年，楚国就失去了中原的多块根据地。诱发这次危机的直接原因是饥荒,饥荒是天灾所致,还是人祸所致?

即使是天灾,如果政府及时作为,有些灾情是可以预防甚至可以消除的,至少可以减少灾荒的影响程度。唐开元年间,崤山以东爆发蝗灾,在宰相姚崇的主持下,朝廷组织官方灭蝗,在连续几年都爆发蝗灾的情况下,也没有造成饥荒。

我们现在要问,楚国发生了什么样的自然灾害,导致如此大的灾荒,才被群起而攻之?如果是出苗不好,有没有及时补种?如果是雨水不足,有没有安排灌溉?如果是发生了确实难以抵抗的自然灾害,国家有没有组织强有力的救援,有没有安排出国采购粮食?

国君不作为,导致国家机器不运转,黎民百姓遭殃,楚国命运堪忧。

有人说他是韬光养晦,韬光养晦也可以管管种地,搞搞纺织。身为国君,"即位三年,不出号令,日夜为乐",还挂出了"免谏牌",牌子上写着:"谁劝我,杀无赦。"(《史记·楚世家》:"有敢谏者死无赦!")

随意处死进谏的大臣,这样的国君还需要韬光养晦吗?一个人如果取得了重大的成就,他年轻时候的种种不成熟,甚至荒唐的行为,常常会被解读为"是有原因的""是迫不得已的"。

人需要时间,更需要经历去成长,国君也是人,霸主也是人。

大臣伍举思来想去,编了一个谜语,准备劝谏楚庄王。伍举进入宫廷,看到楚庄王左手抱着郑国的美女,右手抱着越国的美人,坐在钟鼓之间,喝着美酒,听着音乐,唱着歌。

伍举说出他的谜面:"有一只鸟,住在高高的土岗上,三年了,不展翅飞翔,不发声鸣叫,这是什么鸟呢?"(《史记·楚世家》:"有鸟在于阜,三年不蜚不鸣,是何鸟也?")

楚庄王只是消极怠工,他不傻,伍举讽刺他是一只不会飞、不会叫的鸟。年轻人的好胜心发作起来。

楚庄王豪气冲天地回答:"三年不蜚,蜚将冲天;三年不鸣,鸣将惊人。"(《史记·楚世家》)这就是成语"一鸣惊人"的来历。

牛皮容易吹,落到实处很难。楚庄王勤劳国事没多久,又想起了香醇的美酒、悦耳的音乐、妩媚的美人,再次"不飞",也"不叫"了。

大夫苏从无法忍受,冒死进谏。

楚庄王大怒,问苏从:"你不知道寡人的命令吗?进谏者,杀无赦。"

苏从说:"杀了臣一人,换回一个明君,臣死也值得。"(《史记·楚世家》:"杀身以明君,臣之原也。")

楚庄王深受触动,大臣肯为国家献出宝贵的生命,国君为什么不能约束自己,控制自己的欲望呢?楚庄王"罢淫乐",专心处理国政。他整顿内政,处死违法乱纪的官员数百名,启用有才能的人,提拔才德俱佳者数百人,还把内政交给伍举、苏从管理。于是,"国人大说"(《史记·楚世家》)。

就是在这一年,楚国灭了庸。

楚国"商农工贾,不败其业"(《左传·宣公十二年》),重新振兴,王者归来。

二、一飞冲天

楚国内乱平息,外患亦除,国势日盛,如旭日东升。

此时中原的霸主晋襄公已经去世,晋国霸业中衰,随着楚国的再次崛起,中原各国开始见风使舵,重新考虑自己的立场。

晋襄公的继任者晋灵公贪财好利,讨伐齐国,齐国给他贿赂,他半途而废。讨伐宋国,宋国也给他送了贿赂,他又半途而废。郑国见楚国富强,晋国无信,在公元前608年(楚庄王六年),叛晋与楚国结盟。

郑国,背晋联楚。

宋国、陈国,则背楚亲晋。

宋国是因为挨打,晋国率联军攻打它,它只好求和,与晋结盟;陈国是因为生气,陈共公去世,楚庄王没有派人吊唁,继任的陈灵公一怒之下与晋结盟。

楚庄王以此为契机,进军中原,亲率大军,联合郑国,攻打宋国、陈国。晋大夫赵盾率军营救宋、陈二国,与宋军合兵一处,攻打郑国。

你打我的小弟,我就打你的与国。

蒍贾率楚军营救郑国,楚、晋两军在北林(在今河南省新郑市北)遭遇,楚军俘虏晋国大夫解扬,晋国撤军回国。

同年冬天,晋国想在对秦战场上找回面子,重塑强国形象,派兵攻打秦国的盟国崇国,意图吸引秦国出兵,秦国没有上当。晋国又去攻打郑国,报北林战败之仇。晋国与秦国、郑国的关系更加紧张。

楚庄王六年,这一回合,楚国小胜。

公元前607年(楚庄王七年)春,楚国指使郑国攻打宋国,郑、宋在大棘(在今河南省睢县南)交战,宋军大败。秦国出兵攻打晋国,报去年冬天晋国侵犯崇国之仇,围住了焦。

夏天,晋国大夫赵盾解除了焦的围困,联合宋国、卫国、陈国攻打郑国,以报春天大棘之战的仇。楚庄王派斗椒统兵救援郑国,赵盾寻了个理由,悄然退兵。

楚庄王七年,第二回合,楚国再胜。

楚国渐强,晋国渐弱。

正如《左传》所说:"于是晋侯侈,赵宣子(赵盾)为政,骤谏而不入,故不竞于楚。"(《左传·宣公元年》)

公元前606年(楚庄王八年),楚庄王讨伐陆浑之戎(在今河南省陆浑村),这里离东周的王畿之地很近。楚庄王率楚军逼近洛水河畔,陈兵在周王畿边境,在周天子眼皮底下,搞军事演习,耀武扬威。

周定王派大夫王孙满劳师。楚庄王向王孙满询问周王室九鼎的大小轻重。

鼎是国家权力的象征。九鼎相传为大禹所铸,使用的青铜来自天下九州，象征着夏对部落联盟的领导权。楚庄王问鼎的轻重，意在挑战周天子的权威。

王孙满答："国家兴亡，在德不在鼎。"

楚庄王说："楚国折下戈戟之尖，足以做成九鼎。"

王孙满问："君王难道忘了夏桀和商纣王的往事吗？大禹铸鼎，德佩九州，夏桀乱德，鼎传于殷商六百年。商纣王暴虐，鼎传给了周。周德休明，鼎虽小亦重。"

接着，王孙满警告楚庄王："周德虽衰，天命未改。鼎的轻重，不是你能问的。"

楚庄王听后，没有继续追问，收兵回国。这就是"问鼎中原"典故的由来。

楚庄王心中没有"尊王"的意识，楚国最初只是一个小封国，之后的发展全靠自己，庄王问鼎是动了吞并周国、取代周王室的心思。王孙满的回答，让他看到周王室虽然衰微，但还是有能人、贤才辅佐。当时中原各诸侯国表面上还在"尊王"，他认为彻底摧毁周王室的时机未到。楚庄王回国后应该继续积蓄实力，等他兵强马壮时，什么德、什么鼎，都将不再有任何意义。

此后，又是楚和晋两个大国，夹攻墙头草的混乱局面，今天讨伐，明日报仇，结盟又背盟，背盟又复盟，循环往复。这些中小诸侯国，都是大国称霸的筹码。

郑国，是这些倒霉蛋中最倒霉的。

为了生存，郑国确立了"谁打我，我和谁结盟"的原则。既然晋国、楚国都没有信誉，不讲道德，只是致力于武力征服，郑国为什么要信守盟约呢？

公元前598年（楚庄王十六年），楚国、陈国、郑国在辰陵（在今河南省淮阳区西）结盟。随后，郑国又背楚附晋。公元前597年（楚庄王十七年），楚国再次讨伐郑国，这次他们包围了郑国十七天。

郑国人想要求和，到太庙占卜，得到的结果是不吉。他们出动军车准备与楚军巷战，再次占卜，得到的结果是吉利。郑国国都的人聚在太庙中痛哭，将士们在城墙上痛哭，准备与楚国决一死战，决不投降。

楚庄王见郑国举国痛哭，想再次招降郑国，下令退兵。郑国借机修好了城墙，坚持抵抗。楚军重新包围了郑国国都，攻打了三个月，才把郑都攻破。楚兵入城，郑襄公"肉袒牵羊"，迎接楚庄王，请求不要灭掉郑国。

楚庄王退兵三十里，派大夫潘尪进城与郑襄公结盟，郑国大夫子良入楚为质。

晋景公（晋文公之孙、晋成公之子，嗣成公位）派出全部主力营救郑国，走到黄河岸边时，晋军收到了郑、楚议和的消息，晋军内部产生了严重的意见分歧。

荀林父和士会主张退兵。中军元帅荀林父（中军将）认为郑国已经投降楚国，再去营救没有意义，不如等楚军退兵，再去攻打背弃盟约的郑国。他认为楚国强大，最好不打，郑国弱小，是个软柿子，可以随便揉捏。

上军司令士会也认为楚国强大，不可与之争锋，不宜同楚军开战。

中军副司令先縠坚决反对退兵，主张与楚军作战。他认为："如若霸业在我们手中失去，还不如去死。"先縠不听号令，擅自行动，率部下渡过黄河，追击楚军。

司马韩厥对荀林父说："先縠带偏师渡河，若有不测，你是主帅，部下不听号令，定会受到责罚。不如一同进军，即使战败，也是三军将佐一同被治罪，比主帅一人担责的好。"

荀林父带着"如果战败，大家共同分担责任"的想法，率晋军渡过黄河。

此时，楚军北进至郔邑（在今河南省郑州市附近），打算饮马黄河，班师回国。楚庄王得到晋军渡过黄河的消息，准备迅速撤军，避免和晋军交战。

大夫伍参（伍奢祖父，伍子胥曾祖父）主张开战。

令尹孙叔敖反对开战，说："去年打陈国，今年打郑国，不是没有打仗。如果和晋国开战，不能取胜，你伍参的肉，够我们吃吗？"

伍参说："如果开战不能取胜，说明你孙叔敖谋略不行；若不能得胜，伍参的肉早就被晋军吃了。大夫怎么吃得到。"

孙叔敖是一代贤相，楚国连续对外用兵，如果再同晋国开战，恐怕国家负担过重，所以孙叔敖主张避战，他命令回车向南，倒转旌旗，准备撤军回国。

伍参身份是"嬖人"。"嬖人"指很受君王宠幸，但地位很低的人。"嬖人"给人的印象是除了争宠，其他什么都不懂，眼里没有国家的利益，只有国君的宠爱。这类人通常是以成事不足、败事有余，巧言令色，陷害忠良的形象出现的。这是一种刻板印象，其实很多在国君身边受宠的人，也很有谋略，他们也爱国，也忠君。

伍参就是这样的一个人，他认为如果开战，楚军必胜，这是一个难得的机会，稍纵即逝。见无法说服孙叔敖，他立即面见楚庄王。

伍参陈述了楚军能战胜晋军的理由：

一是，晋军总指挥荀林父，上任不久，在军中威望不足。

二是，晋军的二把手先縠，刚愎自用，没有仁德，此人不会听荀林父的命令。

三是，现在晋军的指挥系统出了问题，将士无所适从。

最重要的是，如果楚国现在撤退，就是楚国国君逃避与晋国臣下作战，国君不可以蒙受这样的耻辱。

正是这最后一个理由彻底打动了楚庄王。楚庄王命令改辕北向，到管地（在今河南省郑州市）驻兵，以逸待劳，等待晋军。

一般超级大国之间都会避免直接开战，以免两强相争，玉石俱焚。比较稳妥的办法是通过打击中间的小国，争取利益，或者挑动别的国家之间开战，自己渔翁得利。

楚庄王应该有两层考虑：如果能通过威慑，两军盟誓，达成和解，这对楚国有利；如果开战，楚国也有取胜的把握，对楚国也有利。

晋军过河后，驻扎在敖山、鄗山（均在今河南省荥阳市北）之间。

郑国又忙了起来，连忙骑上墙头，派使者到晋军陈情："郑国从楚，是为保全社稷，郑国对晋国没有二心。楚军骤胜而骄，军队疲乏，没有防备。如果现在攻打楚军，郑军愿做帮手，楚军必败。"

晋军高层听了郑国使者的话，吵得不可开交，无法统一意见。

楚庄王也两次派使者到晋军去，提出议和。楚国使者强调，他们打郑国是为了国家，不想得罪晋国。荀林父答应同楚和议，两军还约定了结盟的日期。

一场大战即将消弭。五十九年前，齐国和楚国达成召陵之盟。这次，晋楚两军也即将达成合议。

不料一场意外把事情的走向改写了。

楚国是一个选继承人都要选年轻人，确保战斗力的国家，他们极其崇尚武力。楚军中的三位勇士——许伯、乐伯和摄叔，想要去致师。就是到晋军军营去试探一番，展示楚军的勇武。许伯驾驶着战车，乐伯用弓箭射击，摄叔在车右护卫，向晋军发起挑战。

许伯驾驶着战车，战车贴着晋军的军营，疾驰而过，战车的旌旗都摩擦到了晋军军垒的墙壁。车左乐伯用箭射击，还代替许伯控制战车，许伯走下战车，让马匹排列整齐，理好了马脖子上的皮带，从容不迫地回到车上。摄叔冲入晋军军营，杀了一名晋军，割掉他的左耳，又抓了一名俘虏，返回战车。

晋军出营追杀，分左右夹击。乐伯左边射马，右边射人，晋军无法靠近，只能保持距离跟着他们。跑了一段路程，乐伯发现箭袋里只剩下一支箭了，情况十分危急，恰在此时，一群麋鹿路过，乐伯用最后这支箭射中了一只麋鹿的背部，麋鹿倒地而死。摄叔走下战车对晋军喊话："现在还没到进献禽兽的季节，我不揣冒昧，献上这只麋鹿，慰劳将军的随从。"说完跳回了战车，飘然而去。

晋军的将领鲍癸接受了麋鹿,他说:"其左善射,其右有辞,君子也。"(《左传·宣公十二年》)出于对勇士的敬佩,晋军不再追赶。

许伯、乐伯和摄叔的行为,有可能得到了楚庄王的授意。楚国一边议和,一边致师,可以加剧晋国内部的意见分歧,使他们将帅不合,一旦开战,楚国的胜算就更大。如果不开战,楚国也没什么损失。这个买卖,楚国稳赚。除非这一战晋国能取胜。

晋军称霸中原几十年,所向披靡,没有对手,晋军中也不乏争强好胜的勇士,他们的好胜之心被激了起来,也想去楚军军营致师,展示晋军的勇敢。

第一个去致师的是将领魏锜。

魏锜是毕万之后,他想要当公族大夫,没有当成。魏锜希望晋军战败,重新调整人员任命,自己好获得升迁的机会。魏锜向荀林父申请致师,荀林父不希望引起争端,拒绝了魏锜。魏锜假意说去讲和,这才得到允许。

魏锜去了楚国军营,根本没有提议和的事情,他向楚军发起挑战,楚军将领潘党率兵士出营追赶。魏锜驾车逃跑,路过一片沼泽,正好有六只麋鹿在奔跑,魏锜射死了其中一只。回头对追击的楚国将领说:"您有军事重任,手下恐怕没有时间出来打猎,给您贡献新鲜的猎物。这只麋鹿就献给您左右的人吧!"楚军也不再追赶。

魏锜违反命令,挑起争端,搞"模仿秀",竟然没有受到制裁。

晋军中又有一位将领赵旃,想做卿,没有成功,也是怀恨在心,急于立功表现。

赵旃请求挑战楚军,也被荀林父拒绝,他改口说去和楚国人盟誓讲和,荀林父应允了。赵旃和魏锜一起出发去楚军军营。

没想到,赵旃也搞起了"模仿秀",他也想挑战楚军,也要射杀麋鹿,然后安全逃回,显示自己勇猛无敌。

赵旃设计的剧本应该是这样:

第一幕，派部下挑战楚军，他摆出轻视楚军、无所畏惧的样子，席地而坐。

第二幕，楚军派出一个小分队，出营追赶，他跳上战车，投给楚军一个蔑视的眼神。

第三幕，一群麋鹿恰好路过，自己弯弓搭箭，射死其中一只。

第四幕，英雄赵旃对楚军说："这是晋国的勇士猎杀的麋鹿，拿去慰劳贵国的将士吧！"

但楚军没有按他预想的剧本走。

赵旃挑战的时候赶在了晚上，楚人很生气，当时交战都在白天，还要提前约好了才开战，哪有半夜去打扰人家休息的。因为是黑天，楚军看不清他带了多少人马，不敢掉以轻心，楚庄王亲自率三十辆战车追击赵旃。

赵旃被楚庄王打得跳车逃跑，肉搏时被楚庄王的车打掉了盔甲的下裳，狼狈逃窜。至于麋鹿出没出现，不得而知。

荀林父见赵旃整晚未归，集结兵马，准备营救。

我们必须要问一下，荀林父到底是要战，还是要和？

他主张退兵，部下不听命令过河求战，他也跟着过了河；过河了就是要开战，他又准备和楚国和谈；明明是要和谈，又集结大军营救违命的赵旃。

晋军这位总指挥、总司令，他到底要怎么做？我们搞不清，晋军将士也搞不清，恐怕他自己也不清楚。他对自己的部下，根本就不了解，也没有约束部下的威势。

先縠、魏锜、赵旃，三人相继不听军令，都没受到处罚。

所以，违反命令无所谓，触犯军法无所谓，主帅说什么无所谓。

所以，各军统帅，各自为政。

这和楚国大夫伍参战前预料的完全一样。

赵旃离开军营的时候，上军副司令郤克就说："两个怀有怨恨的人去了楚营，如果他们激怒了楚军，我们还没有准备，必将战败。"

先縠轻敌，不以为然。

上军司令士会说："准备一下比较好，如果他们激怒了楚国人，楚人乘机来打我们，我们丧师无日矣。不如备战，楚国如果没有恶意，再放下戒备，与之盟誓，也不会有损于两国的友好；如果楚国怀着恶意，我们有准备，就可以立于不败之地。即使是诸侯相见，军队的守备也不会撤除，要保持警觉。"

先縠如果能听劝告，就不会私自带兵渡过黄河了。先縠没有听他们的意见。士会只好独自行动，派上军大夫巩朔、韩穿统帅七支兵马，在敖山前面设置了七道埋伏，做好了防御准备。中军大夫赵婴齐派部下在河上预备船只，做好了撤军的准备。

楚军的战斗序列：沈尹将中军，子重将左军，子反将右军。

晋军的战斗序列：荀林父将中军，先縠佐之。士会将上军，郤克佐之。赵朔将下军，栾书佐之。赵括、赵婴齐为中军大夫。巩朔、韩穿为上军大夫。荀首、赵同为下军大夫。韩厥为司马。

荀林父派防守用的轈车营救魏锜和赵旃。

楚军看到晋军方向尘土飞扬，火速派人回营向令尹孙叔敖报信："晋师至矣！"

孙叔敖担心楚庄王遇到晋军主力，下令全军集结。他引用《军志》做战前动员："先发制人，夺取对方的军心，打击对方的士气，火速进军。"

关键时刻，孙叔敖没有一点迟疑，果断开战，先发制人，争取主动，不愧是一代名臣。

楚军疾驰进军，战车奔驰，步兵奔跑，直扑晋军军营。小冲突演变成了大决战。

晋军元帅荀林父，感到非常意外，他紧急命令晋军撤退，还颁布军令说："先过河的有赏。"

这真是不知所以。中军元帅这时候不应该组织抵抗吗？即使不准备开战，至少应该组织有序撤退，谁先撤，谁后撤，谁殿后拖住晋军。元帅先慌了手脚，军队怎么会不乱呢？

晋军的中军和下军抢渡黄河，自相残杀，被砍掉在船中的手指，多到可以用手捧起来；没有过河的晋军往右移动，向上军靠拢。

中军因为大夫赵婴齐提前准备了船只，败退时先渡过了黄河；上军因士会提前做了准备，没有战败。

楚军右翼军阵在工尹齐的带领下追击晋国的下军；左翼军阵在唐侯（唐国国君）的带领下，同潘党率领的游阙（战场上的机动部队，主要负责增援）四十乘共同追击晋军上军。晋军上军由司令士会亲自殿后，没有溃逃，有序撤离了战场。

战斗中晋将知䓨被俘，知䓨的父亲是下军大夫荀首（荀林父之弟，知氏奠基人），荀首率领所部回军救援，射杀了楚军将领连尹襄老（连尹是官名，襄老是人名），抢夺了他的尸体，又俘虏了公子谷臣，方才退去。

从日出到日落，战斗已经结束，楚军大胜，当晚在邲地（在今河南省郑州市）驻军，所以这场战役称为"邲之战"。

剩余的晋军已溃不成军，连夜渡河逃命，渡河的声音一夜没有断绝。

这是一次空前的胜利。

楚将潘党建议建造"京观"，让子孙铭记祖先的伟大武功。京观，就是把敌军的尸体堆在一起，形成一个高丘。

楚庄王拒绝了。

他说："止戈为武。周武王克商后，收起干戈，寻找有德之人治理国家。他的武德为万代传颂。周武王的武德有七个：禁止暴力、消弭战争、保护国家、建立功业、安定百姓、和睦诸国、丰厚财富。现在我使两国将士的尸骨暴露在荒野之中，是残暴。陈兵检阅，威慑诸侯，不能停止战争。使用暴力，不停止战争，又怎么保障国家的发展呢？晋国犹在，何谈定功立业？违背百姓意愿的事情也有很多，何谈安民？没有德行，却凭借强大的武力征服诸侯，又怎么能使各国和睦呢？利用别国的动乱，为自己谋利，以此为荣，怎么能丰厚财物呢？"

楚庄王感叹道："武王有七德，我一项也没有。又让子孙铭记什么呢？武，不是我的功业。建造'京观'是为惩戒罪恶。晋国的士兵为执行国君的命令，尽忠职守，付出了生命的代价，怎么能用他们的尸体建造京观呢？"

楚庄王进驻衡雍，祭祀黄河河神，又建筑了一所祖庙，向先君报告了成功的消息后班师回国。

大战之前，晋军上军指挥官士会评价楚庄王时，说他"德立、刑行、政成、事时、典从、礼顺"，楚庄王的思想中，有着"王道"的影子，这是他在同时代君主中脱颖而出的原因。

邲之战，楚庄王奠定了自己春秋五霸的地位。

晋军大败，原因在于军队高层不和睦，主帅荀林父指挥不力。回国后，荀林父自请死罪，晋景公打算答应他。大夫士会讲述了城濮之战后，楚国令尹子玉自杀，晋文公为此喜形于色，楚国连续两世都不再强盛的往事。晋景公听取建议，恢复了荀林父的职位。荀林父接受教训，后来取得了攻灭赤狄潞氏（在今山西省潞城区东北）的功绩。

三、威震天下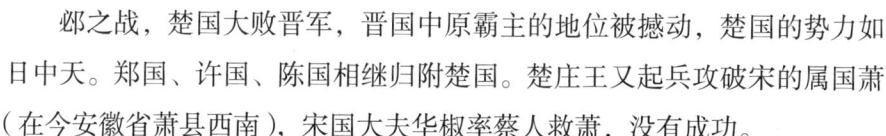

邲之战，楚国大败晋军，晋国中原霸主的地位被撼动，楚国的势力如日中天。郑国、许国、陈国相继归附楚国。楚庄王又起兵攻破宋的属国萧（在今安徽省萧县西南），宋国大夫华椒率蔡人救萧，没有成功。

公元前597年（楚庄王十七年）冬，宋国、卫国、曹国归附晋国，四国在清丘（在今河南省濮阳市东南）订立盟约："恤病，讨贰。"（《左传·宣公十二年》）

"恤病"是共救灾患。谁挨打了，谁受灾了，大家一同救他。

"讨贰"是讨伐不服。谁背弃盟约，谁改投别的国家了，谁不和我们一党，大家一起打它。

这就是清丘之盟，它是一个攻守同盟。

彼时，谁和谁是一党？

郑国、许国、陈国等国是楚党；宋国、卫国、曹国等国是晋党；鲁国等国是齐党。郑国和宋国、卫国一般不在同一党，他们是死对头。另外，陈国和卫国自成一党，他们是关系很好的小团体。

宋国是"清丘之盟"最坚定的执行者。因为陈国臣服了楚国，宋国起兵"讨贰"。卫国背弃"清丘之盟"，出兵营救自己的"死党"陈国。

这触发了一系列"讨贰"行动。

楚庄王亲征宋国，因为宋国前次救萧、今次伐陈。

晋景公责问卫国，卫国为了免于讨伐，执政孔达自杀，好让卫国向晋国交代。

郑国也需要教训，因为他在邲之战中帮助楚国。晋国采用了荀林父的计谋："示之以整，使谋而来。"（《左传·宣公十四年》）

晋国通告诸侯，在郑地焉阅兵。晋国只是想震慑一下郑国，让郑国主动改投自己，没打算真的攻打郑国。

郑国果然害怕，但是郑国没有改投晋国，反而派子张代替子良在楚国为质。郑襄公还亲自去了楚国，同楚庄王商讨对付晋国的策略。

从后面的发展看，这个策略就是攻打宋国。

楚庄王需要一个出兵的理由，比如"无礼"，比如"贰"，比如你杀了我的使者。

楚庄王看中了一个宋国的仇人，他还需要一个理由，把这个仇人送到宋国去。

这时，齐国趁着晋国战败，攻打晋的与国莒国（在今山东省莒县）。莒国毗邻齐、鲁两国。

敌人的敌人就是自己的朋友。

楚庄王于是派申舟（文氏无畏）出使齐国，联络朋友。又派公子冯出使晋国。

楚庄王对他们有一个要求：不假道。

不假道，即不借道。从楚国去晋国，要通过郑国；去齐国，要路过宋国。按当时的惯例，即使是周天子的使者，即使是路过一个小国，也要借道，以示对该国领土和主权的尊重。楚庄王不准自己的使节借道，这显然不正常。

申舟和宋国还有旧仇。

公元前617年（楚穆王九年），楚穆王曾与宋昭公、郑穆公田猎于孟诸，申舟责打了宋昭公的御戎。

接到出使任务后，申舟说："郑国明白，宋国糊涂。去晋国的使者没有危险，我却死定了。"（《左传·宣公十四年》："郑昭宋聋，晋使不害，我则必死。"）

申舟预料郑国会睁一只眼、闭一只眼，宋国一定会较真。

楚庄王承诺："如果宋国杀了你，我会为你报仇。"

申舟进入宋国境内，就被宋人捉了去。

宋国大夫华元（华父督曾孙）说："通过我的国家，却不借道，这是鄙视我国。鄙视我国，把我们视同一个灭亡的国家。杀了他的使者，他一定会讨伐我。被讨伐，我国也会灭亡。横竖都是亡国，不如拼死一战。"

宋国真的杀了申舟。

楚庄王的反应非常激烈。他"投袂而起"，一甩袖子，跳了起来。

楚庄王是兴奋，现在讨伐宋国，可是师出有名了。至于申舟，楚庄王之前承诺过，会给他报仇。派他出使，就是送他去死，让他死在宋人的刀下，创造一个楚国出兵的借口。

这年秋天，楚庄王的大军包围了宋国国都。鲁国派出使者，到宋国境内会见楚庄王。

宋国派使者向晋国告急，请求救援。按清丘之盟的说法是去请晋国"恤病"。

晋国，已经不是邲之战前的晋国了。此前教训郑国，只是搞搞军事演习,不是真的动手。这次,晋国仍然不敢惹怒楚国。

晋景公倒是打算救一下宋国,却被大夫伯宗拦住了。伯宗说:"虽鞭之长,不及马腹,这事我们管不了。上天正眷顾楚国,我们岂能争锋?是河流湖泊,就要容纳污泥浊水;是山林草野,就要藏匿毒蛇猛兽;是美玉,就一定隐含瑕疵;是国君,就必须忍受屈辱。这是天道,君上还是等等吧!"

晋国按兵不动,只派了一个名叫解扬的使节去忽悠宋国。

郑国、楚国现在是一党。郑国捉住解扬,把他送给了楚庄王。

楚庄王拿出多多的钱财贿赂解扬,让他劝说宋国归降楚国,解扬假意应允。等楚国人把他放在楼车上时,解扬高喊:"晋国已经派出大军来救你们了。情况虽然危急,请一定不要投降,晋军马上就要到了。"

楚军急忙把他薅下楼车,拉回军营。楚庄王怒斥解扬不守信用。

解扬完成了使命,气定神闲地说:"君主制定正确的命令,叫义;臣子能完成使命,叫信。用臣子的信,完成国君的义,符合国家的利益。谋划得当,维护国家利益,捍卫社稷,才能做好百姓的主人。义无二信,信无二命,哪有人能同时完成两种不同的使命?臣子受命而出,有死而已,岂能被钱财收买?臣之所以许诺您,是为了完成我国君主的命令。用死亡来完成使命,这是臣的职责。我的国君有能完成使命的臣子,下臣即使死了,也没有遗憾了。"

解扬的话宋军已经听到了,无法收回。楚庄王也喜爱忠贞、勇武的人,他放了解扬,让他回国复命去了。

宋国被打了强心剂,愣是坚持了九个月。

楚国,破天荒地围困了宋国九个月。

战斗打得实在太久了,远远超出了楚庄王的预想,公元前594年(楚庄王二十年)五月,楚庄王准备退兵回国。

申舟的儿子申犀扑通一声,跪在了楚庄王的马前,痛哭不止:"臣的父亲明知必死无疑,仍毅然决然地去完成国君的使命,当时国君曾说过,如果他被杀,您必会讨伐宋国,为他报仇,如今国君是要违背诺言了吗?"

楚庄王确实曾亲口对申舟说过:"杀女,我伐之。"(《左传·宣公十五年》)

撤军,违背诺言。不撤军,人困马乏,缺衣少食,真的坚持不下去了。

为楚庄王驾驶车辆的申叔时想出了一个主意,他说:"不如我们就地盖房子,种地,宋人必定害怕,自然就会投降了。"

这确实是一个好主意,宋人从城墙上往下一看,楚人这是不想走了,连连叫苦,欲哭无泪。宋国也无法再坚持了,都城内弹尽粮绝,已经惨到吃孩子充饥、烧尸骨当燃料的地步了。

宋国真是一个倔强的国家,已经身处绝境,仍然不愿投降。他们的大夫华元,就是提议杀掉申舟的那位大夫,半夜潜入楚国军营,叫醒了熟睡中的楚军主帅子反,对他说:"我国国君让我来告诉你们:'我们虽然到了易子而食,拆解骸骨当柴火的地步,让我们结城下之盟那也是不可能的。即使国家被灭,我们也不能听从。如果你们退后三十里,我国唯命是听。'"

子反被劫持,只好同宋国结盟,又向楚庄王作了汇报。楚军后退了三十里,两国签订盟约,承诺"我无尔诈,尔无我虞"(《左传·宣公十五年》),华元到楚国做了人质。

楚国围困宋国九个月,虽然最后没有攻破宋国都城,但其国力之强大让中原诸侯震惊不已,连中原霸主晋国都不敢出兵营救宋国。楚庄王观兵周疆,问鼎中原,鲁国、宋国、郑国、陈国皆依附于楚国,楚国是当之无愧的霸主。

第七章

晋国的续霸和中衰

一、襄公续霸

晋襄公即位的第一年（公元前628年、晋文公九年）里，晋国的霸主地位面临着巨大的威胁和挑战。

秦国趁着晋文公去世，晋襄公初立，出兵偷袭郑国。晋襄公率军在崤山设伏，全歼秦军，俘虏秦军三位主将，一举挫败了秦国东进的计划。（详见第五章第二节。）

北伐狄人

崤之战的硝烟还未散去，狄人也借机入侵中原。

夷狄一直对中原虎视眈眈。但是，前有郑庄公、齐桓公，后有晋文公、秦穆公，他们或团结诸夏，或独立抗击，夷狄的势力被阻击在外。

晋文公去世，狄人借机入侵，他们先是进攻齐国，看到晋国没有做出反应，胆子大了起来，接着就去攻打晋国，一路打到了箕地。

晋襄公带领在崤山全歼秦军的得胜之师，亲赴箕地，大败狄军，下军大夫郤缺擒获了白狄国君。

箕之战，是晋国和白狄之间仅有的一次大战。晋国一战就取得了俘虏对方国家元首的巨大胜利。白狄受到严重打击，很多年都没有缓过劲儿来。

让人遗憾的是晋国在箕之战中失去了一位伟大的军事统帅——先轸。

先轸早年追随晋文公，陪晋文公在外流亡了十九年，回国后受到重用。晋文公把二军扩建成三军时，先轸被任命为下军军佐。

城濮之战前夕，晋军中军元帅郤縠不幸去世，晋文公破格提拔先轸为新的中军元帅，统帅晋国三军。

先轸表现出了卓越的军事指挥才能。城濮之战，晋军大败楚军，称霸中原。崤之战，晋军全歼秦军，挫败了秦国进军中原的计划。先轸是晋文公、晋襄公的股肱之臣，是晋国最伟大的军事统帅之一。

他更是一名武士。武士珍视荣誉，甚于自己的生命。

崤之战后，晋襄公释放了秦国的三名主帅，先轸非常生气，一时没有控制住情绪，在晋襄公面前大发脾气，还当着晋襄公的面吐了口水。事后，他非常自责，认为自己的行为违背了武士的行为准则。

箕之战，先轸在确定了晋军必胜的前提下，脱掉铠甲，扔掉武器，冲入白狄阵地，一心求死。

战死沙场，是一名武士最好的归宿。

先轸求仁得仁，晋国却失去了一位优秀的军事指挥人才。

先轸知道人才对国家的重要性，所以才会在秦国三位将领被放走时失态。他明知人才如此重要，为什么不能爱惜自己的生命，为国效力呢？

在荣誉、自尊和生命之间做选择，并不容易。

孔子曾说："从心所欲不逾矩。"人之为人，要遵从自己的内心，但是必须有所节制。普通人的节制是不去触及法律所要求的"底线"，在公序良俗的道德标准约束下，谨慎自己的一言一行。

君子对自己的要求更高，他们要时常审查自己的内心，是否做到了尊重他人，是否勇敢，是否正直。

先轸是一名贵族武士，他对自己的要求不是"底线"，而是"最高"。他选择坚守一名武士应该遵守的道德礼仪规范，用生命诠释武士的精神。

孔子的学生子路也是这样的武士。在一次战斗中，子路的冠缨被击断。子路说："君子死，冠不免。"他全然不顾生死，坚持系好帽缨，结果被砍成了肉酱。

这就是春秋武士的精神，也是春秋贵族的精神。

春秋的贵族，自幼接受系统的教育，他们被要求举止得体、优雅从容。他们尚武，但是绝不粗鲁。

频繁的战争，在各国之间形成了一种竞争，各国的贵族也因此更重视对子孙后代的培养，着意锻炼他们的能力和意志，这使得春秋的贵族普遍具有深邃的思想、高超的武艺、过人的胆识。

春秋因为这些鲜活的人不再遥远，他们是可以触摸的，是镌刻在我们心中的一段不朽传奇。

先轸壮烈殉国，对晋国来说是一个无法弥补的损失。让崤之战和箕之战的胜利都变得不那么完美。千军易得，一将难求，何况是三军总指挥，国家军队的元帅。先轸之死，让晋襄公非常震惊和哀恸。他是为一个人生命的逝去而难过，更是为晋国感到惋惜。

回国后，晋襄公任命先轸之子先且居为中军元帅，任命郤缺为卿。

郤缺的父亲郤芮是晋惠公、晋怀公时期的大夫。在晋文公刚返回国内时，郤芮同吕甥一起策划烧毁晋文公的寝宫，想要烧死晋文公。晋文公得到消息，逃过一劫。郤芮和吕甥因此被杀，爵位被夺。

郤缺从贵族变成了平民，回到冀邑种田。

有一次，晋军下军副司令胥臣路过郤缺家的农田，看到郤缺在田里劳动，他的妻子给他送饭，郤缺"敬，相待如宾"（《左传·僖公三十三年》）。

相敬如宾，是夫妻相处的一种理想状态。最重要的在于"敬"，"敬"是尊敬、尊重。这恰恰是夫妻之间不容易做到的。一旦结婚，两个人的关系异常亲密，随着相处的时间变多，说话、做事会越来越随意。

当一个人在家人面前，或者独处时，就会放松对自己的要求，所以"君子慎独"是非常珍贵、难得的品质。

从贵族到平民，人生跌入谷底。面对巨大的身份落差，怨天尤人者有之，喝酒买醉者有之，迁怒旁人者有之，意志消沉者有之。

郤缺没有放松对自己的要求，他谨慎自己的言行，遵守夫妻之间的礼仪规范，这种自制力非常难得。

胥臣认为郤缺是有德的君子，正是国家需要的人才，因此带他一起回到晋国都城，向晋文公举荐郤缺。

晋文公差点被郤芮烧死，他不想用郤缺。

胥臣说："舜治了鲧（大禹的父亲）的罪，仍然启用大禹治水；管仲曾经是齐桓公的敌人，齐桓公也启用了管仲。"

晋文公被说动，任命郤缺为下军大夫。

箕之战中，郤缺的军事才干得到展现，晋襄公任命郤缺为卿，还把郤芮的封地冀邑赏赐给他。

南略楚国

晋国先后大败秦国、白狄，国威较晋文公在世时有增无减。但是，晋国霸主地位最大的威胁依然没有解除。

南方的楚国，一直是中原霸主最强劲的敌人。齐桓公争霸时，楚成王与中原霸主齐桓公在召陵举行盟会，两国修好。宋襄公图霸时，楚成王在泓之战中大败宋军，称雄中原。

楚成王怎么会甘心失去霸主地位？

公元前627年（晋襄公元年），原本依附于晋国的许国归附楚国，晋国联合郑国、陈国讨伐许国。

楚国令尹子上攻打陈国、蔡国，解救许国。陈国、蔡国挨打，向楚国求和；楚国"搂草打兔子"，顺带着又去攻打郑国的桔柣之门。

晋国出兵营救郑国，也不直接去打楚军，而是攻打蔡国，牵制楚军。

公元前627年（晋襄公元年）的冬天，楚军和晋军隔着泜水（在今汉水支流）相望。

两虎相争必有一伤，强国之间不愿意轻易开战。

晋军的主帅阳处父不想和楚国决战，又不能退兵。他想出一计，派人送战表给楚国令尹子上，说："你们若要开战，我军退避三十里，你们过河来列阵；否则你们退后三十里，让我军渡河也行。在这里浪费时间，没有益处。"

子上的谋士说："不可渡河。晋人无信，如果晋军趁我军半渡之际，攻打我们，后悔就来不及了，不如我们后退，让他们过河。"

楚军后退了三十里，让晋国渡河，两军开战。

阳处父趁着楚军后退，让士兵高喊："楚军逃跑了！"然后，就收兵回国了。

见晋军回国，楚军也只好收兵。

因为子上曾经劝楚成王不要立商臣为太子，楚太子商臣记恨子上，子上"兵败"回国，商臣借机进谗言，污蔑子上受贿辱国，子上被楚共王处死。

晋国占到了实实在在的便宜。

东征卫国

晋文公去世时，卫国拒绝吊唁。

温地会盟时，在晋文公的主导下，卫成公被囚禁在周王室的都城。卫国大夫元咺另立公子瑕为国君，史称卫中废公。

在当时的礼制下，不能轻易处死一个国家的国君，晋文公派人在卫成公的饮食中下毒，想要毒死他。卫成公贿赂投毒的人，保住了小命。

卫成公怕早晚有一天会被害死。他贿赂鲁国，鲁国收入钱财，就帮卫成公开解。卫成公又送了贿赂给周襄王和晋文公，晋文公这才同意释放卫成公。

卫成公重获自由后，靠内应杀死元咺与公子瑕，成功复辟。

卫成公被晋文公拘捕、侮辱、投毒，他和晋文公之间的仇恨难以化解。卫成公不肯到晋国朝觐，还故意攻打郑国，向各诸侯国表明自己不尊晋文公为霸主的态度。

晋文公去世，各诸侯前往晋国吊唁，卫成公趁机再次攻打郑国。

卫国和郑国，永远在对立的阵营里，他们的敌对关系，从郑庄公时期就开始了，两国多次交锋，郑国占据了卫国不少的国土，卫成公想要夺回被占的土地。

第七章　晋国的续霸和中衰

公元前626年（晋襄公二年），晋文公的丧期一过，晋襄公就通告诸侯，起兵伐卫。

晋国军队行进到南阳地区时，元帅先且居对晋襄公说："卫国不朝拜我国，同我们不朝拜周天子是一样的。请国君去朝拜天子，我自领兵去伐卫。"

晋襄公接受建议，改道去朝见周天子。周天子，实实在在地沦为了工具人。

晋军在先且居和胥臣的带领下，攻打卫国，仅用一个多月的时间，就攻克了戚邑，擒获了卫国守将孙昭子。

卫成公仍然不肯低头，他派使者向陈国求援。陈共公说："你再去攻打晋国，我好替你们斡旋。"卫成公居然真的听话，派大夫孔达领兵去攻打晋国。

卫国连郑国都打不过，居然有勇气去攻打晋国。不知道是该说他勇敢，还是说他傻。

晋襄公当即把戚邑收归晋国。次年（公元前625年），晋国召集鲁、宋、郑、陈等国在垂陇结盟，研究攻打卫国之事。

陈共公出面替卫国求和，拘捕了孔达向晋国表达诚意。晋襄公因为准备对秦国的战争，接受了卫国求和的请求。

两年后（公元前623年），晋国释放了孔达，卫成公到晋国拜谢晋襄公，曹国国君也到晋国朝拜，曹国、卫国都归附了晋国。

晋襄公在即位的短短一年之内，就取得了对西全歼秦军，对北俘房白狄首领，对南挫败楚国北进计划，对东降服卫国的胜利。晋国进入全盛时期，晋襄公取得的成就与他的父亲相比，毫不逊色。

二、夏日之日

股肱之臣

晋襄公去世后,晋国发生了政治风波,嗣位的晋灵公被杀。杀人者是晋国的异姓卿族赵氏。

赵氏和秦国国君一样都是嬴姓,他们有着共同的祖先,赵氏这一支因为封地在赵,以邑为氏。赵氏家族领袖叔带原本是周的大臣,因周幽王无道,离开了周王室到晋国发展。

像赵氏这样非本国国姓的卿族,发展受到宗法限制,一般很难崛起。但晋国是一个特例,晋国的公族自"曲沃并晋"后受到打击,国君的远支亲属、异姓贵族获得了发展机会。

赵氏异军突起,开始于晋文公时代。

在晋文公流亡期间,除他的舅父狐偃外,赵氏的赵衰是晋文公最为倚重的谋臣。

当卫人给公子重耳土块时,赵衰说:"土,代表公子将拥有土地,请公子拜受。"

在公子重耳斗志全无,留恋齐国的财富和地位时,是赵衰和重耳同晋文公在齐国的夫人一同谋划,把公子重耳偷运出了齐国。

当公子重耳流亡到楚国时,时任楚王用接待诸侯的规格招待重耳一行人,重耳不敢接受。赵衰说:"公子在外逃亡十余年,小国尚且轻视您,何况大国呢?现在,大国楚国坚持厚待于您,公子不用推让,这是上天要让你兴起。"

对于跟随重耳流亡的人,郑国大夫叔瞻曾评价"从者皆国相",楚成王的评价也是"从者皆国器"(《史记·晋世家》)。

赵衰无疑当得起这样的评价。

正是因为有赵衰这样一批人跟随重耳，重耳才能返回晋国，登上国君宝座，成就霸业。

晋国二军扩建为三军时，晋文公想提拔赵衰为卿，让他在下军担任指挥官。

赵衰推辞说："栾枝忠贞谨慎，先轸富有谋略，胥臣见多识广，都可以做辅佐君王的臣子，臣的能力不如他们。"

晋文公任命栾枝为下军将，先轸为下军佐。后来，中军的将郤縠去世，先轸被提拔为中军将，胥臣被提拔为下军佐。

栾枝、先轸、胥臣都是辅佐晋文公称霸的重要人物。

后来晋国废除三行，把六军改组为五军时，赵衰才出任新下军佐，进入晋国的领导核心，在晋国掌权的十位卿大夫中排名第十。公元前629年（晋文公八年），狐偃去世，赵衰升迁为上军佐，在卿大夫中排名第四。箕之战后，赵衰升迁为中军佐，在卿大夫中排名第二。

赵衰富有智慧，为人和善，谦让有礼，给人的感觉像冬天的太阳一样温暖。赵氏在赵衰一代，从一个普通的异姓卿族，崛起为掌握晋国军政大权的大卿族。

家和万事兴

公元前621年（晋襄公七年），赵衰去世，其子赵盾袭爵，代赵衰执政。

赵盾是赵衰跟随晋文公流亡狄国期间所生，母亲是狄女叔隗。因晋惠公派人暗杀晋文公，晋文公一行人被迫离开狄国。当时赵盾年幼，无法随行，留在狄国由母亲叔隗抚育。

晋文公回国后，将自己的女儿孟姬嫁给了赵衰，孟姬婚后从夫姓被称为赵姬。赵姬育有三子：赵同、赵括、赵婴齐。

赵衰的未来规划中没有叔隗母子。

他先娶叔隗，后娶的赵姬，接回叔隗母子，赵姬的身份应该是妾室。

但是赵姬是晋国国君的女儿，如果赵姬心存不正，叔隗和赵盾恐怕都有危险。不接，叔隗母子保安全，赵姬母子保地位。接回来，对赵姬和叔隗都没有好处。所以，不如不接。

出乎赵衰意料的是，赵姬坚持接回叔隗母子，共同生活。她多次出言相劝，因赵姬的"固请"（《左传·僖公二十四年》），赵衰才接回了阔别多年的妻子和儿子。

叔隗和赵衰久别重逢，已经是喜出望外。没想到还有更意外的事，赵姬主动提出以赵盾为嫡子，继承嬴姓赵氏的宗祠。赵盾为嫡子，他的母亲叔隗自然是嫡夫人，赵姬只能做妾室。

虽然赵盾本就是嫡长子，但是赵姬是晋国公主，如果她不同意，没什么背景的叔隗又能怎么办呢？狄国可能为了一个大夫的家事和晋国撕破脸吗？

赵姬遵从当时的礼法，主动提出自己做妾室，让自己的儿子也做庶子，是以家族利益为出发点。这个家族利益，既有夫家的，也有娘家的。

赵姬请求以赵盾为嫡子的理由是"以盾为才"（《左传·僖公二十四年》）。

这是给晋文公台阶，也是给赵盾台阶。国君的女儿嫁给大夫，还要做妾，总要有原因。所以，赵姬说赵盾有才华，大家都有面子。

晋文公挑选赵姬和赵衰联姻，一定是为巩固国君和功臣的关系。联姻，是一项政治任务，是需要有一定素质才能胜任的。对赵姬而言，稳固国君和卿族之间的关系，远比自己争宠夺位更重要。

赵衰去世的同一年，晋军的高层栾枝、先且居、胥臣也都辞世。

四位高级指挥官同年离世，颇不寻常。还有一层关系，栾枝、胥臣和先且居的父亲先轸都是经赵衰举荐进入权力中枢的，这就更让人生疑了。

《史记·晋世家》的记载很简略："（晋襄公）六年，赵衰成子、栾贞子、咎季子犯、霍伯皆卒。"

史书没有记载他们去世的原因，我们也无法妄断。只能猜测：如果四人不是正常死亡，那当时可能是发生了政治清洗。原因可能是卿族势力疾速膨胀,晋襄公在为年幼的太子剔除隐患。

赵衰等人的离世,相当于国家的首相和副相、元帅和大将同时空出了位置,晋国急需重组内阁。

公元前621年(晋襄公七年)春,晋襄公在夷地检阅军队,举行蒐礼,废除新上、新下二军,把晋军从五军改编为三军,重新任命六卿。

晋襄公任命狐射姑(狐偃之子)为中军将,赵盾为中军佐;先克(先轸之孙)为上军将,箕郑父为上军佐;荀林父为下军将,先蔑为下军佐。

这时,出使卫国的阳处父回到了国内,他力主将中军将改为赵盾。阳处父原是赵衰的属吏,属于赵氏一党,为赵氏说话实属正常。他时任晋国太傅,在晋国很有权势。他敢说话,而且说的话也有影响力。

阳处父说:"任用能者,与国有利。"(《左传·文公六年》:"使能,国之利也。")

赵盾和狐射姑二人到底谁更有能力,不好判断。如果好判断,晋襄公也不会在二人之间摇摆。

这里有一个可疑之处。阳处父是晋国卿大夫中的重要人物,在晋国调整军队统帅、任命六卿的时候,他为什么没在国内?不仅仅是没在国内,重新任命的统帅人选,他事先也不知情。

他是赵氏一党,晋襄公焉能不知?晋襄公很可能是有意把他调离晋国,然后公布新的六卿名单,让狐氏成为中军帅、晋国的正卿。

在阳处父为赵氏说话的时候,晋襄公的想法发生了变化,晋国卿族的势力眼看要发展到无法控制的地步,国君手中的权力,不断被蚕食,老一代的卿大夫先后去世,这些"卿后代"们如果争斗起来,国君正好能借机收回自己的权力。

晋襄公接受了阳处父的提议,在董地重新检阅军队,改为任命赵盾为中军帅,狐射姑为中军佐。晋国中军的元帅,同时也是国家的首相。晋国的军政大权都集中到了赵氏手中。

赵盾执掌国政后，在国内进行了大刀阔斧的改革。据《左传》记载，他"制事典，正法罪，辟狱刑，董逋逃，由质要，治旧洿，本秩礼，续常职，出滞淹"。法制方面，创制常典，规定刑法，治理刑狱，追捕逃亡的罪犯。经济方面，信用券契，清理积弊。礼制方面，整理礼制秩序。人才方面，恢复废除的官职，选拔贤才。

法令整理完成后，赵盾交给太傅阳处父和太师贾佗颁布执行，以此作为常法。阳处父是跟随赵衰的老人，贾佗是跟随晋文公流亡的老臣。搬出这两个老家伙，赵盾的改革推动得很顺利。

失去了赵衰，赵氏没有衰落。赵盾成为晋国历史上第一位权臣，赵氏的势力疾速膨胀，甚至到了可以掌控国君的废立，乃至生死的地步。

立谁为国君

改组六卿的同年八月，晋襄公去世。因晋襄公之子太子夷皋年幼，为了让晋国保持霸主地位，晋国的大夫们想立一位年长的国君。

在候选人问题上，卿大夫的一号人物和二号人物产生了严重分歧。赵盾想立公子雍，狐射姑想立公子乐。公子雍在秦国，公子乐在陈国。

晋国的政客们聚在一起，开会讨论到底让哪位公子当国君。

狐射姑认为，公子乐的母亲辰嬴侍奉过晋国的两位君主，立公子乐，国家必能安定。

赵盾当场怼了回去，他勃然大怒，直接开骂。

先说了不立公子乐的原因："辰嬴卑贱，在晋文公的后宫中排名第九，他的儿子能有什么才能？而且辰嬴服侍了晋怀公，又服侍晋文公，淫荡。公子乐作为国君之子，谋求发展，不到大国去，却去了陈国这样的小国，思想狭隘，毫无远见。母亲淫荡，儿子鄙陋，没有威仪；陈国又小又远，没有外援。他依靠什么安定国家？"

赵盾又陈述了立公子雍的原因："公子雍的母亲杜祁因为晋襄公的关

系，让逼姞的位次排在她的前面。因为狄国的缘故，又让季隗的位次排在自己前面。这才排在第四位。先君因此疼爱她的儿子，让公子雍到秦国做官，在国内又担任亚卿；秦国是大国，毗邻我国，足以作为外援。母亲仁义，儿子仁爱，足以威服国民。立公子雍，不也可以吗？"

晋文公夫人和妾室的位次

嫡夫人：文嬴，秦穆公之女。

第二：逼姞，生公子欢（晋襄公）。

第三：季隗，狄人，生伯儵、叔刘。

第四：杜祁，生公子雍。

第五：齐姜，齐国宗室女。

第六：周女，姬姓，周王室孙女。生公子黑臀（晋成公）。

第七、八、九：媵妾三人，秦人，嬴姓。其中排名第九的辰嬴（怀嬴），生公子乐。

此前，晋襄公重新任命中军将一事让狐射姑耿耿于怀。这次，他想拥立新国君，借此翻盘，重夺中军帅位。

狐氏和公子乐母子的关系比较好。公子乐即位，狐射姑挤掉赵盾是迟早的事情。赵盾当着大夫的面大骂公子乐的母亲，公子乐必然容不下他。

狐射姑打定主意，派人到陈国接公子乐回国。

赵盾也派先蔑和士会到秦国去接公子雍。同时，赵盾派出刺客到陈国杀死了公子乐。

狐射姑棋差一招，非常愤怒。狐射姑想如果不是阳处父，晋襄公怎么会改变主意？如果自己是中军元帅，用得着受赵衰的气吗？于是，狐射姑派人杀死了阳处父。

赵盾立即着手调查，查到了执行任务的凶手，也查到了幕后黑手狐射姑。狐射姑抛下一家老小，逃到了狄国。因为狐射姑一时冲动，狐氏被扫地出门，彻底退出了晋国权力核心。

狐射姑出逃,赵盾不仅没有追杀,还派臾骈护送狐射姑的家人去狄国。赵盾有借刀杀人的嫌疑。

臾骈当时是赵氏的属下,臾骈和狐射姑有仇,仇恨的程度达到了"欲尽杀贾氏(狐射姑封地在贾)以报焉"(《左传·文公六年》)的程度。赵盾派臾骈执行任务,就是给他机会,亲手报仇。臾骈的仇报了,阳处父的仇也就报了。一举两得,既能在国人面前装好人,还能收买跟随者的人心。

令人感到意外的是,臾骈没有借机动手。

臾骈说:"不可以这么做!报德报怨,不累及后嗣,忠之道也。赵盾对狐射姑的家人以礼相待,我利用他的信任,报个人的私怨,可以这么做吗?利用别人的信任,不勇;增加仇怨,不智;以私害公,不忠。没有了勇、智、忠,凭什么追随赵盾呢?"

臾骈把狐射姑的家人和他家中的器用财贿全部护送到了狄国。

臾骈后来被提拔为上军的副司令,可见赵盾对臾骈的信任。这个结果,是在赵盾意料之外,还是意料之中,难说。赵盾是借刀杀人,还是有意放过,此事难讲。

后来,赤狄的国相酆舒问狐射姑:"赵衰和赵盾谁更贤德?"

狐射姑答:"赵衰,冬日之日也;赵盾,夏日之日也。"(《左传·文公七年》)

三、无法原谅

灵公之立

先蔑和士会出使秦国,准备接公子雍回国即位,事情进展得非常顺利。秦康公不仅支持公子雍回国即位,还派军队护送他回国。

秦康公说:"当年送晋文公回国,没有军队护送,结果吕甥、郤芮发动了祸难。"(晋国大夫吕甥、郤芮设计烧死晋文公,没有成功。)

公子雍在秦军的护卫下,进入了晋国境内。如果一切顺利,他就能和父亲晋文公一样成为国君。从晋文公对公子雍的喜爱,赵盾对公子雍的盛赞来看,公子雍的才能德行应该都很出众。晋国马上要迎来一位老成持重的国君,公子雍、先蔑和士会都对未来充满期待。

就在他们以为一切已经板上钉钉时,晋国国内传来消息,太子夷皋已经即位,夷皋是为晋灵公。

晋灵公的母亲是穆嬴。从穆嬴的称呼看,她应该是秦国人。穆嬴以先君夫人的身份在朝堂上质问晋国的大夫们:"先君有什么罪?他的儿子又有什么罪?你们抛开先君的嫡子不立,反而到国外去求国君。还有,你们要怎么处置这个孩子?"

穆嬴又到赵盾的家里,对着赵盾叩头。

穆嬴质问赵盾的语气更加不客气:"这个孩子如果成材,那是受了大夫的恩赐;要是不成材,我到九泉之下也会怨恨大夫。先君虽然去世,他的话还在耳旁,你要舍弃他的儿子,究竟是为了什么?"

《左传》说:"宣子(赵盾)与诸大夫皆患穆嬴,且畏逼。"

"患"是忧虑,"畏"是畏惧。

大权在握,合法继承人是个孩童,赵盾等人忧虑什么,又畏惧什么呢?

先君夫人的身份,代表着穆嬴有话语权。

郑武公去世后,他的夫人武姜强势阻止儿子郑庄公亲政。鲁桓公去世后,未亡人文姜也曾频繁出现在政治舞台上。在晋国,晋襄公也曾因先君(晋文公)夫人的提议,释放了在崤之战中俘虏的三位秦军主帅。

有合法身份,就有话语权,就一定有人依附,这代表着政治影响力,代表着政治能量,确实让人头疼。

但,史书所说的可能只是赵盾改变主意的部分原因。

穆嬴确实有能量,但她的能量应该不大。如果足够大,就不会有狐射姑和赵盾之争了;如果可以和赵盾相匹敌,赵盾为防止她事后打击报复,更不会允许她的儿子即位了。

在刀光剑影的第一轮斗争后,赵盾的心理可能产生了变化。

赵盾是三军元帅,首相之尊。晋襄公在时,他仅在一人之下。晋襄公去世,新国君没有嗣位,君位空悬,赵盾暂时成为事实的当家人、一把手,填补了权力真空。

权力一旦握在手中,就舍不得放下。赵盾是异姓,不能直接夺位。如果扶持一个没有能力执政的孩子,他就可以挟国君而令大夫,成为独裁者,做晋国的无冕之王。

人心的变化只在一瞬间。拥立公子雍时,为国家谋划是真,现在为赵氏家族争取利益最大化,为自己争权夺利也是真。

赵盾改变主意,立太子夷皋为国君。为保证夷皋顺利继位,赵盾派出晋军全部主力截击公子雍。

秦国派的军队,不是按大军作战的规格准备的,这支军队的目的是保护公子雍安全,人数必然不多,说是一大队保镖可能更为合适。晋军杀鸡用牛刀,秦军焉能不败?晋军在令狐(晋地)大败秦军。秦军败退回国,公子雍流亡秦国。

先蔑和士会非常震惊和愤怒。

他们受命出使秦国,接回了原定的接班人,国内的大夫们竟然另立他人。出尔反尔,令人不齿。这导致了"先蔑奔秦,士会从之"(《左传·文公七年》)。

先蔑是晋军下军的司令,士会是一位长于谋略的战略家。两位顶级人才流到了秦国。

河曲之战

赵盾的做法彻底得罪了秦国。

公子雍在秦国做官,晋襄公再娶秦女为夫人,说明当时秦晋的关系有所缓和。秦国要向西扩张,晋国要专心控制中原,两国和睦有利于各自的发展。

这次晋国立储之争，导致秦晋关系降至冰点以下。

秦国是接受晋国的正式邀请，才护送公子雍回国的。晋国改变主意，既没有通知他们的使者先蔑，更没有告知秦国，反而派军队攻打秦国。这怎么看都像是赵盾在故意坑秦国。

秦康公的怒火要靠战火来浇灭。

公元前619年（晋灵公二年）的夏天，秦军攻占晋国的武城，"以报令狐之役"（《左传·文公八年》）。

公元前617年（晋灵公四年）的春天，晋国攻打秦国，攻占了秦国的少梁。同年夏天，秦康公亲征，攻占晋国的郫。

公元前615年（晋灵公六年）冬天，秦康公再次亲征晋国，攻占晋地羁马，"秦为令狐之役故"（《左传·文公十二年》）。

羁马距离晋国国都不远，赵盾出动晋国三军主力御敌，两军在河曲对垒。

晋国的战斗序列为：中军将赵盾，佐荀林父；上军将郤缺，佐臾骈；下军将栾盾，佐胥甲。

上军的副司令臾骈就是护送狐射姑家眷去狄国的人。他是一位有着春秋贵族精神的士人。贵族精神，就是自重身份，自我约束，重道德，讲礼仪。让臾骈执行肮脏龌龊的暗杀任务，他不适合。这样的人适合在阳光下工作，光明正大的两国战场需要他这种忠勇有谋的武士。臾骈通过了赵盾的考察，被提拔为上军副司令，位列晋国权势最为显赫的六卿。

臾骈说："秦军不能久战，我军可加固防御工事，坚守阵地，以逸待劳，等秦军撤军时再攻打他们。"

秦军是客场作战，耗不过主场的晋军。赵盾对臾骈的看法非常认同，命令晋军坚守不出。

晋军不出城，秦康公面临巨大的压力。自崤之战秦晋两国彻底决裂后，虽然秦国的主要发展方向调整为向西，但是秦国一直没有放弃东方，秦晋之间的冲突一直没有间断，且秦国败多胜少。两国的关系刚刚有所缓和，就又重开战事，秦国国内怨声载道。

秦康公希望速战速决。

秦军中有一位战略家，他对晋军的情况非常了解，对晋军高层人物的性格都非常清楚，他不仅预料到晋军会坚守不出，还断言这一定是臾骈出的主意。这个人就是此前随先蔑出使秦国，后因赵盾等人改立国君，投奔秦国的晋大夫士会。

秦康公询问士会有没有办法让晋军出城作战。

士会说："赵盾有一名新的下属臾骈，非常有才干。晋军坚守不出，一定是他的计谋，目的是削弱秦军士气。赵盾的族弟（一说侄子）赵穿，是晋襄公的女婿，晋军上军将领。他被宠坏了，不学无术，好勇而狂妄。赵穿对臾骈出任上军佐非常不满。只要出动一支轻骑兵，挑战一下，赵穿一定会无视军令，擅自出战。"

秦康公采用士会的方法，派轻骑兵骚扰赵穿所在的上军。赵穿果然沉不住气，率领所部追击秦军。秦军的目的是激怒赵穿，并不想和他接战，目的达到后，迅速撤退。

赵穿没追上秦军，一肚子火气，回到兵营后大吼："我们带着粮食，穿好了盔甲，是为了克敌制胜，敌人就眼前，我们却不出击，这是在等什么？"

赵穿非常看不上臾骈所谓的坚守战术，他自觉勇猛无敌，认为上军的佐应该由他来当。秦军轻骑兵的马蹄，哒哒的每一下，都踢在了他那根要出风头的神经上。

他手下的一名军吏说："我们是为了等待时机。"

赵穿说："我不知道什么谋略，我要独自出战。"

赵穿是晋襄公的女婿，赵盾的族弟，谁敢把他怎么样？赵穿恃宠而骄，军令在他眼中一文不值。赵穿带着部下，私自离开军营，奔着秦军大营而去。

赵盾得到消息后，心急如焚，他深恐赵穿有失。秦军号称"虎狼之师"，战斗力不可小觑。赵穿带着他那几个亲兵去挑战，就如同把羔羊送入了虎口。赵穿是擅自出击，他要救赵穿必须得有一个冠冕堂皇的理由。

赵盾说："如果秦军俘虏了赵穿，就可以宣称他们俘虏了晋国的大夫，自称取得了胜利，我该怎么向国家交代呢？"

赵盾率领全部晋军，倾巢而出。

晋军的目的是救人，不是决战。秦军想决战，一交手却发现自己的实力和晋军相差太多，秦军是虎狼，晋军则是虎狼中的王者。

所以，两军才一交锋，就各自向后撤退。

秦康公也没了脾气，他开始谋划如何安全撤退，把将士们安全地带回秦国。

秦国的使者连夜去了晋军军营，说："今日交战，两国的将士都没打痛快，明天一早咱们接着打。"

臾骈说："秦军的使者目光闪烁，言语放肆，一定是畏惧我军，他们要跑，我们出击，一定能抢在秦军渡河之前把他们打败。"

下军的副司令胥甲和赵穿都出来阻止，他们"当军门呼"，站在军营的门口大叫："战死将士的尸体还没有掩埋，受伤的士兵还没有得到医治，现在不管他们，是不惠；我们不按约定时间出战，这是不勇。"

赵盾因此没有发动对秦军的攻击。

秦康公连夜率军跑回了秦国。

一次重创秦军主力、活捉秦国国君的绝佳时机，就这样错过了，赵盾后悔不已。几年后胥甲被赶出了晋国，大概和这件事有关。赵穿是赵家的子弟，当然不会受到责罚。

河曲之战，真是一场双输的战役。

晋国是不败而败，部下不听主帅号令，不服从调遣，更是造成了极为恶劣的影响。邲之战（前597年）爆发时，这直接导致晋军在邲之战中大败，晋国失去了霸主地位。（邲之战过程详见第六章第二节。）

河曲之战后，晋国增加了西部的防御力量，秦国想向东发展更加艰难。而晋国因被秦国牵制，也在处理中原事务时受到掣肘，难以放开手脚。秦晋两国在没有战争的时候，也处于冷战状态，没有和解。

士会回国

在河曲之战中，士会的精准判断，令秦康公对他刮目相看。战后，晋国高层非常担心秦康公会重用士会。赵盾为此在诸浮召开会议专门讨论这件事，晋国六卿与会。

赵盾说："士会在秦国，狐射姑在狄国，祸患随时会降临，该怎么办？"

荀林父说："把狐射姑请回来吧。他擅长对外交往，还是功勋之后。"荀林父此时还是个愣头青，赵盾好不容易把狐氏赶出国，怎么会请他回来？

郤缺就老到多了，他说："狐射姑作乱，罪过大。不如请士会回来。士会能够忍受贫贱，又有羞恶之心，性格柔和，又凛然不可侵犯，足智多谋，堪当大任。最重要的是没有罪行。"

> 郤成子曰："贾季（狐射姑）乱，且罪大，不如随会（士会），能贱而有耻，柔而不犯，其知足使也，且无罪。"（《左传·文公十三年》）

会议决定请士会回国。

怎么请，比较麻烦，秦晋两国是敌对状态，秦康公想重用士会，他不会轻易放人。

赵盾为秦国量身定制了一部"逃亡投奔，计赚士会"的大戏。

晋国大夫魏寿余的封地魏（在今山西省芮城县北）在晋国边境，同秦国隔河相望，如果派他去秦国，假称献地投诚，秦国比较容易上当。魏寿余同士会关系很好，颇得士会信任，让他去劝说士会，容易成功。

为了取信于秦国，魏寿余带着妻子儿女出逃。这产生了一个新的问

第七章　晋国的续霸和中衰

题,回来的时候怎么办?拖家带口,肯定不如一两个人好脱身。晋国政府假意扣押了魏寿余的妻子儿女,魏寿余逃跑的时间也被刻意安排在夜里。

这是告诉秦国:"我是带着家眷逃跑的,没想到被晋国发现了,家眷没带出来。"

魏寿余见到秦康公,请求把魏地献给秦国。秦康公大喜,当即接受。魏寿余借在朝堂上见面的机会,故意踩了士会一脚。士会的长处在于谋略,他是何等聪明,当即领会了魏寿余的意图。

士会是任务的核心人物,他如果不想回晋国,赵盾、魏寿余谋划得再缜密也是白搭。士会是随先蔑离开晋国的。到秦国后,他却再也没有见过先蔑,两人因为相同的原因流亡异国他乡,应该更加亲近,经常见面才是。

身边的人忍不住问:"能和先蔑一同逃亡,却不见面,又有什么用呢?"

士会说:"我和先蔑罪过一样。不是因为他有道义,才追随他到这里,见面做什么呢?"

在士会看来,离开晋国是罪过,故土、故人、故国都让士会深深地怀念,魏寿余踩了他一脚,他就知道晋国来接他回国了,两人心照不宣等待时机。

不久后,秦康公亲率军队去接收魏地,到了黄河岸边,秦康公等在西岸。魏寿余说:"请派一位能和河东官员说得上话的人,我和他先过河去。"只有士会符合这个条件,于是秦康公指派了士会。

士会说:"晋人,虎狼也!如果他们背弃诺言,小臣就死定了。我死了,妻子儿女也将被杀,这对国君没有好处,您后悔都来不及。我不去。"

士会这是欲擒故纵,越是表现得不想过河,秦康公对他越是深信不疑。

果然,秦康公说:"假如晋国人不放你回来,寡人若不归还你的家眷,会受到河神的惩罚。"

士会牵马准备过河,秦国大夫绕朝特意走过来给他递马鞭,悄声说:"你不要以为秦国没有人才,只是我的计谋暂时没被采纳罢了。"

士会过河后,魏地的晋人欢呼雀跃,拥着士会和魏寿余头也不回地就回去了。

秦康公如梦初醒,这才明白士会刚才是说他过了河就不回来了。秦国人一向守信,秦康公送还了士会的家眷,让他们团聚。

四、江河日下

大夫执政

赵盾是一个划时代的权臣。

赵盾出任晋国中军元帅是在公元前621年(晋襄公七年)。秦穆公和晋襄公都在这一年去世。至此,齐桓公、宋襄公、晋文公、秦穆公、晋襄公、楚成王已经全部去世。

这些还有理想,想要创建新秩序,结束混乱局面的霸主们都不在了。"礼崩乐坏"的程度更进了一步。从天下"礼乐征伐自诸侯出",到诸侯国内政令自大夫出,卿大夫们瓜分君权,卿族们打压公族,赵盾正是引领这一趋势的第一位大夫。

公元前620年(晋灵公元年)八月,晋灵公即位后,赵盾在扈地(郑地,在今河南省原阳县西)召集诸侯大会,因晋灵公年幼无法参会,赵盾以晋国执政大臣的身份主持了这次会议,开了大夫主持诸侯盟会的先河。

齐、宋、卫、郑、许、曹、鲁七国国君到会与晋国结盟。鲁文公虽然迟到,毕竟也到场了,赵盾同姗姗来迟的鲁文公也走了一遍流程。

为拉拢中原的诸侯国,赵盾听从郤缺的建议,把此前攻占的一部分卫国、郑国土地还给他们。卫国、郑国非常高兴。晋国因此得到各国诸侯的拥戴。

公元前619年(晋灵公二年)秋天,晋国以鲁文公参加扈之会迟到为理由,发兵攻打鲁国,鲁国立刻派执政大夫公子遂求和,抢在真的挨打前和晋国订立了盟约。

晋襄公刚去世时，中原诸侯是持观望态度的，他们到晋国吊唁，或是亲自参加盟会，都是在观察晋国会不会出乱子，形势会不会有新的变化。经过观察，他们确定晋国依然强大，忍气吞声才是更好的选择。

赵盾的一系列做法，稳住了晋国的霸主地位，也把自己推上了诸侯国政治的大舞台，让各诸侯国都明确了解到：晋国依然强大。

勉力支撑

在城濮之战中，楚国虽然战败，实力却没有受到太大影响。晋襄公去世对楚国来说是重建霸权的绝佳机会。楚国大夫范山对楚穆王说："晋君年少，其志不在诸侯，北方可图也。"

公元前618年（晋灵公三年），楚国大举进攻郑国，俘虏了郑军的三位指挥官公子坚、公子龙和乐耳。

郑国此时同晋国结盟，晋国作为盟主，应该出兵营救。可是，这时晋国国内发生了政治斗争，没有精力救援郑国。郑国挨打，霸主不管，楚军兵临城下，郑国当然要投降保命了。

等晋国处理好国内的事情，急忙召集了鲁、宋、卫、许四国救援郑国时，发现郑国已经改投敌对阵营，楚国大军已经撤回国内，五国联军打道回府。

按照以往的惯例，晋军应该攻打郑国，把他"争取回来"，以防其他国家效法郑国。

但是，赵盾的后顾之忧太多了。

国外，秦国在西方死盯着晋国；国内，不仅卿大夫们盯着赵盾，穆嬴和晋灵公也在盯着他。内忧外患，赵盾没法放开手脚同楚国死磕。

楚穆王很快发动了第二轮攻击，进攻陈国和宋国，陈国和宋国也投降了楚国。楚穆王还展开了交聘攻势，派斗越椒访问鲁国。晋国的霸主地位眼看不保。

正当楚国北进战略推进得异常顺利之时，楚穆王突然去世，楚庄王即位。楚庄王后来是春秋的霸主，可是在刚即位的那几年，他处在一个"三年不飞"的死机状态，把楚穆王北进的成果丢了个精光。

郑国、陈国、宋国都和楚国说了"再见"，重新回归到中原诸侯的阵营之中，卫国与晋国也重新热络起来。

晋国真是幸运，赵盾真是命运的宠儿。

公元前613年（晋灵公八年），赵盾邀请鲁、宋、陈、卫、郑、许、曹七国的国君在新城（在今河南省商丘市睢阳区一带）举行会盟。

这次会议，齐国和蔡国没有参加。齐昭公刚刚去世，按照礼制，齐国国君无法参会，情有可原。蔡国是楚国的死党，它没有参会，就不可原谅了。

赵盾命令郤缺率晋国上、下两军征讨蔡国。蔡国连郑国都打不过，何况是晋国呢？蔡国巴望着楚国来救它。不巧，这一年正是楚庄王元年，楚国发生内乱，无暇他顾。蔡国国都被晋军攻破，只好和晋国结了城下之盟。

晋国的霸业虽没有晋文公、晋襄公时兴盛，靠着余威，尚可勉力支撑。

受贿丑闻

接下来，晋国却连曝受贿丑闻，形象大打折扣。

一次是收受齐国贿赂。

这要从齐国内乱讲起。

齐昭公在世时，不喜欢自己的夫人子叔姬，连带着也不喜欢自己的儿子太子舍，太子舍因此毫无权势。齐昭公去世后，太子舍即位。没过多久，他就被自己的叔叔公子商人所杀。公子商人想拥立自己的兄长公子元，遭到公子元拒绝。公子商人自立为国君，是为齐懿公。

齐昭公、齐懿公、公子元（齐惠公，嗣齐懿公位）是兄弟，他们还有两位兄弟公子无亏、公子昭（齐孝公）。这兄弟五人是齐桓公的儿子。齐桓公去世前后的那次夺位之争，竟然一直延续到了赵盾执政时期，这也难

第七章 晋国的续霸和中衰

怪齐国会失去霸主地位。

"虎老余威在",作为齐桓公的儿子们,对霸主时期的齐国总是十分怀念。中原舞台上,齐国不是最强,但在东部区域,他的实力仍是最强大的。齐国一有机会就要展示下实力,强调一下自己区域强国的身份。

齐昭公的遗孀子叔姬是鲁国人,太子舍被杀,子叔姬在齐国无法立足,鲁国去找周王室帮忙说话,想接回子叔姬。齐桓公是"尊王"的榜样人物,他的儿子却不买周王室的账。齐懿公不仅不放子叔姬回鲁国,还扣留了周天子的使者单伯,拘押了子叔姬。

鲁国只好又去求霸主晋国帮忙。晋国下令让齐国放人,齐国迫于晋国霸主的威势,释放了单伯。同时,出兵攻打鲁国的西部边境。

鲁国向晋国请求援助。晋国召集宋、卫、郑、陈、蔡、许、曹诸国在扈地会盟,商议讨伐齐国。

齐懿公派人去晋国,送了厚礼贿赂晋国。讨伐齐国的事情,就此不了了之。

子叔姬后来被放回鲁国。不久后,齐国又起兵攻打鲁国,顺路还攻打了曹国的都城。霸主国不主持公道,鲁国无奈之下贿赂齐国,请求停战,最后吃亏的只有鲁国。

鲁国后来长期依附齐国,齐国开始强横起来,齐国虽然没有脱离中原联盟,但是也长期不听霸主号令。

另一次是收了宋国的贿赂。

起因也是内乱,这是宋国第三次内乱。

公元前620年(晋灵公元年)夏天,宋成公去世,他的弟弟公子御杀掉太子,自立为国君,史称宋后废公。不久,宋后废公被国人所杀,宋国人拥立宋成公的小儿子公子杵臼即位,是为宋昭公。

宋昭公在没有正式即位之前,就想除掉宋国的群公子。宋穆公、宋襄公的后代激烈反抗,带领国人攻打公室(国君家庭),引发流血冲突,宋国执政的六卿出面,帮公室求得和解。

不料争端又起。

即位后的宋昭公对祖母襄夫人无礼。襄夫人是周襄王的妹妹，宋襄公（宋成公之父）的夫人。公元前619年（晋灵公二年），襄夫人联合宋国的戴氏一族杀死了孔叔、公孙钟离、大司马公子卬，这三人是宋昭公一党。

大变的祸根已经种下。

宋昭公的庶弟公子鲍，心怀异志。宋国发生饥荒，他倾尽家中的粮食接济灾民；国内年龄在七十岁以上的老人，他也自掏腰包，给予照顾；国内的贤士和贵族，他会卑躬屈节地联络。公子鲍长相俊美，惹得嫡祖母襄夫人不顾忌祖孙的名分，"欲通之"（《左传·文公十六年》）。虽然襄夫人和公子鲍没有血缘关系，但公子鲍仍然不肯行乱伦之事。襄夫人一颗真心无处安放，想来想去，那就把宋国送给公子鲍好了。

襄夫人向国人广施恩惠，帮助公子鲍收买人心。据《左传》记载，宋昭公无道，国人对他十分不满，他们都支持襄夫人拥立公子鲍为国君。这个群众基础打得实在是太好了。

宋昭公即位之前得罪了公族的群公子，即位之后得罪了祖母，执政时期得罪了国人。把宋国上下都得罪了，宋昭公岂能不完？

襄夫人叫宋昭公到孟诸打猎，想趁宋昭公打猎时把他杀死。宋昭公知道了襄夫人的计划，他带上宫中的全部宝物出门。有人劝他投奔其他国家。

宋昭公说："不能得到自己国家的大夫、自己的祖母、自己国人的信任，诸侯之中，谁会肯收留我？已经做了君主，再去做别人的臣子，还不如死了。"

宋昭公知道自己必死无疑，就把带的宝物赐给左右的人，让他们逃命去了。襄夫人派去的人见宋昭公的党羽都已离开便准备提前动手，在去孟诸的路上就把宋昭公杀掉了。

宋昭公被杀后，公子鲍即位，是为宋文公。襄夫人真的把国君的宝座送给了公子鲍，春秋乱伦奇闻又增加了一例。

宋国发生弑君事件，作为霸主的晋国必须出面。晋国召集郑国、卫国、陈国三国在扈地召开会议，准备讨伐宋国弑君的逆党。

晋国荀林父、卫国孔达、陈国公孙宁、郑国石楚出席会议。这时，宋文公已经即位。晋国再次受贿罢兵，伐宋之事虎头蛇尾。

不良后果

晋国受贿，在诸侯国中的信誉降低。中原诸侯深感晋国靠不住。

公元前610年（晋灵公十一年），晋国再次召集诸侯在扈地召开会议。这次会议上，晋国以郑国勾结楚国为理由，把郑穆公拒之门外。

郑国无法忍受国君受辱，向晋国正式递交国书，交涉此事。国书是由郑国大夫子家所写。

在国书中，子家逐年逐月地罗列事实，讲述了郑穆公即位三年以来是如何为晋国四处奔走的。指出陈国、蔡国紧邻楚国，却不依附于楚国，是因为郑国的缘故。

子家随即反问："我们如此侍奉贵国国君，为什么还是不能免于祸患？"（《左传·文公十七年》："虽敝邑之事君，何以不免？"）

然后，子家陈述了郑穆公朝见晋襄公、晋灵公，带着郑国的臣子到晋国都城觐见的事实。他指出虽然我们是小国，这样侍奉大国，已经达到无以复加的程度了。现在大国却说："你没有让我称心如意。"（《左传·文公十七年》："尔未逞吾志。"）

接着，子家警告晋国："既然如此，那我们只有等待灭亡，没有什么可以增加的了。"

古人说："畏首畏尾，身子现在又剩下了多少呢？"还说："鹿死的时候哪还顾得上选地方。"小国侍奉大国，大国有德，小国就像人一样；大国无德，小国只能像鹿一样。铤而走险，急着逃命的时候谁还顾得上走哪条路？贵国的命令没有止境，我们知道将要被灭亡。只有集中全国的兵力到鯈邑等待贵国大军到来。一切就听贵国的命令了。

国书的结尾处，子家质问："夹在大国中间，屈从于大国的命令，难道是我们的罪过吗？大国如果不能体谅，我们也无法逃脱被讨伐的悲惨命运。"（《左传·文公十七年》："居大国之间而从于强令，岂其罪也？大国若弗图，无所逃命。"）

《左传·文公十七年》全文收录了这封国书，童书业先生给它的评价是"又委婉，又强硬"。

它委婉地批评了晋国作为霸主国，没有保障同盟国的安全；它强硬地表态如果晋国不能理解郑国的处境，郑国就会改投楚国，并且倾全国之力同晋国决一死战。

晋国被噎得无话可说，自知理亏，派大夫巩朔到郑国去与郑国结盟，两国还交换了人质。

公元前720年（晋鄂侯四年），周天子同郑国交换人质。公元前610年（晋灵公十一年），霸主晋国又同郑国交换人质，郑国真是坚强。

晋国两次召集诸侯，都因收了贿赂而收兵，劳师动众，出尔反尔。诸侯们深感晋国靠不住。齐国不再朝见晋国，鲁国依附齐国。郑国最终也脱离了晋国的阵营，重新投靠了楚国。楚庄王也结束了"三年不飞也不叫"的消极怠工状态，重拾楚国霸业，励精图治，进军中原。

公元前608年（晋灵公十三年），楚国联合郑国讨伐陈国、宋国。晋国赵盾召集宋、陈、卫、曹四国起兵讨伐郑国。

晋国、楚国再次正面交锋，交战地点在郑国的北林（在今河南省新郑市北）。晋国的五国联军大败，晋国大将解扬被俘。

北林战役的失败，说明晋国的国力已经不如楚国。

第二年（公元前607年），郑国因此前宋国两次联合晋国进犯郑国，在楚国的授意下，派大将公子归生（子家）大举进攻宋国。

在大国争霸的舞台上，郑国一直是一个挨打受欺负的形象。其实，郑国的实力一直不弱，他只是打不过晋国、楚国，打宋国就很轻松。事实上，连晋国和楚国也被郑国打败过。

两军在大棘（在今河南省柘城县）交战。郑国俘虏了宋军主将华元（华父督曾孙），杀死宋军副将乐吕，俘获甲车四百六十乘，生擒宋兵二百五十人，杀死宋兵一百人，郑国大获全胜。郑庄公去世九十多年后，宋国依然不是郑国的对手。

宋国请求用一百乘兵车和四百匹文马赎回华元，郑国同意了。宋国的"赎金"才送了一半，华元就找到了机会，逃回了宋国。

郑国的战斗力让晋国大为震惊，赵盾率军讨伐郑国。

楚国得到消息，派大将斗椒领兵救援，楚军驻扎在郑地等候晋军。赵盾见楚军来了，还没有开战，就灰溜溜地率军回国去了。这时的晋国内耗严重，霸业由盛转衰。

正如郑穆公所说："晋不足与也。"（《左传·宣公元年》）

五、迷雾重重

谁是凶手

晋灵公即位的第三年（公元前618年），晋国有六位大夫被杀。

正月，先克被杀。

同月，先都、梁益耳被杀。

三月，箕郑父、士縠、蒯得被杀。

据《左传》记载，蒯得在堇阴的一块田被先克占去了，他怀恨在心，一直想要报复先克。

晋襄公在世时，曾想提拔箕郑父、先都、士縠、梁益耳。因为先克说："狐氏、赵氏的功劳，不可废弃。"晋襄公因此改变主意，任命狐射姑、赵盾做了中军的正、副元帅。先克挡了这四人升迁的道路，这四人怀恨在心，欲除之而后快。

为了泄愤，箕郑父、先都、士縠、梁益耳、蒯得五人发动政变，策划了针对先克的刺杀行动。这五人是杀人凶手，当然会被处死。犯罪动机明确，犯罪事实清楚，量刑得当。

事实是否如此简单呢？先克被杀，这五个将领得不到什么好处，倒出来的中军副司令的位置，更轮不到他们去坐。

联想到赵衰、栾枝、先且居、胥臣曾在同一年去世。现在又有六位大夫在同年被杀，总让人怀疑这中间是否有什么关联。怀疑这是不是公室针对卿族的又一次攻击，一次失败的攻击。

先克是先且居之子，晋国名将先轸之孙。赵盾非常信任先克，在河曲之战前，擢升先克为中军佐；箕郑父、先都、士縠、梁益耳四人是晋襄公想提拔的对象，这四人同公室的关系更近。

穆嬴能争取到让晋灵公即位，她一定不是个简单的角色。一般来说，国君年幼，国君的母亲就会帮助国君管理一部分事务。赵盾大包大揽，君权几乎被蚕食殆尽，穆嬴岂会坐视不管？挑动卿族之间的争斗，公室坐收渔翁之利，是一个非常安全且行之有效的方法。

但这时可能出了一个意外，先克因为占了蒯得的地被杀，赵盾借题发挥，罗织罪名，栽赃陷害，连杀五位大夫，穆嬴和晋灵公暂时失去了有力的外援，只好隐忍不发。

谁在受贿

赵盾胜利了，作为晋国的执政者，他代行国君权力，召集诸侯盟会，同各诸侯国君会盟的事情都是由他主持。那接受齐国、宋国贿赂的受贿者是赵盾吗？

好像应当是赵盾。

但是，我们看到《左传·文公十五年》明明写着："齐人赂晋侯，故不克而还。"齐国人的行贿对象是"晋侯"，也就是晋灵公。这说明晋灵公开始主持政事了。

到鲁文公十七年时，《左传》说："晋侯蒐（检阅、阅兵）于黄父，遂复合诸侯于扈,平宋也。"晋国在黄父举行"大蒐礼",晋国高层一定有重大的人事变动,主持"大蒐礼"、宣布新的人事任免决议的是"晋侯",不是赵盾。

国君宝座上的那个孩子——晋灵公长大了。

依据晋襄公去世时,穆嬴抱着晋灵公奔走来推测,晋灵公即位时的年纪应该不会太大,至多六七岁。齐国人行贿是在公元前612年,即晋灵公九年,这时的晋灵公应该长到了十几岁。十几岁,放在现在来说还是个孩子,但在古代,已经是可以娶妻生子的年龄了。

宋昭公被杀时,出席会议的晋国代表不是赵盾,而是荀林父。这应该也是晋灵公的安排。

晋灵公即位前,荀林父曾经劝说先蔑不要去秦国接公子雍。他对先蔑说:"先君夫人和太子都在,却到外面去寻求国君,这一定不行。你以生病为理由推辞掉,怎么样?"

在晋国高层,荀林父不是赵盾一党,他是晋灵公团结的对象。

随着晋灵公年龄的增长,他和赵盾之间的矛盾日益激化。赵盾召集诸侯准备讨伐齐国,他就收受贿赂,就地解散诸侯。赵盾再次召集诸侯准备对宋国问责,他又收受贿赂,承认了宋国的新政府。

赵盾在晋国国内,乃至中原诸侯国间,享受着独裁者的待遇。晋灵公现在对他屡屡掣肘。

赵盾能立晋灵公,他就能废晋灵公。那晋灵公会坐以待毙吗?

一流的剧本

此后,史书上关于晋灵公和赵盾的记录更像是一个剧本。

晋灵公是绝对的反一号。

《左传》开篇就给了晋灵公一个定位——"不君"。

接着,列举了一系列晋灵公"不君"的事例:大肆聚敛钱财,不过是为了装饰宫墙;喜欢玩弹弓,尤其喜欢用弹弓打人;厨师没有把熊掌做熟,他就把厨师杀了，把尸体塞进一个筐里，让宫女们抬出去。可怜的厨师遗体的一条胳膊耷拉在外面，或许由于宫女们力气不够，还被拖到了地上。

这时，男一号赵盾出场了。同时出场的还有大夫士会，士会忠诚正直，好评度非常高，非常适合出演友情客串的角色。

赵盾和士会看到宫女们费力地抬着一个筐，从中居然露出一条人的胳膊。两人上前询问，了解了事件的经过，深感不妥。赵盾和士会多次劝谏，晋灵公死不悔改。

赵盾总是劝谏，晋灵公烦了，干脆派人去杀赵盾。赵盾和士会都劝谏，为什么单单杀赵盾，不杀士会呢？因为士会是讲策略、讲方法、有节制地劝，赵盾是"骤谏"。

刺客鉏麑怀揣利刃，潜入赵盾的府邸。天还没亮，赵盾卧室的门就打开了。因为赵盾已经起床，穿好朝服，端坐在书房中，闭目养神，等待上朝。

鉏麑看到此情此景，大受震撼，终止了刺杀任务，退了出去。鉏麑走到一棵槐树下，心情无法平静，不由得感叹："在自己家中，不忘恭敬，真是百姓的主人啊！杀了百姓的主人，是不忠。背弃国君的命令，是不信。真是无法抉择，不如死了。"话音刚落，只听"咚"的一声，鉏麑一头撞倒在槐树下，死了。

看到这，我们不禁要问，是谁听到了鉏麑去世前说的话。

鉏麑执行的是暗杀任务，一定会避开其他人。根据常理推测，鉏麑身边应该没有第二个人。那他自杀前的感叹，是怎么被记录下来的呢？

公元前608年（晋灵公十三年）秋天，晋灵公决定在宫中杀死赵盾。

春秋时期的国君和大夫都有私人土地和私人武装。国君的亲兵称为"公乘"，卿大夫的亲兵称为"私属"。进宫时，赵盾不可能携带大批私属部队，这时晋灵公的公乘就能伺机动手。

九月的一天，晋灵公在宫中埋伏好了披甲军士，设宴召赵盾入宫，准备杀死赵盾。

赵盾入宫赴宴，只带了一名护卫提弥明。刺客鉏麑在槐树下撞死前，发表的临终感言，看来没有传到赵盾那里，否则他怎么敢只带一名护卫赴宴。

宴会开始后，提弥明感觉到隐隐的杀气，他迅速进入宴会厅，对赵盾说："臣侍君宴，饮酒超过三杯，不合礼节。"说完扶着赵盾离开宴会厅。

晋灵公见赵盾要走，"呼"的一声，一只豢养的獒窜了出来。獒是一种身体高大的狗，性情凶猛，一般用作猎犬。这只獒显然受过专门的杀人训练。

在受到獒的猛烈攻击时，赵盾还有"台词"，他说："弃人用犬，虽然凶猛，有什么用？"

提弥明誓死保护赵盾，把赵盾护在身后，两人向外退去，獒凶狠异常，提弥明是赵盾战车的护卫，体格健硕，英勇善战，竟然被这只獒撕咬致死。

提弥明一死，甲士们迅速把赵盾团团围住。赵盾身陷重围，孤立无援，真是英雄末路。赵盾仰天长叹，看来今日是在劫难逃了。

突然，一名甲士冲出队列，临阵倒戈，保护赵盾，杀出了重围，一直杀到了宫外。两人跑到了一个安全的地方，暂时脱险。赵盾惊魂未定，问那名甲士为什么要救自己。那人回答："我是桑树树荫下挨饿之人。"

赵盾猛然想起，多年前自己外出打猎，见一人倒在树下，就过去询问他是不是生病了，需不需要帮助。那个人名叫灵辄，他说自己已经三天没有吃饭，饿晕了。赵盾命人取了食物给灵辄，灵辄只吃了一半，把剩下的一半收了起来。赵盾感到很奇怪，问他原因。

灵辄说："我出来三年了，不知道母亲是否还在世，这里离家很近，我要回去探望母亲，所以留下一半食物，带给她老人家。"

有感于他的孝心，赵盾让他放心地吃饱，命人又取了一篮子饭和肉，让他带给母亲。

灵辄后来进宫做了晋灵公的护卫，他一直在寻找机会报答赵盾，这次晋灵公要杀赵盾，他决定以死相酬。赵盾问他现在的住处，灵辄"不告而退"。赵盾独自踏上逃亡之路。

这里又有疑问了。

一是，那只杀人的獒去哪了？

它咬死提弥明之后，接着咬死赵盾就行了，怎么就不见了？獒是游戏里固定地点中的大怪兽吗？难道它只在宴会厅附近活动，不能走出那道宫门？还是它杀死一个人之后，要回去休息，补充体力？或许，是提弥明死前重伤了獒？又或者是提弥明和獒同归于尽了？

杀人獒离奇地消失了，原因不明。

二是，灵辄的战斗力是不是太强大了？

晋灵公"伏甲将攻之"，埋伏的难道都是草包吗？"甲"是指身披铠甲的战士，按常理来说，他们应该是精锐。这些人应该隶属于国君的公乘，数量不可能太少，晋国作为当时的超级军事强国，国君的护卫会在千人以下吗？我们就按一千人计算，灵辄一人对战一千人，甚至是几千人，累也累死了。项羽来了，恐怕都得再自刎一次。

三是，逃跑路线的问题，从哪里出宫？

应该是从门出去吗？晋灵公要杀赵盾，难道会把宫门打开吗？难道会告诉他，这里可以逃出去，快从这里走。打狗都要关门呢！依据常理推测，宫门应该是关闭状态，并且在赵盾入宫后，就有重兵负责把守。按照周礼，诸侯的宫殿应该有三道宫门。一道门尚且难以突破，三道门是怎么打开的？

难道赵盾和灵辄是翻墙逃出去的？

连翻三道宫墙？身上是带了什么能翻墙的装备吗？"欻"的一下把装备丢出去，几个爪子牢牢地抓住了墙壁，两人一拽绳子，"飕飕飕"地爬了上去，再来一个燕子翻身，轻飘飘地落在了宫墙之外，甚至都没发出一点声音？

这实在是不合乎逻辑。

我们必须排除其他可能。

招待外臣的宴会厅可能在最外面的两道门之间，也就是说赵盾只需要突破一道宫门,或者翻一道墙就行了。或许他有办法打开宫门?或许晋国国君住的地方,墙修得不高,很容易就能翻进翻出?

整个故事,晋灵公奢侈残暴,凶狠非常。

再看赵盾,忠于国事,起早贪黑地工作。忠于君主,不停地劝谏晋灵公,希望他成长,爱护百姓,形象高大,毫无瑕疵。身边有尽忠的护卫,江湖上有愿意为他赴死的勇士。

第一个故事单元里,刺客走进赵府带来的紧张感,刺客自杀时带给人的震撼,让人相信赵盾一定是一个忠臣良相;第二个故事单元里,凶恶的獒犬带来感官的刺激,护卫的死让观众的泪水从眼角滑落。主角要被杀时,带来令人肾上腺素飙升的危机感、紧张感,最后剧情大反转,用灵辄的故事再次突出主角的善良。这就是"赵大善人脱险记"。

最后,主角赵盾,被逼无奈,远走他乡,多么无辜,多么落寞。

如果这是一部电视剧,晋灵公已经被电视机前的观众骂惨了吧?而且观众还在期待,主角会杀回都城,报仇雪恨。

后面的故事正是如此。

差别在于,动手的是赵盾的族人赵穿,《左传》说:"赵穿攻灵公于桃园。"这就更完美了,弑君者是赵穿,不是赵盾。

赵盾还在逃命的路上?可能是跑得太慢了,可能是晋国的国土面积太大,他还没跑出晋国,晋灵公就被杀了。于是,他调转方向,回来了。

这真是不多的字数、一流的剧本,集合了昏君、纯臣、刺客、孝子等元素,拍出来一定是跌宕起伏、惊险刺激。

在没有新的证据前,《左传》的记录我们只能怀疑,无法妄下结论。对这段记载,很多学者都持怀疑态度。

唯一能相信的是结果:晋灵公死了,赵盾回来了。

赵盾回国后把旅居周国的公子黑臀(晋文公之子,晋襄公异母弟,晋灵公叔叔)接了回来,拥立为国君,公子黑臀是为晋成公。

从晋献公开始,晋国不准群公子住在国内,因此,晋国无公族,由公族担任的官职也随之被废除。晋成公即位后恢复了"公族""余子""公行"三种官职。任职者从公族（国君家族），变成了卿族（大夫家族）。

国卿的嫡子为"公族"，嫡子的同母弟为"余子"，国卿的庶子为"公行"。

晋国卿族的势力再次发展，公室（国君家庭）更加衰落。

赵盾主动放弃了"公族"一职。

当年，因为赵姬的坚持，赵衰才接回了赵盾和他的母亲，赵姬还主动让出了嫡位给赵盾母子。赵盾为报答赵姬之恩，让赵姬所生之子赵括担任"公族"一职，赵盾自己担任"余子"。这就是放弃了自己嫡系的身份，重新以赵姬所生的孩子为赵氏嫡出。

公元前601年（晋成公六年），赵盾去世，赵盾时代结束。

六、史书追凶

赵盾去世后，赵家的势力，依然强大。

他的异母弟赵同、赵括、赵婴齐，儿子赵朔均在军中担任要职。赵朔的职位是下军司令，在家族众人中所任职位最高，他的三个叔叔分别在中军和下军中担任大夫。

赵盾离世，赵家失去了强有力的庇护。他执掌政权多年，有"夏日之日"之称，得罪了很多人。晋国的卿族间争权夺利，你死我活，卿族们都积极寻找赵氏的错漏。晋灵公之死，赵氏是主谋，是凶手。晋国的国君也想铲除赵氏在朝中的势力。

大家虎视眈眈，都在等一个机会。

赵盾去世一年后（公元前600年），晋成公也去世了，其子姬獳嗣位，是为晋景公。晋景公是一位很有作为的君主。他在位时，掌权的大夫们，如郤缺、士会、郤克（郤缺之子）、栾书、韩厥等人的德行和能力都非常出众，晋国有了复霸的趋势。

卿族间的内斗仍非常激烈，针对赵盾一族的派系斗争仍在继续。

公元前583年（晋景公十七年），晋成公的姐姐赵庄姬进宫，举报赵氏谋反。赵庄姬说："赵同、赵括要谋反，栾氏和郤氏都可以作证。"

栾氏和郤氏同赵氏有权力上的倾轧。赵庄姬是公室公主，她同赵同、赵括能有什么仇，什么怨呢？据《左传》记载："晋赵庄姬为赵婴（赵婴齐）之亡故，谮之于晋侯。"也就是说因为赵婴齐被放逐，赵庄姬向晋侯进了谗言。

赵庄姬和赵婴齐是什么关系呢？

很多人认为他们是情人关系，而且是乱伦关系。赵庄姬是赵盾之子赵朔的妻子，也就是赵婴齐的侄媳妇。

关于乱伦的推测是基于《左传·成公四年》的记载："晋赵婴通于赵庄姬。""通"被认为是通奸之意。

《左传·成公五年》记载了赵同、赵括把赵婴齐放逐到齐国。很多人认为，放逐赵婴齐是为防家丑外扬。

笔者认为，赵婴齐和赵庄姬两人的确有联系，但却不是通奸。原因如下：

第一，如果是为防止家丑外扬，就更不应该大张旗鼓地放逐赵婴齐，晋国的大夫被放逐到齐国，必然会引发舆论热议，这无异于广而告之。

第二，《左传》中，对于有乱伦性质的通奸事件，一般用"烝"（晚辈男子和长辈女子通奸）字，或者"报"（长辈男子与晚辈女子通奸）字，不用"通"字。"通"除了通奸之意，还有"勾结、串通""传达、通报"的意思，仅凭一个"通"字，无法断定它的含义。

第三，《左传》一般不会把通奸丑闻单独记录在案。通奸事件被记录，都是因为它诱发了后续的重要历史事件。这种情况下，作为原因的通奸事件，一定会和结果记录在一起，不会被分开记录。

第四，《左传》习惯把重要历史事件的原因、经过和结果记载在一起，一次性讲清楚来龙去脉。如果其中的原因也是一个非常重要的历史事件，才会被单独记载。等到记载结果时，还会用简短的语言点明原因。

例如，王子带引戎人攻打周的都城被单独记录在《左传·僖公十一年》。它引发的后果是周襄王在第二年攻打王子带，《左传·僖公十二年》记载时，用"王以戎难故"五个字交代了原因。

第五，《左传》使用了"谮"字，说赵庄姬诬陷二人。但是《春秋》记载的是"晋杀其大夫赵同、赵括"。说"晋杀"，不说"晋侯杀"，而且记载了被杀大夫的姓名，这表明《春秋》的作者认为赵同、赵括有罪。如果是被冤枉、无罪遭到杀害的，《春秋》会记载为某国杀其大夫，不提名字。例如，《春秋·文公七年》的"宋人杀其大夫"。《左传》解释为"不称名，众也，且言非其罪也"。

这说明赵同、赵括被处死是因为确实有罪，他们不是无辜之人。

第六，事发时赵婴齐的年龄过大。《左传·僖公二十年》记载赵姬"生原同、屏括、楼婴（赵同、赵括、赵婴齐）"。说明在公元前640年（鲁僖公二十年）之前，赵婴齐就已经出生，按赵婴齐就是出生在这一年计算，到他被放逐的公元前586年（鲁成公五年），赵婴齐已年近六十。若按有些学者所推测的，赵衰娶赵姬是在晋文公流亡前，那他被放逐时的年龄，可能在七十岁以上。赵庄姬好歹是公主，要找情人不至于找不到身体健壮的年轻人。

第七，赵同兄弟三人早有矛盾，放逐赵婴齐有可能是兄弟内斗的结果。邲之战时，赵婴齐为撤军做了准备，赵同、赵括则毫无准备。兄弟三人在同一个军营里，赵括、赵婴齐同为中军大夫，他们居然不互通消息，商量对策。

在得知自己被放逐时，赵婴齐说："我在，栾氏不敢把赵氏怎么样；我离开了，两个哥哥处境堪忧。而且人们各有所能，也有所不能，赦免我，又有什么坏处？"

这段话说明：

其一，栾氏和赵氏不睦；

其二，赵同、赵括虽然是兄长，但是他们的势力却不如赵婴齐。当时，晋国其他卿族所忌惮的，唯有赵婴齐。

上文我们提到过，赵盾去世后，赵氏一族中在军中任职最高的人是赵朔。别人要忌惮也应该忌惮赵朔。可是，晋景公三年之后，赵朔在各种史料中就失去了踪迹。在晋景公十一年的记录中，他所担任的下军将一职也被栾书顶替。

唯一的解释是，在赵婴齐被放逐前，赵朔已经去世。所以，赵庄姬是未亡人，她的儿子赵武是遗孤。

赵婴齐和赵庄姬联系，原因不详，内容未知。

赵庄姬举报赵同、赵括谋反，一定是为了儿子赵武。

赵庄姬举报的结果是：赵武恢复身份，得到了赵氏的土地。

当年六月，赵同、赵括被杀，赵庄姬当时带着赵武躲进了宫中。赵氏的封地被赐给了祁奚。

这时，大夫韩厥对晋景公说："成季（赵衰）功勋卓著，宣孟（赵盾）忠义为国，他们却没有后人，这会让向善之人心怀疑惧。"

韩厥是赵盾培养、提拔起来的。他挺身而出，不是为了赵同、赵括。韩厥是为赵盾鸣冤，为赵朔叫屈，他更是为赵武说话，为赵武争取赵氏族长的位置，还有赵氏原来的地位和封地。

晋灵公恢复了赵武的身份，把已经赐给祁奚的地，改赐给了赵盾一支的遗孤赵武。

这就是《左传》所记载的《赵氏孤儿》的故事。这其中最大的疑点是赵朔何时去世，怎么去世的？

司马迁给了我们答案。

《史记》中《赵氏孤儿》的记载，乍看之下同《左传》出入巨大，像两个毫不相干的历史事件，实则互为补充。

我们再看一下《史记·赵世家》的版本。

公元前597年（晋景公三年），晋国司寇屠岸贾想诛灭赵氏一族。

屠岸贾是晋灵公的宠臣，因赵穿杀了晋灵公，他要为晋灵公报仇。当时，屠岸贾是晋国的司寇，主管司法工作，对进谏、杀人，他都有职权上的便利。

屠岸贾对晋国的将军们说："晋灵公被杀，赵盾虽不知情，但他是赵氏的首领，难辞其咎。以臣弑君，罪不可赦。他的子孙在朝中为官，何以惩罚罪人？请诛杀他们。"

韩厥说："灵公遇害时，赵盾在外地，先君认为他无罪，所以没有杀他。现在各位要杀他的后人，这不是先君的意愿，是随意杀人，随意杀人就是作乱。臣子们有大事，不让国君知道，这是无视国君。"

屠岸贾心意已决，誓要铲除赵盾的后代。

韩厥连忙去通知赵朔，让他快点逃走。赵朔坚持不走，他说："你一定不会让赵氏绝后，我死而无憾。"

韩厥承诺会保护赵氏后人，之后就称病不出。在被杀已经是必然的情况下，保存党羽，以图东山再起，显然比莽撞出头，被一网打尽强。

屠岸贾没有请示国君，擅自和众将军攻打赵氏在下宫的府邸，杀死赵朔，屠杀了他的全族老幼，这件事史称"下宫之难"。

一般认为此时被杀的是赵朔、赵同、赵括、赵婴齐，还有这四人的族人。《史记·赵世家》记载此事发生在公元前597年（晋景公三年），如果四人同时被杀，就和《左传》记载的，赵婴齐在公元前586年（晋景公十四年）被放逐，赵同、赵括在公元前583年（晋景公十七年）被杀等事件，在时间上发生了冲突。也同《史记·晋世家》所记载的"（晋景公）十七年，诛赵同、赵括，族灭之"冲突。

我们来看一下《史记·赵世家》的原文："贾不请而擅与诸将攻赵氏于下宫，杀赵朔、赵同、赵括、赵婴齐，皆灭其族。"

这是比较流行的断句方式。

我们把标点符号调整一下再看这句话："贾不请而擅与诸将攻赵氏于

下宫，杀赵朔。赵同、赵括、赵婴齐皆，灭其族。"（孟世平，《"下宫之难"发生原因新探——对〈史记·赵世家〉的文字误读是导致争讼的根本原因》）

"皆"古通"偕"，一同、一齐之意。"灭其族"从句式来看应是"灭了某人之族"，而不是"某人被灭了族"。

重新断句之后，这句话的意思就变成了：屠岸贾和众将军杀了赵朔，赵同、赵括、赵婴齐和他们一同灭了赵朔一族。赵同三兄弟推波助澜，他们的角色至少是帮凶，他们的目的应该是夺嫡。

赵姬为了帮助父亲晋文公稳定政局，甘愿让出嫡系的位置。赵盾成了嫡子，赵同三人就是庶出。虽然，赵盾在去世前，安排了赵括作为赵氏嫡系，出任"公族"，还让赵氏族人都归属于赵括。但因赵盾是嫡出，已经是既成事实，他的儿子赵朔在军队的任职仍高于赵同三人。只有彻底铲除赵朔，赵同三兄弟才能真正成为赵家的嫡系。这同"曲沃并晋"是相同的逻辑。

所以，他们必须让赵朔灭族，才能达到夺嫡的终极目的。

赵朔的妻子赵庄姬是晋成公的姐姐，她凭借自己公主的身份躲到宫中，逃过一劫。赵朔说让韩厥保存实力时，一定是已经对赵庄姬做了安排。当时全家一起逃走可能连赵庄姬也无法保全。

赵庄姬当时已经怀孕，她肚子里的孩子是赵朔的嫡系后人。如果赵庄姬生下男孩，赵朔仍有嫡子，则赵同三兄弟就还是庶出。为了斩草除根，赵朔的遗腹子成了他们追杀的对象。

七、赵氏孤儿

赵氏遗孤危在旦夕，韩厥要担负起后续的任务，他不能出头。关键时刻，赵家的门客公孙杵臼、赵朔的好友程婴挺身而出。

公孙杵臼找到程婴，劈头就问："你怎么还不去死？"

一般人听了一定会暴跳如雷，但程婴理解公孙杵臼的心情。

程婴说："赵朔的妻子怀有遗腹子，如果幸运生下男孩，我一定抚养他长大；如果生的是女孩，赵氏绝后，我再去死。"

女孩子不能继承嫡系的地位，对其他人不构成威胁，不会再被穷追不舍，赶尽杀绝。所以程婴说，如果生的是女孩，他再赴死。

没过多久，赵庄姬分娩，生了一名男婴，取名赵武。屠岸贾得到消息，进宫搜捕赵氏遗孤。生死关头，赵庄姬把孩子藏在衣裙下面，祷告说："如果要让赵氏宗祠绝灭，就哭吧！如果不灭，就不要哭。"屠岸贾到的时候，婴儿竟然一声不出。

虽然这次侥幸逃脱，但下次要把孩子藏在哪里呢？这样下去，迟早会被发现，必须找一个一劳永逸的方法，确保赵武的安全。

程婴对公孙杵臼说："虽然这次他们没有搜到孩子，但迟早还是会被发现的，怎么办？"

公孙杵臼说："抚养遗孤和死，哪个更难？"

程婴说："死容易，抚养遗孤更难。"（《史记·赵世家》："死易，立孤难耳。"）

公孙杵臼说："赵氏对你的恩情更重，你来做难的事，我去做容易的事，我先死吧！"

他们抢了一个孩子，包上华丽的小褓裙，藏到了山里。随后，程婴下山，对将军们说："程婴无能，不能抚养赵氏遗孤。谁能给我千金，我就告诉他赵氏孤儿在哪里。"

将军们大喜，答应了程婴的请求，率军队跟随程婴进山，找到了婴儿的藏身之处。

公孙杵臼大骂："程婴，你这个小人！下宫之难的时候，你不能以死相殉，假装和我藏匿赵氏孤儿，现在又出卖我。你就算不能抚养他，又怎么忍心出卖这个孩子？"

公孙杵臼抱着孩子说:"苍天啊!苍天啊!赵氏孤儿有什么罪?求求你们放过这个孩子,杀了我吧!"

将军们手起刀落,公孙杵臼和那个孩子都变成了尸体,鲜血汩汩地从身体里流出。众将军以为赵氏孤儿已经死了,祸患已除,非常高兴。

程婴带着真的赵氏遗孤,藏在山中,把他抚养成人。

十五年后(公元前583年),晋景公生病,据占卜显示,大业的后人不顺利,因此作祟。

晋景公问计于韩厥。韩厥知道赵氏孤儿的存在,他说:"大业的后人,在晋国宗祠绝灭的不就是赵氏吗?他们侍奉过商、周两代天子,都有功劳。因幽王、厉王无道,他们离开周国,来到我们晋国,侍奉先君晋文侯,一直到晋成公,代代皆有功于社稷,祭祀未尝断绝。现在赵氏被灭族,国人都非常同情。因此,神灵通过龟板告诉我们,希望国君能够考虑一下延续赵氏祭祀的事情。"

延续祭祀需要有血缘关系的后代。

晋景公问:"赵氏还有子孙在世吗?"

看来晋景公不知道赵武还活着。他和屠岸贾等人一样,都以为赵武已经被杀。他所问的赵氏子孙,也不单指赵盾、赵朔这一支,也包括赵同等人的后代。

说到这,我们就必须再问一下,赵庄姬能躲在宫中,为什么不让晋景公帮她保护孩子?屠岸贾为什么能在宫中来去自如,搜捕、追杀赵武。

唯一的解释是那时想杀赵武的人里,也有晋景公,剪除赵家嫡系,也是他想做的。屠岸贾进宫追杀赵武,即使没有晋景公的命令,也是被他默许的。

所以,赵庄姬躲进宫里,只能保自己的命,保不了赵武的命。她不能让晋景公知道赵武还活着。

公元前583年(晋景公十七年),距离赵朔被杀已经过去了十五年,距离赵婴齐被驱逐也过去了三年。这一年,赵同、赵括也被灭族,赵氏的位置彻底被其他卿族取代。晋景公需要有人和现在的热门卿族对抗。赵家正合适。

韩厥如实禀告了赵武的情况。

晋灵公和韩厥策划恢复赵氏孤儿的身份地位，把赵氏孤儿接进宫中，藏了起来。等将军们入宫问候晋景公的病情时，晋景公借机让赵武出来和各位将军见面。

屠灭赵氏的时候，这些将军们都有份，他们岂会轻易让赵氏孤儿恢复身份。晋景公提前安排韩厥带着他的部下进宫，众将军不得已，只好说："当初下宫之难，屠岸贾是主谋，他假传国君的命令，命令臣等执行。不然的话，谁敢做这种事？为了让国君的病快点痊愈，臣等请求让赵武恢复身份地位。国君的命令，正是臣等所求。"

晋景公让赵武、程婴逐一拜见各位将军。将军们反过来和程婴、赵武一起攻打屠岸贾，诛杀了屠岸贾全族。晋景公把此前属于赵氏的田邑也都赐给了赵武。

在这件事中，屠岸贾到底扮演了什么角色？

《史记》中记载，他是晋灵公的宠臣，他向赵氏发难，是为晋灵公之死算后账。但是，他的职位是司寇，主管司法，不是主管军队。赵朔是下军总司令，又有自己的私人武装，对抗起来，屠岸贾根本不是对手。

关键在于将军们的态度。

屠杀赵朔一族的时候，"贾不请而擅与诸将攻赵氏于下宫"，屠岸贾没有兵马，但将军们却有的是兵马。

程婴下山举报时，"谬谓诸将军曰"，他是向将军们举报，此处没有提到屠岸贾。

得知赵氏孤儿的下落后，"诸将皆喜"。

公孙杵臼请求放过赵氏孤儿时，是"诸将不许"。

杀了假的赵氏孤儿后，"诸将以为赵氏孤儿良已死，皆喜"。

同众将军和晋国国君相比，屠岸贾只是一个小角色。杀人时，用他做急先锋；时局有了变化时，他就是替罪羊。毕竟国君不能有错，错的只能是他；将军们也不能有错，他们有兵马，有权力。

《赵氏孤儿》相关事件简表

时间			事件	参考文献
鲁宣公十二年	晋景公三年	公元前597年	屠岸贾和众将军杀了赵朔，赵同、赵括、赵婴齐他们一同灭了赵朔一族。	《史记》
			赵武逃脱后，被藏匿起来抚养。	
鲁成公四年	晋景公十三年	公元前587年	赵婴齐和赵庄姬有联系。	《左传》
鲁成公五年	晋景公十四年	公元前586年	赵婴齐被赵同、赵括放逐到齐国。	《左传》
鲁成公八年	晋景公十七年	公元前583年	晋国杀赵同、赵括。	《春秋》《左传》《史记》
			晋景公立赵武，将赵氏封地赐给赵武。	《左传》《史记》

赵武成年后，程婴向众大夫辞行，他对赵武说："下宫之难时，我就应该死。我之所以没有在当时殉难，是为了立赵氏之后，现在赵武已经长大成人，恢复了身份地位。我要到九泉之下去向赵朔、公孙杵臼报告了。"

赵武"啼泣顿首"，请求程婴不要死。

程婴说："不行啊！公孙杵臼认为我能信守承诺，才先我而死；现在我不去汇报，他们一定以为我没有把事办成。"

程婴自杀，赵武"服齐衰三年，为之祭邑，春秋祠之，世世勿绝"，完全是按照对待父亲的礼节，处理程婴的身后事。

公孙杵臼、程婴，坚守承诺，重义轻生，他们的精神被千古传颂。

两千多年来，《赵氏孤儿》被无数次改编，通过京剧、话剧、舞剧、歌剧、小说、电影、电视剧等各种艺术形式传播。不论是民间的小茶馆，还是世界级的大舞台，都曾演绎过这个故事。法国文学泰斗伏尔泰曾把它改编为话剧《中国孤儿》，在伦敦演出时引起了轰动。

一直到现在，《赵氏孤儿》改编的电影仍然热映，改编的舞台剧也是广受好评。

起落跌宕的剧情、舍生取义的精神，带给人心灵上巨大震撼。最直击人心的剧情，莫过于程婴用自己的孩子替代了赵氏孤儿。

笔者要说的是，这是无数艺术工作者善意的谎言。

据《史记》记载，代赵武而死的是一个无辜的婴儿，是一个被无缘无故谋夺了生命的、无辜的婴儿，他的父母是谁，不知道，他的死，鲜有人关注。

公孙杵臼死前问苍天，赵氏孤儿有什么错。我们不禁也要问，那个被抢来替死的婴儿有什么错？他何其无辜！他的父母在哪里无助地痛哭？他被抢之后，惨死之前，可曾吃饱过肚子？不，他一定是饿了几天，公孙杵臼哪会有奶水给一个襁褓中的婴儿吃。那些冰冷的武器在他幼小的身躯上，施加了怎样的暴行？那个可怜的孩子，甚至在他离世之后，尸体可曾被家人找回？婴儿无助地啼哭，孩子家人那撕心裂肺的痛哭，以"二人谋取他人婴儿负之"为利刃，划破时空，从未停歇。

在这样的哭声中，公孙杵臼、程婴舍生取义的精神要怎么传承下去？所以，编剧们选取了西周时期的另一个故事作为修补。

周厉王无道，被国人赶出国都，愤怒的国人要杀死太子姬静。召公虎把自己的孩子扮成太子，交了出去，国人打死了召公虎的孩子。共伯和、召公、周公三人组成"领导小组"，组建了看守政府。十四年后，周厉王去世，太子姬静即位，是为周宣王。编剧们通过把这件事缝补在《赵氏孤儿》的故事上，修补公孙杵臼、程婴的人性漏洞。

太史公的秉笔直书，编剧们的回避、修补，都是希望忠被宣扬，义被鼓励，任何一条生命都能被尊重。

这些都是比个人生死荣辱更为重要的东西，是不朽的精神。

赵武恢复了贵族身份，赵氏再次崛起。

公元前548年（晋平公十年），范宣子（范匄，士会之孙）去世，赵武接任中军元帅之职，开始执掌晋国政权。他内修文德，外尊王室，同楚国弭兵，中原实现了弥足珍贵的和平。

第八章

和平和蜕变

一、第一次弭兵之会

公元前582年(晋景公十八年),一个和平谈判的契机,在晋国的军府中出现。

晋景公巡视军府时,一名戴着南冠的囚犯引起了他的注意。

晋景公问:"那个身陷囹圄,还戴着南冠的人是谁?"

左右答:"是郑国送来的楚囚。"

这名楚囚名叫钟仪,是楚国郧邑的地方官。公元前584年(晋景公十六年),楚国攻打郑国,他在战斗中被俘虏,到晋景公见到他时,钟仪已经被关了两年。

晋景公召见了他,询问他的出身来历。

钟仪答:"先人是乐师。"

晋景公又问:"你也会奏乐吗?"

钟仪答:"先父是乐师,我怎么能不学奏乐呢?"

晋景公命人取了一把琴来,钟仪弹奏了家乡的乐曲。

晋景公询问楚王的为人。

钟仪说:"这不是小人所能知道的。"

晋景公再三追问,钟仪说:"他当太子时,早晨向婴齐(令尹子重的名字)请教,晚上向侧(司马子反的名字)请教。其他的小人确实不知。"

钟仪的回答非常得体,令晋景公印象深刻,他把这件事告诉了士燮(士会之子,范文子)。

士燮是一名将军,也是一名反战人士。他认为晋国的主要忧患在内部,楚国虽然强大,却不足以对晋国造成致命的伤害,但这些话他很难同国君直接去说。正巧晋景公提到这名楚囚，他抓住机会，委婉地提出了同楚国和解的意见。

士燮说："这名楚囚是位君子。说起父亲的任职，是不忘本。演奏家乡的乐曲，是不忘故土。说起楚王做太子时的事，是没有私心，称二卿的名字，是尊敬君王。不背本，仁也。不忘旧，信也。无私，忠也。尊君，敏也。怀着仁德之心处理事情，秉持信义坚守承诺，用忠心去完成它，用敏慧去推行它。再大的事情，也能成功。"

称赞完钟仪，士燮试探地提出："国君何不放他回去，让他促成晋、楚两国和解呢？"

晋景公赐给钟仪厚礼，释放钟仪回国。

晋景公能够接受士燮的提议殊为不易。公元前583年（晋景公十七年），晋国曾攻入楚国本土，俘虏楚国大夫申骊、楚国盟国沈国的国君，取得了对楚作战的巨大胜利。人都是"身后有余忘缩手，眼前无路想回头"，能够急流勇退、审时度势的凤毛麟角。

钟仪回国后，向楚共王汇报了晋国谋求和平的愿望。楚共王也非常积极，希望两国议和，他派公子辰回访晋国。公元前581年（晋景公十九年）春天，晋景公又派大夫籴伐出访楚国，就两国议和一事进行磋商。

在此之前没有人做过类似的尝试，两国具体如何和解，没有可以参考的成例。籴伐为此在楚国停留了一年多。

公元前581年五月，晋景公因身体原因传位给太子州蒲，州蒲是为晋厉公。一个月后，晋景公在如厕时掉入茅坑，不幸去世。

晋景公的突然离世，使和谈陷入僵局。

一个传奇人物接下了促进晋楚和谈的接力棒。

华元，宋国人，宋戴公五世孙，华父督曾孙，一生历侍宋昭公、宋文公、宋共公、宋平公四位国君，是宋国六卿之一。

华元在郑宋之战中曾被俘，后又逃回国内。华元还曾力主杀死不借道就进入宋国境内的楚国使者，给了楚庄王围困宋国的借口。在宋国国都被围困九个月后，他独自潜入楚军营寨，劫持楚军统帅子反，成功逼迫楚国退军。楚国退兵时，华元作为人质跟随楚军去了楚国。

他当过战俘，做过刺客，当过人质，还始终在宋国执掌国政大权，是一个富有传奇色彩的人物。频繁的争霸战使宋国深受其害，晋国和楚国实现和平，是包括宋国在内的各诸侯国共同的愿望。

华元决定全力争取晋国、楚国实现停战。他同楚国令尹子重、晋国中军元帅栾书都有着良好的关系。华元在晋国、楚国间往来奔波，终于促成了两国和议。

公元前579年（晋厉公二年）五月，晋国和楚国在宋国都城的西门外缔结友好盟约。

盟约的内容为："凡晋、楚无相加戎，好恶同之，同恤菑危，备救凶患。若有害楚，则晋伐之；在晋，楚亦如之。交贽往来，道路无壅。谋其不协，而讨不庭（不来朝的）。有渝此盟，明神殛之；俾队（坠）其师，无克胙国。"

意思是：晋国和楚国两国不得攻打对方，有灾互相帮助，有难互相救助。有人攻打楚国，晋国要帮楚国讨伐；晋国受到攻击，楚国也要帮晋国讨伐。要保证两国民间的友好往来，确保道路通畅。对待背叛盟约的诸侯，两国共同讨伐。如若违背盟约，神明共诛之，毁灭他的军队，断绝他的国祚。

这次会盟，称为"弭兵之会"。

此前一年（公元前580年），晋国同秦国也达成了和平共识。两国在黄河岸边，互派使者到对岸，同对方的国君缔结盟约，这次会盟因此称为"夹河之盟"。

"弭兵之会"和"夹河之盟"都只带来了极为短暂的和平，短暂到几乎可以忽略不计。

弭兵期间，晋国占尽了便宜。

白狄在公元前579年（晋厉公二年），趁着晋国和楚国会谈，攻打晋国。晋国认为白狄是受了秦国的指使，非常恼怒。公元前578年（晋厉公三年），晋厉公派大夫吕相出使秦国，递交国书，这也是一份战书。这份战书称为《绝秦书》。

《绝秦书》的文笔令人拍案叫绝。

吕相把近八十年秦晋发生的所有战争的责任，不论是非曲直，一律赖到了秦国头上。文笔雄健，汪洋恣肆，阅读时能感受到一种连绵不绝的气势，连秦国人听了都要相信他说的话就是事实了，忍不住一边骂人，一边赞叹。

文章开头回顾说晋献公、秦穆公两位国家元首关系很好，"勠力同心"。接着列举了一系列秦国人做出的令人不齿之事，还借楚国人之口讲述了秦国人曾亲口承认自己"惟利是视"的事情，文章说的这些事，诸侯们听了都"痛心疾首"。这正是成语"勠力同心""唯利是视""痛心疾首"的出处。

后来，秦国人给楚国下的战书《绝楚书》，完全是模仿《绝秦书》所写。秦国的团队一定对《绝秦书》进行了深入、细致的研究，把它列为"外交部"后备干部必读书目。

《绝秦书》是一篇了不起的文章。吕相是一位优秀的"外交官"。晋国是一个强大却不守信誉的国家。

晋军主力全部出动，战斗序列为：中军将栾书，佐荀庚；上军将士燮，佐郤锜；下军将韩厥，佐荀䓨；新军将赵旃，佐郤至。

不仅如此，晋国还召集了齐、鲁、宋、郑、卫、曹、邾、滕八国，共同出兵，讨伐秦国。

九个国家的大军，浩浩荡荡杀向秦国。

双方在麻隧（在今陕西省泾阳县）开战，秦军大败，将领成差和女父被俘。晋军一路追击，渡过泾水后，一直杀到侯丽（在今陕西省泾阳县南），才班师回国。

晋国利用晋楚弭兵的机遇，召集八个诸侯国，出动全部主力，达到了重创秦军的战略目的。麻隧之战后，秦国一蹶不振，无法再对晋国构成强有力的威胁。

晋国还为楚国准备了一个后起之秀吴国。晋景公曾派申公巫臣出使吴国，帮助吴国训练军队，用吴国牵制楚国，这也是晋国的战略。

晋国的霸业即将重新建立。

二、各怀鬼胎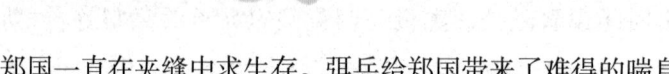

郑国一直在夹缝中求生存。弭兵给郑国带来了难得的喘息之机。

郑厉公准备借机突围，并选中了许国做突破口。

公元前587年（晋景公十三年），郑国曾攻打过许国，占领了许国的鉏任、泠敦之田。挨打的第二年，许国到楚国去申诉。郑悼公亲自赶赴楚国抗诉，楚国判郑悼公败诉，抓了皇戌和子国。郑悼公见楚国没有袒护他，当年就背楚投晋，同晋国大夫赵同在垂棘结盟。

现在，郑国属于中原联盟，许国属于楚国联盟。郑国准备借弭兵的机会，解决掉许国，扩大自己的国土面积。因为只有自己强大才不会被动挨打。

公元前577年（晋厉公四年），郑国出兵攻打许国。小小的许国国都被攻破，割地向郑国求和。

第二年春天，晋国在卫国戚地召集诸侯盟会，晋、卫、郑、曹、宋、齐、鲁、邾八个国家与会，晋国中原盟主的地位更加稳固。

弭兵之后，晋国扫除了西部的后患，明显占了上风，形势对楚国非常不利，楚国无法再无动于衷。

当年夏天，楚国出兵攻打郑国，为许国复仇。楚共王亲率大军，占领了郑国的暴隧（在今河南省原阳县西）。接着，楚军继续北上，攻打卫国的都城首止（在今河南省睢县东）。

此前，郑国只要挨打就会改投楚国。但这次郑国一反常态，受到楚国攻打后，郑国主动出击，派大夫子罕进攻楚国，占领楚地新石。

许国害怕遭到郑国报复，决定放弃现在的国土。许灵公向楚共王申请，迁徙到叶城（在今河南省叶县南），甘愿做楚国的附庸国，许国的旧地被郑国占领。

郑国受争霸战争之累最多，但它却表现得格外坚强，尤其是在战斗力上，一直保持在除霸主国外最上层的水准。单纯的军事打击根本无法征服郑国。

晋国见楚军攻打郑国，在钟离召开诸侯大会，邀请鲁、齐、宋、卫、郑、邾六国和吴国会盟，这是吴国第一次同中原诸侯会盟。

吴国是楚国东部最大的威胁，晋国和吴国结盟，楚国被夹在了中间。楚共王意识到应该调整对郑国的策略了。

公元前575年（晋厉公六年）春，楚共王派公子成出使郑国，提出同郑国议和，把汝阴之田（在今河南省郏县、叶县间）割让给郑国。郑国早就看清了形势，晋国、楚国都靠不住，只能靠自己。楚国既然愿意割让土地，何乐而不为呢？郑国收了土地，改投楚国阵营。

同年夏天，郑国大军再次出动，目标是它的老对手宋国。大夫子罕率领郑军先后在汋陂（在今河南省宁陵县附近）、汋陵（在今河南省宁陵县南）大败宋国军队，俘虏了宋军的两员大将。

鄢之战后，晋国在争霸中落了下风，一直被楚国压制，晋国需要一场胜利，一雪前耻。

公元前575年（晋厉公六年）四月，晋厉公命卫国先行攻打郑国，卫国军队进驻到了鸣雁。随后，他亲率晋军主力部队讨伐郑国。弭兵之盟彻底破裂。

晋军的战斗序列为：中军栾书为将（元帅），士燮为佐；上军郤锜为将，荀偃为佐；下军韩厥为将，荀罃为佐；新军郤犨为将，郤至为佐。

晋厉公让下军佐荀罃留守国内，派遣新军将郤犨赴卫国、齐国，大夫栾黡赴鲁国，联络三国诸侯出兵，协同作战。

晋军士气高涨，一心要打败楚国，一雪前耻。晋军中军元帅栾书说："不可以当吾世而失诸侯！"（《史记·晋世家》）

郑国得到消息，派人向楚国告急。楚共王亲率大军营救。

楚军的战斗序列为：司马子反率领中军，令尹子重率领左军，右尹子辛率领右军。

五月，晋军渡黄河。获悉楚国出兵的消息，中军副司令士燮提出退兵，被元帅栾书拒绝。

六月，晋楚两军在鄢陵（郑地，在今河南省鄢陵县北）相遇。

士燮再次提出不要和楚国开战。

郤至说："韩原之战，惠公战败；箕之役，先轸战死；邲之师，荀林父不能凯旋。这都是晋国的耻辱，您是知道的。现在我们再逃避同楚国交战，不是又增加一次耻辱吗？"

士燮坚持道："我们的前辈之所以急迫地对外开战，是有原因的。当时秦、狄、齐、楚皆强，若不尽力，子孙就要遭殃。现在秦、狄、齐三强都已屈服，仅剩下楚国一个强敌。只有圣人才能做到内部、外部同时没有忧患。我们不是圣人，外患全部解决，内部必生忧患。为何不放过楚国，让它作为我们的外患呢？"（《左传·成公十六年》："外宁必有内忧，盍释楚以为外惧乎？"）

士燮这套保留外患、避免内部祸患的理论，不可能有人买账。晋军定要一雪前耻。连鲁国大夫孟献子都预言，这次晋国一定会取胜。

晋楚弭兵，最初的倡议者就是士燮。士燮预料到，此战如果胜利，晋国会遭遇更大的危机。失去外部的压力后，晋国的卿族之间，卿族和公室之间的矛盾会进一步激化，这个后果可能是毁灭性的。事实上，士燮的看法和孟献子一样，他认为晋国必胜，避免开战，就是避免晋国面临更大的危险。

如果不同楚国开战，楚国的势力范围在南方，不会对晋国本土构成威胁，吴国正在崛起，可以牵制楚国，楚国的势力向北发展的空间是有限的。

所以，不打，损失不大。打了，危机就要浮出水面了。

士燮或许没有超越时代的和平思想，但他具有超越同期晋国执政者的智慧。士燮是士会之子。士会在邲之战中力主不要同楚国交战，又在交战后成为唯一保持不败的大将。士燮遗传了士会的智慧。他考虑的是国家的长远利益。他的思想，不会被他的同僚和同袍们理解，谁会舍弃眼看到手的不世之功，去听信给国家保留一个外部压力的提议呢？

士燮的提议被拒绝，一场大战即将开始。

三、鄢陵之战

六月二十九日（周历六月的最后一天），天还没亮，楚军已经抢先摆开阵势，军阵逼近晋军大营。

春秋时期的战争，以车战为主，需要一定的空间摆开队形，列阵后才能展开攻击，楚军列阵太靠近晋军的营垒，晋军的阵型无法展开。晋国的士兵们非常害怕，将军们一筹莫展，晋厉公紧缩着眉头。

小将士匄快步跑出队列，到晋厉公面前，提出了一个想法："把水井、坑灶填平，放宽行列间距，就在军营中列阵。敌、我谁会胜利，自有天意，有什么值得忧虑的呢？"

士匄是士燮之子，士燮主张避战，士匄不仅主战，还跑到国君和元帅面前出主意。万一晋国战败，士匄恐怕要承担责任。士燮提着戈追着士匄说："国之存亡，上天自有安排，童子何知焉？"士燮故意强调士匄还是个童子，不懂军国大事。

中军元帅栾书提出了另一个方案："楚师轻窕，我军固垒坚守，暂不迎战，三日之后楚师必退。待楚师撤退，我们追击，定能制胜。"

新军副司令郤至指出楚军有六大弱点：

一是，楚国执政的二卿令尹子重、司马子反之间矛盾很深；

二是，楚王直属的亲兵都是旧人，年龄大了没有战斗力；

三是，郑国军阵不严整，他们不想为楚国卖命；

四是，南蛮的军队不懂布阵之法，所布军阵没有章法；

五是，楚军在月末陈兵列阵，犯了天忌；

六是，楚军的军阵中，一片喧嚣，说明他们纪律混乱，到开战的时候，会更加混乱，将士们都打着自己的小算盘，彼此观望，没有斗志。

郤至认为不可错失良机，他说："老兵未必擅长作战，楚军又犯了天忌，我军定能克敌制胜。"

郤至的观点得到了大家的认同。

开战前，楚共王和伯州犁登上巢车瞭望晋军。

巢车，又名楼车，是中国古代一种用于登高瞭望敌情的车辆。其车体为木质，底部有四轮，车上竖两根长柱，长柱顶端的辘轳上系一高悬的望楼。望楼在辘轳的作用下可升高离地数丈，人可站在望楼中观察敌情。由于望楼外形酷似鸟巢，此种战车被称为巢车。

据《左传》记载，巢车在春秋时期已应用于战场。在楚围宋都之役与鄢陵之战中，楚军都曾利用巢车观察敌情或向对方喊话。此后，巢车被不断改进，宋代便出现将望楼固定在粗木杆上的望楼车，观察视野更加开阔，并可通过旗语传递信息。

伯州犁是晋国已故大夫伯宗之子。伯宗为人正直，被晋国卿族陷害，遭到杀害，伯州犁流亡楚国。他对晋军非常了解，可以解答楚共王的疑问。

楚共王问："左右两翼奔跑的士兵，是在做什么？"

伯州犁答："他们是在召唤军吏。"

楚共王说："士兵怎么都聚到中军去了？"

伯州犁答："他们是要商讨对策。"

楚共王说："他们还搭了帷幕！"

伯州犁答："那是在占卜，向先君问战事的吉凶。"

楚共王说:"他们又把帷幕撤掉了。"

伯州犁答:"那是将领将要发布命令了。"

楚共王说:"现在敌阵中非常喧闹,而且尘土飞扬。"

伯州犁答:"那是晋军将要填平井和灶,列阵了。"

楚共王问:"他们都上了战车,怎么左右又拿着兵器下去了?"

伯州犁答:"因为晋国士兵要听中军元帅讲话。"

楚共王问:"那他们是要出战了?"

伯州犁说:"这个无法得知。"

楚共王说:"现在晋军全都上了战车,又全都下了战车。"

伯州犁答:"晋军要在战前宣誓祝祷。"

伯州犁把阵列中晋厉公亲兵所在的位置告诉了楚共王。

二人的对话,至少给我们提供了两点信息:其一,楚共王没有正面同晋军交过手,他对晋军的实力、打法都不熟悉;其二,晋军的指挥系统非常完善成熟,将士训练有素。

晋厉公身边有一名楚国人,名为苗贲皇。

苗贲皇是楚国令尹斗椒(斗越椒)之子,斗椒因遭到诽谤,发动叛乱。楚庄王平叛,斗椒被杀,全族被灭,苗贲皇逃到了晋国。

苗贲皇也把楚共王亲兵所在的位置告诉了晋厉公。晋厉公也询问了苗贲皇楚军的情况。左右的人说:"楚国人才辈出,很难对付。"

苗贲皇认为不然,他说:"楚军的精锐,都在中军的王族亲军。出动晋军的精锐,攻打楚军的左右两翼,继而集中剩余三军的兵力,盯着楚国中军的王族亲军攻打,必能大败楚军。"

晋国精锐对楚军左右两翼,有战斗力上的优势;上、下、新三军对战楚军中军,有人数上的压倒性优势。

晋厉公占卜,得到的结果是"吉"。

两军正式开战。

交战的阵地上有一块泥沼,大家都尽力避开那块地方。混战中,晋厉公的战车陷了进去，抛锚了。中军元帅栾书见到国君有危险，就要过来帮忙，想让晋厉公乘坐他的战车。

晋厉公战车的护卫栾鍼大声呵斥："书，退下！你担着国家的重责大任，怎么能在战场上什么事都管？而且你侵犯我的职权，是冒犯；放下自己的职责，是轻慢；脱离自己的管辖范围，是不忠于职守。这三个错误，不能犯。"

国君战车的护卫，敢在战场上大声训斥元帅，更有意思的是栾鍼是栾书的儿子。在国君面前，对自己的父亲或者上司，直接称呼名字，这是礼。

说完，栾鍼奋力把战车从泥沼中推出。晋厉公终于脱险。

楚共王被打残了。

晋军将领魏锜（吕锜）射中了楚共王的眼睛。楚共王暴怒，召唤楚军中的神射手养由基，赐给他两支箭，让他杀掉魏锜，为国君复仇。养由基一箭射中魏锜的脖子，真的是一剑封喉，魏锜倒在弓箭的套子上死了。养由基拿着剩下的另一支箭，向楚共王复命。

开战的前一天，养由基和潘党比赛射箭，养由基、潘党都是一箭射穿了七副铠甲。养由基拿着铠甲到楚共王面前，说："国君有两个我们这样的臣子，还用忧愁战事吗？"

楚共王大怒，说："真是辱没国家，明天早晨打仗，如果你射箭，将会死于这项武艺上。"

鄢之战时，养由基就是楚庄王战车的护卫，他原本应该在楚共王左右保护，即使不和楚共王同车，他的战车也应该布设在靠近国君战车的位置。应该是因为楚共王前一天的命令，养由基没跟在楚共王附近，也不敢轻易射箭。

晋新军的副司令郤至在战斗中三次遇到楚共王的战车，郤至依据礼节，每次都下车脱去铠甲，小步快走，像一阵风似的通过后，再跳回战车。

这引起了楚共王的注意，楚共王命工尹襄拿了一把弓，赠送给郤至，工尹襄向郤至转达了楚王的问候："方才战斗非常激烈，有一位身穿红色牛皮军服的人，真是翩翩君子啊！适才见到寡人就免去盔甲快走，没有受伤吧？"

郤至脱掉盔甲，说："贵国国君的外臣郤至，随寡君作战。托君王的福，外臣披着铠甲参加战斗，没有受伤。战事在身，无法亲自前去拜谢，谨向使者行礼表达敬意。"

说完，向楚王的使者肃拜三次，才退去。

晋下军司令韩厥遇到了郑成公的战车，韩厥的护卫杜溷罗说："快追，他的驾驶员注意力不在战车上，一定可以追上。"韩厥说："不能再伤害国君了。"韩厥曾在公元前589年（晋景公十一年）的鞌之战中追击过齐顷公，齐顷公和他的战车护卫互换了位置，才没有被俘虏。这次韩厥的战车没有再继续追赶郑成公。

郤至的战车也遭遇了郑成公，他的车右茀翰胡说："我们另派一辆轻型战车，绕道追击，我去把他俘虏回来。"郤至说："伤害国君要受到惩罚。"于是郤至的战车也停止了追赶。

郑成公的战车接连被追击，他的驾驶员石首说："卫懿公被追击的时候，没有去掉旗子，因此在荧地战败。"说完他收起了旗子。郑成公的护卫唐苟对石首说："请您留在国君身边，战败了就更要保护好国君。我不如你，你保护国君逃走，我请求留下来，继续战斗。"唐苟战死。

楚军被迫退到一个非常艰险的地带，形势十分危急。因为楚共王前一天的命令，战斗中养由基只射了一箭，就是射死魏锜的那一箭。他一直不敢违背王命。叔山冉急了，对他说："虽然国君有命令，但为了国家，请您一定要射箭。"养由基这才拿出弓箭，射击晋军，每一箭都精准地命中，中箭之人都死掉了。叔山冉举起晋国人狠狠地投掷出去，掷中晋国的战车，连车前的横木都被砸断了。晋军这才停止追击。

栾鍼曾出使楚国，与子重有过一番交谈。

子重问："晋国的勇武体现在哪里？"

栾鍼答："人数多，纪律强，整齐划一。"（《左传·成公十六年》："好以众整。"）

子重问："还有什么？"

栾鍼答："从容不迫。"（《左传·成公十六年》："好以暇。"）

战斗中，栾鍼看到了子重的旌旗。栾鍼对晋厉公说："两国交战，不派遣使者，不可谓按部就班；事情发生而食言，不可谓从容不迫。请国君派人替我送一杯酒过去。"

晋厉公派使者拿酒器装满美酒，送到子重军中，说："栾鍼在寡君身边持矛护卫，无法亲自犒劳大夫的部下，特派我前来敬酒。"

子重说："栾夫子曾对我说晋人从容不迫，他一定是为了证明这件事，记性真是好。"子重接过酒器，一饮而尽，而后继续击鼓。

两军激战了整整一天，战斗到黄昏还没有结束，双方互有损伤。晋军俘虏了楚国的公子茷。夜幕降临，两军都返回自己的营寨，进行修整，准备明天清晨再战。

鄢陵在郑国境内，所以楚国算是半个主场作战，子反命令军吏检查军士的伤情，补充新的士兵，修缮盔甲和武器，陈列好战车、马匹，鸡鸣的时候吃早饭，听候主帅的命令。

晋军得到补给没有楚军容易，晋厉公因此感到忧虑。

苗贲皇再献一计，他让晋厉公通告全军："检修战车，补充军士，喂饱战马，磨快武器，整顿军阵，确定行列，饱餐祷告，明天再战。"苗贲皇让看守楚军俘虏的人，故意放松警惕，放楚国的俘虏逃跑，好让他们把晋军的军令汇报给楚共王，让楚军以为晋军态度坚决，准备继续打下去。

事实上，晋军准备撤军了。

晋军正在做撤退的准备，突然有人来报告，楚军跑了。晋厉公大为惊诧，胜利来得实在是太突然了。

原来，楚国的俘虏回去汇报了晋军的情况后，楚共王召子反商议对策。部下回报说子反喝醉了，正在昏睡，无法觐见。原来子反的侍从看他太过劳累，给他倒了些酒解乏，没想到子反竟然醉倒了。

楚共王在战斗中失去了一只眼睛，身体和心灵都遭受了巨大的打击，大敌当前，国家军队的主帅居然醉倒了，他感叹："天要让楚国失败，我不能再等了。"

楚军"乃宵遁"，连夜就逃走了。

司马子反愧悔难当，自杀谢罪。楚共王派使者去阻止，已经来不及了。

楚共王逃遁，司马子反自杀，楚国全面失败，晋军获胜，重建霸权。

晋国大败楚国后，内部斗争愈演愈烈，几大卿族遭到血洗，晋厉公被杀，军队高层换血，鄢陵之战主帅栾书则在史书中失去了踪迹。之后一切都同士燮战前预料的一样"外宁必有内忧"。

四、第二次弭兵之会

争霸公式

自公元前632年（晋文公五年）城濮之战后，晋国和楚国之间展开了长达八十多年的争斗。

张荫麟先生总结了"晋、楚争霸的公式"：起先晋楚两强，来一场大战；甲胜，则若干以前附乙的小国自动或被动地转而附甲；乙不肯干休，和它们算账；从了乙，甲又不肯干休，又和它们算账。这种账算来算去，越算越不清，终于两强直接算总账，又来一场大战。

为了争霸，打了多少仗，无法确切统计。

仅晋国、楚国两强之间就发生四次大战：城濮之战，晋胜；邲之战，楚胜；鄢陵之战，晋胜；湛阪之战，晋胜。

两强之间的小战，两强攻灭其他小国的大战、小战，其他诸侯国为了自卫、为了侵略，受命于霸主参加的战争更是不胜枚举。仅宋国参加的战争就在四十六次以上，郑国则在七十二次以上。

任何一场战争，都是一场人类悲剧。

多少人流离失所？多少人死于战火？

让我们回看一下，因为占卜显示投降不利，在太庙中、在城墙上失声痛哭的郑国人，连楚人听到那哭声，都生出不忍之心，暂时解围后撤；还有在被楚国围困了九个月的宋国都城内，没有了任何能吃的食物，人们交换孩子吃了充饥，烹煮那些可怜小生命的燃料，竟然是人类的骸骨；试想一下崤山上，当所有的秦军全部由活生生的人，变成了肢体残破的尸体，山间的清泉泛着殷红的血色，黑色的土地、绿色的原野上不是鸟语花香，是阵阵哀鸣……

记载这些事的每一个字，都泛着阵阵血腥。

诸侯们争霸，大夫们篡权，战士们争功。

谁会考虑生命问题，考虑百姓问题，考虑超越国界的问题？

第一次弭兵失败后，大国继续争霸，中小诸侯国要么继续被动挨打，要么继续跟随霸主四处征战，依旧是连年用兵，百姓苦不堪言。

为了争夺霸权，晋国联合吴国，楚国联合越国，吴、越两国发展迅速。齐国有复兴趋势，秦国坚强地在西方矗立，秦国和楚国经常打配合，共同遏制晋国。各国力量对比出现了变化。"两极格局"演变为"多极"发展，各国势力在动态中接近制衡。

诸侯国内部，卿大夫的势力日益强大，内部矛盾加剧，喋血事件时有发生。

不论大国小国都被内忧外患折腾得筋疲力尽。各国都希望有个和平的外部环境，休养生息，治理内部矛盾。

在这样的背景下，第二次和平运动兴起。

实现弭兵

和平的先声，再次由晋国发出。

公元前548年（晋平公十年），晋国元帅士匄去世，赵武接任中军元帅。

赵武执政后，晋国主动提出减免各诸侯国对晋国的纳贡，倡导重视礼仪。

当时，被大国控制的小国都有一定的义务：其一是经济上纳贡，相当于交保护费；其二是军事上听从霸主号令，霸主指哪，小国打哪。在小国遇到困难时，霸主有义务帮助自己联盟中的小国渡过难关。

在赵武主动减轻各诸侯国的负担后，鲁国大夫叔孙豹到晋国访问。

赵武对叔孙豹说："从现在开始，战争会越来越少了。齐国的卿族崔氏、庆氏刚刚当政，他们积极寻求同诸侯和解。我同楚国令尹屈建相交。如果能恭敬地推行礼仪，用言语辞令加以引导，止息诸侯间的争端，战争就可以消弭。"

赵武的一句"兵可以弭"（《左传·襄公二十五年》），释放出了和平的积极信号。

宋国的执政卿向戌同晋国的赵武、楚国的令尹子木（屈建）是好友，他准备借用这层关系，促成各诸侯国实现真正的弭兵。

为此，向戌先出访了晋国，提出弭兵的倡议。赵武非常重视这个倡议，召集晋国的大夫们开会讨论。

韩起说："战争是百姓的祸害，财物的蛀虫，小国的大灾难。现在有人要消除它，虽然说很难办到，但一定要答应他。如果我们不同意，楚国同意了，以此招揽诸侯，我们将会失去盟主的地位。"

大家对韩起的发言深表认同，晋国接受了向戌的建议。

向戌离开晋国，又到了楚国，向楚王提议弭兵。

楚国在鄢陵之战中，败给了晋国，在湛坂之战中，又败给了晋国。这时，吴国在东方对楚国也形成了巨大的威胁，如果能同晋国议和，楚国就可以专心对付吴国了。

楚国也同意了向戌的提议。

晋、楚两个超级大国都同意弭兵。向戌又去了齐国。

齐国是中原的二号强国，国力正在攀升，有对外扩张的打算，如果齐国同意弥兵，那在相当长的时间内，他只能保持现状。齐国的大夫们想拒绝向戌。

这时大夫陈文子说："晋国和楚国都同意弥兵，我们怎么能拒绝呢？别人提议休战，我们却不同意。民众就会同我们离心，那要怎么统治他们呢？"

齐国的当政者也同意弭兵。

向戌又去了秦国。弥兵对秦国也有益处，秦国自然不会拒绝向戌。

晋、楚、齐、秦四大强国一致接受了弥兵的提议。

公元前546年（晋平公十二年），各国代表赶往宋国参加弥兵大会。

晋国的赵武先抵达了宋国，楚国的子木先去了陈国，另派公子黑肱去宋国同晋国商议，宋国的向戌从中往来沟通。

和平的倡议是由晋国的赵武首先提出的。弥兵大会能够召开，是向戌不辞辛苦奔走的结果。但是，对于具体如何弭兵，各国代表都没有成熟的想法，更没有成功的经验可以借鉴。

除和平条款外，通过什么来避免晋、楚两个大国之间再起摩擦，这是最重要，也是最难的一点。

楚国令尹子木提了一个建议："晋、楚之从，交相见。"（《左传·襄公二十七年》）

意思是本来分别归附于晋国、楚国的国家，对晋国、楚国尽同样的义务。

赵武提出齐国、秦国不能算作晋国、楚国的附从国，他们具有和晋国、楚国同等的地位，应当排除在外。这是因为齐国、秦国的国力也都相当强大，他们不可能尽"双份"义务，这两个国家不好惹，最好是不去惹。

另外各国的附庸国不用再对霸主尽义务，而且，邾国是齐国的附庸国，滕国是宋国的附庸国。邾国、滕国也被排除在外。

子木的意见经过这两次修订后，协议范围内的国家就剩下楚、晋、宋、鲁、郑、卫、曹、许、陈、蔡十个国家。

协议达成一致后，与会国家的代表在宋国都城外驻扎，准备举行会盟。

这时又出了意外。

因为盟会的地点在宋国，宋国是晋国的同盟国，楚国很不放心。在会盟时，扣留诸侯国国君的事情，楚国做过，晋国也做过。楚方代表为防不测，在衣服里穿了皮甲。

楚国大夫伯州犁（晋国大夫伯宗之子）认为这会造成误会，力劝子木不要穿皮甲出席会议。子木说："晋、楚之间不信任已经太久了，只要把事情办成，得到利益就行了，管他什么信任不信任的呢？"

赵武感到很担忧。晋国大夫叔向认为，楚国背信，对他们不利，对晋国则有益，因此不用担心。

正式盟会这天，晋、楚又起了争执。

盟会上谁先歃血，谁就是盟主，两个霸主国都想当盟主。

叔向对赵武说："诸侯归附的是晋国的德，不是一个死的盟约。大夫推崇德行，不用争谁先歃血。"

晋国再次做出让步，让楚国先歃血，自居盟主。大会后，晋国、楚国互派使节到对方的国家去会盟。

晋国、楚国长期对峙的局面结束，中原迎来了相对和平的局面，弭兵之盟，意义非凡。

内部蜕变

这次会盟，楚国占尽了便宜。

楚国"衷甲"赴会，晋国没有抗议；楚国抢先歃血，做盟主，晋国也同意了；因晋国的盟国多，有郑、卫、曹、宋、鲁五国，楚国的附从国少，只有陈、蔡、许三国，附从国向两国尽同样的义务，楚国受益更大；十二年后（公元前534年），楚国灭了陈国，晋国装作不知道；三年后（公元前531年），曹国国君被诱杀，晋国还是不敢把楚国怎么样。

晋国也是无可奈何，晋国国君如同东周的天子一样，不断被边缘化。

晋国的大夫们如同诸侯国争霸一样，不断上演喋血事件。

晋国开始还是十几家卿族轮流掌权，经过多次兼并，后来仅剩智、韩、赵、魏四家大卿族。公元前453年（晋出公二十二年），赵、魏、韩三家灭智。公元前403年（晋烈公十三年），周天子"初命晋大夫魏斯、赵籍、韩虔为诸侯"，晋国名存实亡。

内部的巨变，迫使晋国退出了争霸的战场。同样的蜕变也发生在其他诸侯国。

鲁国"三桓"专政

"三桓"是指鲁国的三家大夫，包括他们的家庭，或他们的家族。"三桓"的始祖是鲁庄公的三个弟弟：庆父、叔牙、季友。因他们三人的父亲是鲁桓公，所以被称为"三桓"。当时，公的儿子被称为"公子"，公的孙子被称为"公孙"，庆父兄弟三人的后代是公孙，又按照排行被称为孟孙氏、叔孙氏和季孙氏。

"三桓"把持鲁国朝政，把鲁国的二军拆分成三军，一家瓜分一军。他们安排自己的私人军队补充空余的编制，进而掌控了国家的军队，这就是"三分公室而各有其一"（《左传·襄公十一年》）。

过了二十五年，"三桓"又把公室的财产分成了四份，季孙氏占两份，孟孙氏、叔孙氏各占一份，国君没了产业，只能吃"三桓"给的供奉。这不就是我把你的东西占了拿去赚钱，大头归我，只分给你点生活费用嘛。

国君受逼迫太过，起兵讨伐"三桓"，"三桓"反过来攻伐国君，鲁昭公（鲁襄公之子，嗣襄公位）被赶出鲁国，流亡国外，客死异乡。

鲁昭公死后，"三桓"把鲁昭公的弟弟公子宋安排在国君的位置上，是为鲁定公。

"三桓"的家臣势力也膨胀了起来，家臣们像"三桓"对待鲁国国君那样对待"三桓"。公室仍想收回权力，但因为力量实在衰弱没有成功。"三桓"最后从家臣手里夺回了权力。

公元前 468 年（鲁哀公二十七年），鲁定公的继任者鲁哀公被赶出鲁国。鲁哀公逃到卫国，又逃到邹国，最后逃到了越国，《左传》止于鲁哀公投奔越王勾践这一年，即鲁哀公二十七年（公元前 468）。

后来，鲁哀公被国人接回了有山氏，在那里去世。

齐国也是如此。

在齐国把持政权的是陈氏，其始祖是陈国的公子完。因陈国内乱，公子完投奔齐桓公，从此留在了齐国。"陈"和"田"在当时读音相同，陈氏就是田氏。

齐景公贪婪寡恩，不得人心。田氏则广施恩惠，收买人心，慢慢强大起来。齐景公去世后，田氏发动政变，一举击败了齐国掌权的国氏、高氏两家卿族。国君从此被田氏控制，说立就立（齐悼公、齐平公），说杀就杀（齐简公）。

公元前 386 年（齐康公十九年），周天子册封田和为诸侯，自此田齐取代了姜齐。

姜齐国君齐康公，仅"食一城，以奉其先祀"，这连残存势力都算不上，七年后（公元前 379），齐康公去世，姜齐连最后一点象征也没了。

五、子产：苟利社稷，死生以之

小预言家

鄢陵之战十年后（公元前 565 年、晋悼公九年）的春天，郑国打败了蔡国，俘虏了蔡军主帅司马公子燮，"郑人皆喜"。这时一个名叫子产的孩子却出来泼冷水。

子产说："小国不修文德，却立了战功，这是大祸。楚国人来讨伐，能不依从他们吗？依了楚，晋国的军队又要来了。晋、楚交替伐郑，自今而后郑国四五年都不得安宁了。"

子产的父亲子国怒斥："你知道什么？国家的大事，有正卿做主。童子胡言，是要被砍头的！"

这时，郑国是晋国的与国，蔡国是楚国的与国。蔡国挨打，楚国势必要替它出头。

这次果然被子产言中。当年冬天，"楚子囊伐郑，讨其侵蔡也"（《左传·襄公八年》）。郑国内部为是战是和展开了激烈的争论，最后郑国决定顺从楚国。

同楚国讲和后，郑国又急忙向晋国报告，陈述自己的苦衷，希望得到晋国的谅解。晋国正处于晋悼公霸业的全盛时期，岂能善罢甘休。转过年来，晋国就带着一众诸侯国攻打郑国，郑国只好又同晋国结盟。

楚国因为郑国同晋国结盟，又来攻打郑国，郑国又投降了楚国。楚国命郑国和他一起围困宋国，又命郑国攻打卫国、鲁国，之后再命郑国攻打宋国。

郑军疲于奔命，百姓不堪重负，国内矛盾激化，贵族之间发生火并。正卿子驷和司马子国、司空子耳被杀，郑简公（郑僖公之子）被劫持。因这次叛乱是从西宫的朝堂上开始的，故史称"西宫之难"。

子驷的儿子子西得知父亲被杀，失去理智，不管不顾地去追击逆贼，逆贼裹挟着郑简公，跑到了北宫。子西被打败后，这才想起来应该先回家调兵。等子西返回家中，发现家中的臣属和奴婢已逃走了大半，财物和武器也被洗劫。没武器，没人马，拿什么去攻打叛贼呢？

子产闻听兵变，父亲被杀，强忍悲痛，命人关闭大门，封闭府库，严格把守。布置好家中的防御后，子产聚集家臣属吏，驾驶着十七辆战车，攻打叛贼。城中其他贵族得到消息，各率家臣前来相助，叛贼通通被杀，叛乱被一举平定，郑简公被解救。

子产痛失至亲，临危不乱，处变不惊，沉着应对，化解了一场倾覆社稷、灭家灭族的巨大危机，可谓智勇双全。此事之后，郑国的大夫们都对他另眼相看。

子产，名侨，因是郑穆公的孙子，又被称为公孙侨。

他的祖父郑穆公有很多儿子，其中公子夷、公子坚先后嗣位为国君，即郑灵公和郑襄公。子孔后来死于内乱，后代被牵连流亡国外。子罕（公子喜）、子驷（公子騑）、子良（公子去疾）、子国（公子发）、子游（公子偃）、子丰（公子平）、子印（公子舒）七人及其家族长期掌握着郑国的政权，称为"七穆"。

子产是子国的儿子，属于"七穆"中的国氏家族。子产在这次平乱中崭露头角后，又有几次匡扶社稷。公元前554年（郑简公十二年），郑简公任命子产为少正，入阁为卿。

弭兵之会三年后（公元前543年），执政子皮认为子产才华横溢、忠勇有谋，要把职位让给子产。

子产诚惶诚恐，推辞说："国小而逼，族大宠多，不可为也。"（《左传·襄公三十年》）

郑国的国土面积不大，居于两大强国之间，处在四战之地，外患从未断绝。内部卿族又多，内斗不断，危机重重。子产谨慎、惶恐、战战兢兢。

子皮承诺："有我率领他们听从于你，谁敢触犯你？你处理好国事。郑国虽小，但若能侍奉好大国，国家的发展环境也会宽松些。"

子皮是郑穆公曾孙，子罕之孙，属于"七穆"中罕氏家族，家族势力庞大，有子皮的支持，整个罕氏就站在了子产这边。

公元前543年（郑简公二十三年），子产开始主持郑国政事。

大难题

子产深知如果继续因循苟且，郑国或亡于内乱，或亡于外患，或亡于内乱加外患。中原休战是难得的喘息之机，子产大刀阔斧，开始改革，整饬内政。

子产的改革从土地开始。

西周的土地制度是"井田制"。"井田"上的土地被分为"公田"和"私田"。农民在"私田"上生产，获得生计来源。"私田"的产权不属于农民，地是"租"给农民的。所以，农民要缴纳地租，缴纳的方式是到"公田"上劳动，而且要先到"公田"上去劳动，"公田"上的工作完成后，才能回到自己的"私田"去干活。

井田示意图

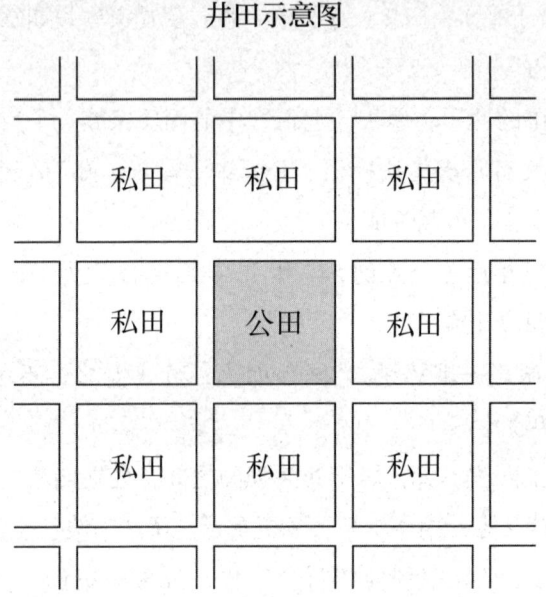

方里而井，井九百亩，其中为公田。八家皆私百亩，同养公田。公事毕，然后敢治私事，所以别野人也。（《孟子·滕文公上》）

农民的地是从哪里租来的呢？严格说是从周天子那里租的。因为不论"公田""私田"，产权都属于周天子，或者说是属于以周天子为代表的国家。

"溥天之下莫非王土"，天下的土地都属于周天子，周天子把部分土地分封给诸侯，诸侯建立国。诸侯也把一部分土地分封给大夫，大夫建立采邑。天子、诸侯、大夫都把没有分封出去，直属于自己的土地（采邑、公邑、王畿），划分出一部分"租"给农民耕种。

这可以看作是由上而下层层"转租"。

所以，就要由下而上逐级"交地租"。

大夫给诸侯"交地租"，诸侯给天子"交地租"，农民的地租交给谁，要看他居住在谁直接管理的土地上。

地租的形式有实物地租，如农副产品、纺织品、猎物、军需物资等。也有劳役地租，如到"公田"上劳动、运送军需物资、修缮宫室、加固城墙等。后来还发展出了货币地租。

"公田"的产出归"公家"，也就是天子、诸侯、大夫，以及他们的家庭（王室、公室、氏室）。

在井田制下，社会各阶层收入来源构成如下：

农民的收入——"私田"的产出；

氏室的主要收入——采邑上公田的产出、农民缴纳的贡赋等；

公室的主要收入——公邑中公田的产出以及大夫、农民缴纳的贡赋等；

王室的主要收入——王畿中公田的产出以及诸侯、农民缴纳的贡赋等。

管理范围	最高领袖	家族	家庭	直辖领地
天下	天子	王族	王室	王畿
国	诸侯（国君）	公族	公室	公邑
家（采邑）	大夫（家君）	氏族	氏室	采邑

除此之外，还相应产生了其他的义务。

大夫要辅佐诸侯，随从作战，汇报工作，镇守土地，管理人口；诸侯要镇守疆土，捍卫王室，听从天子调遣出兵作战，定期或按天子要求朝觐述职；天子也有义务，他的义务是维持秩序、主持公道。

春秋时，铁和青铜农具普及，开始使用牛耕，耕种工具的改良，耕作方法的改进，使农业生产技术迅速发展，也让社会生产力有较大提高。上千农民，拿着木头、石头做的工具在井田上集体劳动的场面成为过去。

农民靠一家一户独立耕种，已经可以保证土地的产出，保障家庭的生活。生产效率大幅提高后，农民有更多空余的时间和富裕的体力，他们开垦荒地的积极性提高。大量在井田外的土地被开垦，我们姑且称之为"新私田"。

"新私田"虽然还在周天子的"王土"之上，却不在原有的井田范围内，因此没有被纳入"税基"。"新私田"游离在原有的税收体系之外，成为一个私人收入的增长点。

有利益，就会有人追逐利益。

农民把更多的精力放在了提高"私田""新私田"的产出上，在"公田"上耕种的积极性大幅下降，出现了"民不肯尽力于公田"（《公羊传·宣公十五年》何休注）的现象。这导致"公田"荒芜，产出无法保障。

大夫趁机开垦属于自己的"新私田"，还利用农民开垦"新私田"的积极性，侵夺诸侯"公邑"上的土地，把田地的界线向"公邑"延伸。当时，田地的界线是灌溉用的沟渠或者田间的道路，农田的灌溉系统因此遭到破坏。公室的田地被侵占，收入进一步减少。大夫占有的田地面积扩大，收入也就增加了。

这还催生了农民内部的阶级分化。

"公邑"内部的一些人，雇佣农民为他们耕种"新私田"，从中渔利。大夫从"公邑"中选拔田官，帮他们管理"新私田"，从中渔利。他们从农民中分化出来，成为上一个阶级的一个阶层。

当时，还有买卖私田、争夺田地的现象。

在利益的驱使下，农民会主动开垦新的土地，大夫和从中可以获利的人也会利用农民去开垦新的田地，私田的数量不断扩大。

公田衰落，私田不断增加，王室、公室受到的影响更大，他们的收入减少。大国的大夫们因军功被赏赐的土地很多，还大量开垦新私田，大夫们的经济、军事实力都变强了。

大夫不尊公室，诸侯不敬王室。大夫给公室的贡赋打折，甚至侵占、瓜分公室财产，诸侯给周王室的贡赋缩水，甚至不纳贡赋。因此，天子衰微，诸侯暗弱。

大夫阳奉阴违，诸侯口是心非，周天子被晾在一边，成了背景板、工具人。诸侯们有的被边缘化，有的被赶出国，有的被杀，有的被取而代之。

在这样的背景下，郑国的正卿子驷推行土地改革"为田洫"。

"为田洫"就是整顿井田的灌溉系统，厘定田地边界。洫，意为田间的水道，兼具田界和灌溉、排水功能。

"井田"原来是有"洫"的。但被侵占的田地，洫遭到了破坏。"新私田"因是自由开垦，边界不清晰、不规则，有的可能也没有挖沟渠做边界。所以，要重新勘测、厘定田地的田界，明确土地归属，收回应该属于公室的田地，提高公室的收入。

这是让卿大夫们把吃到嘴里的肉吐出来，他们怎么会答应？

导致子产父亲子国和正卿子驷被杀的叛乱，正是由于子驷推行的土地改革"为田洫"损害了司氏、堵氏、侯氏、子师氏几大卿族的利益。贵族之间矛盾激化。卿族有自己的采邑、有家臣、有私人武装，俨然是国中之国，几大卿族联合起来，突然袭击了"郑国政府"的办公地点西宫，包括正卿子驷在内的三位卿大夫被杀，国君被劫持。

往事历历在目，前车之鉴，不能不引以为戒。

不改革，公室早晚被蚕食殆尽。改革，触动卿族利益，他们要造反。

这个真是一个巨大的难题，一个必须解决的巨大难题。

子产的办法是承认既定事实，明确田地归属。田在谁手中，就划定是谁的，进行登记，不追究卿大夫侵占公邑之事，避免公室同世卿大族发生冲突。

摸清底细，划分沟洫。勘测、厘定田地疆界，摸查田地上的房舍、水井情况。挖掘灌溉沟渠作为界限标志。

又是调查，又是勘测，又是挖沟，又是划界，如果不追究卿大夫占有公室财产的行为，这番折腾的意义何在？

为了征税。

子产改革后,公室以田地、房产、水井的占有情况为征税标准,以摸底情况为依据,征收田税和不动产税"伍",甚至还增加了动产税"褚"。

这次改革,承认了"新私田"主人对土地的使用权,因此没有引发贵族的强烈抗议,但开垦"新私田"的农民比原来要多交税,他们的负担加重了。

子产执政仅仅一年,大家就怨恨地咒骂:"清点我的家产好收税,丈量我的田地好收税,谁能杀了子产,我就支持谁!"

> 取我衣冠而褚之,取我田畴而伍之,孰杀子产,吾其与之!
> (《左传·襄公三十年》)

人们骂子产,过两年又要赞美子产。

因为子产拿着多收的税,兴建农田水利,发展农业;营建公共基础设施,改善民生;兴办学校,发展教育。

富裕起来的人们歌颂子产:"我有子弟,子产教诲他。我有田地,子产让它产量加倍。子产死了,谁能接替他?"

> 我有子弟,子产诲之。我有田畴,子产殖之。子产而死,谁其嗣之?(《左传·襄公三十年》)

从挨骂到被歌颂,仅隔了两年。从改革到成功,仅仅用了三年。

《列子·杨朱》中说:"子产相郑,专国之政。三年,善者服其化,恶者畏其禁,郑国以治,诸侯惮之。"

子产的改革给国家带来了莫大好处。

农业发展,百姓富足,国家仓库日渐充盈,公室收入增加,国君有了控制卿族的资本,稳定了国家的统治基础。

这解决了周天子、各诸侯国君面临的同一种困境，即在周王室、公室的土地缩水，卿族占有土地扩大的情况下，如何为王室、公室财政"开源"。

按亩征收田税，不是子产首创。

春秋以及后来的战国，各诸侯国都相继开始按亩收税。

公元前685年，齐桓公、管仲推行"相地而衰征"（《国语·齐语》）。

公元前645年，晋惠公推行"作爰田"（《左传·僖公十五年》）。

公元前594年，鲁宣公推行"初税亩"（《春秋·宣公十五年》）。

公元前548年，楚国大司马蒍掩推行"书土田"（《左传·襄公二十五年》）。

公元前408年，秦简公推行"初租禾"（《史记·六国年表》）。

大集体劳动已经过时，井田制走向崩溃，一家一户为单位的个体农民增加，新的税收体系逐步建立和完善，国家制度出现向中央集权过渡的趋势。

吾以救世

第一轮改革成功后，子产没有躺在功劳簿上，安稳地等着退休，他赌上名声和性命，开始了第二轮改革。

面对质疑和威胁，子产说："只要对国家有利，是死，是生，由它去吧。"

> 子产曰："何害？苟利社稷，死生以之。且吾闻为善者不改其度，故能有济也。民不可逞，度不可改。《诗》曰：'礼义不愆，何恤于人言？'吾不迁矣。"（《左传·昭公四年》）

中原弭兵，这是一个极为难得的战略机遇期。

窗口期一旦过去，处在四战之地的郑国，面对的仍将是强敌环伺，被大国争夺、驱使的局面。被楚国攻打，又被晋国攻打，被楚国裹挟着去攻打卫国、宋国，或者被晋国指使着去攻打陈国、蔡国。

国家将永无宁日，直至亡国。

在公元前524年（郑定公六年），郑国都城遭遇大火时，子产命人登城警备。有人认为这样会得罪晋国。子产说："小国平常忘却防守就会有危险，何况是有灾难的时候？"

一个国家不忘忧患，才能不被轻视。一个国家只有强大，才能成为一个有尊严的、独立的、自己做主的国家，才能成为一个事实意义上的主权国家。

正是这种忧患意识，让子产下定决心，加强郑国的国防力量。

深化改革，子产做了两件事，一是"作丘赋"，二是"铸刑鼎"。

一般认为"作丘赋"就是把征兵范围扩大到郊野地区的庶人，把提供军需物资的范围也扩大到郊野地区。"丘"是指郊野地区的基层行政组织，"赋"是指兵器、甲胄、牛马、兵车等军需物资。

做战士本来是贵族的特权。缴纳军需物资也是贵族的特权。现在，公室绕过中间的贵族，到野外去挖掘国家的兵源潜力、军需供应潜力，原本属于卿族的利益空间被挤占。

被征召的庶人增加了兵役的负担，被收取"赋"的庶人增加了纳税的负担。这些是比原来多交的钱财、多出的力气。中原多年没有大的战争，民众认为和平时代已经来临，政府却还在加强军备，这引发了民众强烈的逆反心理。

改革遇到了巨大的阻力。

有国人咒骂："当年，他的父亲死在路上。现在，他也要做蝎子尾巴了！"（《左传·昭公四年》："其父死于路，己为蛊尾。"）

有卿族威胁："国氏（子产所在的卿族）要先灭亡了。"

还有来自朋友的质问。

公元前536年（郑简公三十年），子产"铸刑鼎"，向人民公布成文法。这是中国法制史上具有里程碑意义的事件。但这件事在当时引起了轩然大波。

晋国贤臣叔向来信责问子产，信中表达了深深的忧虑："在你执政结束前，郑国就要败亡了吧！"（《左传·昭公六年》："终子之世，郑其败乎？"）

叔向认为平民一旦知道了法律的具体内容，将不再敬畏上级，会生出争斗之心，他们会心存侥幸，援引法律，来达成自己的诉求。这样一来，民众就没法治理了。

叔向在信中说："一个国家要灭亡，制度就会变多。""开始我对你充满期待，现在没有了。"

子产回信说："我没有才能，无法考虑子孙后代了，我要解决现世的问题。"（《左传·昭公六年》："侨不才，不能及子孙，吾以救世也。"）

叔向被孔子称为"古之遗直也"。他责备子产，是因为执政理念不同，并无私心。这说明，子产改革的阻力不仅来自有利益冲突的大卿族，还包括没有利益冲突的保守派。

法律本来由贵族掌握，平民要视贵族而动。平民知道了法律条款的具体规定，就可以视法律而动。郑国贵族的地位受到挑战，平民的力量上升。强大卿族的权力被抑制，公室的意志更容易实现，这有利于公室集权。非常之时，行非常之举。

留给郑国的时间，留给子产的时间都不多了。

"作丘赋"，让郑国在短时间内，大幅度地增加了军人数量，扩充了军备，提高了国家的军事实力。

"铸刑鼎"，在当时的历史条件下，尽最大可能限制了贵族的特权，提高了公室的地位。

公元前522年（郑定公八年），子产去世。

孔子听到消息，含泪哀叹："古之遗爱也！"（《左传·昭公二十年》）

春秋后期，晋国、齐国、鲁国、宋国先后爆发大规模内乱。郑国则独善其身，内政稳定。在对外交往上，更是多有建树，很少吃亏。

子产，厥功甚伟。

第九章

吴越争霸

一、巫臣：爱的魔力

北方政改，晋国衰落，南方的楚国正应该积极北进。但是楚国在灭陈、灭蔡后，居然退出了中原的争霸战场。

楚国在弭兵期间挑起战争，非但没为他们赚到好处，还失去了人心。为了挽回局面，楚国又帮陈国、蔡国复国。期间，楚国还因王位继承问题发生了内乱。

最终，后起之秀吴国把楚国牵制在南方。这是春秋争霸战的一个新篇章，也是春秋的尾声。

吴国的建立，有些偶然。

周文王的祖父古公亶父有三个儿子——太伯、虞仲和季历，文王是季历之子，古公亶父认为季历可以让周兴盛，就选了季历做接班人，太伯和虞仲为了让位，出奔到今天的太湖流域，建立吴国。

所以，吴国的始祖是周文王的伯父。

但，吴国不属于诸夏。

太伯、虞仲"断发文身，裸以为饰"（《左传·哀公七年》），完全融入了当地土著的社会生活。头发剪短，就不能束发戴冠，在身上纹了图案，就要裸着身体展示。这些都是文化落后的表现。

吴国和诸夏也没什么交往。

吴国的疆域不易考证，其统治核心约略在今太湖流域。太湖流域位于长江以南，受地理环境限制，在很长一段时间中，吴国和中原的往来，鲜见于史书。据《史记·吴太伯世家》记载，一直到吴王寿梦（吴太伯十九世孙）时期，吴国"始通于中国"。

第九章 吴越争霸

吴国的崛起，又是一个偶然。

公元前584年（吴王寿梦二年），晋国大夫巫臣驾驶着战车，带着军队，千里迢迢来到吴国，帮吴国训练军队。巫臣比吴国人还要尽心，因为他要报仇，报全家被杀的仇。

巫臣是晋国的大夫，但他不是晋国人，他是楚国申县的县公，屈氏，字子灵。巫臣是逃到晋国的。他出逃，不是因为内乱，不是因为受到了政治迫害，是为了爱情。

巫臣爱上了一个女人——夏姬。

夏姬是郑穆公的女儿，郑国的国君姓姬，她的丈夫是陈国的大夫夏御叔。夏姬，是夫家的姓加娘家的姓。从对一个女人的称呼，就能看出当时是绝对的男权社会。一个女人存在的意义在于她是哪个男人的女儿，是哪个男人的妻子，是哪个男人的母亲，唯独不能是她自己。这是夏姬无法摆脱的桎梏。

据坊间传言，夏姬做过三次王后，嫁过七个大夫，有九个男人因她而死。这件事被传得绘声绘色，从古代一直流传到今天，还被有些影视剧拿去做素材。

据史书记载，夏姬的第一段感情发生在郑国，史书中有夏姬"夭子蛮"的记载。

子蛮可能是夏姬的情人，也可能是夏姬的丈夫。还有人说子蛮是夏姬的哥哥，这样的话夏姬就又有一顶乱伦的帽子了。子蛮到底是谁？不清楚，史书没说。两个人是什么关系，也没说。能不能通过蛛丝马迹，推理一下呢？通过"夭子蛮"三个字，我们能知道的是：子蛮是一个人名，子蛮和夏姬有比较近的关系，子蛮年龄不大就死了，夏姬没死。

子蛮去世后，夏姬嫁给了夏御叔，两人育有一子，名为夏徵舒，这次婚姻存续期间，没什么大事发生。

十几年后，夏御叔去世，大家将此事定性为夏姬克夫。如果是夏姬去世，那么接下来该讨论的就是怎么欢天喜地地娶一个新媳妇。但去世的是夏御叔，剧情自然就会变得狗血，一个守寡的女人，再嫁也好，自由恋爱也好，都能成为大家茶余饭后的话题。

更何况，夏姬同时有三个情人。

陈国国君陈灵公、卿大夫孔宁和仪行父都是她的情人。夏姬和这几个男人，谁主动，谁被动，史料中没有留下证据。这三段"地上情"，《左传》中有记载，《诗经》中有讽刺："为什么去株林啊？为了找子南（夏徵舒，字子南），不是去株林游玩，是为了找夏子南。驾驶着马车，到了株林的郊外，驾驶着马车，在株林吃早餐。"

> 胡为乎株林？从夏南！匪适株林，从夏南！
> 驾我乘马，说于株野。乘我乘驹，朝食于株。（《诗经·陈风·株林》）

君臣三人，可能是互相推荐的。否则，他们怎么会公开在朝堂上开"黄色会议"，戏谑地讨论和夏姬的关系，讨论时三个人还都穿着夏姬的内衣。（《左传·宣公九年》："皆衷其衵服，以戏于朝。"衵服，女人的内衣。）。

大夫泄冶看不下去，劝陈灵公要注意影响。孔宁和仪行父提议杀掉泄冶，陈灵公"弗禁"，泄冶就这样被杀了。

一年后，陈灵公和孔宁、仪行父在夏姬家中饮酒。陈灵公对仪行父说："徵舒这孩子像你。"仪行父是臣子，得谦虚，还得抬高国君，他说："更像国君您。"三人饮酒戏谑，相谈甚欢。

夏徵舒听到了他们的谈话，非常愤怒，在这三个家伙正准备离开时，夏徵舒一箭射死了陈灵公，孔宁、仪行父逃去了楚国，太子妫午（陈灵公之子）出逃到了晋国。夏徵舒自立为陈侯。

一个小国内发生了杀君篡位的恶性事件，霸主又该出场了。

公元前598年（晋景公二年、楚庄王十六年）冬天，楚庄王率军讨伐陈国，杀死夏徵舒，迎太子妫午回国即位，妫午是为陈成公。

夏姬被当成战利品俘虏回了楚国。楚庄王、熊子反（公子侧）都看上了美貌的夏姬。

大夫巫臣大义凛然，劝说二人不要纳夏姬。

他对楚庄王说："不可。国君召集诸侯，目的是讨伐有罪之人。现在纳了夏姬，就是贪图美色。如果诸侯知道您讨伐陈国，是为了女色，不是为了大义，这对我们争霸恐怕不利。您要慎重。"

楚庄王觉得他说得有道理，相对夏姬来说，还是国家重要。

巫臣对熊子反说："那个女人不祥。克死了子蛮，克死了御叔，陈灵公因她被杀，夏徵舒因她而死。孔宁和仪行父因她出逃，陈国因为她被灭，谁沾边，谁倒霉，怎么能不祥到这么严重的程度？人生啊，多么艰难，生命啊，多么珍贵。保命要紧。天下美妇人多的是，何必非要夏姬呢？"（《左传·成公二年》）

子反被吓到了，觉得他说得有道理，命要紧啊！

楚庄王把夏姬赐给了连尹襄老。襄老在邲地战死沙场，尸体被晋国人抢走，还有一位楚国的公子同时被俘。晋国想用他们交换回自己的俘虏。

晋楚交战的地点在郑国，夏姬提出她要到郑国去，接回丈夫的尸体，等不到襄老的尸体，她就不回楚国。军属要接阵亡将士的遗体回国，楚庄王没有理由拒绝。夏姬是郑国的公主，丈夫去世，她回娘家也无可非议。夏姬顺利地离开了楚国。

公元前589年（楚共王二年），楚国准备攻打鲁国，发动阳桥之役，派巫臣出使齐国，告知出师日期。巫臣走到郑国，派副使带回礼物，离开了使团。

原来，巫臣和夏姬约好了私奔。

不论是楚庄王，还是熊子反，巫臣都惹不起，两人策划利用政治事件，离开楚国，双宿双飞。巫臣和夏姬逃到了晋国，巫臣在晋国再就业，做了晋国的大夫。夏姬又生了孩子。一对有情人安家落户，生活幸福美满。

这时楚庄王已经去世，楚共王在位，熊子反还活着，他突然醒悟，什么夏姬不祥，什么保命要紧，原来都是谎话。于是，熊子反杀光了巫臣的家人。

此事，被大家定性为争风吃醋。

事实上，杀人的不仅有熊子反，还有他的兄弟熊子重。

巫臣得罪过熊子重。

在楚围宋之役后，熊子重求申邑、吕邑做赏田，楚王已经应允。巫臣认为申和吕是楚国防御北方的战略要地，不能赏赐给大臣，就劝楚王收回成命，这是一片公心。巫臣出逃晋国时，楚共王对巫臣也有过评价："其为吾先君谋也，则忠。"（《左传·成公二年》）这肯定了他在楚国时，对国家是忠诚的。

同时被杀的还有襄老的儿子黑要。

这就不得不让人怀疑夏姬只是一个借口、一块挡箭牌。这次屠杀事件发生在巫臣叛逃五年后，这么长的时间，不可能是一时气愤，不符合激情犯罪的特点。这甚至都不是一次政治清洗。

据《左传·成公七年》记载，在这次屠杀之后，"子重取子阎之室，使沈尹与王子罢分子荡之室，子反取黑要与清尹之室"。子阎、子荡是巫臣的族人，黑要是襄老的儿子。

原来是看中了人家的家产。

愤怒的巫臣送信回楚国，他说："你们这些贪财好利、谋杀无辜的邪恶之人，我一定会让你们疲于奔命而死。"

巫臣做到了。

巫臣向晋国提议同吴国联盟，这打开了晋楚争霸的新思路。晋国和楚国争霸是春秋的主乐章，两国争夺中原的中小诸侯国多年，互有胜负，局面经常处于僵持状态。两国势均力敌，这个平衡状态不容易打破。

巫臣提出培植吴国。

吴国是南方小国，经济落后、文化落后、军事落后。它位于淮南江北，在楚国的东北方，正在楚国的卧榻之侧。如果吴国强大起来，楚国必定受到牵制。晋国距离吴国很远,吴国强大,对晋国影响不大。如果吴国能把楚国牢牢拖死在南方,中原大舞台就是晋国一国独霸。晋国的势力就可以乘机往南扩张,把战场向南推进到楚国的国土上。

这真是一个投入小、获利大、风险低的项目。

晋景公给巫臣配备了三十辆战车和大约两千名战士,让他带到吴国作为军事教学使用。巫臣亲自到吴国传授用兵之术、车战之法,传授先进的军队管理经验、久经沙场积累下的作战经验,巫臣还把儿子狐庸留在吴国担任行人。

这一系列活动的成效是显著的,据《左传·成公七年》记载:"吴始伐楚,伐巢,伐徐,子重奔命。马陵之会,吴入州来,子重自郑奔命。子重、子反于是乎一岁七奔命。"

吴人一年之内七次攻打楚国,楚国疲于奔命。那些原本依附楚国的蛮夷纷纷背叛楚国,依附吴国,吴国开始强大,开始和中原的大国来往、建交。

楚国衰落,吴国崛起。居然是因为巫臣和夏姬的爱情故事。

二、伍子胥:恨的力量

公元前546年(楚康王十四年),春秋时代第二次"弭兵会盟"顺利举办,中原出现了暂时和平的局面。

弭兵会盟时,吴国不在受邀参会的国家之中,在中原诸侯看来,吴国是蛮夷。但就是这个蛮夷小国,即将把楚国撕咬得遍体鳞伤。

在吴国勃然兴起时,楚国接连发生内乱。

楚康王(楚庄王之孙,楚共王长子)去世后,楚君郏敖即位,康王的弟弟王子围把持朝政。几年后,王子围杀死郏敖,自立为王,是为楚灵王。

楚灵王对外穷兵黩武,因吴国没有参加弭兵会盟,不在和平协议的框架内，楚灵王多次主动挑起争端，把主要精力用在了对付吴国上。

在弭兵运动期间，楚灵王又到中原战场制造战事，公元前534年（楚灵王七年）灭了陈国。两年后诱杀蔡灵侯，灭了蔡国。然后在陈、蔡、不羹几个地方营建大城，想要威逼北方。楚灵王貌似屡屡获得胜利，但实际上失去了在诸侯国的威望。

他对内骄奢淫逸，残暴不仁。"楚王好细腰，宫中多饿死"说的就是这位楚灵王。

楚国内外交怨。

公元前530年（楚灵王十一年），楚灵王在州来（在今安徽省凤台县）阅兵，派兵包围徐国，威胁吴国。恰在此时，楚国国内多股势力联合陈、蔡、不羹等地军队发动政变。楚灵王率军回国时，被军队抛弃在路上，绝望自缢。楚军被吴军截杀，全军覆没。

楚灵王去世以后，楚国内部自相残杀，公子弃疾（楚共王幼子，康王、灵王之弟）最终夺取政权，改名为熊居，是为楚平王。

楚平王上台后，很想有所作为，他对外恢复陈国、蔡国的地位，挽回国家形象，对内也实行了较为宽松的政策。但是另一方面，他又信任小人，尤其在对太子一事的处理上，为楚国被吴国攻破埋下了祸患。

楚平王为太子建挑选了两位老师——伍奢和费无忌，又为太子建求娶了秦哀公的女儿，拉近和秦国的关系。

伍奢耿直有才干，非常受太子建信任。费无忌感到被疏远，就想报复太子建。他同楚平王说秦国的公主非常漂亮，不如自己娶了。于是，楚平王霸占了儿媳妇，把太子赶到北部边境去扩建城父（城邑名，在今河南省宝丰县东）。

费无忌又进谗言说太子占据了大的城池，远离国都，对外还和各诸侯国有往来，他对大王娶秦女一事怀恨在心。楚平王召回了太子建的老师伍奢。命令城父司马奋扬抓捕太子。奋扬提前送信让太子建逃跑，然后才假意去抓捕太子建，太子建这才得以逃脱。

费无忌担心被伍奢的儿子伍尚、伍员报复，让楚平王以伍奢为人质，要挟在外地的伍尚、伍员，让他们回来，斩草除根。伍尚、伍员知道回去必死无疑。伍尚对伍员说："我的能力不如你，我回去尽孝，你活下来报仇。去吴国，吴国能帮你复仇。"伍尚返回都城后，伍奢、伍尚遭到杀害。

伍员追随太子建逃到了郑国。晋国这时要袭击郑国，就秘密联络太子建，让他做内应，但事情暴露，郑国处死了太子建。

公元前522年（楚平王七年），伍员逃奔吴国。

伍员，名员，字子胥。他就是辅佐吴王阖闾（吴王寿梦之孙）称霸的伍子胥。

楚庄王即位之初不理国事，伍员的祖父伍举冒死进谏，这才有了"一鸣惊人"的典故。邲之战前，楚庄王准备撤军回国，不同晋国开战，伍举的父亲伍参分析利害，极力主张开战，楚庄王听了伍参的建议，没有撤兵，楚国取得了邲之战的胜利。

伍子胥一家几代人辅佐楚国国君，竭尽忠心，却落得无罪惨死的结局。他的怨恨将会啃噬楚国的国土，他的能力足以撕碎楚国的霸业。

伍子胥到吴国时，吴王是僚。伍子胥认为僚不能帮他报仇，投靠了公子光。

公元前519年（吴王僚八年、楚平王十年），吴、楚在鸡父（在今河南省固始县南）展开大战，吴国僚采纳了公子光的建议，使用没有经过军事训练的囚犯迷惑楚军，楚军在阵地上争抢俘虏，吴军主力趁机杀出，楚军溃不成军，吴军取得重大胜利。

鸡父之战后，在对吴国的策略上，楚国从主动进攻转为战略防御。楚平王命人四处筑城，连郢都都在修筑城防。

四年后，公子光在伍子胥的帮助下发动政变，杀死吴王僚，自立为君，是为吴王阖闾。

阖闾要称霸，伍子胥要复仇，他们进攻的目标一致，都是楚国。

伍子胥用的策略和巫臣类似。

伍子胥对吴王阖闾说:"楚国的执政,人数众多,各自为政。我们如果组建三支军队。派一支军队攻打楚国,楚军必定全部出动。他们出动,我们就撤军;等楚军撤军后,再派第二支军队从另一个地方出击,楚军定会再次倾巢而出,我们再次撤退;楚军再次撤退时,我们的第三支军队,在第三个地方出击。他们出击,我们就回师,他们回去,我们再出击。楚人必会疲于奔命。等他们疲惫不堪时,我们再派三军同时出击,必定大胜。"

"楚自昭王即位,无岁不有吴师。"据不完全统计,仅公元前511年(吴王阖闾三年)一年,楚国就奔走于六(在今安徽省六安市)、潜(在今安徽省霍山县)、弦(在今河南省息县)等地。

楚军经年被袭扰,疲于奔命,伍子胥的策略成功了。

阖闾上台前,楚平王也去世了,其子熊轸(一名壬)即位,是为楚昭王。他即位时不满十岁,国政被令尹子常把持。

子常向蔡昭侯索要皮大衣和玉佩,被拒绝,他扣留了蔡昭侯三年;子常向唐成公索要良马,被拒绝后,唐成公也被他扣留三年。直到蔡国和唐国交出了皮衣、玉佩和良马,子常才放他们回国。

索贿不成,就扣别国国君,贪婪!无耻!

蔡昭侯重获自由后,到晋国去告状,希望晋国主持公道。不料,晋国的当权者也索要贿赂,索要不成,就不顾同盟的信誉,拒绝出兵。蔡昭侯把自己的儿子和一位大夫的儿子送到吴国去做人质,请求吴国出兵伐楚。

晋国曾要求蔡国攻打沈国(在今安徽省临泉县),蔡国遵从盟主的命令,灭亡了沈国。沈国是楚国的附庸,楚国为救沈国,就围了蔡国。

讨伐楚国的时机已经成熟。

公元前506年(吴王阖闾九年、楚昭王十年)冬,吴国联合蔡国、唐国讨伐楚国。孙武、伍子胥率军出征。吴、蔡、唐联军在淮水舍舟登陆。随后,吴国的联军渡过汉水与楚军交战,从小别山打到大别山(两山均在汉水附近),三战三胜。接着,两军在柏举(在今湖北省麻城市东北)会战,楚军惨败。吴军乘胜追击,五战五胜。

吴军锐不可当,楚军节节败退,一败涂地。令尹子常逃亡郑国,楚昭王逃往云梦泽。吴军攻占了楚国的都城郢,吴国将领按上下级次序住进了楚国王宫。

就在这时,秦国在楚臣申包胥的请求下,出兵营救楚国。越国趁吴国空虚,攻入了吴国都城。阖闾的弟弟夫概回到国内,自立为王。

阖闾只好撤军回国,先解决国内的叛乱。楚昭王这才得以返回郢都。

次年,吴国又进攻楚国,楚国水军战败,七员大将被俘,楚国被迫迁都到鄀(应在今湖北省宜城市东南)。此后,楚国逐渐安定,在楚昭王的治理下逐渐复兴。

伍子胥报了仇,阖闾称了霸。

三、夫差、勾践:两个霸主,两笔糊涂账

公元前482年(吴王夫差十四年),吴、晋、鲁等国会于黄池(在今河南省封丘县),周王室大臣单平公到黄池监督会盟。会盟时,吴王夫差和晋定公争夺霸主之位。

《左传》说晋国占了先,《国语》说吴公先歃血为盟,晋国排第二。

据《左传》记载,吴王夫差说:"于周室,我为长。"晋定公说:"于姬姓,我为伯。""乃先晋人。"(《左传·哀公十三年》)

据《国语》所说,会盟时,吴王夫差陈兵列阵,挑战晋国,晋国才让吴国先歃血,做了盟主。

所以,夫差到底是不是霸主,说不清。

黄池会盟时,吴国国都被攻破,太子被杀,后路被截,被越国抄了家。为了争霸主的虚名,夫差连杀七名报信之人,血溅帷幕。齐桓公、晋文公、楚庄王,哪个会被人打到都城之下?即使黄池会盟,真的是夫差称霸,他也是名不副实。

公元前473年（吴王夫差二十三年），吴国就灭亡了，是被越国所灭。从称霸到灭亡，不过十年，从柏举之战算起，也才过去三十三年。

越国崛起，完全是吴王夫差的责任。

吴王阖闾攻占郢都时，越王允常在吴国后方作乱。公元前496年（吴王阖闾十九年），越王允常去世，其子勾践嗣位。吴王阖闾趁越国新君即位，立足不稳，兴师伐越，报上次的仇。

吴越两国在槜李（在今浙江省嘉兴市）开战。

勾践是个狠人。

他派死士攻击吴军，吴军军阵严整，一丝不乱。勾践又派出第二批死士，让这批死士自杀，不袭击。这批死士的身份是罪犯，他们排成三行，把剑抵在自己的脖子上，走到阵前，面向吴军自杀。

吴军傻眼了。

谁能不奇怪？谁能不震惊？何况那还是在春秋的战场上，打仗是要有礼仪的，要遵守周朝惯例的，要列阵对垒的。吴军愣了一下神，越军乘机发动进攻，吴军大败，阖闾受伤身亡，其子夫差即位。

夫差深受刺激。他派人每天站在庭院中，当他进出时大声质问："夫差！你忘了杀父之仇吗？"

夫差高声回答："不敢忘！"

三年后，夫差发动复仇之战。

公元前494年（越王勾践三年、吴王夫差二年），吴王夫差率军攻打越国，在夫椒（应在今江苏省无锡市太湖一带）大败越国，吴军进入越国，一直打到越国国都会稽城下，越王勾践退到会稽山（在今浙江省绍兴市东南），只剩下甲士五千人。

勾践派大夫文种求和，文种买通太宰嚭劝说吴王。吴王夫差被说动，准备答应越国。

伍子胥力劝夫差灭掉越国，否则日后必受其害。

夫差说："如果没有越国，我搞军事演习，到哪里耀武扬威呢？"（《国语·吴语》："若无越，则吾何以春秋曜吾军士？"）

伍子胥痛心疾首地说："越国十年生聚，十年教训，二十年之后，吴国将要变成越国的一块沼泽了！"

夫差最后还是同意了越国的议和请求，班师回国。

勾践被带到吴国，做了养马的奴仆，他任劳任怨，表现非常好。过了两年，夫差认为勾践是真心归顺，就释放了他。勾践回国后，励精图治，积蓄力量。

大败越国后，夫差的自信心疾速膨胀，他决定北上中原，称霸天下。夫差打陈国、打鲁国、打宋国、打齐国。吴国确实有一支能打胜仗的军队，北上之后，不可一世。

吴国突然崛起，靠的是巫臣、伍子胥、孙武几大名师，日夜辅导，狂补功课。但补的都是军事课，"偏科"非常严重，国家其他方面的根基不强。最要命的是吴国国土面积不大，没有战略纵深。

为了称霸中原，夫差不恤民力，大兴土木，在邗（在今江苏省扬州市附近）筑城，开凿邗沟，沟通长江、淮河。还在宋国和鲁国间挖深沟，打通了沂水和济水之间的水道。夫差一味地穷兵黩武，不给国家喘息休养的机会。

为了称霸，夫差都等不到田野里的麦子成熟，就携吴国大军北上，准备在黄池（在今河南省封丘县）大会诸侯。

这时，越国经"十年生聚，十年教训"，国力已经恢复。伍子胥告诫夫差："越国是心腹大患啊！"夫差赐了一把宝剑给伍子胥，让他自尽。

夫差赐死了伍子胥，他的好运也到头了。

黄池会盟，夫差带走了全部精锐，列阵威胁晋国，这一切看来完全在他的计划之内。对后方的越国，夫差毫无警惕之心，他的大后方只剩下些老弱残兵和一个太子。

勾践起兵攻入吴国都城，杀死太子友。

会盟结束，夫差赶回国内，同越国讲和。至于夫差的霸主头衔，不过一个虚名,甚至可能连虚名都没得到。

夫差连年对外用兵,民力凋敝不堪,再也无力争霸。

楚国见吴国势衰,也来寻仇,打到了桐汭(在今安徽广德县桐水)。夫差再次伐楚,败给了楚将白公。这些年,楚昭王励精图治,楚国逐渐复兴,楚国联合越国,牵制吴国,成效显著。

公元前478年(吴王夫差十八年),吴国遇到灾荒,越人再次进犯,吴军再败。公元前475年(吴王夫差二十一年),越国大举进犯吴国,围困吴国都城,他们甚至筑起了城墙。勾践在吴国为奴三年,他也准备围吴国都城三年。因此,勾践拒绝了夫差求和的请求。

两年后(公元前473年),夫差自缢身亡,吴国灭亡。

勾践灭吴后,也开始北上争霸。

他率军北渡淮河,在徐州(在今山东省滕州市东南)和齐国、晋国等国诸侯会盟。勾践向周王室纳贡,周元王派使者赐勾践祭肉,封他为诸侯之伯,也就是霸主。

勾践被封伯之事被《史记》收录,《左传》和《国语》中都没有记载。勾践称霸,也是难辨真假。

勾践也杀功臣。

夫差赐死了伍子胥。勾践赐死了大夫文种。方法都是一样的:赐剑。勾践对文种说:"先生教给寡人的伐吴之术一共七种,寡人只用了三种就灭了吴国,还有四种在先生手里,先生要不要到先王那里在自己身上试试?"文种只好拿起勾践的佩剑自杀。

范蠡大夫就聪明得很,他知道勾践可以同受苦,不能同富贵,早早就离开了越国。他还寄信给文种,说:"蜚鸟尽,良弓藏;狡兔死,走狗烹……可与共患难,不可与共享乐。"(《史记·越王勾践世家》)

后来越国也衰落了。

楚国迁都后,楚昭王励精图治,楚国元气得以恢复,再次复兴。公元前334年(楚威王六年)楚威王大败越国,越王无疆被杀,越国分裂,残部退守会稽，成为楚国附庸。

那时，春秋时代早已终了，已经是战国了。

首都职工素质建设工程专版教材

玩转零售江湖系列
WANZHUANLINGSHOUJIANGHUXILIE

余杰奇◎著

零售江湖之门店

当代世界出版社

图书在版编目（CIP）数据

零售江湖之门店 / 余杰奇著 . —北京：当代世界出版社，2012.8
ISBN 978 – 7 – 5090 – 0856 – 0

Ⅰ. ①零… Ⅱ. ①余… Ⅲ. ①零售商店—企业管理 Ⅳ. ①F713.32
中国版本图书馆 CIP 数据核字（2012）第 195132 号

书　名	零售江湖之店长
出版发行	当代世界出版社
地　址	北京市复兴路 4 号（100860）
网　址	www.worldpress.org.cn
编务电话	（010）83908403
发行电话	（010）83908410（传真）
	（010）83908409
	（010）83908423（邮购）
经　销	新华书店
印　刷	北京天正元印务有限公司
开　本	710 毫米×1000 毫米　1/16
印　张	10
字　数	156 千字
版　次	2012 年 8 月第 1 版
印　次	2012 年 8 月第 1 次印刷
书　号	ISBN 978 – 7 – 5090 – 0856 – 0
定　价	20.00 元

如发现印装质量问题，请与承印厂联系调换。
版权所有，翻印必究；未经许可，不得转载。

首都职工素质建设工程专版教材指导委员会

主　任　梁　伟（北京市委常委、北京市总工会主席）
副主任　曾繁新（北京市总工会党组书记、副主席）
委　员　高小强（北京市总工会副主席）
　　　　　闫　成（北京市委组织部副部长）
　　　　　王文杰（北京市委统战部副部长）
　　　　　付志峰（北京市教育委员会副主任）
　　　　　朱世龙（北京市科学技术委员会副主任）
　　　　　王学军（北京市经济和信息化委员会副主任）
　　　　　杨慕彦（北京市财政局副局长）
　　　　　陈　蓓（北京市人力资源和社会保障局副局长）
　　　　　赵林华（北京市人民政府国有资产监督管理委员会党
　　　　　　　　　委副书记）
　　　　　郑默杰（北京市工商业联合会党组副书记、常务副主
　　　　　　　　　席）
　　　　　周立军（北京市科学技术协会副主席）
　　　　　杨志坚（中央广播电视大学校长）
　　　　　胡晓松（北京广播电视大学校长）

首都职工素质建设工程专版教材编委会

主　任　张　锦（北京市总工会职工大学常务副校长）
副主任　魏里亚（当代世界出版社副总编辑）
委　员　（以姓氏汉语拼音为序）
　　　　　范秉珍　贺淑晶　龙　杰　李克诚　梁秀梅
　　　　　刘　蓉　马海山　马　嵘　汪启富　王　毅
　　　　　王永浩　吴荣胜　吴　亚　吴　勇　阎仁浩
　　　　　杨德成　杨　颉　于　淼　赵　红　赵靖芝
　　　　　张少刚　张铁道　张宇蕾　支　玮　朱　强

首都职工素质建设工程专版教材
编委会办公室

主　任　赵靖芝
副主任　王国荣

总 前 言

首都职工素质建设工程是北京市总工会、北京市委组织部、北京市委统战部、北京市教育委员会、北京市科学技术委员会、北京市经济和信息化委员会、北京市财政局、北京市人力资源和社会保障局、北京市人民政府国有资产监督管理委员会、北京市工商业联合会、北京市科学技术协会、中央广播电视大学和北京广播电视大学等13家单位,在终身学习背景下,将全面提高首都职工队伍素质作为长期战略任务而为全市职工搭建的公共服务共享平台。为向该平台提供有效、实用的教学内容和课程资源,首都职工素质建设工程领导小组办公室与多家出版社联合开展了"职工教育课程资源建设项目"。

中共中央总书记、国家主席、中央军委主席胡锦涛于2008年10月在人民大会堂同全国总工会新一届领导班子成员和中国工会"十五大"部分代表座谈时发表重要讲话,强调要全面提高职工队伍思想道德素质和科学文化素质,充分发挥"工会大学校"作用,坚持在全国广大职工中深入开展社会主义核心价值观体系建设,特别是要引导广大职工群众牢固树立中国特色社会主义共同理想和实现中华民族伟大复兴的坚定信念,着力培养造就一大批知识型、技术型、创新型的高素质职工,不断推进我国职工队伍知识化进程。

首都职工素质建设工程是深入落实科学发展观的一项重大举措,是加快推进首都职工知识化进程的务实、创新之举。"职工教育课程资源建设项目"将以全市职工为受教育主体,以全面提高职工思想道德素质、科学文化素质和技术技能水平为主要目标,以传播新知识、树立新理念、提升新技能为主要内容,以通用能力培训和行业知识培训为支点,确保在最大范围内满足各层次职工职业生涯发展和实现自我超越的需求。

为尽快将资源建设内容传递到首都职工手中,在"共同参与、共同研究、共同建设"的出版和培训理念的指导下,我们的工作得到了许多专家、业内人士和广大企业与职工的大力支持以及有关方面的鼎力相助,在此表示衷心的感谢!

该系列资源建设内容是我们在职工素质教育探索工作中的初步成果。限于我们的能力和水平,不足之处在所难免。真诚期望社会各界、特别是广大学习者提出宝贵意见和建议。

首都职工素质建设工程指导委员会办公室

2012 年 7 月 8 日

前　言

零售业是国民经济发展的晴雨表，也是近年来中国发展最快、最具生机的行业。几乎我们每个人都能感受到中国零售业这种翻天覆地的变化，并因这种变化使得自己的生活品质得到提升。中国零售业发展至今日，已成为一个相对成熟的行业。

如今零售市场的竞争日趋激烈，尤其是随着信息产业的快速发展和普及，零售资讯的交流变得越来越容易，消费者可以轻易地通过互联网，找到任何感兴趣的商品信息，并能够轻松地进行网上交易，这无疑给零售业的从业人员带来了更大的挑战和压力。

零售江湖丛书就是基于目前零售行业现状，充分分析了中国零售消费市场的实际状况，并结合作者多年的智慧经验，以解决零售行业管理实际问题为导向，围绕门店管理和卖场中的人所应具备的素质、技能两个方面展开论述。论述深入浅出，通俗易懂，同时书中还穿插了大量实例和漫画，使内容能够更加生动形象。

本系列丛书共四本，不仅可以作为零售业从业员的实践指导工具，而且也可以作为零售门店内部的培训教材，同时也是大、中专毕业生进行职业化训练与学习的辅导用书。

《大话零售江湖》分析了中国零售业发展脉络，并从门店建设、商品、销售、服务与门店发展五项核心技能入手，并配以实用的操作工具，有效提升了零售终端人员专业素质。

《零售江湖之店长》从细节入手，阐述了店长应具备的各项能力，同时列举了大量实例，生动形象地让读者全面了解店长工作的各个方面，为店长的工作指明了方向。

零售江湖之门店

《零售江湖之门店》从门店的选址布局、卖场形象、货品管理、人员管理、业绩管理、顾客管理、促销管理等方面展开，详述了门店管理技巧，是专门为门店经营者精心准备的实用手册。

《零售江湖之导购》主要阐述了导购应具备的各项能力，包括心态管理、服务实战、岗位能力素质、销售实战演练、顾客投诉应对、商品陈列、店务处理等，使得读者能够全面、完整地了解导购工作，是一本实用性很强的导购人员从业指导用书。

特别值得一提的是，本系列丛书通过以下的特点，增强了丛书的可读性及可借鉴性。

1. 针对性、实用性

丛书从中国终端零售业的实际出发，理论与实际相结合，管理理念与经典案例相结合，语言通俗易懂，易于大众接受。本套丛书的各章节都设置了情景化的互动内容，贴近零售终端一线人员的工作实际，具有指导性、趣味性和实用性。

2. 讲求知识的系统性

丛书以培养应用型人才为目标，以"做中学、做中教"为理念，围绕门店的日常运营、管理以及门店业绩提升等要素展开，力求提供一个解决店铺运作环节中各种问题的系统化方案。这将有利于零售业从业员，在了解自身情况的基础上，有针对性地进行训练，各项能力得到迅速提高。

3. 体例活泼，图文并茂

丛书中包含"案例链接"、"行家点评"、"实战演练"等栏目，并配有漫画图片和有趣的成语故事，使栏目更加丰富多彩，避免理论论述的枯燥乏味，可读性、实用性强。

本套丛书在编写过程中得到众多专家、学者的支持与帮助，在此向他们表示衷心的感谢！由于零售业领域的管理在国内尚处于探索阶段，本套丛书的推出旨在解行业之急需，仓促中缺点和不足在所难免，欢迎广大读者提出宝贵意见和建议。

余杰奇

2012年7月

目 录

第 1 章 选对池塘钓大鱼：卖场选址诀窍 / 1
一、有好"址"才有好"店" / 1
二、门店大选址与小选址的策略 / 7
三、门店选址秘诀 / 10
四、不同门店的选址策略 / 15
五、选址的商圈分析与评估 / 17
六、门店费用的评估测算 / 19

第 2 章 人靠衣装马靠鞍：卖场形象与布局 / 24
一、店面形象——吸引顾客进店的关键 / 24
二、商品形象——提升顾客信赖度的关键 / 31
三、服务形象——留住顾客的关键 / 36
四、布局设计——聚集卖场人气的关键 / 46

第 3 章 货的轮转：门店货品管理 / 52
一、商品管理诀窍——按流程管理 / 52
二、有效的商品分配原则 / 57
三、货品采购管理解决方案 / 60
四、合理的库存提升业绩 / 66
五、高效的库存商品管理 / 72
六、库存数据分析与管理 / 79

第4章　引导购买：门店顾客管理 / 85
　　一、追求"顾客满意经营"无止境 / 85
　　二、诚信经营　满意服务 / 89
　　三、制定成功的服务战略 / 92
　　四、员工素质决定顾客的满意度 / 94
　　五、达成以顾客满意为核心的经营 / 97

第5章　推介展示：门店促销管理 / 107
　　一、妙用传统的促销手法 / 107
　　二、促销操作的一般流程与技巧 / 113
　　三、促销成本的优化控制 / 118
　　四、学会"秀"场外促销 / 122

第6章　知彼知己：商圈推广与竞品调查 / 128
　　一、门店商圈的含义 / 128
　　二、有效商圈的界定 / 130
　　三、门店商圈的分析 / 132
　　四、设定商圈战略 / 136
　　五、竞品调查的内容与获取方法 / 141
　　六、竞品分析的方法 / 144

第1章 选对池塘钓大鱼：卖场选址诀窍

什么叫做选址，对于门店而言，选址就是抢夺地利。因为零售业的选址正确与否将决定门店的经营业绩好坏，是关系到门店发展前途的大事，所以对门店的选址策略进行深入的研究，结合门店的性质、条件、特点进行战略性的规划是一项关键性的工作。

一、有好"址"才有好"店"

如果你是一个有心人，肯定会发现肯德基与麦当劳大多数都设在门店的旁边。所以，如果你到了大型门店附近，一般情况下都可以发现旁边有这二家世界著名的快餐店。

如果你来到了北京，住在一个大型的社区里，你也很容易找到"京客隆"这样的门店，里面全是家庭日常用品。

这就是店面选址的艺术，这就是店面地址的优势。房地产有一句话叫"地段，地段，还是地段"。而作为服务于大众消费者的零售企业，它的经营程度极大地依赖其店址选择的正确与否。所以，零售业被称为"靠选址决定命运的产业"。在国际零售经营大师们的嘴中经常冒出来的一句话就是"选址！选址！选址！"这充分说明了门店选址的重要性。

1. 门店好址的重要性

古人云："天时，地利，人和"，这是成功的三要素。就门店来说，地利又是占最主要的。那么，一个好的门店地址有哪些优势呢？

（1）好的店址可以带来客流量

客流量主要是看平时、假日来往人次和比例。人流量是连锁店很重要的

一个开店评估指标，苏州老妈米线、上海吉祥馄饨的经理们，都把这个指标看得很重。人流量是门店选址最重要的指标之一。测试人流量有四个方面：一要测不同的地方，二要看时间段，三要看人流数量，四要测双向人流。有一个小故事反映了人流量的重要性：

上海南京东路步行街西端，有一个欧式建筑的百货商店，那就是上百年的永安百货（如图1.1所示）。相传当年永安百货的创始人郭氏兄弟在建造这座大厦时，为了选一个好地址费尽了心思，当他们选好一个地址后又发了愁，是在路南边建楼还是路北边建楼呢？

南京路的人熙熙攘攘，看不出哪边人最多。似乎哪边也可以啊。怎么办呢？郭氏兄弟想了一个办法，派了几个人坐在南京路的南北两边，手里拿着一个容器，再带上好多豆子，每过1个人，就往容器里面放1个豆子，最后

图 1.1　永安百货

看哪边容器里的豆子多，最后的统计结果是路南边的行人比路北边的多。所以就看到了现在的永安是在南京路的南边，是坐南朝北，而不是传统的坐北朝南。

当然，时代发展到现在，除了人流量还有车流量，这也是一个需要考虑的因素，我们可以看到，在车站的店面租金就比其他地方高，这也是借了人流量的势。

（2）好的店址有便利的交通，不但可以带来大量的人流车流，店面在进货送货的时候也方便。同时，顾客在拉货的时候，逛街的时候都比较方便。

（3）好的店址可以借光

借光即把门店开在著名连锁店或强势品牌店的附近，甚至可以开在它的旁边。例如，你想经营吃的，那你就将门店开在"麦当劳"、"肯德基"的周围。因为，这些著名的洋快餐在选择店址前已做过大量细致的市场调查，挨着它们开店，不仅可省去考察场地的时间和精力，还可以借助它们的品牌效应，捡些顾客。另一种借光是选取自发形成某类市场的地段。在长期的经营中，某条街会自发形成为销售某类商品的"集中市场"，人们一想到购买某种商品就会自然而然地想起这条街。这也可以增加客流量。

（4）好店址的优势还体现在商业活动频率高

商业活动频率高的地区一般也是商业中心、闹市区，商业活动频繁，则营业额必然较高。这样的店址就是所谓"寸土寸金"之地。在这类地区物流快,对于服饰业来说,服饰的流传趋势很快,如果商品流动慢,则有可能在服饰没卖出去前就过时了,所以商业活动频繁的地区对服装店店址的选择来说是绝佳的地点。

从上可以看出,一个好的店址具有很大的优势。实践经验证明:好店址的营业额是不好店址的数倍。所以,开店之初首先要注意选址问题。这是一项举足轻重的投资,直接关系门店经营的战略决策,是商业地产链中以消费者为中心观点的重要体现,是影响门店效益的一个决定性因素,同时也是制定门店经营目标和经营策略的重要依据。

2. 门店选址存在的问题

成功的选址是门店的核心竞争力之一,但受专业及经验限制,国内门店在选址的成功率上一直不高,我国零售企业选址主要存在以下的问题:

(1) 门店选址随意性大

目前我国许多门店选址在区域的选择上较为随意,尤其是一些中小门店,老板凭多年经验和直觉来判断店址,而不是根据发展需要或从门店选址的战略角度进行科学规划。不切合实际布点,往往说不清楚道不明,甚至把成败归咎于风水。有个作美体连锁的女老板介绍自己选店经验时自豪地说:"站在那里闻一下空气,就知道能不能开店。"其实这些老板在选址的时候往往凭的是自己的主观经验,凭感觉来投资,由于没有科学根据,其风险非常大,碰运气成分居多,忽视市场调研和分析,导致选址质量不够理想。

(2) 门店品牌认可度差

由于目前我国零售企业"单体店"较多,势单力薄,选址过程随意性大,效益欠佳,制约零售企业的可持续发展。由于这些零售企业"散、小、弱、差",在选址上又没有相应的标准或规范,最终导致品牌认可度降低,难以树立被消费者认可的品牌,不能很快被消费者所信赖。

(3) 选址管理能力差

我国零售企业的整体管理水平比较落后,制度不够健全,效率较低,服务意识落后。与此相应,很多零售企业的选址和店面建设也处于低水平状态,管理的精细化程度依然较低。

3. 选址遵循的原则

门店应该根据自己门店的定位,来选择适合自己门店的地址,在选址的时候应考虑以下原则:

(1) 便利策略

门店进行选址首先要考虑其业态特征。那些单体规模小、满足顾客便利需要,以经营选择性较低的日常生活用品为主的零售业态,如门店、便利店原则上应在距离上靠近顾客;而那些单体规模大、商品品种齐全,以经营选择性较强的商品为主的零售业,如百货店或仓储式购物中心能够从远处吸引顾客,原则上选在人流多,交通便利的地方。交通便利可以把较远地方的人带进来,又方便购物的人群走出去。交通便利已成为现代零售业必须考虑的重要因素。比如,交通便利就是家乐福选址的首要因素,家乐福开店选址的条件有三个:交通方便,人口集中,两条马路交叉口。其实家乐福的法文名字"Carrefour"正是"十字路口"的意思。

(2) 细分地理位置策略

细分地理位置的策略是指对气候、地势、用地形式及道路关联程度等地理条件进行综合分析后,对门店位置做出选择的策略。主要可从以下几个方面进行细分:

第一,门店选址要关注路面、地势

一般情况下,门店选址都要考虑所选位置的道路及路面地势情况,因为这会直接影响门店的建筑结构和客流量。通常,门店地面应与道路处在一个水平面上,这样有利于顾客出入店堂,是比较理想的选择。但在实际选址过程中,路面地势较好的地段地价都比较高,商家在选择位置时竞争也很激烈。所以,在有些情况下,商家不得不将门店位置选择在坡路上或路面与门店地面的高度相差很多的地段上。这种情况,最重要的就是必须考虑门店的入口、门面、阶梯、招牌的设计等,一定要方便顾客,并引人注目。

第二,门店选址要考虑地形

地形、地貌对商店位置的选择的主要影响表现在以下几方面:

◇ 方位情况。方位是指商店坐落的方向位置,以正门的朝向为标志。方位的选择与商店所处地区气候条件直接相关。以我国北方城市为例,通常以北为上,所以一般商业建筑物坐北朝南是最理想的地理方位。

◇ 走向情况。走向是指商店所选位置顾客流动的方向。比如，我国的交通管理制度规定人流、车流均靠右行驶，所以人们普遍养成右行的习惯，这样商店在选择地理位置进口时就应以右为上；如果商店所在地的道路如果是东西走向的，而客流又主要从东边来时，则以东北路口为最佳方位；如果道路是南北走向，客流主要是从南向北流动时，则以东南路口为最佳。

◇ 交叉路口情况。交叉路口一般是指十字路口和三岔路口。一般来说在这种交汇地，商店建筑的可见度大，但在选择十字路口的哪一侧时，则要认真考察道路两侧，通常要对每侧的交通流向及流量进行较准确的调查，应选择流量最大的街面作为商店的最佳位置和店面的朝向。如果是三岔路口，最好将商店设在三岔路口的正面，这样店面最显眼；但如果是丁字路口，则将商店设在路口的"转角"处，效果更佳。

(3) 考虑商圈的因素

门店选址的关键就是商圈的选择。所谓商圈，通常指可能来店购物的顾客所分布的地理区域。商圈是以零售企业为中心向四周扩展，构成一定的辐射范围所形成的。商圈分为主要商圈、次要商圈和边际商圈。主要商圈是指最接近商店并拥有高密度顾客群的区域，通常本区域50%的消费者来此店购物；次要商圈，位于主要商圈的外围，顾客光顾率较低，一般这一区域15%—20%的消费者到此店来购物；边际商圈位于次要商圈之外围，属于本企业的辐射商圈，一般本区域10%的消费者来此店购物。

门店确定其商圈范围非常重要，一方面可用于指导门店的选址，另一方面可以具体了解门店的消费者构成及其特点，从而确定目标市场和经营策略。对商圈内人口的消费能力进行调查，计算商圈不同区域内人口的数量和密度、年龄分布、文化水平、职业分布、人均可支配收入等许多指标，了解其商圈范围内的核心商圈、次级商圈和边缘商圈内各自居民或特定目标顾客的数量和收入程度、消费特点与偏好。

门店的选址是一门大学问，它要充分运用各种学科的知识，经过深入的分析、研究才能有效实施，是零售企业经营管理者必须予以高度重视的一项关键性工作，选址准确才能进一步有效地提升零售业的竞争能力。

二、门店大选址与小选址的策略

门店选址要考虑两个方面,一是大选址,二是小选址的问题。大选址考虑当地的经济环境,考虑门店商圈的问题;小选址要考虑当地的人流,以及地理位置等,甚至细到一个拐角行不行这样的小问题。

1. 大选址的策略

先来看看大选址要有哪些策略,具体如下:

(1) 商业活动频度高的地区,人口密度高的地区

居民聚居、人口集中的地方是适宜设置门店的地方。在人口集中的地方,人们有着各种各样的对于商品的大量需要。如果门店能设在这样的地方,致力于满足人们的需要,那就会有做不完的生意。而且,由于在这样的地方,顾客的需求比较稳定,销售额不会骤起骤落,可以保证门店的收入稳定。

(2) 面向客流量最多的街道

因为门店处在客流量最多的街道上,受客流量和通行速度影响最大,可使多数人就近买到所需的商品。

(3) 交通便利的地区

旅客上下车最多的车站,或者在几个主要车站的附近。可以在顾客步行不超过20分钟的路程内的街道设店。

(4) 接近人们聚集的场所

如剧院、电影院、公园等娱乐场所附近,或者大工厂、机关附近。一般人烟较稠密的地方是商店街。

(5) 同类门店聚集的街区

大量事实证明,对于那些经营相同和互补项目商品的门店来说,若能集中在某一个地段或街区,则更能招揽顾客。因为经营的种类繁多,顾客在这里可以有更多的机会进行比较和选择。

(6) 选择适当的行业类别

位于交通运输站的门店,应以经营日常用品以及价格较低且便于携带的消费品为主。位于住宅附近的门店,应以经营综合性消费品为主。位于办公楼附近的门店,应以经营文化办公用品为主,且商品档次应较高。位于学校

附近的门店，应以文具、饮食、日常用品为主。

2. 小选址的技巧

说了大选址的策略，下面来说说小选址的技巧，具体如下：

(1) 有"傍大款"意识

即把门店开在著名连锁店或强势品牌店的附近，甚至可以开在它的旁边，不仅可省去考察市场的时间和精力，还可以借助它们的品牌效应招揽顾客。

(2) 选择有独立门面的店面

有的店面没有独立门面，店面前自然就失去独立的广告空间，也就使你失去了在店前"发挥"营销智慧的空间，这会给促销带来很大的麻烦。

(3) 了解门店周边民众购买力

购买力是依附人而存在的，购买力的数量、质量决定了其所在商圈内的门店的基本价值。当然，在那些消费能力强的购买力所在区域，门店的价值高，获得的成本也相应较高。

(4) 选择路边店

门店位于一条道路一侧，拥有道路来回两个方向的客流，价值低于路角店，是门店中最常见的临街状态。

(5) 选择好的建筑结构

建筑结构的形式多种多样，理想的商业建筑结构为框架结构或大跨度无柱类结构形式（如体育场馆），其优点是：展示性能好、便于分隔组合、利于布置商场和商品。

(6) 了解开发商

选择品牌开发商来确保资金安全是投资的一个重要方面。实力雄厚的开发商采用完善的开发流程，拥有众多的合作伙伴，这对项目的商业前景本身也是一种保证。

3. 门店的选址技巧

明白了门店选址的技巧，那么你就可以考虑选择门店了。门店选址有以下原则：

(1) 方便购物的原则

满足顾客需求是门店经营的宗旨，因此门店位置的确定，必须首先考虑方便顾客，为此门店选址要符合以下条件：

第一，交通便利。车站附近，是过往乘客的集中地段，人群流动性强，流动量大。如果是几个车站交汇点，则该地段的商业价值更高。如选择在这类地区就能给顾客提供便利购物的条件。

第二，靠近人群聚集的场所，可方便顾客随机购物，如影剧院、商业街、公园名胜、娱乐、旅游地区等，这些地方可以使顾客享受到购物、休闲、娱乐、旅游等多种服务的便利，是门店的最佳地点选择。但此种地段属经商的黄金之地，寸土寸金，地价高费用大，竞争性也强。因而虽然商业效益好，但并非适合所有门店经营，一般只适合大型综合商场或有鲜明个性的专业商店的发展。

第三，人口居住稠密区或机关单位集中的地区。由于这类地段人口密度大，且距离较近，顾客购物省时省力比较方便。门店地址如选在这类地段，会对顾客有较大吸引力，很容易培养忠实消费者群。

第四，符合客流规律和流向的人群集散地段。这类地段适应顾客的生活习惯，自然形成"市场"，所以能够进入门店的顾客人数多，客流量大。

(2) 有利于开拓发展的原则

门店选址的最终目的是要取得经营的成功，因此要着重从以下几方面来考虑如何便利经营：

第一，提高市场占有率和覆盖率，以利门店长期发展。门店选址时不仅要分析当前的市场形势，而且要从长远的角度去考虑是否有利于扩充规模，如有利于提高市场占有率和覆盖率，并在不断增强自身实力的基础上开拓市场。

第二，有利于形成综合服务功能，发挥特色。不同行业的商业网点设置，对地域的要求也有所不同。门店在选址时，必须综合考虑行业特点、消费心理及消费者行为等因素，谨慎地确定网点所在地点。尤其是大型百货类综合商场更应综合地全面地考虑该区域和各种商业服务的功能，以求得多功能综合配套，从而创立本企业的特色和优势，树立本企业的形象。

第三，有利于合理组织商品运送。门店选址不仅要注意规模，而且要追求规模效益。发展现代商业，要求集中进货、集中供货、统一运送，这有利于降低采购成本和运输成本，合理规划运输路线。因此在门店位置的选择上应尽可能地靠近运输线，这样既能节约成本，又能及时组织货物的采购与供应,确保经营活动的正常进行。

(3) 最大获利的原则

衡量门店位置选择优劣的最重要的标准是企业经营能否取得好的经济效益。因此,网点地理位置的选择一定要有利于经营,才能保证最佳经济效益的取得。

下面再介绍一下门店选址的流程:

①选择区域、方位。选择店址,先要找出目标市场、找准服务对象,然后再根据目标市场、服务对象选择店址设置的区域。另一方面,要根据企业的经营规模和档次,测算企业投资回收率,在此基础上认真加以选择,确定方位。

②制图并找出最佳位置。在确定店址后,应绘制出该区域的简图,并标出该地区现有的商业网点,包括竞争对手和互补商场,还应标出现有商事结构、客流集中地段、客流量和客流走向、交通路线等,以保证店址决策的正确性。

③市场调查。在店址基本区域方位确定后,必须进行周密的市场调查,论证选址决策正确与否。在市场调查过程中,应注意将调查对象分类统计,并对调查时间和内容进行必要的抽样调查,以保证调查资料的可靠性。

④具体实施方案的制订和落实。确定店址的具体位置后,需要抓紧时机落实。如何启动则需要拟定切实可行的实施方案并贯彻落实。

三、门店选址秘诀

有一句名言说得好"不管黑猫白猫,能抓到老鼠的就是好猫。"对于门店选址而言也是如此。不管五大方法六大原则,能选到好址的就是好法则,能以低成本选到好址的则是上上法则。假如你握有大片土地,大可以按照自己的想法,在最合适的地角建立自己的门店;假如你有巨额的资金,你也可以通过兼并竞争对手,将其店面全部纳入囊中。然而摆在我国零售业者面前的情况是既无富裕的土地又无充足的资金,有的甚至连专业的选址顾问都请不起。那么在这种情况下,门店的经营者难道就只能让选址跟着感觉走吗?当然不是,下面就为读者介绍几个低成本选好址的妙法。

1. 跟随同行中的榜样

这个方法很简单,跟着你的同业态竞争者,在其店址附近的一定区域内选址。深圳面点王董事长曾说:"在深圳有 50 家麦当劳、45 家肯德基,面点王现在是 30 家,有 20 多家面点王与洋快餐相邻或对垒。哪里有肯德基、麦当劳,哪里就有面点王。""与洋快餐相邻相对开店,并不仅仅是为了竞争。肯德基、麦当劳选址考察论证科学细致,周围环境、人口密度、人口结构、道路交通、建筑设施等都(会做)定量分析……跟着他们,准没错。"

(1) 确定跟随对象

进入某区域前,先调查该区域内的竞争者,从中选择那些在店址方面与你相近且成功的榜样。跟随的榜样对象可以是多家,因为任何一个竞争者的选址都是有限的,不可能覆盖所有合适的商圈。

(2) 把握好扩散区域

以榜样竞争者店址为中心,向四周扩散式选址。扩散区域要控制好,不能无限制地缩小(如在同一幢楼里、隔壁或对面)或扩大(如超出了该店所处的商圈),依据自身情况具体对待。

(3) 确保有足够的市场容量

门店在跟随榜样门店进行选址的时候,一定要注意考察市场容量。如果进入一个市场容量已经饱和的商圈开店,那么就必然与榜样竞争者产生正面竞争冲突,由于顾客先入为主的观念的影响,作为后进的门店往往很难取胜。

2. 跟随业态互补者

有些门店与你要开的门店在经营、服务内容上是互补的,你就可以把店开在它旁边,为顾客带来完整的"一条龙"服务。比如在体育场内及旁边,前来运动的人们存在其他需求,你可以提供餐饮、运动服装零售、便利店或咖啡茶饮等。又如在旅游景点旁边,你可以开设餐饮、照相馆、照片冲洗店、便利店、手机充电服务、纪念品零售店等。

3. 搭便车式选址

如果你有很强的交际能力或有一定的人脉关系,可以与和你业务有密切联系的门店结成战略合作伙伴关系,不仅选址成本更小,店址还有保障。比如,国内某 SPA 和某知名连锁酒店合作,双方约定该连锁酒店每家都以较低价格出租一定的面积用来开设 SPA。如此,不仅方便了酒店的客人,也给 SPA

带来了极大的便利，一方面一劳永逸地解决了选址问题，另一方面大大降低了成本。

4. 自主扫街考察

简言之，就是你自己亲自或派人实地考察，现场发现可用店址的机会。

（1）确定重点扫街区域

在扫街前须制定一个详细、科学的路线图，以免重复或遗漏。

（2）准备好扫街工具

包括纸笔、照相机、房屋基本情况表等记录工具，带上移动电话、当地地图和自己制定的路线图。对于较大区域的扫街可用机动车。否则，最好用自行车甚至步行。

（3）扫街人员现场考察

对于公开的店址租售信息，一旦发现要立即联系了解基本情况，并记录在房屋基本情况表上，最好能现场看房或约定看房时间。如果该店址符合基本条件，还要拍摄店内外的各种照片，以便其他人也能获得感性认识。对于非公开的符合选址标准的店址信息，则应主动询问。询问时，一定要讲礼貌和技巧，最好直接询问该店一把手。同时，不要太张扬，以免给出租人带来不适。

（4）记录并进行总结

每天扫街结束后，一定要做个完整的记录并进行总结，尤其要认真整理房屋基本情况表，以便将来审核、评估店址。如果有几批人分头扫街，则每天还应碰头，互相交流信息。

（5）对所有的备选店址分别评估、谈判，直至最终签约

由于好的店址通常会有许多竞争者在抢，因此你可以同时看房和谈判，保证第一时间得到好店址。

5. 利用房产中介

房地产中介一般都掌握着丰富的关系网和资源，但良莠不齐，要善于借助其资源，也要谨慎辨别，以免受骗。

①查找并确定尽可能多的主攻商铺的中介。

②核实中介的实力与资信，确定准备合作的几家。虽然有些从事中介业务的个人和非正规组织可能会有些独特的信息且价格便宜，但相关权益一旦

受损将得不到保证。正规公司除了经营合法之外,还会提供许多独特的服务,比如帮助你贷款,提供第三方担保,协助办理租售事宜,甚至协助你分析市场与商圈、规划装潢店面等。

③与选定的中介洽谈,告知详细的选址要求。如果选址是秘密进行的,那么你一定要与对方签署保密协议,以免选址信息被泄露。

④专人负责每天与中介沟通,跟踪其选址信息和进度。

⑤评估并确定中介推荐的店址。

6. 发布寻址广告

①确定发布媒介。一般来讲,店址信息的广告多见于报纸、互联网、张贴海报等几种媒介。所选媒介只要能覆盖你想选址的区域即可,但要让你的目标受众能看到。这意味着你不能只看价格,更要关注性价比。

②编制寻租或寻售广告文件。文件的形式、格式、措辞和设计既要考虑到保密性和其他特殊要求,还必须与媒介特质相匹配。

③时刻保持联系方式畅通,详细记录每个反馈信息。在首次接到信息时,不要忙于做出判断,要经过详细的反馈调查后再做出取舍。

④整理广告反馈信息,逐个研究、分析并初步确定可能的对象,然后回访、最终确认。

7. 利用供应商资源

门店的供应商也能为选址服务。这些供应商包括:设备、商品供应商,人员、信息、资金、技术、装修等服务供应商。他们可能同时为多个竞争者提供商品或服务,掌握同类型店的很多店址,熟悉每个店址的经营状况,能帮助你做出更准确的判断。

(1)根据经营内容,选定能给你带来最有效选址信息的供应商。通常,门店的主营商品、主营设备或行业特定供应品供应商是最佳对象。比如,你要开美容院,那么美容设备、美容品的供应商就是最佳选择。一般而言,要选择规模大、业内名声好的供应商。你也可以去对手店内实地访查,搜集供应商信息,选择供应范围广、客户多的供应商。

(2)选定供应商之后,主动和供应商联系。如果你向他进货,通常他会非常乐意向你提供店址和竞争者的信息。当然,出于职业道德,有些供应商可能不会向你提供相关信息,甚至会提供一些虚假信息,所以要有所分析和筛选。

(3) 根据供应商提供的信息，采取对应的选址方法。比如，供应商说某店经营每况愈下，不妨去调查此店是否有转让或出售的意图；供应商说某店经营状况非常好，订货量一直较大甚至持续增加，不妨调查该区域的同类市场是否饱和。若严重不饱和，开店成功率会大很多。论证店址时可以征求供应商的意见，这些意见通常有很重要的参考价值；有的供应商为了扩大业务范围，会刻意去研究自己的商品或服务的市场，所以他们可能有大量备选地址信息。

8. 活用关系网络

把要选址的信息告诉你的"关系户"，让他们提供信息给你。"关系户"也可以是你的亲朋好友。

①简单整理选址信息，形成一个关于选址要求的文字材料，不必特别详细但一定要准确，保证信息真实、有效地传递。

②确定信息传递的第一批"关系户"。他们有店址信息，或是没有，但能传递给有店址信息的"关系户"。你把选址信息透露给你的"关系户"时，他们再透漏给各自的"关系户"。依此类推，选址信息会以几何级数迅速扩散。

③组织专人整理与分析选址信息的传递以及反馈信息。

9. 与房产开发商合作

房产开发商对商业选址有着深刻的研究（住宅开发商也会涉及底层商铺开发的问题），同时也掌握着大量的可选地址，和他们合作很不错。

10. 搜寻免费信息

在信息爆炸的今天，各种媒介都有可能提供关于店址的信息，所以你一定要善于发现并利用这些信息，尤其是那些免费或以极低的成本就可轻松获得的店址信息。

(1) 互联网

你可以在专业搜索网站输入关键词搜索，也可以在专业中介网站、分类信息网站、地区性网站、各种论坛、聊天室里查询或发布信息。热点新闻的评论、自己的网站、博客也是不错的选择。

(2) 店外张贴

那些意欲出让自己店面的人经常会在店外及附近张贴海报，你可以留意所要进入区域的这些张贴。

(3) 广告

通常，城市日报或晚报上会有大量的这种广告，只要留心，一定会发现不少店址信息。

四、不同门店的选址策略

不同的门店业态选址的策略也各有不同，下面是不同业态各自具体的选址要求。

1. 咖啡店选址要求

(1) 商圈要求

要考虑周边的经济环境，一个咖啡店周边要是没有好的经济环境可以说是无法生存的。消费者进入咖啡馆的动机是休闲或是非正式的轻松谈话，这与进入其他餐饮业的动机不同。该业态是以文化、情调、特色，以及舒适和愉悦来吸引消费者的，其选址往往是高雅路段，具有清净、优雅的环境，消费对象具有一定的消费能力和文化修养。所以咖啡店对商圈的要求是处于商住楼、高档住宅区、饮食街、大酒店附近，人流充足。例如：周围大部分都是写字楼的，中午吃饭时可以推出适当的套餐咖啡；小区比较聚集的地段可以利用比萨饼来吸引小朋友；大学城附近的可以推出情侣套餐和一些冰激凌等等。

(2) 建筑要求

层高 4 米以上，要有适合装修的招牌位及广告悬挂点，排污、排烟管道铺设方便。停车位是否充足，停车位可以起到"粘占"客人的作用，因为 35% 的人都会开车去喝咖啡并且很少是一个人去，如果他们觉得咖啡店的咖啡有特色，也会给咖啡店做一个很好的宣传口碑介绍朋友到咖啡店来品尝。如果咖啡店能把这一部分人群"粘占"过来，那么营业额会很快地提升上去并且会蒸蒸日上。

(3) 面积和租期要求

一般在 300—500 平方米之间。房租控制在 4.5 元—5.5 元/平方米/天，租房年限 5 年以上，一般至少 7—9 年。

2. 门店选址要求

（1）商圈要求

在项目 1.5 公里范围内人口达到 10 万以上为佳，2 公里范围内常住人口可达到 12—15 万人；须邻近城市交通主干道，至少双向四车道，且无绿化带、立交桥、河流、山川等明显阻隔为佳；商圈内人口年龄结构以中青年为主，收入水平不低于当地平均水平；项目周边人口畅旺，道路与项目衔接性比较顺畅，车辆可以顺畅地进出停车场；核心商圈内（距项目 1.5 公里）无经营面积超过 5000 平方米的同类业态为佳。

（2）物业要求

最好框架结构，期房、现房都可。物业纵深在 50 米以上为佳，原则上不能低于 40 米，临街面不低于 70 米；层高不低于 5 米，对于期楼的层高要求不低于 6 米，净高在 4.5 米以上（空调排风口至地板的距离）；楼板承重在 800KG/平方米以上，对期楼的要求在 1000KG/平方米以上；柱距间要求 9 米以上，原则上不能低于 8 米；正门至少提供 2 个主出入口，免费外立面广告至少 3 个；每层有电动扶梯相连，地下车库与商场之间有竖向交通连接；商场要求有一定面积的广场。

（3）面积和租期

便利店面积 80—120 平方米、标准门店面积 800—2000 平方米、社区店面积 2000—5000 平方米、大型卖场面积 5000—20000 平方米。物业租赁期限一般为 20 年或 20 年以上，不低于 15 年并提供一定的免租期。

3. 餐厅选址要求

（1）商圈选择

商务型的普通餐厅以商务酬宾为销售对象，一般选址在商务区域或繁华街市附近，或其他有知名度的街市；大众餐厅以家庭、个人消费为主，一般选址在社区型或便利型商业街市；快餐连锁一般选址在客流繁多之处，如繁华商业街市、车站、空港码头，以及消费水平中等以上的区域型商业街市或特别繁华的社区型街市。

（2）建筑要求

一般连锁餐饮要求框架结构，层高不低于 4.5 米。配套设施：电力不少于 20 千瓦/100 平方米，有充足的自来水供应，有油烟气排放通道，有污水排放、生化处理装置,位置在地下室或一、二、三楼均可,但忌分布数个楼面。而普通餐厅因餐厅为个性化装饰、布置,各种建筑结构形式均适合开设餐厅,但剪力墙或承重墙挡门、挡窗除外,餐厅门前须有相应的停车场。

(3) 面积和租期

租期一般要求不得少于3年。面积快餐店要求200—500平方米,大众型餐厅80—200平方米,商务型餐厅150—10000平方米。

4. 服装礼品类门店的选址要求

(1) 商圈选择

商业气氛浓厚,客流量大,人气旺的高档综合商场附近;知名度及客流量佳的产业街(客流需满足目标顾客群特征);知名度高的门店附近(如麦当劳、肯德基附近);大规模住宅区附近。

(2) 建筑要求

店内可见度强,格局是浅方型最佳,门面不少于3米宽,且越宽越佳;橱窗位置及宽度需面向街道,越宽越佳,近期无城建规划。

(3) 面积和租期

租期至少一年,面积15—80平方米,一般40—80平方米为最佳。

五、选址的商圈分析与评估

商圈分析是指对商圈的构成、特点和影响商圈规模变化的各种因素进行综合性的研究。对门店来讲,商圈分析有重要的意义。它有助于选择合适的店址,在符合设址原则的条件下,确定适宜的设址地点;有助于制定市场开拓目标,明确哪些是本商场的基本顾客群和潜在顾客群,不断扩大商圈范围;有助于有效地进行市场竞争,在掌握商圈范围内客流来源和客流类型的基础上,开展有针对性的营销。

那么,应该如何对商圈进行分析与评估呢?

1. 分析与评估客流量

每个门店的经营者都知道,开店选址必须找人气旺的地方。客流多少是选址决策时必须考虑的重要问题。拥有足够的人流,才能保证门店的利润回报,足够的人气才能支撑起购买量。门店的选址要分析该客流的特点。古语说"一步差三市",意思就是门店的选址差一步就有可能差三成的买卖,这跟客流活动的线路有关。即使是同样一条街道,由于交通条件不同或基础文化娱乐设施不同或通向的地区不同,不同位置也可能会使销售业绩存在很大差异。了解客流的消费目标,对客流量调查结果进行分析,研究客流路过的目的,如经过此地是为了购物、上下班、换车、旅游或散步等,学校附近的店面应考虑寒暑假的时间,机关和公司集中地段的店面就必须掌握他们的上、下班时间,车站附近的店面应摸清发车、到车的规律,这些都会影响开业后的营业时间,进而影响门店的业绩。

2. 懂得借客策略

门店周围的竞争情况对门店经营的成败产生巨大影响,因此在选址时,必须分析附近的竞争对手。在门店相对集中的地方,在经营特色、价格、服务等方面努力做出特色,才能成功。对于单一功能零售门店,由于这些店经营业务单一、规模小,对顾客的吸引力薄弱,自身难以拥有较大的客流。这些门店具有依附性、借客源性的特征,所以在选址上要会采用借客策略。一种方案是在商业区或大商场旁边设店,从而获得较大的客源;另一种方案是在"XX专业街"开店,因为专业街同业商店多,就会产生聚集效应,容易扩大影响,凝聚人气。消费者在专业街可以货比三家,还起价来比较容易,所以客流量多。这样商家的生意反而比单枪匹马更容易做。比如麦当劳、肯德基快餐厅几乎都是建在大商场旁边。考察同一地段同类零售企业的经营业绩、商品的价格水平等情况可以初步测算可能产生的利润状况;也有助于确定今后自己的商品定位,用较少的投资进入竞争十分激烈的市场,不仅容易站住脚,而且可能得到迅速发展。所以集中在一起的商店群相互间既存在竞争,又有着合作,要权衡把握好这种关系。

3. 潜在价值评估策略

潜在商业价值评估是指对拟选开业的门店位置的未来商业发展潜力的分析与评价。评价门店位置的优劣时,既要分析现在的情况,又要对未来的商业价值进行评估,这是因为一些现在看好的门店位置,随着城市建设的发展可能会由热变冷,而一些以往不引人注目的地段,也可能在不久的将来会变成繁华闹市。因此,门店在选址时,更应重视潜在商业价值的评估。对此,可以从以下几个方面进行评价:

第一，所选的地址在城区规划中的位置及其商业价值。

第二，是否靠近大型机关、单位、厂矿企业。

第三，未来人口增加的速度、规模及其购买力提高度。

第四，是否有"集中效应"，即门店建设如果选在商业中心区，虽然使门店面对多个竞争对手，但因众多商家云集在一条街上，可以满足消费者多方面的需求，因而能够吸引更多的顾客前来购物，从而产生商业集约效应。所以"成行成市"的商业街，也是门店选择位置需重点考虑的目标。

4. 分析能否采用出奇制胜策略

门店选址时既需要进行科学的考察分析，同时又应该将它看成一种艺术。经营者有敏锐的洞察力，善于捕捉市场商机，用出奇制胜的策略，与众不同的眼光来选择门店位置，常常会得到意想不到的收获。例如，全美洲最大的零售企业"沃尔玛"联合商店的总经理萨姆·沃尔就是采用"人弃我取"的反向操作策略，把大型折价商店迁到不被一般商家重视的乡村和小城镇去。因为那里的市场尚未被开发，有很大潜力，同时又可回避城区商业日益激烈的竞争。

5. 建设状况分析与评估

建设状况分析包括公共交通、供电状况、通讯设备、金融机构等对于门店营销的方便程度。分析地区建设规划、公共设施，如公园、公共体育场所、影剧院、展览馆，以及本地区的人文等，是否有利于门店的发展。

门店选址过程中还有一些方面需要注意，如：商业环境和条件、城市规划、场地条件、法律条件等一些方面都要有详细的资料。

六、门店费用的评估测算

选好地址以后，接下来要干的事就是准备资金来开办门店。资金是开办门店的物质基础。从资金的筹备来说，一般有两种情况：一种是资金总量有限，这时就要在资金限度内对门店的规模、档次，以及从筹建到正常运作的周期进行严格的控制，避免资金和时间无谓的浪费，迅速走上经营轨道；另一种是资金雄厚，这样就可以充分考虑门店的经营模式和附加功能，甚至从一开始就可以着手制定较为长远的经营战略，充分地利用资金和时间，为经营打下扎实的基础。对费用进行评估的方式如下：

1. **开始对营业空间的费用进行估算**

无论是租赁、在房产市场现行购买或新建建筑物，首先要考虑的是营业空间所在的地理位置是否处在营业的"黄金地段"，地段不同，租金、房产的售价和造价相差很大，即所谓一分钱一分货，若是开设中小型门店，对此就应作全面权衡，慎重确定，并按照确定的选择以市场行情单价为依据，分别进行估算。

2. **对设备、设施费用进行估算**

门店设备有档次高低之分，档次不一样，价格不一样，这要根据顾客群来确定采用什么档次的餐具。以开餐馆为例，档次较高的厨房设备大部分是不锈钢制的，所需投资较多，一般档次的厨房设备有铁合金、搪瓷、陶瓷等多种设备组合，所需投资相对较少，应以实用、耐用、经济为前提酌情选购，各种档次的厨房设备价格都可从市场报价获取，购买时若是成批购买则还可获得优惠。

在估算设备、设施费用的时候，应包括运输费和安装调试费。

3. **家具费用的估算**

除了设备，开店还会添置不少家具，这也必须列入预算，计算出各种家具需要的数量，再根据市场价格即可进行估算。

4. **装饰费用的估算**

随着商业的氛围越来越浓，门店装饰也成为一门学问，再也不是那种把东西一摆就有人买的时代了，门店的装饰要结合经营范围来设计，而且要体现出一种特色，或者一种情调，这是当代门店的装饰趋势。若是服装门店，要体现一种感觉与情调；若是饭馆餐饮店，门面和厅面装饰应以简洁、明亮、卫生、雅致为主。厨房装修应以卫生为主，结合方便厨师、工作人员操作，便于油烟、污水排放功能考虑。

就装饰来说，能节省则节省，避免豪华装饰以减少营业前期投入过多的费用。

5. **劳动力成本的估算**

门店劳动力成本由管理人员、服务人员的工资组成。可按不同人员的工资标准乘以人数来估算。各类人员的工资水平，在各劳动力市场都有平均工资标准可供参考。贷款利息，可根据银行的贷款利率进行估算。如果经营者都是用自己的资金投资，也可按贷款计算其利息，凭此反映总筹建费用。

【案例链接】

世界著名的快餐店肯德基对选址是非常重视的，选址决策一般是两级审批制，通过两个委员会的同意，一个是地方公司，另一个是总部。通过观察可以发现其选址成功率几乎是百分之百，一直是商界学习的榜样。

通常肯德基选址按以下几步骤进行：

（1）划分商圈

肯德基计划进入某城市的时候，会先通过有关部门或专业调查公司收集这个地区的资料。有些资料是免费的，有些资料需要花钱去买。把资料买齐了，就开始根据资料来规划商圈。

肯德基会把商圈分成好几大类，以北京为例，有市级商业型（西单、王府井等）、区级商业型、定点（目标）消费型、社区型、社区商务两用型、旅游型等等。

（2）选择商圈

确定商圈后，肯德基开始选择商圈。在商圈选择上，肯德基一方面考虑餐馆自身的市场定位，另一方面要考虑商圈的稳定度和成熟度。餐馆的市场定位不同，吸引的顾客群不一样，商圈的选择也就不同。

商圈的成熟度和稳定度也非常重要。比如规划局说某条路要开，在什么地方设立地址，将来这里有可能成为成熟商圈。肯德基一定要等到商圈成熟稳定后才进入，例如说这家店三年以后效益会多好，对现今没有帮助，这三年难道要亏损？肯德基投入一家店要花费好几百万，当然不冒这种险，一定是比较稳健的原则，保证开一家成功一家。

（3）确定这个商圈内最主要的聚客点在何处

同是一个商圈，开店有成功的也有不成功的，那么如何才能成功呢？这里涉处到一个聚客点的问题，比如北京西单是很成熟的商圈，但不可能西单任何位置都是聚客点，肯定有最主要的聚集客人的位置。肯德基开店的原则是：努力争取在最聚客的地方或其附近开店。

古语曾说"一步差三市"。开店地址差一步就有可能差三成的买卖。这跟人流动线（人流活动的线路）有关。在店门前测定人流量这一点很重要，是在计划开店的地点掐表记录经过的人流，测算单位时间内多少人经过该位置。除了该位置所在人行道上的人流外，还要测马路中间的和马路对面的人流量。马路中间的只算骑自行车的，开车的不算。是否算马路对面的人流量要看马路宽度，路较窄就算，路宽超过一定标准，一般就是隔离带，顾客就不可能再过来消费，就不算对面的人流量。

（4）选址时要考虑人流的主要动线不要被竞争对手截住

现在，人们对品牌的忠诚度还没到相当排斥的地步，如吃肯德基的人看见麦当劳就烦。人们还是遵循就近原则，多一二百米也不愿意走，除非这里的人特别多，找不着座了，我才往前挪挪。

【行家点评】

看了肯德基，再想想麦当劳，因为肯、麦两家市场定位相似，顾客群基本上重合，所以我们经常看到一条街道一边是麦当劳，一边是KFC，这就是KFC采取的跟进策略。因为麦当劳在选择店址前已做过大量细致的市场调查，挨着它开店不仅可省去考察场地时间和精力，还可以节省许多选址成本。当然KFC除了跟进策略外，它自己对店址的选择也很有优秀之处可以值得借鉴。

从这二家著名餐饮企业可以看出，他们选址是很讲究细节的，那么，还要注意哪些细节呢？这里补充几点：

（1）不让顾客走太远。设店的时候要考虑顾客的行走情况，在顾客步行不超过20分钟的路程内的街道设店比较合适。选择哪一边较有利于经营，需要观察马路两边行人流量，以行人较多的一边为好。

（2）接近人们聚集的场所。如剧院、电影院、公园等娱乐场所附近，或者大工厂、机关附近，这一方面可吸引出入行人，另一方面易于使顾客记住该门店的地点，来过的顾客向别人宣传介绍，会比较容易指引人光顾。

（3）选择人口增加较快的地方。企业、居民区和市政的发展，会给门店带来更多的顾客，并使其在经营上更具发展潜力。

（4）要选择较少横街或障碍物的一边。许多时候，行人为了要过马路，因集中精力去躲避车辆或其他来往行人，而忽略了一旁的门店。

（5）根据经营内容来选择地址。门店销售的商品种类不同，其对店址的要求也不同。有的门店要求开在人流量大的地方，比如服装店、小门店；并不是所有的门店都适合开在人山人海的地方，比如保健用品商店和老人服务中心，就适宜开在偏僻、安静一些的地方。

（6）位于商业中心街道。东西走向街道最好坐北朝南；南北走向街道最好坐西朝东，尽可能位于十字路口的西北拐角。另外，三岔路口是好地方；在坡路上开店不可取；路面与门店地面高低不能太悬殊。

（7）要选择有广告空间的店面。有的店面没有独立门面，店门前自然就失去独立的广告空间，也就使你失去了在店前"发挥"营销智慧的空间。

（8）选择由冷变热的区位。与其选择现在被商家看好的门店经营位置，不如选择不远的将来由冷变热，而目前未被看好的街道或市区。

第2章 人靠衣装马靠鞍：卖场形象与布局

卖场是一个舞台，是店主、顾客与服务人员所共同演出的场所，而搭配演出的就是商品，当一出戏上演时，如果舞台的设计能与演员、道具达到相得益彰的效果，必然是一出叫好又叫座的戏。这是卖场配置与规划的"原点"，我们必须从原点抓起，检查卖场形象与布局这一舞台设计是否能满足戏与演员的需求。

一、店面形象——吸引顾客进店的关键

建立良好的店面形象对门店经营来说是一项长期的战略决策，是实现门店品牌可持续发展的重要基础和保证。门店一旦在公众中建立起良好的信誉和口碑，与顾客关系融洽，品牌的外在吸引力就会增强，品牌形象自然会不断上升，消费者对品牌的忠诚度就会日趋强化。门店效益也会伴随品牌形象的提升，不断得到提高。门店有无良好的品牌形象，关系到门店成败的关键，是每一个门店经营者值得认真关注的问题。

1. 门店形象的基本要求

（1）店面的形象是否与所销售的商品定位一致

店面的形象是否与所销售的商品定位一致，即：店面的形象设计装潢必须跟你所销售的商品的定位是一致的。如果销售的是高档商品，那么店面设计和装潢就一定要符合高档次的要求。

（2）店面形象是否能够给商品销售提供帮助

店面形象是否能够给商品销售提供帮助，即：店面形象和店内装潢设计以及灯光的架设等是否能够给商品的销售提供一定的帮助。不同的颜色会给

顾客的心理带来不同的暗示，也会影响顾客的消费心理。

（3）店面形象的设计与门店的定位是否一致

店面形象的设计与门店的定位是否一致，即：门店想表达出的发展定位是什么。门店的定位是让每个顾客从店中购买产品走出店面后都是个性时尚的，那么门店的店面形象设计和装潢就要符合这个标准。

2. 形象设计前的心理分析

商业环境就是在商品交换中发展起来的，在设计中要利用顾客的消费心理。只有把握好顾客的心理才能创造一个具有鲜明个性的外部空间环境，刺激、诱导消费者，激发消费者的购买欲望，实现商业价值。

（1）购物行为的心理分析

购物行为，是指顾客为了满足个人需要而进行的购物交易的全过程的活动表现。从心理学角度分析，人的心理活动支配消费者的购买行为。一个具有鲜明个性的店面可以引起人的注意，由注意到认识再到识别这一阶段，是消费者购买行为的基础。因为人们认识商品的过程，往往是先有笼统的印象，再进行精细的分析，然后运用已有的知识、经验，综合地加以联系和理解，通过人的感知、记忆和思维去完成的。新颖、鲜明的商业广告，精美的橱窗展示，华丽考究有个性的店面设计，会使消费者对商店和商品留下较深刻的印象，顾客在经过思考后就易于做出走进商店进一步了解商品或消费的决策。

（2）购物心理的主要表现

消费者的心理需要直接或间接地表现在购物活动中，影响消费行为。心理活动主要表现以下五点：

第一，好奇心理。心理学家马斯洛认为"精神健康的一个特点就是好奇心"。对于一个具有健康的心理的人来说，神秘的、未知的、不可测的事物更使人心驰神往。这就是商业环境为什么通过设计与装修不断使顾客保持新鲜感和吸引力的原因。

第二，偏爱心理。某一类消费者由于习惯、年龄、职业修养和生活环境等因素的局限，会对某些商品或某些商店有偏爱。门店在进行店面形象设计的时候，必须迎合这些顾客的口味。

第三，风俗习惯。门店形象的内外环境设计与装修如果遵循地方的习俗、民族的习俗、消费群体的习俗，就能创造使顾客认同的、喜悦的购物空间。

第四,求名心理。对名牌门店和商品的信任与追求,使此类顾客乐意进入有名的门店按品牌认购商品,因此对商店门面设计与装修,既要常常更新,又要保持一种文脉的传承。

第五,逐美心理。俗话说得好"爱美之心人皆有之。"一种美的商品应配置在一个美的展示环境和购物环境中,就能唤起人们在心理上有一种美的享受。店面的设计只有熟读顾客心理,找到准确的切入点,才能得到消费群体的认同。

(3) 目的与动机,根据商业心理学的分析将顾客分为三类:

第一类是有目的的购物者。这种顾客有明确的购买准备,他们进店前已有购物目标,因此他们目光集中,购买行为是直接寻找所要的商品,一般不是受环境吸引而来的。

第二类是有选择的购物者。这种顾客有购买的动机、目标,但购买无确定性,吸引他们的除了商品本身,店面的商业广告、精美的橱窗展示等刺激、诱导,会激发起消费者购买某一商品的欲望和行动。

第三类是无目的的购物者。这种顾客没有购买的动机、目标。无目的的购物人群流向何处,源于两点:有趣和方便。有趣即是吸引力,引发好奇心,可以通过醒目的广告;悠扬的音乐;诱人的香味等手法,引人注意并吸引人群。所谓方便即是容易达到,容易离开。这一类的顾客必须在购物环境的各种因素影响下,才能形成购买动机,商业环境室内外设计的主要目的就是吸引此类顾客,即"潜在购物者"。

一次完整的消费行为过程,即购物过程,必须考虑消费者自身的心理活动和各种外界条件对消费行为的影响,其中购物环境的店面设计对消费心理的影响是很突出的。

3. 店面设计的原则

(1) 店面要反映内涵

门店的门面设计要能够反映商业空间的性质、经营内容和特色。门店的服务性质是多样的,其经营内容更是千差万别,消费者只有了解了门店的性质、经营内容和特色等,才能走进门店内部进行购物消费。因此,必须使消费者通过店面设计和装修就能清楚辨别出门店的性质、经营内容以及特色,从而产生购物意识及行为。

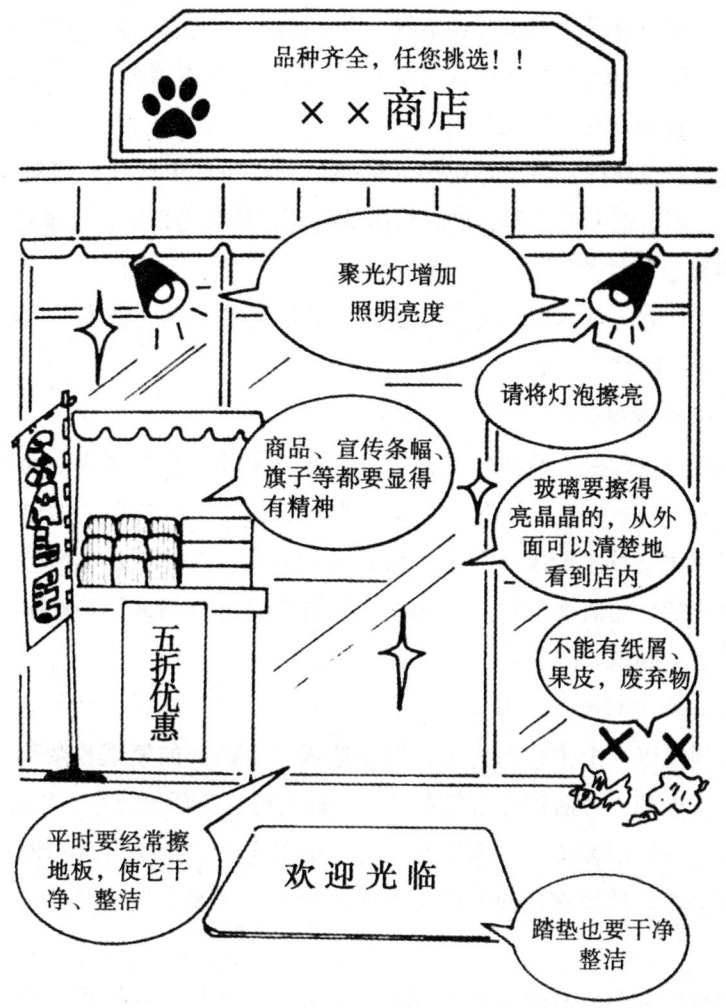

（2）店面要醒目

门店的店面设计要新颖、美观、醒目！具有明显的广告性与标志性。店面设计应运用现代技术和艺术手段，通过材料色彩、质感及其所构成的点、线、面、体的统一协调与组合，创造出美观、新颖、有特色的门店门面，使其醒目诱人，从而激发人们的购物意识和行为。

（3）店面要富有特色

门店的店面设计要富有时代感，最好能够反映出民族特色与地方特征。随着社会生产力的进一步的发展，经济的进一步繁荣，给人们提供了日新月异的新技术和新材料。店面装饰应充分运用这些新技术、新材料反映时代的精神面貌。尊重当地历史文物、文化传统、民族风俗习惯等。

（4）店面应与环境协调

店面与周围环境是一个不可分割的整体。在设计中应使环境对门面起到渲染气氛、创造意景的作用，同时门店的门面也应该是使街道景观更加丰富。

4. 店面设计的方法

店面设计方法包括商店的立面造型、外墙装修、色彩搭配、照明处理以及店名招牌、橱窗等方面。

（1）做好造型设计

立面造型设计是店面的功能特色及个性形象的表现。商业空间的立面造型千变万化，各具特色。可运用色彩、形体、材质、线条等造型语言，寻求艺术形式与物质技术的统一，也可综合运用联想、对比、趣味性等手法创造新颖、富有特色的店面设计。比如立面设置装饰分格缝或凹凸线条，是构成立面装饰效果的重要因素。

（2）运用好材料与色彩

店面通常以一个主色调为主，以免造成整个画面的繁琐和杂乱。局部可做色彩对比处理。大面积使用色彩时，不宜过纯，应用复合色，以避免俗气、呆板。普遍外墙饰面多采用明度高、彩色低的色彩，但也有选用深色为建筑立面色调的。具体要看场地的情况来定，与整个环境既协调又要突出，才能有吸引力。

店面也可采用无窗的大片实墙或者大片玻璃幕墙。大面积实墙上可写出大尺度的商店名称来突出店名，形成标志。也可利用大片实墙做夸张的墙面装饰广告，会使人感到惊奇、醒目而吸引了人流。

店面饰面质感主要取决于所用材料和装饰方法。饰面质感的对比与衬托，能很好地体现立面风格，玻璃幕墙、磨光花岗岩石，显得光滑细腻，而文化石墙则显得粗犷，富有力度感。墙面装修材料的不同，也显出迥然不同的效果。采用大片玻璃幕墙时，可获得夜晚和白天明暗决然不同的效果，如广州市北京路上成行成列的门店，在夜间商店内部灯火辉煌，五彩缤纷的商品以及熙熙攘攘的人群尽现在人们眼前，这种奇妙的效果能激起人们的购买欲，吸引更多的人进入商店。

同样材料，装饰手法不同，也可获得不同的质感。如水泥砂浆抹面，抹光与拉毛所产生的质感效果就完全不同。

（3）设计好门店入口

门店店面很重要的一环就是门店入口的设计。入口是建筑内、外环境的过度空间，设计中一定要突出大门的位置、开启方向以及造型、色彩构成完整的诱导功能。入口的位置应根据外部环境和内部环境布局来确定，设在人们最方便出入的地方，且要醒目，入口和橱窗结合布置，有利于行人在观看橱窗的过程中，逐步被引入店内。

入口可利用雨篷或挑楼部分作高低变化，起到强调入口的作用，奥兰多的弗吉恩超级市场正门挑蓬，采用钢制框架并巧妙地把观看舞台表演的场地设在正门挑蓬上，使观众既可以看演出也可以观看街景，热闹的场面还能激起街上的人进入超级市场的欲望。

变化立面材料，利用材料质感对比产生虚实、轻重等不同感觉，或用色彩鲜明对比来突出入口，美国芝加哥一家专营奶酪饼的饭店门面，厚重的卡通式铜制外形仿照奶酪饼从管子中注入容器的形状，勾勒出天蓬的轮廓并且使入口突出。另外商店的广告招牌、店名、标志等细部处理对突出入口也能起到重要作用。

（4）做好橱窗设计

橱窗设计是店面装饰的重要组成部分。橱窗是一种通过以商品为主体，背景为衬托，同时配合各种艺术效果对商品进行宣传和介绍的综合性的艺术形式。通过橱窗把商品展示给消费者，并通过橱窗布置的艺术形式吸引顾客，刺激消费者的购买欲。一个主题鲜明、风格独特的橱窗不仅能改善门店的整体形象，同时对顾客的购买行为也能产生一定的促进作用。

一般通过橱窗陈列的商品都是门店着重推荐的商品，门店会根据目标顾客的需求、季节的变化等因素把畅销品和新品摆放在最显眼的位置上。这样做有两方面的好处：首先，能让经营项目在顾客的心中形成一个较好的整体形象；其次，能带给顾客新鲜感和亲切感，吸引他们对卖场的关注度，进而激发他们的购买兴趣。

有着浓郁民族风格和时代气息的橱窗装饰艺术，不但让顾客对门店有一个良好的印象，还会引发他们对事物的美好遐想，进而促进其购买欲望。除此之外，橱窗还能直接或间接向顾客发出商品质量可靠、价格合理等信息，从而提高顾客选购商品的积极性，增强其购买的信心，促使其及早做出购买决策。

有人将橱窗比作是门店的"眼睛"，店面这张脸是否能吸引顾客的眼球，这只"眼睛"具有举足轻重的作用。橱窗是一种艺术的表现，更是一种吸引顾客的重要手段。

橱窗结构要保证观赏者获得良好的视觉效果，陈列品的最佳范围由人的平均身高及最佳视距确定。橱窗距地高度一般为30—60厘米，小件商品如手工艺品等，可取80—120厘米，大件商品如冰箱、洗衣机等可使橱窗底板距地高度下降。橱窗深度取决于陈列品的性质、大小及陈列品后部需留出的空间。大、中型百货商店的橱窗深度一般取150—250厘米为宜，而小型烟酒、钟表、精致手工艺品等的橱窗深度可取60—100厘米。

(5) 注意照明设计

光线对于门店的形象而言其重要性可想而知。光的作用远远不是单纯地照亮物体、满足人的视觉功能需要，更应该是创造空间、渲染气氛、追求完美视觉形象的保障。

自然光会随着时间的流转而形成变化，所以在进行门店布局设计时应当先进行初步的采光调查，使光线能够随着太阳的运转对店门附近、卖场前沿进行不同时段的扫描，达到对顾客的吸引作用。

相对于自然光，人工照明就可以达到恒久不变的照射效果。人工照明主要由立面照明、橱窗照明和辅助照明所构成。

立面照明的目的不单让人们在夜间能看见店面，而是使整体门店内的光线形成延展，同时使店内色调保持统一，从而保证门店内的基本照明，而且在容易识别的基础上诱发人们的购物、娱乐、欣赏、休息等行为。立面照明是一种艺术照明，照度应适度，照度过大会使被照物太亮产生刺目感，照度过小使人无法辨认。立面照明所需照度的大小应考虑立面的整体性，视立面的装修材料的反光度和周围的亮度条件来定。

橱窗照明的主要作用是提高橱窗的亮度。橱窗照明不仅可以使产品形成一种立体的感觉，同时光影的强烈对比也有利于突出产品的特色。汉城加莱里商城沿街的橱窗照明，突出了陈列品，从而吸引和招徕顾客。为保证观赏者能清晰地看到橱窗里的陈列品，橱窗还应有均匀间接的采光，并避免眩光。至于设备方面，常用的器材主要为射灯及壁灯，可以根据产品的具体特点而选用相关设备。

辅助照明是店面整体气氛的一个重要组成部分，可利用灯箱、霓虹灯、投射灯、筒灯、彩色灯带等灯具组合成不同的照明效果。特别要突出入口、招牌等重点部位。辅助照明的主要作用在于突出店内色彩层次，渲染五彩斑斓的气氛与视觉效果，辅助性地增强产品吸引力与感染力。

（6）广告照片设计

招牌是店面的有机组成部分，它不仅能反映商业空间的专业性质，经营个性及独特风格，并以文字语言的形式更清楚地点明了主题。现代的招牌形式多样，文字形式变化丰富，必须考虑其尺寸、比例与建筑物相协调；还要色彩鲜艳，造型精美，选材精致，加工细腻及经久耐用。

（7）店徽和标志设计

标志与店徽是商店经营内容和服务特点的符号，是门店的标志物，在店面设计中占有突出的地位。店徽由简略文字及抽象图案组成，类似证章或单独文样式的图案，做成几何形体或浮雕形式，设置位置灵活，可位于入口、立面实墙上、匾牌、门扇及橱窗上。标志是一种行业性抽象语言，常用一种物体或文字来表明商店的经营内容和服务特色。标志应该醒目，容易识别，可以用实物，一目了然地展示经营范围，或使用其他材料做成实物类标志，在形象和尺寸上进行夸张。其中标志的醒目、容易识别，显得尤其重要，美国郊区公路边上的"肯德基炸鸡店"（KFC）快餐店的图形标志，高速行驶者看到后，瞬间就能清楚辨别出快餐厅的经营内容以及特色。

二、商品形象——提升顾客信赖度的关键

商品形象是销售商品的品种、质量、规格、档次、款式、包装、价格、陈列等在消费者和社会公众中留下的总体形象。商品形象是商业门店形象的主体。"人叫人千声不语，货叫人点头自来。"要树立成功的门店形象，必须考虑树立商品形象。

狭义的商品形象就是指商品的外包装，广义的商品形象包括商品设计、

包装、广告、价目表、商业信函、规划书、发票及其他具有识别商品提供者作用的事物（例如服务人员的制服、有特色的运输工具和营业建筑物等）。商品外包装在商品形象中占有突出地位，因为它与商品紧密相连，与消费者直接见面，它的形象往往代表了商品的整体形象。商品外包装主要由包装物和标签组成，包装物的颜色、形状、质料，以及标签上的商标、商品名称、商品装潢和说明文字都是商品外包装的成分。商品外包装不仅具有盛放、包裹商品的实用作用，而且其识别商品来源，凝聚商业信誉，开展广告宣传的作用，也日益突出。

对于门店而言，商品形象的包装部分一般已经由供货商做好了，门店所要做的就是做好商品陈设，提升商品的形象。

做好商品陈设主要从以下两个方面入手。

1. 静态陈列

一般商业空间的商品展示多以静态为主，消费者购买商品，能否清晰、准确地感知商品形象，获得良好的情绪体验，很大程度上取决于商品的陈列状况。要使商品陈列做到醒目、便利、美观、实用，具体可采用以下方法：

（1）开放式陈列

传统商业空间的商品陈列形式为封闭式，即售货员在柜台内，顾客在柜台外。顾客不能自由、直接接触商品而只能通过售货员了解商品。现代商品陈列已然打破了这种形式而采用开放式陈列，即商品的摆放，为消费者观察、触摸以及选购提供最大便利，以便减少心理疑虑，坚定购买信心。当然，珠宝首饰等贵重商品除外。

（2）陈列要醒目

商品的摆放应力求醒目突出，以便迅速引起顾客的注意。要做到这一点就要注意以下要点：

第一，合理摆放高度。顾客进店，经常会无意识地环视四周，根据人体工学，无意识的展望高度是0.7至1.7米。同视觉轴大约30度角上的商品最易让人清晰感知，60度角范围内的商品次之。在1米的距离内，视觉范围平均宽度为1.64米；在2米的距离内，视觉范围达3.3米；在5米的距离内，视觉范围8.2米；到8米的距离内，视觉范围就扩大到16.4米。因此，商品摆放高度要根据商品大小和顾客的视线、视角来综合考虑。一般来说，摆放高度应以1米至1.7米为宜,与顾客的距离约为2米至5米,视场宽度保持在3.3米至8.2米。在这个范围内摆放,可以提高商品的可视度,使顾客清晰地感知商品形象。

第二,保持商品量感。所谓量感,是指陈列的商品数量要充足,给顾客以丰满、丰富的印象。量感可以使顾客产生有充分挑选余地的心理感受,进而激发购买欲望。这样就要求合理确定库存、架存的关系,并及时补充架存商品。

第三,突出商品特点。商品的功能和特点是顾客关注并产生兴趣的因素。

将商品独特的性能、质量、款式、造型、包装等特殊性在陈列中突出表现出来，可以有效地刺激顾客的购买欲望。例如，把款式新颖的商品摆放在最能吸引顾客视线的位置，把多功能的商品摆在顾客易于接触观察的位置，都可以起到促进顾客购买的心理效应。

（3）按时节陈列

可以在季节更换和重大节日来临前，根据消费需求陈列出适应季节及节日需求的商品，并随季节的变化不断调整陈列方式和色调，尽量减少店内外环境的反差。这样不仅可以促进节令商品的销售，而且使顾客产生与自然环境和谐一致、愉悦顺畅的心理感受。

（4）艺术性陈列

通过商品组合的艺术造型进行陈列。各种商品都有其独特的审美特征，在陈列中，应在保持商品独立美感的前提下，通过艺术造型，使各种商品巧妙布局，达到整体美的艺术效果。可采用形象式、艺术字式、单双层式、多层式、均衡式、斜坡式等多种方式进行组合摆放，赋予商品陈列以高雅的艺术品位和强烈的艺术魅力，从而对顾客产生强大吸引力。

（5）连带性陈列

许多商品在使用上具有连带性，如牙膏和牙刷。为了引起顾客潜在的购买欲望，方便其购买相关商品，可采用连带陈列方式，把具有连带关系的商品相邻摆放，达到促进销售的目的。

（6）排序陈列

同一种商品通常会有不同的分类。顺序陈列就是按商品规格的大小、等级优劣、花色繁简、使用对象、品牌产地等顺序进行陈列，给人品种繁多、排列有序、选择空间大的心里感受，便于顾客选购。

（7）重点陈列

现代商业空间商品种类繁多，尤其是大型零售门店，品类多，每个品类又有许多单品，要使全部商品都引人注目是不可能的。可以选择顾客大量需要的或新产品为陈列重点，展示在特殊而突出的位置，使顾客在先对重点商品产生注意后，附带关注到大批次要产品，以此带动次要商品的购买。

（8）场景布局陈列

将商品布置在主题环境或背景中营造某一场景。这在卖点很强的节令展示中的体现尤为明显。如圣诞节将松树、圣诞老人、各种小摆件营造在同一卖场，雨季可以以雨伞为主展现一家三口举着美丽的雨伞共同撑起一片晴空的温馨情景，效果都不错。

以上每种静态陈列法都有各自的特色，在商业展示中往往是各种方法的综合运用，所做的商品展示设计才能有效地促进商业空间的营销力。

2. 动态展示

现代商业空间的展示手法各种各样，展示形式也不定向化，动态展示是现代展示中备受青睐的展示形式，它不同于常见的静态陈列，采用的是活动式、操作式、互动式等动态展示，顾客不但可以触摸商品、操作商品，更重要的是可以与商品互动，更加直接生动地了解商品的功能和特点，也就更加有利于塑造商品形象。由静态陈列到动态展示，能调动顾客的积极参与意识，使商业展示活动更精彩，商品形象的提升效果更好。

商品展示设计实际上就是处理顾客、商品、道具、空间四要素之间的关系，因此动态展示也可以从这四方面入手。

（1）把握顾客流

合理的顾客流能增加顾客在卖场停留的时间以及接触商品的数量，从而直接促进商品的销售，而顾客的流动合理与否取决于卖场顾客通道的设计，一般来说，通道设计有以下几种形式：

◇ 斜线式：这种通道的优点在于它能使顾客随意浏览，气氛活跃，方便顾客观看商品。

◇ 格子式：是指所有的柜台设备在摆放时互成直角，构成曲径通道。

◇ 自由式：这种布局是根据商品和设备特点而形成的各种不同组合，或独立、或聚合，没有固定或专设的布局形式，销售形式也不固定。

（2）注意商品流动

门店可以利用商品本身的特性，在运动中展示自身的特色。还可以运用一些特殊的动态展架，使商品放在上面可以有规律的运动、旋转。门店还要能够巧妙运用灯光照明的变换效果使人产生静止物体动态化的效果，如服装的展示，可以运用绚彩的闪烁灯光和流动照明使人产生一种模特在动的幻觉。在无流动特性的商品中增加流动特征性，如书籍的动态展示，可运用多媒体的方式、书籍展开的方式、旁加解说的方式等。

(3) 控制好道具流动

可以采用一些带自动装置的展示道具使商品呈现运动状态，常见的有：旋转展架，旋转展架主要是在纵面上转动，其优点在于可以充分利用高层空间；旋转展台，台座装有电动机，大的旋转展台可以放置汽车，小的可放置饰品珠宝、手机、电脑等，其优点在于无论顾客处于任何位置都可以全方位地观看商品；电动模型，人、动物、机器和交通工具均可做成电动模型，并按照展示的需要而运动，如穿越山洞的火车、发射升空的火箭等，以小见大，营造活跃的气氛，增加顾客的兴趣和好感；机器人服务员，通过机器人的行动、说话、发出音乐等与顾客进行交流，或做些简单的服务等程序的设定，使展示更为生动有趣；半景画和全景画，在实物后面绘制立体感很强的画面或者利用高科技大屏幕投影等手段配置一个假远景，制造真实的空间感，使顾客感觉身临其境。

(4) 把握好空间流动

空间的流动有两种：一是虚拟的空间流动，即通过高新技术影像等手段形成一种空间上的变化，使空间成为一种流动的空间，让人感觉漫游其中；二是真实的空间流动，比如销售空间的旋转，广告宣传车的四处流动，这些都增加了商品与顾客的接触，更好地为商品做了宣传促销。

当然，商品展示不能拘泥于单一的展示形式，而是应该营造一个完整的人性化空间，包括商品空间、服务空间和顾客空间。要在整个展示空间中调动一切有用因素，在造型、色彩、照明、装饰手法上力求别出心裁，在布置方式上将陈列生活化、人性化、现场化，在参观方式上提倡参与性和互动性，使人把观看商品当作一种高层次的享受。这样才能够加深顾客对商品的了解，提高对商品的记忆，增加对商品甚至品牌的好感，提升商品的形象，进而刺激消费行为，从而达到提高营销力的目的。

三、服务形象——留住顾客的关键

服务形象是门店在营销服务过程中给顾客留下的整体印象。服务形象属于一种软性或无形的东西，它是由门店给顾客提供无形信息，贯穿于门店营销的整个过程。一个门店要想抢占市场，除了以质优物美的商品来取胜外，再有就是提供良好的服务了。未来的竞争就是服务的竞争，服务的因素在营销中会有上升趋势，甚至超过价格因素。

门店营业员的服务方式、服务功能、服务态度、服务质量等给顾客留下的印象极为深刻。如营业员笑容可掬，彬彬有礼，技艺娴熟，服务周到，会在顾客心中留下极佳的品牌形象，从而提高品牌的美誉度和信誉度，唤来更多的回头客。服务形象是专卖店的活力所在。在明净的店堂内身处温馨的环境中，面对店员亲切微笑和耐心服务，会产生一种"宾至如归的感觉"，给予顾客如同朋友一般的亲切感。这种以情感为纽带的温馨服务方式，是门店必备的服务形象特色。

有些人会有疑问，服务注重的是内容和效果，服务形象还能有什么用处呢？

如果我们把顾客当成观众，把门店当成舞台，把门店的员工当成演员的话，外在形象无疑就是演员的服装和化妆，并且会对演出效果产生重要影响。而事实上，对于顾客而言，门店真的就是一个舞台，员工就是在这个舞台上表演的演员，只不过和真正的舞台相比，员工这里上演的是服务表演罢了。

门店的服装形象、仪表形象、肢体形象和语言形象共同组成了门店的服务形象。

1. 服装形象的作用

（1）角色识别的作用

试想一下，在人头攒动的商场里，服务人员和顾客的穿着打扮一个样子，顾客想找到身边的服务人员，难道需要大声喊叫和打听吗？相反，如果这里的营业服务人员都穿着制服，而且把不同职责的员工塑造出不同的形象，顾客便能一眼看出该找谁服务。

（2）环境营造作用

服务人员的外在形象也是整个购物环境的一个组成部分，身着整齐统一的工作装，一样的打扮，一样的气质，本身就是一道赏心悦目的美景，并带给顾客愉快的感受。

（3）职责提醒作用

服务人员身着统一的制服，有利于提醒自己作为一名工作人员，应该切实履行自己的工作职责，肩负起为顾客服务的工作使命。身为一名军人，当他穿着军装的时候，就会按照军人的标准要求自己；身为一名警察，在穿着警服的时候，就要履行一名警察的职责；身为一名顾客服务人员，在身着工作制服的时候，就会自觉地履行自己的服务职责。

（4）增强自信作用

良好的外在形象能起到增强自信的作用，我们常常会有这样的体验。比如，当你把自己打扮得很好的时候，走起路来都显得更精神，遇到别人时就会更自信些。为了增加自信，人们常常在一些重要场合穿上自己最好的衣服。良好的外在形象之所以具有增强自信的功能，原因在于良好的外在形象能使别人对你产生好感，别人对你欣赏的眼光反馈到你这里，就能产生被欣赏所带来的自信心的增加。

由于服务人员统一形象具有上述重要作用，因此很多服务型企业都高度重视员工的形象问题，不惜投入很大的精力和财力为员工设计、制作漂亮合体的制服，有的还请专业礼仪老师对自己的员工进行专业化的形象礼仪培训，以期塑造企业的专业化美好形象。因为塑造最好的员工服装形象是塑造服务形象最直观最有效的方法。

2. 仪表形象的要求

门店的服务人员要给顾客留下良好的第一印象，使他们认可这一服务形象的话，应具有整洁、温馨的仪容仪表。门店的服务人员在工作中的着装修饰、仪容仪表，必须在尊重自己和尊重顾客的基础上，突出自己的职业性、服务性，力求给顾客留下温馨美好的第一印象。

（1）发型不能怪异

顾客到卖场购物并不是去欣赏服务人员的怪异发型的。因此，作为职业要求，无论男女，门店服务人员的发型都应从众，头发干净、梳理整洁，发型不得夸张，不能标新立异。

对于女服务人员具体要求如下：应选择短发、马尾辫、烫发等较为保守型的发式，刘海儿不要把脸遮住，不染夸张发色，过肩长发要扎束于脑后，发夹要用单色，以深色为最佳；提倡加适量发胶、摩丝，头发不得有头屑。

对于男服务人员来说，最好是短发，头发不能长过耳朵，不要蓄长发，也不要剃光头，发色以黑色为最佳，不可染夸张发色，不能有过分修饰，避免给顾客以油头粉面的感觉。

（2）面部洁净自然

作为直接面对顾客群的服务人员，面部修饰的第一原则是洁净，同时要保持卫生和自然，给顾客以朝气蓬勃、诚实可信的感觉。

作为一个服务人员，应该如何修饰自己的面部呢？

对于女服务人员而言，要化适当的淡妆，口红、眼影须统一色调，不可浓妆艳抹，也不要不化妆；须对自己的面部皮肤、眉毛、眼角、耳朵、鼻头、口腔等作定期的检查和修饰保养，如眉毛的梳理、清洁，鼻部"黑头"的清理等。

对于男服务人员来说，选择合适的护肤品对脸部进行保养，及时清除过长的眉毛、耳毛、鼻毛、汗毛，保持口腔的清洁卫生；若无特殊的宗教信仰或民族习惯，须坚持每天上班前剃须，不能留长须，不可戴深色眼镜。

（3）着装大方优雅

这里指的着装是针对那些没有配发统一服装的门店。

服务人员服装的选择是有标准的，一是整洁，二是得体，三是易于工作。

着装也是一种无声的语言，它显示着一个人的个性、身份、角色、涵养、阅历及其心理状态等多种信息。服务人员工作中要符合一定的着装原则。

第一，要和所处的环境相协调。人置身在不同的环境、不同的场合，应该有不同的着装，要注意穿戴的服装和周围环境的和谐。服务人员的服饰穿着要整洁得体，且要与工作环境和特点相统一。

第二，要和身份、角色一致。每个人都扮演不同的角色、身份，这样就有了不同的社会行为规范，在着装打扮上自然也有规范。当你是服务人员时，就不能穿一些过分出格的服装，以免有抢顾客风头的嫌疑。

第三，要和自身"条件"相协调。要了解自身的缺点和优点，用服饰来达到扬长避短的目的。所谓"扬长避短"重在"避短"。比如身材矮小的适合穿造型简洁明快、小花型图案的服饰；肤色白净的，适合穿各色服装；肤色偏黑或发红的，忌穿深色服装；肤色偏黄的，最好不要选和肤色相近的或较深暗的服装，如棕色、深灰、土黄、蓝紫色等，它们容易使人显得缺乏生机等。

第四，要和着装的时间相协调。只注重环境、场合、社会角色和自身条件而不顾时节变化的服饰穿戴,同样也不好。比较得体的穿戴,在色彩的选择上也应注意季节性。如春秋季节适合选中浅色调的服装,如棕色、浅灰色等。冬季可以选偏深色的,如咖啡、藏青、深褐色等。夏装可以选淡雅的丝棉织物。

(4) 饰品的要求

饰物是指人们在着装时,同时选用的可供佩戴的装饰性物品,对人们整体的穿着打扮有辅助、烘托、陪衬和美化的作用。

对服务人员而言,选择饰物主要有三大要求:第一,头饰只能选择黑色、咖啡色、蓝色系列;第二,食品和饮食门店的服务人员禁止佩戴耳环,其他业态门店服务人员禁止佩戴直径5毫米以上的耳环;第三,食品和饮食门店的服务人员禁止佩戴项链、手链、脚链,其他业态门店的服务人员可以佩戴戒指(嵌宝戒除外)。

那么,在佩戴饰物时又有哪些具体要求呢?

首先是少而精,即正在工作岗位服务的服务人员,提倡不佩戴任何首饰;佩戴时,一般不宜超过两个品种;佩戴某一具体品种的饰品则不超过两件,如不准许戴手镯、手链、大耳环,只允许戴一枚戒指、一副耳环、一条项链等。

其次是在某些特殊的工作岗位上,如食品零售或加工的人员,因工作需要不宜佩戴任何饰物。男性服务人员尤其没有必要佩戴饰品。

第三是穿制服时,要求不佩戴任何饰品;穿正装时,要求不佩戴工艺饰品,如造型为骷髅、刀剑等的另类饰品;工作时要求不佩戴珠宝饰品,以减少不必要的麻烦。

3. **门店的肢体形象**

肢体语言又叫做沉默的语言,是服务人员不可缺少的表达手段,也是门店服务形象的具体表现形式。肢体语言包括姿势、手势、表情和行为举止等多种方式,是一种常被人们忽视但是在现实生活中不可或缺的非语言信息和交流系统。眼睛是心灵的窗户,微笑是最好的名片,言行举止是与顾客沟通的桥梁。一个坚定的眼神、一个友善的微笑、一个"请"的手势都会让人感到温馨和放松,在人与人的交往中给人留下美好的印象。

(1) 用好眼睛

俗话说:眼睛是心灵的窗户。人们可以用眼神和目光来表达情感、传递信息、参与交流。因此服务人员在为顾客服务的时候，目光一定要和善友好、清澈坦荡，要让顾客从中感受到热情与真诚。

目光注视的角度，即目光发出的方向，可大致分为四种。第一种是平视，即两眼水平向前看。第二种是侧视，即目光往对角一侧，面向对方。如果没有面向对方就是斜视，是很不尊重对方的表现。第三种是仰视，主动居于低处，抬眼向上注视他人，表示尊重、敬畏之意，适用于面对尊长之时。第四种是俯视，即抬眼向下注视他人。一般用于身居高处之时，它可对晚辈表示宽容、怜爱，也可对他人表示轻慢、歧视。服务人员在与顾客交谈的时候，目光一定要亲切、祥和，不能过于急躁，要尽量让顾客感受到你的真诚，切忌侧视和俯视顾客。

目光注视的部位：服务人员目光所及之处，就是注视的部位。注视顾客的部位不同，就说明自己对顾客的态度不同。在一般情况下，在与顾客交谈时，不宜注视其头顶、大腿、脚部与手部，或是"目中无人"。对异性顾客而言，通常不应注视其肩部以下，尤其是不应注视其胸部、裆部、腿部。用期待的目光注视顾客，不卑不亢，只带浅淡的微笑和不时的目光接触，这是常用的温和而有效的方式。

注视范围：在为顾客介绍货品时，应用余光观察四周并注意是否有顾客在看别的产品，然后决定是否要放大音量或用其他办法把其他的顾客也吸引过来。

注视时间：在与顾客交谈时，注意力一定要集中，你的视线接触顾客面部的时间，应占全部谈话时间的三分之二以上。尤其是在顾客询问相关问题的时候，切忌左顾右盼或心不在焉。

（2）学会微笑

微笑是通过面部笑容来传递和善、友好信息的一种特殊的无声语言，是最具有吸引力和魅力的肢体语言，也是顾客最认可的服务形象。所以，作为服务人员，在服务的过程中，必须微笑面对每一位顾客。

首先，微笑要与脸部表情相结合。即在微笑的时候，两只眼角要柔和地上扬，眼神亲切自然，眼神流动着发自内心的笑意，嘴角两边稍微往上扬，露出6—8颗牙齿，这样善意、礼貌、喜悦之情便在脸上荡漾。具体的锻炼方法是这样的：取一张厚纸遮住眼睛下边部位，对着镜子，心里想着最使你高

兴的情景。这样你的整个面部就会露出自然的微笑，这时你的眼睛周围的肌肉也在微笑的状态，这是"眼形笑"。然后放松面部肌肉，嘴唇也恢复原样，可目光中仍然含笑脉脉，这就是"眼神笑"的境界。学会用眼神与客人交流，这样你的微笑才会更传神、更亲切。

其次，微笑要与口头语言相结合。即服务人员在真诚微笑的同时，还要伴有热情、真挚的语言。比如，顾客进店时要微笑地说"早上好"、"您好"、"欢迎光临"等；顾客结账离店时要微笑地说"请您往这边走"。假如你光笑不说或光说不笑，那么你的服务质量就会大打折扣。微笑服务并不意味着只是脸上挂笑，而应该是真诚地为顾客服务，给顾客提供必要的帮助。试想一下，如果一个服务人员只会一味地微笑，而对顾客内心有什么想法、有什么要求一概不知，一概不问，那么这种微笑又有什么用呢？顾客总是十分挑剔的，有时不管我们再怎么努力推销，顾客也总说"再看看，谢谢"，这时就需要我们的耐心，微笑面对，用微笑和恰当的语言告诉顾客我们这里有最优质的服务和商品，在我们这里购物是可以完全放心、满意的，绝对是经得起顾客检验的卖场。

最后，微笑要与其他肢体语言相结合。只有这样才会相得益彰，给顾客以最佳的印象。

(3) 用好手势

服务人员的手势，是想顾客传达信息的重要手段。服务人员可以通过手势和顾客打招呼，表示欢迎、欢送等。手势的姿势要优美得体，动作也不要太大、太夸张，如果手舞足蹈就不好了。在向顾客展示商品时，要轻拿轻放，体现对顾客的尊重。

不同的手势传递不同的信息，体现着人们的内心活动和对待他人的态度。所以手势动作准确与否、幅度大小、力度强弱、速度快慢、时间长短都是有讲究的。如果使用手势不当，很容易让顾客感到不愉快或是误解，所以在服务的过程中，手势的运用一定要注意不要出现如下的错误手势：

- 手势不宜过于单调重复，也不能做得过多。
- 运用时应注意力度的大小、速度的快慢、时间的长短，不可过度。
- 手势的运用要注意与表情、步态、礼节相配合，这样才能达到最佳效果。
- 不能随意对顾客指指点点，尤其是在与顾客交谈的时候。
- 等待顾客时，不能反复摆弄自己的手指，莫名其妙地攥拳松拳或将手插在口袋里。
- 不可在工作中整理服饰或梳妆打扮，否则会给人以矫揉造作、当众表演之感。
- 摸脸、擦眼、搔头、掏耳、咬指甲、抠鼻孔、剔牙、抓痒等行为会令顾客反感。
- 不要十指交叉置于货架上或眼前、眉心，这表示心情沮丧，有时还表示敌对或紧张。

(4) 站姿要优雅

门店的职业环境比较特殊,一般都要求服务人员长时间站立服务,这就要求服务人员在站立时,不但姿势要美、优雅,还要讲求身体的舒适。服务人员在工作中应该使用正确的站立姿势,使男服务人员显得挺拔稳重,女服务人员显得优雅端庄,给人以热情可靠、落落大方之感。

服务人员的基本站姿是这样的:抬头,面部朝向正前方,双眼平视,下颌微微内收,颈部挺直;双肩放松,呼吸自然,腰部挺直;双臂自然下垂,手部虎口向前,手指微曲;两腿立正并拢,双膝、脚跟紧靠,两脚呈"V"状分开。

对男服务人员而言,要双手相握叠放于腹前,或者相握于身后。双脚可以叉开,大致上与其肩部同宽,为双脚叉开后两脚之间相距的极限。体现男性刚健、潇洒、英武、强壮的风采,给人一种"劲"的壮美感。

对女服务人员来说,要双手相握或叠放于腹前。双脚可以在一条腿为重心的前提下,稍许叉开。表现女性轻盈、妩媚、娴静、典雅的韵味,要努力给人一种"静"的优美感。

一般情况下,服务人员要保持自己的基本站姿,但在以下情况,服务人员也可以适时改变自己的站姿,以便更好地为顾客服务。比如,在服务顾客时,保持站立姿势,脚跟合拢,脚尖自然分开成30°角,双手微合于腹前,抬头挺胸、目光平视、面带微笑、自然大方。为顾客介绍产品时,站在距离产品约30厘米处,与顾客的距离约80厘米较为合适。在等候顾客的时候。将双手自然下垂,轻松交叉于身前,两脚微分,平踩在地面上,身体挺直,朝前站在能够照顾到自己负责的商品区域,并容易与顾客进行初步接触的位置。对走近产品的每一位顾客都应点头示意。

4. 门店的语言形象

对于服务人员而言,语言是与顾客沟通的媒介,一切销售活动首先是通过语言建立起最初的联系,所以拥有良好的言辞技巧可以增进与顾客之间的感情,赢得顾客对服务人员的信任,提升门店的服务形象。

(1) 言辞礼貌性

服务人员用语的言辞礼貌性主要表现在敬语上。敬语的最大特点是彬彬有礼、热情而庄重。使用敬语时，一定要注意时间、地点和场合，使用的语调要甜美、柔和。使用敬语时，要注意使用"您"而不是"你"，这是尊重顾客的表现。要尽快地记住顾客的姓氏和身份，不能冒失地直呼其名，例如要称"刘先生"，而不是"刘某某"。这样做可以让顾客感受到尊重，从而尽快地消除生疏感，增加亲切感。寒暄语是敬语的入门，寒暄语的使用，往往能使顾客对你产生良好的印象。

（2）措辞修饰性

服务人员应充分地尊重顾客的人格和习惯，决不能讲有损顾客自尊心的话，这就要求服务人员必须注意语言的措辞。措辞修饰性，主要表现在谦谨语和委婉语两方面：谦谨语是谦虚、友善的语言，表现出充分尊重对方，常用征询和商量式的语气。委婉语是用好听的、含蓄的、使人少受刺激的代词，代替所要禁忌的词语，用曲折的表达来提示双方都知道的但不愿点破的事物。

（3）语言生动性

服务人员的语言不能呆板，不要机械地回答问题。生动幽默的语言能使气氛和谐，感情融洽。幽默是一种微笑的艺术，一段幽默的对话，能给人产生诙谐的情趣，使人们在笑意中有所领悟，既能令人轻松愉快，同时又能揭示深刻的主题。

（4）表达灵活性

要使顾客感到高兴和满意，服务人员在使用服务用语时，还要注意察言观色，善于观察顾客的反应，针对不同的场合、对象，说不同的话，有利于沟通和理解，避免可能出现的矛盾或使矛盾得到缓和。通过顾客的服饰、语言、肤色、气质等方面的特点去辨别顾客的身份。通过顾客的面部表情，语调的轻重、快慢，走路姿态、手势等行为举止去领悟顾客的心境。遇到语言激动、动作急躁、举止不安的顾客，要特别注意使用温柔的语调和委婉语措辞。对待顾客投诉，说话要特别注意谦谨、耐心、有礼，要设身处地替顾客着想，投其所好、投其所爱。要善于揣摩顾客的心理，以灵活的言语，应对客人。

四、布局设计——聚集卖场人气的关键

卖场布局是否科学合理、是否具有特色,不仅关系到门店的商品销售,同时也是门店整体品牌形象的直接表现。

1. 卖场布局设计的原则

（1）根据顾客需求布局

在对卖场的布局设计时门店要对顾客购物的行为进行研究,从顾客的角度进行门店布局的规划,无论选择哪种布局方式,其主要目的都是为了吸引

顾客。通常是对几种布局方式进行综合考虑后，再进行分类次序的排列，从中找出最有利于营销的布局方案。

（2）布局要有层次感

卖场作为一个为顾客提供商品和服务的立体空间，关于它的布局设计不仅包括二维设计及在此基础上形成的三维设计，以人为服务对象还决定它的设计要容纳四维设计。二维平面设计是整个卖场设计的基础。一旦有了二维平面设计图，卖场的雏形或构架就展现出来了。二维设计运用各种空间分割方式来进行平面布置，包括各种商品或陈列器具的位置、面积及布局、通道的分布等。三维设计即三维立体空间设计，它是现代化卖场设计的主要内容。三维设计中，针对不同的顾客及商品，运用粗重轻柔不一的材料，恰当合宜的色彩及造型各异的物质设施，对空间界面及柱面进行错落有致的划分组合，创造出一个使顾客从视觉到触觉都感到轻松舒适的销售空间。四维设计是时空性设计，它主要突出的是卖场设计的时代性和流动性。卖场设计需要顺应时代的特点，时刻走在时代的前沿，这便是卖场设计应该具有的时代性。卖场设计的流动性，是指在卖场中采用运动中的物体或形象，不断改变处于静止状态的空间，形成动感景象。

（3）布局设计要集思广益

卖场布局设计是一件极其复杂和重要的工作，要求经营设计者与商店其他所有员工，特别是营业员，共同商议，拟定计划和方案。经营设计者平时很少直接接触顾客，不易掌握顾客所喜好的卖场形式。而营业员将商品面对面出售给顾客，每天都与顾客进行着广泛而又直接的接触和交流。营业员更容易，也常常能更好更清楚地了解顾客所要求的卖场及他们所关注的方方面面。因此，在卖场设计方面要尊重充分了解顾客心意的营业员，让他们踊跃参与讨论分析。

（4）布局设计要灵活

一个好的卖场不单要能有一个好的布局来留住顾客的脚步，重要的是能持续保持一种活力，即通过经常对卖场某些方面如店面、陈列、色彩、商品结构等合宜的调整变更，达到顾客常往常新的效果。卖场经营者应随着季节、节庆日及顾客偏好等更替变换，灵活变化卖场的布局，使它更人性化，更蓬勃、亲切。比如，在雨季，商店可重点加强雨具的陈列，设置一个爽清新雅致的空间，将五彩缤纷的雨衣、雨帽、雨伞、雨鞋等优美搭配成组，合理布局，不仅能使店面充满生机，也能吸引顾客的注意力。

(5) 布局设计要考虑成本

卖场中的布局设计的最后目标是扩大销售量，增加利润。在激烈的市场竞争中，对卖场的投资是很必要的，但这绝不意味着可以盲目地、无计划地进行。卖场布局设计作为一项投资，在投入时，必然应像其他投资一样，应慎重考虑是否值得投入，投入多少才合理，如何以最小的投入达到一定的设计水准等等。用一句话概括就是：卖场设计要考虑成本。比如，为配合卖场设计的灵活变通性，卖场的设施应尽可能不采用牢固且不易拆换的，因为这样改造起来非常困难，势必浪费资金。而如果一开始就尽量选择能随时变化、可变性高的设计、材料、设施，就能在改造时避免许多不必要的浪费了。

2. 布局的技巧

(1) 根据主副通道，设定卖场蛇行线

全面有效地展示商品，使顾客在店内滞留时间延长是门店行销的关键所在。所以，在进行卖场设计时我们首先应当考虑到如何最大化地展示商品，并使商品形成对顾客心理与视线的双重包围，从而促使其完成购买过程。一般来说，顾客习惯浏览的路线即是店内的主通道。大型门店常为环形或井字形，小型门店则为 L 或反 Y 字形。其中，热销款及流行款应摆放在主通道的货架上，以便使顾客容易看到、摸到。至于副通道，一般由主通道所引导，用于布置辅助款及普通款商品，具体的方案一般参照门店自身的需求及空间特点所决定。收款通道则应置于主通道的尾部，同时结合宣传物如 LOGO、代言人等品牌标志物进行重点宣传，在最后一关对顾客的脑海形成冲击。

(2) 音色渲染店内气氛

卖场的竞争就是其品牌底蕴的竞争，为了突现品牌文化及理念，网络及多媒体已经逐渐成长为展现卖场特色的利器。其中，音色设备的主要作用有以下几点：营造购物气氛，迎合顾客心理，宣扬品牌文化，疏解顾客情绪。

对于应用层面而言，则应根据店内色调及产品特点进行相应播放，如充满青春朝气的门店可以播放时尚流行音乐，复古情调的门店可以播放古典音乐，比较传统正规的门店可以播放舒缓休闲的音乐。同时门店内还完全可以通过视频设备，对门店形象短片及产品广告片进行播放，以使顾客能够对门店品牌进行深度了解。

（3）深挖心理，缔造"休闲空间"

都市人工作忙碌，其身心的疲惫不言而喻。在卖场面积阔绰的条件下，完全可以巧妙地设置休息区来为顾客打造一个购物的"天堂"。其中，一个精致的吧台、几瓶高档洋酒、三五台连线笔记本及充满休闲与时尚气息的杂志完全能够缓解顾客绷紧的心弦。巧妙地设置休息区还能够将不同风格的商品进行无形分割，而在休息之余顾客也能够对终端的广告及宣传画册进行欣赏，达到一举两得的效果。

3. 通道布局的形式

顾客通道设计的科学与否直接影响顾客的合理流动，一般来说，顾客通道主要有以下几种形式：

（1）格子式（又称直线式）

是指将货架和通道平行摆放于店堂，每个顾客通道宽度一致。

其优点是：布局规范，顾客易于寻找货位地点；通道根据顾客流量设计，宽度一致，能够充分利用场地面积；能够创造一种富有效率的气氛；易于采用标准化陈列货架；便于快速结算。

其缺点是：容易形成一种冷淡的气氛，特别是在营业员犀利目光观察之下，更加使人手足无措，限制了顾客自由浏览，只想尽快离开商店；易丢失商品，失窃率较高。

（2）斜线式

其优点是：能使顾客随意浏览，气氛活跃；易使顾客看到更多商品，增加购买机会。

其缺点是：不能充分利用场地面积。

（3）自由流动式

顾客通道呈不规则路线分布，货位布局灵活。

其优点是：气氛活跃，可增加即兴购买机会；便于顾客自由浏览，不会产生急切感；顾客可以随意穿行各个货架或柜台。

其缺点是：顾客难以寻找出口，易导致顾客在店内停留时间过长，不便分散客流；浪费场地面积，不便管理。

4. 好的布局能提高经营效率

布局的合理科学，不仅能作用于顾客，同样会给店员一种便利和享受。繁杂凌乱的通道规划和商品摆放，只能降低店员在门店内的工作效率。

【案例链接】

著名的北京赛特购物中心在设计中就是始终围绕意境来进行卖场的布局设计的。

在赛特购物中心设计之初，就确定了以"人"为中心的设计思想，明确了卖场明朗通透的风格。为确保这一风格，在寸土寸金的销售黄金区域购物中心，坚持通道的宽敞，主通道不低于2.3米，自选区设施间的距离亦在1.3米以上；为形成视野宽敞的商品展示，所有陈列设施高度在1.4米左右；柱面实施简单喷白处理，整个卖场宽阔异常，具有强烈的通透感；赛特还采用多层次的立体照明，组合光线柔和明亮，进一步确保了店堂明亮的格调。

在这种环境下，顾客能从卖场内任一位置纵观卖场整体布局。宽广的视野令顾客精神愉悦，多了一份自信。顾客在某种理想精神状态的支配引导下，不知不觉就产生了购买行为。

【行家点评】

看了赛特购物中心的设计与布局，我们可以思考，布局能给门店带来什么？

(1) 布局能促进商品销售

门店的终极目的就是销售商品，布局的终极功能同样也是为商品的销售服务。布局除了成就门店的整体形象和人文气氛以外，最关键的是形成对商品的销售力。

(2) 布局能提高顾客忠诚度

顾客的忠诚是门店培养出来的，而非一开业就能够拥有的。顾客忠诚是一种资源，特色的、人文的、能够为消费者所接受和偏好的布局将有助于零售企业培养顾客忠诚度。

(3) 好的设计本身就具有现场广告的作用

中国有一名经商谚语：货卖堆山。为什么要堆山？就是要通过商品的极大丰富、极大丰满招徕顾客、吸引顾客、刺激顾客的购买欲。在实施布局规划的过程中，中小门店要把布局规划当作企业对外宣传的一种重要途径，进而结合周边商业环境，有计划、有步骤地进行。

第3章 货的轮转：门店货品管理

面对成千上万种商品——不同品种的商品，同品种不同牌子的商品，同牌子同品种不同包装的商品，如何把货品铺展陈列出来、销售出去是每个门店的管理者都要考虑的问题。就买卖本身而言，也至少包含"进"与"出"两层意思，而这一"进"一"出"间的核心正是货品。因此，从根本上说，门店真正的经营是从货品管理开始的。

一、商品管理诀窍——按流程管理

当你开店以后，马上涉及到商品管理的问题，我们经常看到这样的一幕，有的店商品管理得井井有条，然而有的店商品管理却做得一塌糊涂，东西乱放，顾客退换货的时候连发票都找不到。那么如何进行商品管理呢，这涉及到一个管理流程的问题，要从流程上来控制好商品。

1. 商品批发流程

到批发市场去进货，这是商品流程管理的第一步。批发商品一般分为二种：一是本地购进商品，二是异地购进商品。

（1）本地购进商品

本地商品购进是由门店向当地的生产商或批发商进货。这种进货方式一般采用"送货制"和"提货制"的交接货方式接收商品。货款大多采用支票结算和委托收款结算方式。其进货程序大致如下：

在采用送货制的情况下，门店根据供货单位开来的专用发票，与购货合同核对相符后，填制收货单一式数联，将专用发票和收货单送交财会部门，财会部门审核无误后，承付货款。仓库保管部门根据收货单验收商品。如果商品的数量、质量相符，在收货单各联上加盖"收讫"印章，收货单的其中一联退回业务部门注销合同，仓库保管部门自留一联作为登记商品保管账的依据。

在采用提货制的情况下，一般是先由采购人员到供货单位选购商品，由供货单位开出专用发票和提货单，由采购人员转回业务部门，经审核，专用发票和提货单与合同相符后，填制一式数联的收货单，连同专用发票和提货单送交财会部门审核，财会部门审核无误后，办理结算。运输部门凭提货单提回商品，交仓库保管部门验收入库。仓库保管部门在收货单上加盖"收讫"印章，自留一联登记商品保管账；一联退回业务部门，由其注销合同；一联交财会部门。

（2）异地购进商品

异地商品购进是门店向外地生产企业或批发企业进货。一般采用"采货制"交接货方式接收商品，货款结算大多采用"托收承付"、"委托收款"、"商业汇票"、"银行汇票"、"汇兑"等结算方式。采用托收承付结算方式一般业务程序是：

供货单位根据合同发运商品后，供货单位凭有关单据委托银行收取货款及代垫的商品运费。购货单位财会部门在收到开户银行转来的供货单位的托收凭证、专用发票和有关单据之后，先送业务部门进行审核，经审核与合同相符后，转送财会部门凭以承付货款，业务部门同时填制收货单，一式数联，除留存一联外，其余的交仓库保管部门。商品到达后，仓库保管部门根据收货单，与供货单位随货同行的专用发票核对无误后，将商品验收入库，并在收货单上加盖"收讫"印章。仓库保管部门除了自留一联据以登记商品保管账外，其中一联送交业务部门，由其注销合同；一联连同专用发票送交财会部门登记入账。

2. 顾客退换货流程

依据《消费者权益保护法》、《质量法》等相关法律法规，消费者是有退货权利的，所以需要制定一个顾客退换货流程，一是让员工明白退换货流程，妥善处理顾客商品退换货并提高处理速度和效率，最终提高门店顾客满意率；二是让顾客明白退换货要遵循依法行事的原则，对于超出相关法律范围及公司退换货原则的顾客要求,可以说服顾客放弃或者拒绝。

首先要制定一个退换货流程的制度,一般来说制度有以下要点:

(1) 凡所购商品属国家颁布的《部分商品修理更换退货责任规定》或其他有关商品退换货的法规、规定范围,按国家相关规定执行。对于国家无相关规定的商品,自购物之日起,7天(含7天)内可退货,15天(含15天)内可换同价商品,15天以后不再退换。

(2) 规定不属于退换货范围的商品。如非质量问题的食品、药品、化妆品、卫生清洁用品、金银珠宝首饰、感光材料、音像制品、精密仪器、儿童玩具、剪裁商品和国家规定的有关其他产品;如因使用不当造成商品失去部分功能、磨损、变形、污渍、附件短少或包装无法复原等影响再次销售的商品;在电脑小票、发票上标明了"处理品,不予退换"字样的商品。

(3) 所有退换货商品,必须凭电脑购物小票或发票等有效证明办理。

(4) 标明退换货办理手续的人员与部门。如所有商品销售退换货一律由服务台统一受理。服务台负责验收退回商品是否符合公司的退换货规定;如服务台值班员不能确定商品是否符合退换货要求,可通知相关商品部门主管协助确认。

(5) 明确退换货权限。门店受理顾客退换货,应按层级权限处理,并遵循逐级向上处理的原则。如服务台值班员,可受理所在符合退换货原则的顾客退换货;服务台主管可受理单笔金额500元以下,超出退换货原则范围的顾客退换货;前台经理可受理单笔金额500—2000元,超出退换货原则范围的顾客退换货。

(6) 明确流程涉及部门的主要职责。如服务台值班员负责受理处理原则范围内的商品退换货、验收退回商品、办理退换货手续等;服务台收银员办理退换货收、付款手续,退换货单据的传递等;服务台主管负责受理本层级处理原则范围内的商品退换货、审核退换货单据。

3. 仓库管理流程

(1) 商品入库流程

采购部下订单时应该认真审核库存数量,做到以销定进。

采购部审核订单时,应根据公司实际情况,核定进货数,杜绝出现库存积压、滞销等情况。

订单录入后，采购部通知供货商送货时间，并及时通知仓库。

当商品从厂家运抵仓库时，收货员必须严格认真检查商品外包装是否完好，若出现破损、原装短少、邻近效期等情况，收货人必须拒绝收货，并及时上报采购部；若因收货员未及时对商品进行检查，出现的破损，原装短少、邻近效期，所造成的经济损失由该收货员承担。

确定商品外包装完好后，收货员必须依照相关单据——订单、随货同行联，对进货商品品名、等级、数量、规格、金额、单价、效期进行核实，核实正确后方可入库保管；若单据与商品实物不相符，应及时上报采购部；若进货商品未经核对入库，造成的货、单不相符，由该收货人承担因此造成的损失。

入库商品在搬运过程中，应按照商品外包装上的标识进行搬运；在堆码时，应按照仓库堆放距离要求、先进先出的原则进行。若未按规定进行操作，因此造成的商品损坏由收货人承担。

入库商品明细必须由收货员和仓库管理员核对签字认可，做到账、货相符。商品验收无误后，仓库管理员依据验收单及时记账，详细记录商品的名称、数量、规格、入库时间、单证号码、验收情况、存货单位等，做到账、货相符。若不按照该制度执行验收，造成的经济损失由仓库管理员承担。

按收货流程进行单据流转时，每个环节不得超出一个工作日。

(2) **商品出库流程**

业务部开具出库单或调拨单，或者采购部开具退货单。单据上应该注明产地、规格、数量等。

仓库收到以上单据后，在对出库商品进行实物明细点验时，必须认真清点、核对准确、无误，方可签字认可出库，否则造成的经济损失，由当事人承担。

出库要分清实物负责人和承运者的责任，在商品出库时双方应认真清点，核对出库商品的品名、数量、规格等以及外包装完好情况，办清交接手续。若出库后发生货损等情况，责任由承运者承担。

商品出库后，仓库管理员在当日根据正式出库凭证销账并清点货品结余数，做到账货相符。

按出货流程进行单据流转时，每个环节不得超出一个工作日。

4. 缺货管理

在门店的运营过程中，货架缺货管理是非常重要的，不论你的商品价格有多吸引人，不管你的购物环境有多优美，如果没有商品陈列在货架上，消费者就无法实现其购买目的，而经营者的销售及利润也就无从谈起。

（1）缺货及其表现形式

缺货是指某一个单品的实际库存为零。然而，从门店经营的实际情况来看，缺货还表现在以下几个方面：货架商品只有几个或者少量的库存，无法满足当日的销售；服装、鞋类商品的颜色缺货或尺码断码；电器只有样机而无法销售；商品陈列在货架上，但其外包装有瑕疵，无法销售；商品系统库存不是零，但实际库存为零；商品目前的库存不能满足再订货点至到货前的销售等。

（2）门店缺货的原因及对策

门店单品数过多，货架长度太短，排面不够，造成陈列不足。对策：单品数与销售收入并非绝对呈正比例的关系。相反，某种程度上，反而会浪费门店有限的货架资源，影响销售。按照80/20法则，对平销或滞销单品进行淘汰，重点陈列热销商品。

门店后仓狭小，库存不够，影响周转。对策：其一，平时勤进快销，加强库存（包括货架与后仓的库存）与销售数据的分析，如历史同期销售对比分析，销售趋势分析等，结合门店实际确定可行的再订货点，提高商品的周转率；其二，逢年过节的畅销季节早做准备，积极向总部申请，联系外仓，备足商品库存，从容应对年节时的营销高峰，同时要注意外仓的规范化管理。

门店与直配或三方代配供应商之间缺乏诚信与沟通，从而导致缺货。对策：这是我们经常会在工作中遇到的问题，市内门店与直配供应商之间、市外门店与三方代配供应商以及与本地供应商之间往往会因为各自主观或客观上的原因，而导致双方书面或口头达成的购销协议付之东流。其中利益方面的冲突较为突出，如成本因素、供方库存、客情关系、市场变化等等，在整个社会掀起诚信为本的大前提下，供需双方也应顺应潮流，多做换位思考，加强沟通，向诚信要生产力，从而达成共赢。

淡季片面追求过季商品的零库存管理，没有根据实际情况作出调整从而导致缺货。对策：过季商品换季是绝对的，但有选择的保留也是必需的，这就要求我们的门店经营者多一双慧眼,有时候画龙点睛之举会收到意想不到的效果。此事从一个侧面反映了我们的营销以顾客为中心的重要性,没有做不到的,只有想不到的。

特价期间特价商品进货限量导致缺货从而引发投诉。对策:一是及时掌握特价期限及特价商品,早做准备,备足货源;二是充分利用总部资源,在相关门店之间进行调剂,互通有无;三是在原有配额的基础上进一步地积极争取货源,保障供给。

法定假日忽视囤货从而导致缺货。对策:主要是对市场估计不足,缺乏开拓精神。要认清形势,从思想上解决问题。这种缺货严格地讲是不应该发生的。

大宗购物、团购及抢购造成缺货。对策:大宗购物和团购要早做准备,对于抢购要积极地采取对策,如限量供应、限额购买或及时补充货源等等。

补货责任和考核指标未落实到具体的人,人工补货缺乏科学的依据,重复补货、漏补现象无法追究等。对策:按照总部的相关规定,结合门店的实际情况,完善各项考核指标和责任规定,并经常性地进行检核,有错必究,违纪必罚,将游戏规则深入到每一个员工的脑海里,将缺货风险降到最低的限度。

新品因无销售数据可供参考,储备不足、跟踪又不到位等。对策:一是摸着石头过河,事先做好重点陈列、充分展示、及时补货的承诺等工作,凡事预则立,不预则废;二是跟踪销售,应用科学的手段和方法进行销售预测,进行市场开拓。

二、有效的商品分配原则

要了解商品的分配,首先是要了解商品的管理原则,其次是要了解商品的品类管理。

1. 商品管理原则

门店的经营业务是围绕着商品这个核心而展开的,因此商品管理原则是每位门店经营者应了解与掌握的,分配是在有原则的情况下分配,那么有哪些原则呢?

(1) 商品为先的原则

商品为先就是"跟着商品走、围着商品转、随着商品变",也就是说,门店跟随着商品的定势而定位,围绕着商品的定位而转化,伴随着商品的转化而调整。如商品的升级换代、滞销商品的淘汰、绿色商品的开发等,都可以理解为在商品为先的原则指导下运作的。

(2) 商品转化的原则

无论何种产品,都必须经过商品化,才能有效地被消费者接受。所谓商品化是指将供货商所提供的产品转化为经营商品的全过程,目的在于提高商品的附加值。掌握和运用商品转化原则对于门店经营者来说至关重要,可以说,谁能准确理解商品转化的丰富内涵,并注重实践的应用,谁就掌握了经营的主动权。

(3) 商品齐全的原则

根据一项调查资料显示,70%的消费者认为店面要有丰富的品种。由此可见,门店成功的关键是商品齐全,只有商品齐全的店才能满足消费者一次购足的需求,当然这里有"大而全"与"小而全"之分,大型的门店就像门店,什么都齐全。小的门店就像专卖店,某一类别的东西齐全。

应当引起注意的是,许多门店经营者只片面追求商品齐全的量化,而不注重挖掘商品齐全的真正内涵,即认识上的细分化。因此,在运营中还要掌握下列要点:首先是商品的品牌,其次是商品的品质,再次是商品的结构。要在挖掘商品的细分和深度上下功夫。

(4) 商品优选的原则

在门店的经营中,实际上大部分的销售额只来自一小部分的商品,这种比例大致在80%和20%之间,基于这个比例的确立,经营者必须坚持商品优选的原则,不断发掘创造大比例销售额的小比例商品,精心培育产生利润的A类商品。

(5) 商品去旧换新原则

滞销品是门店经营的毒瘤,为了还门店一个健康的体魄,通常使用的有四种方法淘汰过时的商品。

第一种是排行榜淘汰法:适用于所有商品,在一定的时段内确定一次所售商品排行榜,最后多少种或5%—10%为淘汰对象。

第二种是销售量淘汰法:适用于单价低的商品,在一定的时段内(如3个月)测定出一个基数(如250个),未达标准销售量的即可淘汰。

第三种是销售额淘汰法:适用于主力商品,在一定的时段内测定出商品标准销售额,如3000元,达不到标准销售额的即可淘汰。

第四种是质量淘汰法:适用于所有商品,凡被国家行政机关如技术监督局或卫生部门等单位宣布为不合格的商品,列为淘汰品。

(6) 商品价值的原则

在制订价格时必须从顾客的角度来考虑商品的价值,并让顾客了解商品的价值。基于理解价格与价值之间的关系,门店在制订商品价格时,要根据商品结构对单品进行认定:哪些是利润商品,哪些是人气商品。总之,"薄利多销、以量制价"是定价的基本原则,物有所值、追求利润是门店的最终目的。

2. 商品品类管理

商品品类是指一组易于区分、能够管理的商品或服务。在确定商品品类时,要围绕满足顾客需求的目标达成三个基本目的:一要可识别,二要可规划,三要可操作。品类还可以进一步细分。对供方来说,每一品类应达到既定的但却是存在差异的经营目标。

商品品类管理是指门店把所经营的商品分成不同的类别,把每类商品作为经营的基本活动单位进行管理的一系列相关活动。以品类为业务单元的管理流程,通过向消费者提供超值的商品和服务来提高企业的运营效果。

通过商品品类管理,可以从整体上使产品供应链更有效率。从短期来看,会有更高的回报;从长远来看则会有更好的生产及运营基础。对零售商来说,实施品类管理会得到很多的好处:更能迎合消费者要求,能大大减少脱销的现象,能增加品类营业额及利润,更容易评估新商品,可以更有效运用资源。

品类管理是一个复杂而繁琐的工作,主要涉及以下几个方面:

(1) 确定具体的商品品类和商店数量。品类管理建立在系统化、数据化且时效性的基础上,需要具备完整的销售数据(包括商品代码、商品名称和规格描述、商品所属公司名称、月销售量、月销售额、商品单价、商品进价、商品利润和投资回报等),并要具备该品类各商品的市场份额数据以用来和商店的实际销售额数据进行对比,作出商品在市场及客户购买情况的分析。只有具备以上条件的成熟品类才具备成功的可能性。

(2) 确定品类货架区域和商店类型。品类管理包含对品类的货架陈列管理，涉及到该项目的品类需要多大的货架区域，并在此基础上作出可以执行的货架陈列图。确定商店的类型也是品类管理的条件，一方面，不同商店的定位决定了某一品类在此商店中所扮演的角色，比如洗涤用品在一家综合性商店的地位要比在以副食品为主的商店里重要得多；另一方面，商店的大小也决定所能经营的品类与品种数量。选择同一类型、规模的商店通常会对某一品类的品类管理带来更大的可操作性和便利性。

(3) 了解目前商店货架安排及原则。品类管理要根据商品的贡献程度而作出分配货架资源的货架份额图。但在该商品的货架份额中，也可以根据商店不同的货架陈列原则来调整该商品的陈列秩序，比如在同样的货架份额中，可以根据商店的需要做到商品的纵向陈列或横向陈列，使货架的陈列符合商店的统一货架安排和商品的陈列原则。

(4) 了解补货周期和到货时间。了解现有的补货周期和到货时间能帮助我们了解目前商店的安全库存天数和库存管理水平。通过实行品类管理，可以提高商品的库存管理水平，降低安全库存天数，缩短库存补货周期，使更多的流动资金能运用于商店的正常运营。

(5) 满足特殊要求。品类管理在按照商品销售数据科学公正地安排货架的同时，也要考虑到商店的特殊要求，使商品能根据这些特殊需要适当地人为调动货架。例如，某些特殊规格的商品虽然目前销售量不佳，但具有巨大的潜力，因此可以适当地增大其库存和货架。在设计品类管理货架之前要全面考虑多种因素，使品类管理有更大的可操作性。

(6) 了解新品执行流程。每种品类都会不断涌现出新品牌和规格的商品。为了既不破坏原有品类的陈列规则，又能给新商品以展示的机会，就需要在一开始充分了解商店的新品执行流程、陈列原则及其他要求，制定出相应的计划，使品类管理具有稳定性和周期性。

三、货品采购管理解决方案

常言道："经商，经商，进货第一桩。"采购是门店企业进行商品销售、物流配送和实现盈利的前提。门店营运的本质就是要求零售企业必须是先进货,而后才能为消费者提供售货服务。毋庸置疑,售货是门店经营的核心目的,为达成这一目的,门店的采购部门就必须在"买货"上下一番工夫。采购数量不当、商品品质参差、成本价格过高都会阻碍商品的正常销售,即使质量好、价格低,如果数量不当或储存过多也都有可能造成资金占压和商品的滞销。所以,采购是门店货品管理的第一步也是最重要的一步。

既然货品采购如此重要,那么门店应该采取怎样的货品采购策略呢?

1. 门店货品采购的原则。

(1) 符合经营的业态特征

对消费者而言,门店最大的特色是以"便利"作为思考的基点,从顾客在消费时、使用时、携带时的便利等各方面着眼,方可塑造与其他业态商品结构的差异性。

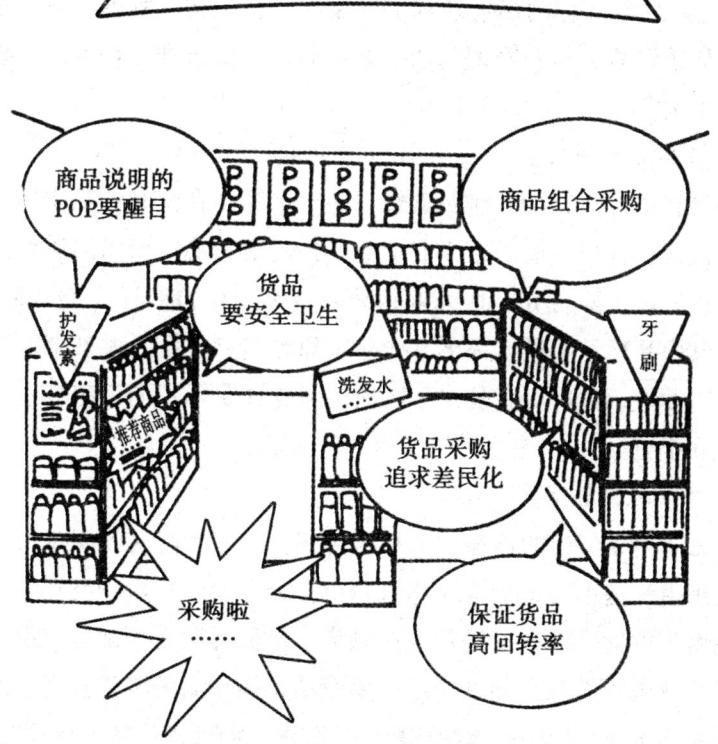

(2) 商品组合采购

由于经营策略的差异、诉求重点的不同以及商圈客户的区别，致使独立店和连锁店在商品的分类与组合上有所不同。譬如有些店贩卖生鲜，有些则不卖；有些店提供服务性商品，有些店则不提供等等。各种因素所产生的差异性，均会导致商品组合的不同，进而影响商品的采购作业。

(3) 保证货品高回转率

由于许多门店的卖场小，无法陈列太多品项，因此在有限的陈列空间内，唯有高回转率的畅销品才能增加绩效，压低库存量。因此，采购人员应根据商圈顾客属性、市场商品情报、市场占有率等，来筛选最合适的商品，在门店中陈列销售，以提高商品回转次数。此外，为增加商品回转及品项，相同或类似的功能、口味、规格商品通常只陈列1—2种，以避免重复。

(4) 达到毛利率目标

为达成营运绩效，通常门店各部门陈列商品皆会依业界行情设定预期的毛利率目标，而采购者即应依此作为商品采购议价的标准，以符合整体毛利率目标之达成。在迷你门店向便利店转型期间，便利店所售价格敏感产品要采用特价促销策略，与商圈内门店、杂货店、小卖部进行竞争，就会牺牲这类商品的毛利率。

(5) 货品要安全卫生

近年偶有不合格商品（例：蜜饯、矿泉水等）在便利商品中销售，如此极易造成消费者食用不适以至企业形象受损之后遗症。所以门店对供货厂商的筛选务须严谨，除备齐门店营业执照及食品卫生检验证明等合格文件外，尚应检查其商品标示项目（品名、含量、原料名称、食品添加剂名称、制造厂商名称、地址、进口厂商名称、地址、制造日期等）的完整性，以确保采购商品之安全卫生。

(6) 建立退换货制度

近年来，由于门店的连锁体系越来越多，为增加配送效率及门店处理效率，一般采由配送中心或中央仓库直接以多样少量、多次的配送方式，故采购时，应衡量供货厂商在配送作业的频率、最低订购量等配合状况，以合乎门店的订货及进货需求。此外，门店属商品更换率高的零售业态，因此销售不佳的商品须迅速自门店中淘汰更换，并要求厂商处理退货。故采购商品时，应要求厂商配合办理。

（7）开放非盈利收益

门店由于房租高涨、人事费用逐年递增等经营成本沉重的影响，各连锁体系都是以开发非营业收益为主要来源。在采购商品时，也应掌握这个原则，与厂商于供货合约中载明销售折扣、商品陈列费等协议事项，以创造更大的采购效益。

（8）追求差异化

近来各种门店将在各个城市急速成长，各式新的业态不断兴起，所有的零售业者均可感受到竞争日益增强及客源被瓜分的压力。在这种情况下，商品如何表现差异性，提供顾客更大的满足感，以形成经营优势，已是商品采购的重要课题。在采购时，除了必要的畅销品外，更应掌握市场态势及顾客需求，以开发引进差异化商品。竞争下所呈现出的差异化产物，不但可满足顾客需求，提升形象，更可增加营业绩效。

2. 门店采购的步骤

（1）明确采购目标

明白为什么采购是成功的第一步。一般来讲，门店企业的商品采购可以分为常规采购、大规模促销采购、特色商品采购、应急性商品采购等几种情况。采购目标受市场环境、卖场销售、促销企划、季节变化等多因素影响，由门店的经营范围、品种构成和销售需要直接决定采购目标。根据不同时期、不同竞争环境、不同需求导向的不同需要，门店可能只经营某些类别的商品，或是在不同类别的商品中，不同品种、不同价格、不同式样、不同型号、不同品牌的商品要在采购中占有不同的比重。确定采购的目标，不仅要明确采购哪些商品，还要明确采购数量、采购时间以及其他的各种特殊要求。

（2）接受采购任务

采购部从决策层、商品部、仓储部等相关部门接受一定时期内的商品采购任务，然后根据部门人员分工，将不同的商品采购任务逐一分派到采购员工的手中。采购员按照采购要求，接受采购单，一次商品采购任务开始了。

（3）选择采购渠道

随着快速消费品生产制造工业的不断发展，可选择的采购渠道越来越多，从哪个供应商处采购商品，是决定采购任务完成的质量前提。

门店的货源有两种：一种是自有货源，另一种是外部货源。

外部货源的渠道一般有制造厂商、提供不同服务的批发商和一般代理商与经纪人。

一般而言，货源越广，对进货者越有利，因为这有助于进货者采购到价廉物美、适销对路的产品。但是货源也不能太分散，因为太分散对每个渠道的进货量都较少，在采购谈判中丧失了大量采购所带来的优势。选择货源时，应考虑到供货者的信誉，供货者是否诚实，供货者提供的商品的价格与质量是否合适、合格，供货者的供货能力能否满足采购要求，供货者能否提供装运、储存服务，能否定期结算，能否退货换货。还要考虑供货商的商品的知名度，及能否授予采购者独家经销权等诸多方面的问题。

商品种类齐全是每一个商店的目标，这使顾客有了更多的选择余地，能满足不同消费者各种消费层次的需要。因此连锁店如何选择商品、组织货源对自身的生存发展非常重要。

(4) 采购业务谈判

门店企业的采购人员同供应商进行谈判，一般依照门店企业制定的商品采购计划、商品促销计划以及供应商文件作为谈判依据。采购业务谈判的主要内容包括八个方面：

第一，与商品本身相关的问题，如商品的质量、品种、规格、包装等；

第二，与采购数量相关的问题，采购的总量、批量等；

第三，与交货条件相关的问题，如交货时间、交货频率、交货地点、最高与最低送货量、保质期、验收方式等；

第四，与退货条件相关的问题，如退货条件、退货时间、退货地点、退货方式、退货数量、退货费用分摊等；

第五，与促销相关的问题，促销保证、促销组织配合、促销费用承担等；

第六，与价格及折扣相关的问题，如价格折扣、单次订货数量折扣、累次进货数量折扣、年底退佣、不退货折扣、买断折扣、提前付款折扣等；

第七，与付款条件相关的问题，如付款期限、付款方式等；

第八，与售后相关的问题，如售后服务的保证、保换、保退、保修、安装等。

(5) 采购环节控制

门店作为商品流通企业，管理好采购环节是实现经营计划目标的重要手段，管理好采购环节就等于控制住了商品流通的起点和源头。采购计划是达到经营目标的依据，因此在采购计划的制定中要控制好经营目标、市场份额值和盈利值、盈利率等各个方面。一方面，采购计划的制定要细分落实到商品的小分类，对一些特别重要的商品甚至要落实到品牌商品的计划采购量，采购计划要细分到小分类，其意图就是控制好商品的结构，使之更符合目标顾客的需求；另一方面，采购计划的小分类细分也是对采购业务售货员业务活动给了一个范围和制约。如果把促销计划作为采购计划的一部分，那么就要在与供应商签订年度采购合同之前，要求供应商提供下一年度的产品的促销动员、促销组合。还必须认识到在制定采购计划时把要求供应商提供下一个年度新产品上市计划和上市促销方案，作为制定新产品开发计划的一部分。

(6) 督导供应过程

督导供应过程就是要求采购售货员深入商品的供货企业中，协助、督导企业做好交货前的准备工作。

(7) 进行货款交易

门店采购部门在收到供应商的交货清单或者是发票之后，即可通知质检部门和仓储部门做好接货准备。如果经过质检和核对无误后，采购部则可以通知财务部门予以结清货款，或是按照与供应商的约定，按期结算。

(8) 交验采购商品

所采购的商品到达门店之后，质检部门还要及时组织验收理货工作。商品的接收工作一般由仓库部门负责，商品检验符合要求，仓库则可以及时组织商品入库。

门店对供应商所供商品的检验，包括以下方面：

第一，发票检查。门店采购人员要将自己的订货单与供应商的发票一一核对。包括每一种商品的数量、价格、销售期限、送货时间、结算方式等项目。检查人通过检查确认供应商所供货物是否与需求完全吻合。

第二，数量检查。采购人员要清点货品数量，不仅清点大件包装，而且要开包拆箱分类清点实际的商品数量，甚至要核对每一包装内的商品式样型号、颜色等的数量。营业员一旦发现商品短缺或超出，要立即填写商品短缺或溢余报告单，报告给采购部门，以便通知供货商，协商解决办法。

第三，质量检查。有两种情况要注意：一是检查商品是否有损伤，一般来说商品在运送过程会出现商品损伤情况，这种损伤往往由运送者或保险人承担责任；二是检查质量，是否有低于订货质量要求的商品。发现低于订货质量要求的商品，不能不提出来。因为低质量的商品会给门店带来诸多问题，如影响销售、影响收入，也会损害门店的形象等。

（9）完成采购收尾

至此，采购活动基本上已经成功完成了。作为采购部门和采购人员，还要处理如账款的处理这样的收尾工作。

好的采购工作要求采购部门必须从市场需要和企业经营效益出发，做到采购的质量、数量、价格、货源、落单时间、交货时间合适。为此，必须做好采购商品单品品质、采购价格、采购批量、采购时机等各方面采购决策工作。

四、合理的库存提升业绩

库存管理越来越被门店的经营者所重视，这主要是由于库存管理成本相对来说在零售企业的总成本中占的比重最大，而且最不易被察觉。

库存管理是从物流管理的角度出发，重点是在保障供应的前提下，使库存物资的数量最少，它考虑的是合理性、经济性和最优性。

库存管理是门店的一项非常重要的内部管理活动，它的主要工作就是研究门店的库存水平，保证确当的库存以维持销售的正常进行。这就要求门店在进行库存管理的时候，设定合理的库存，只有这样才能够给门店的业绩提升提供保证。

门店确定库存量的依据很多，其中采用经济订购批量是最普遍的做法，但由于持有库存的目的是为了满足客户的服务需求，所以库存量与服务水平的平衡是在经济订购批量条件下最突出的问题，门店的年销售目标（计划）、商品月需求量的变动、毛利率与周转率的关系等也都是库存量决策的参考。

不过，实际情况可能会更加复杂，例如一些流行商品的库存决策完全不容进行太多的分析，还有许多门店在库存商品上可使用的资金非常有限。对于库存的数量应该保有多少是最佳的状态,要根据整个运作成本来确定。配送中心从补货到入库再到库存管理,直至能否满足顾客的要求,都涉及一定的成本,对于任何一个门店来讲,追求的目标都是利益最大化,因此进行库存量控制的标准是整个供应到销售的过程总成本最低。

1. 库存量的影响因素

(1) 库存量与服务水平的平衡。对于大多数门店来讲,如果要增加销售额,就必须满足客户的需求,就需要增加商品库存。但是在增加库存的拥有量(拥有额)的同时,营业利润则会下降。商品处于库存形态时相当于流动资金被冻结,无法产生任何利润,而且还要面对各种可能出现的损失。对于库存水平与服务质量之间的权衡很难用一个恰当的公式来计算。因此,能够保证客户服务需求的库存量,就是一个比较合理的库存量。

(2) 门店的年销售目标。对于大多数门店来讲,经营首要的工作是制定销售计划,设定门店全年的销售目标,然后就可以根据行业标准周转率的概念来计算年度平均库存量。计算公式为:

$$商品平均库存额 = \frac{年度计划销售额}{行业标准周转率}$$

标准周转率的选用可以利用自己门店所设立的目标周转率,也可以参考有关部门编制的经营指南。

但是实际情况却并非如此,因为通常情况下门店不可能在一年中的任何时间都持有相等的库存。市场行情随时都在发生变化,并立即带来商品需求量的波动。此外还有许多商品的需求是有季节性的,消费者的喜好也在不断地变化中。这些不确定的因素导致了商品需求量的变动,因此门店不可能也不应该长时间保持固定库存量。

(3) 月需求的变动。商业结算通常都以月为结算周期,因此商品库存可以参照已经发生的月需求变动来推算下月初应有的库存额,计算公式为:

$$月初库存额 = 年度平均库存额 \times \frac{1}{2}(1+季节指数)$$

$$季节指数 = \frac{该月销售目标(或计划)}{月平均销售额}$$

(4) 商品毛利率与周转率的关系。通常情况下周转率高的商品毛利率低,而周转率低的商品毛利率则比较高,最显著的事例是价格昂贵的商品流转速

度都比较慢,而日用消耗品的流转速度则比较快。因此门店可以依据商品的这种属性来制定不同商品库存策略。这个问题可以利用交叉比率来进行分析。交叉比率是商品周转率和毛利率的乘积,计算公式为:

交叉比率 = 商品周转率 × 毛利率 × 100%

通过公式我们可以看到一旦毛利率下降,就必须采用提高周转率的对策才能保持良好的交叉比率,换个角度来讲,如果门店采用的是低价策略,就必须通过提高商品周转率来增加销售额,而足够的库存是保证销售的前提。

2. **确定库存量的依据**

由于进行库存量控制的标准是整个供应到销售的过程中总成本最低,在这一过程中,涉及到的成本如下:

(1) 订货成本

为补充库存而进行的每一次订货都涉及多种业务活动,这些活动都会给门店带来成本。这些成本包括准备订单及所有附属文件的办公及通信成本,安排货物接收,以及处理和保持所需信息的各种成本。

(2) 价格折扣成本

在许多行业,供应商都对大批量采购提供价格折扣。对于小批量订货,供应商则可能收取附加费用。

(3) 缺货成本

如果因订货批量决策失误发生缺货,门店便会因不能满足用户需求而遭受损失。如果用户是外部的,他们可能会向其他门店采购;而对于内部用户,缺货会导致生产设施闲置、低效率,以及最终导致不能满足外部用户需求。

(4) 库存占用流动资金的成本

在购方发出补充库存订单后,供应商将要求购方为其商品付款。当购方门店最终又向其用户供货时,又会从其用户得到付款。然而,在向供方付款与得到用户付款之间会存在时差。在此期间,库存占用了门店的流动资金,其成本体现为外界资金利息支出,或不能将资金投资于他处所导致的机会成本。

(5) 存储成本

这是指货物实体存储所导致的费用。房租、供暖、雇员和仓库照明费用也是高昂的,当要求特殊仓储条件时,如需要低温或高度安全的仓库时,尤其如此。

(6) 废弃成本

如果门店订货批量很大,库存产品便会在仓库中储存很长时间。在这种情况中,产品或者可能过时(如因时尚变化),或者可能变质(如多数食品的情况)。

3. 设置合理库存的方法

要合理地设置库存,首先要对存货进行分类。常用的存货分类方法有ABC分类法和CVA分类法。

(1) ABC分类法

ABC分类法又称为重点分类法或ABC分析法。它是一种从名目众多、错综复杂的客观事物或经济现象中，通过分析，找出主次，分类排队，并根据不同情况分别加以管理的方法。该方法是根据巴雷特曲线所揭示的"关键的少数和次要的多数"的规律在管理中加以应用的。通常是将手头上的库存按年度货币占用量分为三类：

A类是年度货币量最高的库存，这些品种可能只占年度总数的15%，但用于它们的库存成本却占到总数的70%—80%。这种货物最为重要，需要每月盘存。

B类是年度货币量中等的库存，这些品种占全部库存的30%，占总价值的15%—25%。这类货物比较重要，可以进行每季盘存或半年盘存。

C类是年度货币量较低的库存，它们只占全部年度货币量的5%，但却占库存总数的55%。这类品种可每月进行抽盘，年底彻底清盘。

除货币量指标外，门店还可以按照销售量、销售额、定购提前期、缺货成本等指标将库存进行分类。通过分类，管理者就能为每一类的库存品种制定不同的管理策略，实施不同的控制。

建立在ABC分类基础上的库存管理策略如表3.1所示。

表3.1 按ABC分类的库存管理

库存类型	特点（按货币量占用）	管理方法
A	品种数约占库存总数的15%，成本约占70%—80%	进行重点管理。现场管理要更加严格，应放在更安全的地方；为了保持库存纪录的准确要经常进行检查和盘点；预测时要更加仔细
B	品种数约占库存总数的30%，成本约占15%—25%	进行次重点管理。现场管理不必投入比A类更多的精力；库存检查和盘点的周期可以比A类要长一些
C	成本也许只占总成本的5%，但品种数量或许是库存总数的55%	只进行一般管理。现场管理可以更粗放一些；但是由于品种多，差错出现的可能性也比较大，因此也必须定期进行库存检查和盘点，周期可以比B类长一些

利用 ABC 分类法可以使门店更好地进行预测和现场控制，以及减少安全库存和库存投资。ABC 分类法并不局限于分成三类，可以增加。但经验表明，最多不要超过五类，过多的种类反而会增加控制成本。

（2）CVA 管理法

ABC 分类法也有不足之处，通常表现为 C 类商品得不到应有的重视，而 C 类商品的缺货往往也会导致顾客对门店的负面评价。因此，有些门店在库存管理中引入了关键因素分析法（Critical Value Analysis，CVA）。

CVA 的基本思想是把存货按照关键性分成 3—5 类，即：

最高优先级。这是经营的关键性商品，不允许缺货。

较高优先级。这是指经营活动中的基础性商品，允许偶尔缺货。

中等优先级。这多属于比较重要的商品，允许合理范围内的缺货。

较低优先级。经营中需要这些商品，但可替代性高，允许缺货。

表 3.2 列示了按 CVA 库存管理法所划分的库存种类及其管理策略。

表 3.2　按 CVA 分类的库存管理法

库存类型	特点	管理措施
最高优先级	经营管理中的关键物品，或 A 类重点客户的存货	不许缺货
较高优先级	生产经营中的基础性物品，或 B 类客户的存货	允许偶尔缺货
中等优先级	生产经营中比较重要的物品，或 C 类客户的存货	允许合理范围内缺货
较低优先级	生产经营中需要，但可替代的物品	允许缺货

CVA 管理法比起 ABC 分类法有着更强的目的性。但使用中要注意，人们往往倾向于制订高的优先级，结果高优先级的商品种类很多，最终哪种商品也得不到应有的重视。CVA 管理法和 ABC 分析法结合使用，可以达到分清主次、抓住关键环节的目的。在对成千上万种商品进行优先级分类时，也不得不借用 ABC 分类法进行归类。

五、高效的库存商品管理

我们已经了解到合理库存对门店的重要意义,那么我们又应该如何管理好我们的货品库存呢?

门店要做好货品的库存管理,就要做好仓库的空间布局,把握仓库的储存策略,按照货位分配原则来做好货品摆放,并对每一个货品都做好货位编码。我们就来具体说明管理货品库存的方法。

1. 做好仓库的空间布局

只有综合考虑保管场所的平面和高度两方面因素,才能使仓储空间得到充分利用。储存场所的空间布局也称为仓库内部竖向布局,指货品在仓库垂直方向(高度)上的布置,其目的在于充分有效地利用仓库空间。

储存场所的空间布局形式主要有:就地堆码、上货架存放、架上平台存放、空中悬挂等。

(1) 地面直接堆码:这是大批量货品的垂直布置形式。它是将货品的单位包装直接堆码在垛基上,层层堆码到一定高度。货品堆码可以利用原包装堆码或利用托盘和集装箱堆码(适用于大宗物资、水、饮料等)。

地面堆码的优点:适于形状不规则货品的储存;适于大量可堆叠货品的储存;只需简单的建筑即可;堆叠尺寸能根据储存量适当调整;通道的需求较小,且容易改变。

地面堆码的缺点:不能兼顾先进先出。若要先进先出,则必须增加翻堆作业,造成工作负荷增大并易损坏货品;堆叠边缘无法被保护,容易被搬运设备损坏;地面堆码不容易整齐,不适合小单位的拣取作业;不适于储存某些特殊货品,如易燃物,须置于一定高度等。

(2) 利用货架:货品进行竖向布置的主要手段是利用各种货架。货架的类型和高度决定了竖向布置的形式和高度。有些货品利用原包装直接存入货架,有的可装入货箱或码到托盘上再存入货架。

货架的种类很多,常用的货架类型包括:托盘货架、格板货架、流动式货架、驶入式货架、移动式货架等。

利用货架储存货品的优点有:可充分利用仓储空间,存取方便,可以实现先进先出或自由存取，货品之间不会相互挤压。

货架储存空间除适于多种规则性货品的储存外，也能用于不规则形状货品的储存，但不能超出货架的范围。

（3）利用架上平台：在库房净空比较高和货架比较矮的情况下，可采用架上平台的方式充分利用有效空间，即在货架的顶部铺设一层承压板构成二层平台，这样可在平台上直接堆放货品，也可布置货架。在不需要增加其他设备的条件下，仓库人员可较方便地到平台上进行收发作业（大量应用于电子产品和电器小零件仓储上）。

储存场所的空间布局的潜力很大，在不增加仓库面积的情况下，向空间要货位，可成倍地扩大储存能力，节省基建投资。

（4）空中悬挂：适用于很多可悬挂货品的仓储。

2. 把握仓库的储存策略

储存策略即决定货品在储存区域存放位置的方法和原则。良好的储存策略可以减少出入库移动的距离，缩短作业时间，保障货品品质，甚至能够充分利用储存空间。

一般的储存方式有定位储存、随机储存、分类储存、分类随机储存和共同储存等。

（1）定位储存

定位储存是指每一储存货品都有固定货位，货品不能互用货位。因此，在规划时每一项货品的货位容量不得小于其可能的最大在库量。

定位储存的优点：每种货品都有固定储存位置，拣货人员容易熟悉货品货位，从而方便存取；货品的货位可按周转率大小或出货频率来安排，以缩短出入库搬运距离；可针对各种货品的特性安排货位，将不同货品特性间的相互影响减至最小。

定位储存的缺点：主要是货位必按各项货品的最大在库量设计，一次储区空间平时的使用效率较低。

定位储存使用的场合如下：不适于随机储存的场合；储存条件对货品储存非常重要时，例如有些品项必须控制温度；易燃货品，必须限制储存于一定高度以满足保险标准及防火法规；根据货品特性，由管理或其他策略规定某些货品必须分开储存，如饼干和肥皂，化学原料和药品等；重要货品，需要特别保护时;库房空间较大;多种少量货品的储存。

总之,定位储存容易管理,所需的总搬运时间较少,但确需较多的储存空间。

(2) 随机储存

随机储存是指每一种货品被指派储存的位置都是随机产生的,而且可以经常改变,也就是说,任何货品都可以被存放在任何可利用的位置。随机原则一般是由储存人员习惯来确定储存位置,而且通常按货品入库的时间顺序储存于靠近出入口的货位。

随机储存的优点主要是由于货位可共用,因此只需按所有库存货品最大的库量设计即可,储区空间的使用效率较高。

随机储存的缺点主要是:货品的出入库管理及盘存工作的进行难度较大;周转率高的货品可能被储存在离出入口较远的位置,增加了出入库的搬运距离;具有相互影响特性的货品可能被相邻储存,造成货品的损害或发生危险。

随机储存方式能使货架空间得到最有效的利用,减少需要的货位数目。根据模拟研究的结果,随机储存策略与定位储存相比,可节省35%的移动储存时间及增加30%的储存空间,但较不利于货品的拣取作业。

随机储存适用的场合如下:库房空间有限,须尽量利用储存空间;种类少或体积较大的货品。如果能运用计算机协助进行随机储存,由计算机记录仓库中每项货品的储存位置,则不仅可以在进出货时查询货位,也可以借助计算机来调配进货储存的位置空间,依计算机所显示的货位剩余空间来决定货品的储存位置,必要时也能调整货品的储存位置。

(3) 分类储存

分类储存是指将所有货品按照一定特性加以分类,每一类货品都有固定存放的位置,而同属一类的不同货品又按一定的原则来指派货位,主要用于大卖场。

分类储存通常按产品相关性、流动性、产品尺寸、重量、产品特性等来分类。

分类储存的主要优点如下:便于畅销品的存取,具有定位储存的各项优点;各分类的储存区域可根据货品特性再作设计,有助于货品的储存管理。

分类储存的主要缺点如下：货位必须按各项货品最大在库量设计，因此储区空间的平均利用率较低；分类储存较定位储存具有弹性，但也有与定位储存同样的缺点。

分类储存主要适合的场所如下：产品相关性大，经常被同时订购；周转率差别大；产品尺寸相差大等情况。

（4）分类随机储存

分类随机储存是指每一类货品有固定存放位置，但在各类储区内，每个货位的指派是随机的。

分类随机储存的优点主要是既具有分类储存的部分优点，又可节省货位数量提高储区利用率。缺点主要是货品出入库管理及进行盘点工作的难度较高。

分类随机储存兼具分类储存及随机储存的特色，需要的储存空间介于两者之间。

（5）共同储存

共同储存是指当确切知道各货品进出仓库的时间时，不同的货品可以共用相同的货位。当然，这在管理上会带来一定的困难，但是有助于减少货位空间，缩短搬运时间，有一定的经济性。

3. 坚持货位分配原则

事先确定储存策略是仓库入库作业控制的重要内容，只有配合货位分配原则才能决定储存作业实际运作的模式。为货品安排货位应遵循的原则可归纳如下：

（1）可与随机储存、共用储存策略相配合的原则。即靠近出入口原则，指将刚到达的货品分配到离出入口最近的空货位上。

（2）以周转率为基础原则。指按照货品在仓库的周转率（销售量除以存货量）来安排货位。首先依周转率由大到小排序，再将此序列分为若干段，通常分为三至五段。同属于一段中的货品列为同一级，依照定位或分类储存法的原则，为每一级的货品安排储存区域。周转率越大应离出入口越近（如图3.1所示）。

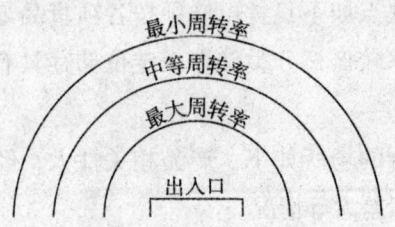

图3.1 周转率越大应离出入口越近

另外,当进货口与出货口不相邻时,可依据出、入库次数来做货位的调整,如表3.3所示,A、B、C、D……H为八种货品进出仓库的情况,当出入口分别在仓库的两端时,可依据货品入库及出库次数的比率,来安排其存放货位。

表3.3 出、入库次数与货位的调整

货位	入库次数	出库次数	入库次数/出库次数
A	40	40	1
B	67	67	1
C	250	125	2
D	30	43	0.7
E	10	100	0.1
F	100	250	0.4
G	200	400	0.5
H	250	250	1

(3)产品相关性原则。指相关性大的货品,在订购时经常被同时订购,所以应尽可能存放在相邻位置。

(4) 产品同一性原则。指把同一货品储放在同一保管位置的原则。

(5) 产品类似性原则。指将类似货品毗邻保管的原则。

(6) 产品互补性原则。互补性高的货品也应存放在邻近位置，以便缺货时可迅速以另一品项替代。

(7) 产品相容性原则。相容性低的产品绝不可放置在一起，以免损害品质，如烟、香皂、茶叶不可放在一起。

(8) 先进先出的原则。指先入库的货品先出库的意思。这种原则，一般适用于寿命周期短的货品，例如感光纸、软片、食品等。先进先出原则作为库存管理的手段，往往是很多货品必需的，但是若在产品型式变化少、产品寿命周期长、保管时不易发生损耗和破损等时，则需考虑先进先出的管理费用和采用先进先出所带来的效益，两者相比较后，再来决定是否要采用先进先出的原则。另外，对于食品或易腐败变味的货品，此时应考虑的是先到期先出货的原则。仓库往往会出现先进货的反而保存期限长，而后进货的保存期限较短的情况。所以，此时应将保存期限快到期的货品先出库。

(9) 面对通道的原则。指将货品的标志、名称面对通道摆放，以便让作业员容易简单地辨识。为了使货品的存、取能够容易且有效率地进行，货品就必须要面对通道来保管，这也是使仓库内能流畅作业的基本原则。

(10) 产品尺寸原则。指在仓库布置时，考虑货品单位大小及相同货品所形成的整批形状，以便能提供适当空间满足某一特定需要。所以在储存货品时，必须要有不同大小位置的变化，用以容纳一切大小不同的货品。此原则的优点在于货品储存数量和位置适当，则拣货迅速，搬运工作及时间都能减少。一旦未考虑储存货品单位大小，将可能造成储存空间太大而浪费空间，或储存空间太小而无法存放。为考虑储存货品整批形状，也可能造成整批形状太大无法同处存放（数量太多）或浪费储存空间（数量太少）。一般将体积大的货品存放于进出较方便的位置。

(11) 重量特性原则。指按照货品重量的不同来决定货品在保管场所的高低位置。一般而言，重物应保管于地面上或货架的下层位置，轻的货品则保管于货架的上层位置；若是以人手进行搬运作业时，人的腰部以下的高度用于保管重物或大型货品，而腰部以上的高度则用来保管轻的货品或小型货品。此原则对于采用货架的安全性及人手搬运的作业有很大的意义。

（12）产品特性原则。产品特性不仅涉及产品本身的危险及易腐性质，同时也可能影响其他货品，因此在安排存货位置时必须要考虑。产品特性原则的优点在于不仅能根据货品的特性采用适当的储存设备进行有效的保护，而且易于进行货品的管理和维护。

（13）明晰性原则。是指利用视觉系统，使保管场所及保管货品能够容易识别的原则。例如使用颜色看板、标示符号等方式，让作业一目了然，而且容易产生联想而帮助记忆。

遵守货位分配原则进行货品库存管理，可以大大减少拣取货品所需移动的距离。越复杂的货位分配原则需要功能越强的计算机系统相配合。

4. 做好货位编码

在规划好各个储存区货位后，为了方便记忆与记录，货位编号、品名、序号等用来记录的辨识代码就非常重要。如果没有这些可辨识区分的符号代码，记忆系统便无法运作。实际上货位编码就如同货品的住址，而货品编号如同姓名一样，一封信在住址、姓名都写清楚的条件下，才能迅速正确地送到收信人手中。每种货品都要有一个地址及姓名，才能在需要时马上找到它。

货位编码的方法主要有以下几种：

（1）区段方式

区段方式指把保管区域分割为几个区段，再对每个区段编码。这种编码方式是以区段为单位，每个号码所代表的储区较大，因此适用于单元化装载的货品，以及大量或保管周期短的货品。ABC 分类中的 A、B 类货品很适合这种编码方式。货品所占区段的大小根据物流量大小而定。以进出货频率来决定其配置顺序。

（2）货品类别方式

货品类别方式是指把一些相关货品经过集合后，区分成几个货品大类，再对每类货品进行编码。这种编码方式适用于按货品类别保管或品牌差距大的货品，如服饰类、五金类、食品类等。

（3）地址式

地址式是指利用保管区域中的现成参考单位，例如，建筑物第几栋、区段、排、行、层、格等，按相关顺序来进行编码。这是目前仓库使用较多的编码方式。例如第 12 区、第 5 排、第 6 号货位。

（4）坐标式

坐标式是指利用 X、Y、Z 空间坐标来对货位进行编码。这种方式直接对货位定位，其货位分割细，在管理上比较复杂，适用于周转率很小、存放时间较长的货品。

由于储存货品特性不同，采用的货位编码方式也不同。实践当中，因根据货品储存量、流动率、储存空间布置和储存设备等来选择合适的货位编码方式。

六、库存数据分析与管理

门店采购最终的目的就是销售货品然后获利，所以采购是否有绩效，最终的表现就显示在数据上，而数据是很现实的，没有达到既定的目标，效率就会被判定为"差"。正因为如此，门店要做好每月库存数据分析和管理。

所谓的门店的库存分析与管理，就是运用库存的数据分析工具来进行库存管理。

1. 库存数据分析工具

（1）进销存的数据资料掌握

要能明确算出每个部门、每个中分类、每月的进销存数据，而利用 POS 系统及 EOS 系统较能很快掌握门店的销售资料及进货资料。换言之，如能以较科学的方式来获取进销存的资料，较能给经营带来大的助益。

（2）商品分类的构成比分析

管理一个门店的货品，不能只是知道全店的营业额和利益，也不能只顾及部门的营业额及利益。例如，不但要知道饮料类这个中分类的营业额及利益是多少，对于它所占的构成比也要了解，才能知道销售的弱点在哪里，以及如何加以改善。

（3）毛利率分析

毛利率 = 毛利率/营业额 ×100

对于每一个分类也要能将毛利率计算出来，了解哪一个分类的获利能力好，哪一个分类的获利能力差，而调整商品结构或强化弱的分类。

(4) 商品回转率分析

商品回转率 = 营业额/初期存货 + 期末存货/2×100

商品回转天数 = 365 天/年商品回转率

门店的经营诀窍之一,就在于求取快速的商品回转率,所以对于每一分类的回转率须予以计算出来,回转率愈快愈好。因为回转率愈快,商品鲜度愈佳,资金回收速度也快。如此形成一个良性的循环,经营才会杰出。以门店为例,一般来说,每年的回转次数,应保持在 20—22 次以上才合乎标准,门店的经营者可以检查一下自己门店的回转次数,是否在标准之内,若在标准之外,可就要好好努力了。

2. 库存数据管理

做好库存数据管理是实现经营计划目标的重要手段,管理好库存数据就等于控制住了商品流通的起点和源头。

(1) 采购计划数据管理

采购计划是达到经营目标的依据。因此在采购计划的制定中要控制好经营目标值、市场份额值、盈利值和盈利率,一般可考虑以下集中管理的方法:

第一,采购计划的制定要细分落实到商品的小分类,对一些特别重要的商品甚至要落实到品牌商品的计划采购量,采购计划要细分到小分类,其意图就是控制好商品的结构,使之更符合目标顾客的需求。同时采购计划的小分类细分也是对采购业务人员的业务活动给出了一个范围和制约。

第二,如果把促销计划作为采购计划的一部分,那么就要在与供应商签订年度采购合同之前,要求供应商提供下一年度的产品促销计划与方案,便于门店在制定促销计划时参考,必须认识到门店的促销活动实际上是一种对供应商产品的促销动员,促销组合。还必须认识到在制定采购计划时要求供应商提供下一个年度新产品上市计划和上市促销方案,是制定新产品开发计划的一部分。

(2) 建立库存考核指标体系

采购考核的指标体系对采购的控制除了采购计划的控制外,还有与供应商进行交易的制定计划(供应商文件),采购组织机构控制和采购程序控制。但在日常具体的采购业务活动中,还必须建立考核采购人员的指标体系对采购进行细化的控制。

采购考核指标体系一般可由以下指标所组成。

①销售额指标

销售额指标要细分为大类商品指标、中分类商品指标、小分类商品指标，及一些特别的单品项商品指标。应根据不同的业态模式中商品销售的特点来制定分类的商品销售额指标比例值。

②商品结构指标

商品结构指标是为了体现业态特征和满足目标顾客需求度的考核指标：根据对一些便利店连锁公司的商品结构分析发现，反映便利店业态特征的便利性商品只占8%，公司自有品牌商品占2%，其他商品则高达80%以上。为了改变这种商品结构，就要从指标上提高便利性商品和自有商品的比重，并进行考核，通过指标的制定和考核可同时达到两个效果。第一，在经营的商品上业态特征更明显。第二，高毛利的自有品牌商品比重上升，而增强竞争力和盈利能力。

③毛利率指标

根据门店货品品种定价的特征，首先要确定一个综合毛利率的指标，这个指标的要求是反映门店的业态特征控制住毛利率，然后分解综合毛利率指标，制定比例不同的类别商品的毛利率指标并进行考核。毛利率指标对库存数据管理的出发点是，让低毛利商品类采购人员通过合理控制订单量加快商品周转，扩大毛利率，并通过与供应商谈判加大促销力度扩大销售量，增大供应商给予的"折扣率"，扩大毛利率。对高毛利率商品类的采购人员，促使其优化商品品牌结构做大品牌商品销售量，或通过促销做大销售量扩大毛利率，要明白一个道理，门店毛利率的增加，很重要的一个途径就是通过促销做大销售量，然后从供应商手中取得能提高毛利率的"折扣率"。

④库存周转天数指标

这一指标主要是考核配送中心库存商品和门店存货的平均周转天数。通过这一指标可以考核采购业务人员是否根据门店商品的营销情况，合理地控制库存，及是否合理地确定了订货数量。

⑤订货到位率指标

订货到位率指标一般不能低于98%，最好是100%。这个指标考核的是，门店向总部配送中心订货的商品与配送中心库存商品可匹配的接口比例。这个指标的考核在排除总部的其他部门的工作因素或特殊原因外，主要落实在商品采购人员身上。到位率低就意味着门店缺货率高，必须严格考核。

⑥配送商品销售率指标

门店的商品结构、布局与陈列量都是由采购业务部制定的，如果配送到门店的商品销售率没有达到目标，可能是商品结构、商品布局和陈列量不合理。对一些实行总部自动配送的公司来说，如果配送商品销售率低，可能还关系到对商品最高与最低陈列量的上下限是否合理。

⑦商品有效销售发生率指标

在门店中有的商品周转率很低，但为了满足消费者一次性购足的需要和选择性需要，这些商品又不得不备，但如果库存准备得不合理，损失就很大。商品有效销售发生率就是考核配送中心档案商品（档案目录）在门店POS机中的销售发生率。如低于一定的发生率，说明一些商品为无效备货，必须从目录中删除出去并进行库存清理。

⑧新商品引进率指标

为了保证各种不同业态门店的竞争力，必须在商品经营结构上进行调整和创新，使用新商品引进率指标就是考核采购人员的创新能力，对新的供应商和新商品的开发能力，这个指标一般可根据业态的不同而分别设计。如果便利店的顾客是新的消费潮流的创造者和追随者，其新商品的引进力度就要大，一般一年可达60—70%。当一年的引进比例确定后，要落实到每一个月，当月完不成下一个月必须补上。如年引进新商品比率为60%，每月则为5%；如当月完成3%，则下月必须达到7%。

⑨商品淘汰率指标

由于门店的卖场面积有限，又由于必须不断更新结构，当新商品按照考核指标不断引进时，就必须制定商品的淘汰率指标，一般商品淘汰率指标可比新商品引进率指标低10%左右，即每月低1%左右。

⑩通道利润指标

门店向供应商收取一定的通道费用只要是合理的就是允许的，但不能超过一定的限度，以致破坏了供商关系，偏离了连锁经营的正确方向。客观而言，在门店之间价格竞争之下，商品毛利率越来越低，在消化了营运费用之后,利润趋向于零也不是不可能的。因此,通道利润就成为一些门店公司的主要利润来源,这种状况在一些门店竞争激烈的地区已经发生。一般通道利润可表现为进场费、上架费、专架费、促销费等。通道利润指标应更体现在采购合同与交易条件之中。

【案例链接】

门店对商品进行保本保利期管理,有利于增加门店的经营计划性,克服盲目性,从而提高门店的管理水平,增加门店的经济效益。

北京有一家商场计算了一下商品的保利期,这个案例很有意思,也很有作用。

例一:假设某种商品毛利额10000元,固定费2000元,日增长费80元,则做下面的计算:

(10000 - 2000) /80 = 100(天)

我们说该商品保本储存期100天,就是说该商品储存100天刚好保本,即不盈不亏;如果超过100天就每天亏损80元。如果能保证100天内商品销售出去,就能取得定利润。

例二:假设某种商品毛利额20000元,固定费5000元,目标利润4800元,日增长费200元,则做下面的计算:

(20000 - 5000 - 4800) /200 = 51(天)

我们说该商品保利期不应超过51天,超过51天则不能实现目标利润,超一天就少实现目标利润200元。因此,必须把商品储存天数控制在51天以内才能保证目标利润实现。

库存商品的保本保利期诊断是一种静态的诊断方法,而库存结构和经营结构并不完全一致,有些商品由于季节、质量、款式、花色等原因,好销的品种和规格卖出去赚了钱,滞销的压库亏了本,也就是人们常说的成绩卖完了,缺点留下来了,但往往这类商品总算仍是赚钱的。而按库存计算保本保利期时,只计算了压库的部分,没有计算已销出去赚了钱的那一部分商品,这是保本保利期的片面性。

【行家点评】

对于门店或门店的运作来说,库存问题不仅仅是吃坏苹果这样简单,在竞争激烈的环境中,如果不能从根本上解决库存问题,门店将丧失竞争优势,也可能意味着会最终出局。合理库存管理能提高管理效率。合理降低库存,可以为门店带来如下收益:

首先,如果库存降低,相应的仓库租费及管理人员成本降低。同时,也极大地提高了门店物流的效率,从而缩短产品生产周期,保持产品的更新换代,提高产品的竞争力。

第二,库存管理的理想状态是零库存,它是以需求导向来制订购进计划,其运作是以少量、多次为特点进行的,这样就有机会周转资金,避免一次性支付大量资金或贷款的问题。

第三,降低库存量,可以避免产品积压带来的风险,也给门店盘活较多的流动资金。

第四,零库存管理要求优秀和稳定的供应商,与他们保持长期的合作关系后,在质量和服务上会更有保障,同时也会缩短采购及物流的时间。

第4章 引导购买：门店顾客管理

顾客是门店利润的源泉，顾客是门店的生命线。这是门店经营者发自内心的对顾客的诠释。门店要保有顾客，发展顾客，就要站在顾客的立场进行思考，充分理解顾客的需求并影响顾客的行为，从而提高顾客的忠诚度，最终实现门店的盈利。

一、追求"顾客满意经营"无止境

营销大师科特勒教授曾经说："除了满足顾客以外，企业还要取悦他们。"今天的门店面临着更加激烈的竞争，如何赢得顾客战胜竞争者，答案就是在满足顾客需要、使顾客满意方面做好工作。

只有以市场和顾客需要为中心的门店才能获得成功，这需要向目标顾客提供优质的价值。这些门店需要建设提供顾客服务的队伍，并非仅仅是提供丰富的商品和改善购物环境。顾客能够根据自己所掌握的信息判断哪些商品能提供最高价值。在一定的搜寻成本以及有限的知识、灵活性和收入等因素的限制下，顾客是价值最大化的追求者，他们形成一种价值期望并根据它行动。他们会根据自己的知识、感觉、经验来判断产品是否符合他们的期望价值，这将影响他们的满意度和再购买的可能性。

顾客满意是指顾客通过对一种产品的可感知的效果（或结果）与期望值相比较后，所形成的愉悦或失望的感觉状态。这个定义表明满意水平是可感知效果和期望值之间的差异函数。如果效果低于期望，顾客就会不满意；如果效果和期望相匹配，顾客就会满意；如果效果超过期望，顾客就会高度满意或欣喜。高度满意和愉悦创造了一种对门店服务品牌情绪上的共鸣，而不仅仅是一种理性偏好,正是这种共鸣创造了顾客的高度忠诚。

高度满意的顾客价值是满意顾客价值的 10 倍。一个高度满意的顾客比一个满意的顾客留在门店的时间更长和购买更多的产品。决定顾客忠诚的往往是一些日常小事,所以门店必须做大量耐心而细致的工作,从小事做起,从身边做起,来赢得顾客满意与忠诚。

1. 满意经营的意义

现在的顾客越来越挑剔了,越来越难被取悦,他们更加聪明,具有更多的价格意识、更多的需求,更追求购物的心理感受,而且门店竞争者也在提供类似甚至相同的商品,门店面临的最大挑战就是培养忠诚的顾客。维系顾客的关键是实施顾客满意经营。其顾客管理的意义是:

(1)更持久地忠于门店。

(2)购买公司更多的商品和提高购买商品的额度。

(3)是义务播种机和宣传队,是门店传播效果最好的广告,会义务为门店和其商品说好话。

(4)忽视竞争品牌和广告并对价格不敏感。

(5)积极热心地为门店的商品、服务、经营管理、营销提供建议。

(6)由于购买习惯化而降低交易成本。

因此,一个门店的精明之举是经常测试顾客的满意度,如可以向最近的顾客询问他们的满意度是多少。测试要求分为:高度满意、一般满意、无意见、有些不满意、极不满意。门店可能流失 80% 极不满意的顾客,40% 有些不满意的顾客,20% 无意见的顾客和 10% 一般满意的顾客。但是,门店只会流失 1%—2% 高度满意的顾客。所以,应努力超越顾客期望,而非仅仅满足顾客。

2. 满足顾客的需求

要提供满意服务,我们应该尊重顾客的选择,真正了解他的需求,真正以顾客为中心来给顾客提供满意的服务。

(1)顾客需求的种类

价值需求——反映了顾客对门店服务系统和商品高层次的目标要求。

充盈需求——描述了门店对顾客提供的商品必须足够充盈。不单单能满足顾客指定的商品供应,还能提供出对应的商品来让顾客进行选择和比较。

功能需求——顾客不希望门店向自己推销实际上用不上的商品。所以对顾客不是推销得越多越好,而是越能推销满足顾客功能需求的商品越好。

后期服务需求——顾客在购买商品之后并不是对其服务的结束。他们往往会要求门店送货上门,对于大型家电类商品他们还会要求安装调试,这些都是后期服务需求。

(2) 满足顾客需求的方法

第一,销售人员要使用符合顾客语言习惯的表达。需求讨论集中于顾客的需求,因此要使用术语,让顾客感觉自己受到的是专业化服务。

第二,销售人员要了解顾客的消费目的。只有门店销售人员更好地了解顾客的购物目的,才能知道推销的商品是否更好地满足了顾客的需要。

第三,销售人员要尊重顾客的意见。顾客有权要求门店销售人员尊重他们并珍惜他们为这次购买行为所付出的时间和精力。

第四,门店销售人员要对顾客的需求提出建议和解决方案。通常顾客所说的"需求"已经是一种实际可行的实施方案,销售人员应尽力从这些需求中了解真正的需求,并对顾客提出相应的建议和解决方案。

第五,有经验且有创造力的销售人员还能提出增加一些顾客没有发现的商品价值。

第六,由于顾客对于商品往往有特殊需求,所以销售人员要具备向顾客描述商品使用特性的能力,以供顾客权衡利弊,作出合理的取舍。

3. 提升满意度的入手点

(1) 门店的形象

门店的形象,即顾客对门店整体的评价及门店在相关主体中的口碑,如果门店不能树立自身良好的形象,就谈不上顾客满意。

(2) 门店销售的商品

这包括商品的品牌、性能、品质及时尚性等很多方面。门店的特色很大一部分体现在商品的特色中,而要使顾客满意,门店经营的商品必须迎合顾客的口味。

(3) 无形产品要素

无形产品要素,即服务。特别是随着市场竞争日趋激烈,商品的差异化已很难长久保持,所以仅靠商品很难形成门店的核心竞争力,而服务特别容易差别化，并且在短期内不容易被竞争对手模仿，只有将优质的服务作为核心竞争力，加强与顾客的联系，提高他们的满意度和忠诚度，才能最终占有长久的竞争优势。

4. 提高顾客满意度的要点

（1）发挥销售人员的能力

门店要取得发展固然要有"硬件"，要逐步改善物质条件，增加设施。不过关键还在于"软件"，主要是销售队伍的素质和管理水平。对此绝不可忽视，因为它可以在某种程度上弥补物质条件的不足，是增强门店竞争力的主要因素。

（2）平等对待所有顾客

门店必须平等对待所有的顾客。我国经商谚语"童叟无欺"也包含了这个意思，即不应该使顾客感到他受到了歧视。例如，要是让小孩感到被歧视了，就会影响家长对门店的看法，孩子们也会对门店进行评论。特别要注意的是有的门店对老顾客倍加照顾、频频招呼，而对第一次来的顾客却不理不睬，这是极端错误的。

（3）重视分别接待

对顾客分别接待是搞好服务的基本课题。分别接待就是有针对性地提供服务，尽可能地满足不同层次顾客的实际需求和心理需要，就是把每一个顾客都当作"个人"来接待。如，门店可以对老顾客实行联谊制，通过联谊活动、优惠活动加强与他们的联系，了解他们消费需求的变化。

（4）恰当使用营业语言

在提供服务中，一个很大的问题是营业语言容易与顾客使用的语言产生差距，这常常发生在提供者把自己的语言即营业惯用语强加给顾客。门店销售人员应尽量使用销售的基本礼貌用语，同时在与顾客交流中要吐字清晰、说话速度适中，便于顾客理解。

（5）建立标准化的服务团队

从事销售工作的人不是被动地承担所赋予的工作，而是通过自己的工作积极地发挥参与社会的作用。销售人员也是一种专业人员，有的国家或地区在服务业的一些工种中采用"许可证制度"，只有达到一定的条件才能从事某一种服务工作。另外，国外的零售企业对其成员明确提出具体的服务标准和守则，以统一销售人员的服务观，并且要求销售人员持证上岗。

（6）服务质量

服务质量是个大概念，不光是指服务态度。例如，门店服务质量的内容就相当广泛，包括逛店方便程度、舒适程度、服务态度，工作、生活、购物、娱乐便利程度，而这体现在门店的电信联络、营销水平、交通条件等方面。

二、诚信经营 满意服务

顾客是门店经营的生命线和利润源，顾客满意度是门店重点关注的问题。顾客满意度是顾客的一种心理状态，它源于顾客对门店的某种商品服务消费所产生的感受与自己的期望所进行的对比。据调查，顾客满意度每增加5%，利润相应增加25%—85%。如何通过营销的理论与方法，结合门店的经营状况，探讨门店获取顾客满意度的方法，拥有一批固定的忠诚顾客，成为所有门店经营者关注的重点问题。

1. 门店满意经营常见的问题

通过调研和实地考察，我国门店在提高顾客满意度方面存在以下问题：

（1）服务问题

顾客在门店购物时，希望买到自己需求产品的同时，更希望得到上乘的服务，但门店在经营时不注意细节和服务态度。如：座椅少，无处休息；标识少，不便找商品；问价格，自己看；买商品，自己找；大件、重量商品，自己搬；此外，绿色通道少、存包柜不够用、购物车无法进入人多拥挤的地方、购物等待时间长等现象的存在都会影响顾客的满意度。

（2）商品摆放问题

合理的商品摆放是吸引顾客、方便顾客购物的重要因素，但门店在摆放商品时存在系列商品摆放不集中；商品摆放不整齐、不美观、不注重颜色搭配；商品码堆设置太多，造成拥挤；货架高度设计不合理，高货架存在安全隐患等问题，无形中都会影响顾客的购物热情。

（3）收银问题

收银台工作效率的高低直接影响顾客满意度。收款时的排队等待、收款员态度不好、收银扫描设备出现问题等都会影响顾客的购物情绪，降低顾客对门店服务的满意度。收银工作效率低下已成为门店服务的"短板"。

另外，门店的购物环境差、商品种类不全、顾客意见处理不及时等问题在一定程度上也会引起顾客满意度的降低。

2. 满意经营的策略

根据顾客的状况，结合门店自身特点，合理利用过程营销、产品营销、环境营销、失误营销、尊重营销、网络营销等不同的营销策略来提高门店顾客满意度，培养门店忠实顾客群体。

（1）过程营销策略

将服务贯穿于顾客购物的售前、售中和售后的全过程，具体的做法包括：

①在售前开展一系列刺激顾客购买欲望的服务工作。比如：制作并派发DM，提供现场和电话咨询、订货、邮购服务；利用媒介进行宣传和造势刺激顾客需求等。

②在售中为顾客提供主动、热情、耐心、周到的服务。比如：热情介绍、展示产品、说明使用方法、耐心帮助顾客挑选商品、提供购物车、解答顾客疑问等，把顾客的潜在需求变为现实需求，达到商品销售的目标。

③在售后增加门店出口指引，开展大件商品送货服务，积极听取顾客意见和建议，最大范围地获得顾客的满意，增加门店的竞争力，从而给门店带来更好的经济效益和社会效益。

（2）产品营销策略

商品是门店经营的基础和根本保证。门店选购正规厂家生产的产品，做到货真价实，会在顾客心中形成良好的商品影响，进而提升门店品牌以及形象，使顾客放心地认购门店产品。另外，包装对于门店来说也非常重要，因为门店是开价自选的售货方式，顾客在门店购物中具有即兴购物特征，所以优良的包装相当于产品广告，对顾客吸引具有重要的作用。

（3）环境营销策略

顾客在门店购物时，店面布置、专柜设计、产品摆放、灯光设置、气氛营造、色彩搭配都会影响到顾客购物的情绪，所以门店的设计应方便顾客活动，营造舒适的购物环境，直接从视觉角度吸引顾客。另外，散发的诱人气味、适合的空气湿度、优美的背景音乐都会从不同感官影响顾客，从而在顾客心目中形成良好的印象,影响顾客购买态度和行为。

(4) 失误营销策略

失误营销是在营销过程中出现失误时及时进行恰当弥补,从而将服务失误带来的影响降到最低。这样不仅缓解顾客购物受挫感,而且满意的处理还会在顾客心目中形成对门店良好的情感反应,有利于形成新一轮的购买动机。门店营业员与顾客交往难免出现失误,如对顾客咨询无反应、没礼貌等都会引起顾客不满。此时,门店应通过妥善的弥补措施来转变顾客态度,把坏事变成好事,增进顾客情感。处理时不仅要注意向顾客赔礼道歉,更要注意动作快、态度好、语言得体、适当补偿。失误营销具体操作时可以建立意见箱、意见簿等收集顾客意见和建议,设专人专职对顾客抱怨产生积极回应,建立灵活的退换货机制,争取使顾客每次购物是满意的,体验是愉快的,这种长期积累下来形成的忠诚顾客,是门店非常重要的一笔无形资产。

(5) 尊重顾客策略

随着物质、精神条件的日益提高,顾客对尊重的要求亦越来越高。尊重客户不仅是门店员工最基本的礼貌,更是对"顾客就是上帝"特殊身份、地位的重要体现。一方面营业员要树立以顾客为中心的观念,在工作中服务于顾客,做到仪表端庄、商品知识全面、善于和顾客沟通;另一方面门店要制定顾客服务条例,不能以任何方式、理由侵犯顾客权利。总之,无论发生什么情况,工作人员都应牢记顾客满意第一的宗旨,尽己所能满足顾客需求。

(6) 网络营销策略

网络营销是建立在传统营销基础上,基于计算机技术和互联网平台的一种新兴的营销模式。我国门店的营运模式还是传统的渠道营销模式,随着网络经济的发展,门店应该建设自己的网络平台,开展网络营销,在网络上接受顾客的商品挑选、接受订单、受理货款并提供送货服务,门店的实体门店营销结合虚拟的网络营销,可以更好地扩大销售量,增加利润源。

面对日益加剧的市场竞争,门店只有持续地关注顾客、服务顾客、培养顾客,才能进一步发展壮大,立于不败之地。通过过程营销建立与顾客密切联系,提高顾客对门店的依赖性;通过产品营销建立产品在顾客心目中的良好形象,提高门店的品牌价值;通过环境营销让顾客感受良好的购物氛围,拥有舒心的购物过程;通过失误营销弥补服务中的不足,使顾客对门店产生信任,并拥有无形的顾客资产;通过尊重营销使顾客在每一次购物过程中得到应有的尊重,找到"宾至如归"的感觉;通过网络营销缩短门店和顾客的距离,实现"服务到家"的承诺,方便更多的顾客,最终达到提高门店顾客满意度的目标。

三、制定成功的服务战略

现在,中国国内市场上的竞争非常激烈,以至于门店几乎不可能完全依赖过去的成功经验来使客户始终忠诚于自己。事实上,竞争者也绝不会坐视门店这样坐享其成,他们会虎视眈眈并时刻准备抢走你的客户——甚至是你最忠诚的客户。

在激烈竞争的市场环境中,门店要生存,要在市场中占据一定的地位,要保持一定的市场优势,就必须转变与顾客进行交易的观念,建立一种与顾客达成伙伴关系的意识,应该掌握赢得顾客忠诚,使之长久保持购买欲望的技术与艺术。

门店在制定客户服务战略时必须考虑到客户的差异性,也只有在这些差异性的基础上,门店才能制定出成功的客户服务战略。概括而言,门店可以有以下6种思路来开展此项工作:

1. 提供超值服务

为了实施成功的顾客服务战略,门店需要仔细分析顾客、顾客群及各主要目标市场,通过对上述的分析,找到门店在产品和服务组合方面及顾客需求方面可以改进的地方,这样做的最终目的是争取在与顾客打交道的过程中持续超越顾客的期望值。

优秀的门店管理者都知道,门店不大可能满足所有顾客的需求。门店管理者知道自己的专长所在,并能以战略性营销计划为指导。因此,他们会专注于自己的优势领域。

2. 服务要具有弹性

门店服务应该保持足够的弹性,并能快速反应,这是保证门店销售业绩持续增长的基本条件。中国复杂多变的竞争环境迫使门店领导人保持组织的弹性(灵活性),除了要考虑常见的顾客服务问题,还得考虑许多其他相关问题（如天气、商品供应等）。为了持续提升顾客服务水平，优秀的门店会设法把自己与其他同样灵活的制造商和供应商捆绑在一起（缔结策略联盟），他们会独立制定或与供应商共同制定发货计划，从而充分调动自己的仓储资源来随时随地满足顾客的各种需求。

3. 极高的适应性

在充满竞争的市场上，顾客的需求可能会不断升级——顾客会不断产生新的产品和服务需求。根据成功经验，门店在引入新产品和服务时，必须对当地及当地顾客的需求保持适应性，这样才能培育并促进当地市场的繁荣与发展。不光要通过调整产品和服务组合来适应目标市场的需求及变化，还应该使门店的顾客服务机构（组织）也能适应目标市场的需求及变化。通常，门店会在自己的顾客服务机构（组织）内安排相关人员扮演市场专家或区域专家的角色，通过这些人员，门店可以在当地市场上保持足够的适应性，从而保证能持续为目标顾客提供高品质的服务项目。

4. 提供差异化服务价值

我们都知道，价值 = 利益 − 价格。根据这个公式，我们可以看到，如果把"价格"作为衡量门店商品和服务的唯一指标，那么，在打折销售的"同质化"市场上，买家基本上就不会获得差异化价值。而如果没有体现在利益中的"认知价值"，门店的商品和服务就会变成"大路货"，这样，就无法来衡量产品和服务的真实价值，也无法将自己与其他的门店区别开来。为了创造价值，成功的门店会通过合作向顾客提供具体、一致、可靠、可衡量的产品和服务项目。常见但容易被忽视的顾客服务项目包括：高品质的产品（或服务），完美、准时的配送，超过顾客预期而又不带来成本增加的产品或服务，专业、娴熟的后台支持人员和问题解决人员，具体的产品说明（或提示）。

5. 深度了解顾客

根据对成功门店的研究，发现成功的门店还善于从分销伙伴那里持续了解顾客当前的各种想法及关于未来的看法，而不仅仅是以有竞争力的价格向这些分销伙伴供货；成功的门店善于通过分销伙伴来向顾客提供可靠的服务，并从分销伙伴那里获得大量的市场情报；成功的门店能够据此赢得顾客的信赖和忠诚，从而取保门店持续从成功走向成功。

6. 把握趋势

优秀的门店会持续关注顾客的需求及期待，他们会抢在竞争者之前发现顾客的具体需求或变化趋势，并能有效地改进自己的顾客服务工作；优秀的门店还会注意自己的竞争者，即竞争者在做什么，没有做什么或做得不尽如人意之处；成功的门店还善于从营销人员（尤其是顾客服务人员）那里获得大量的需求及趋势性资料，因为顾客服务代表往往会与顾客一直保持接触并承担着主要的服务责任甚至起到促进销售的积极作用。

四、员工素质决定顾客的满意度

1. 能力素质要求

（1）"处变不惊"的应变力

对于服务人员很重要的一点，是处变不惊的应变力。所谓应变力是对一些突发事件的有效处理。作为顾客服务人员，每天都面对着不同的顾客，很多时候顾客会给你带来一些真正的挑战。如一线的门店顾客服务人员（如电话接线员、零售店销售员等），都有可能遇到一些挑战性的环境。例如：零售店里有个顾客来投诉了，可能喝了一点酒，进来就砸柜台。这个时候，作为顾客服务人员，应该如何应对？有些素质不过关的顾客服务人员可能一下就吓哭了。从来没见过这种场面，顾客怎么这么不讲理？而一些非常有经验的顾客服务人员就能很稳妥地处理这件事情。这就需要具备一定的应变力，特别是在处理一些恶性投诉的时候，要处变不惊。

（2）挫折打击的承受能力

门店的服务人员经常会遇到一些挫折打击，顾客服务人员有可能遭受什么样的挫折打击呢？比如：有个电脑门店的顾客服务人员需要上门给顾客解决问题。因为整个电脑瘫痪，一个作家写了一年的稿子存在电脑里边，统统没有了。这个问题可能不是电脑的问题，可能是因为他接受邮件的时候接收了病毒。但是这台机器是由门店负责维修的，那么顾客服务人员过来了以后，顾客会怎么样啊？会不会迁怒于顾客服务人员？因为他遭受到了太大的打击，所以需要有一个发泄的渠道。而很多顾客服务人员，每天都要面对各种各样顾客的误解甚至辱骂，这就需要服务人员有承受能力。甚至，顾客有时会越过顾客服务人员直接向其上级主管投诉。有些投诉可能夸大其词，本来这个顾客服务人员做得没那么差，但到了顾客嘴里变得很恶劣，恶劣到应该马上被开除。那么作为服务人员的主管在顾客走了以后就会找他谈话。因此，这就更需要有承受挫折打击的能力。

（3）情绪的自我掌控及调节能力

情绪的自我掌控和调节能力是指什么呢？它是个人对自身的心理和行为的主动掌握，是个体自觉地选择目标，在没有外界监督的情况下，适当地控制、调节自己的行为，抑制冲动、抵制诱惑，坚持不懈地保证目标实现的一种综合能力。比如：一位服务人员某一天服务的第一个顾客就把他臭骂了一顿，因此心情变得很不好，情绪很低落。这个时候就需要掌控情绪，调整自己的情绪。特别是一些顾客服务电话中心的在线服务人员，专门接电话的，一天要受理400个投诉咨询，需要对每一个都保持同样的热情度。做到这点非常不容易，只要中间有一个环节出了差错，跟顾客有了不愉快的口角，就很难用一种特别好的心态去面对下面所有的顾客。因此，优秀的顾客服务人员的心理素质非常重要。

（4）满负荷情感付出的支持能力

什么叫做满负荷情感付出呢？就是服务人员对每一个顾客都提供最好的服务，不能有保留。不能说，因为今天需要对100个人笑，估计笑不了那么长时间，所以一开始要笑得少一点。服务人员对待第一个顾客和对待最后一个顾客，同样需要付出非常饱满的热情。因为只有这样，才能够体现门店良好的顾客服务水准。一般来说，做得越久这方面能力就越强。

（5）积极进取、永不言败的良好心态

什么是积极进取永不言败的良好心态？顾客服务人员在自己的工作岗位上，需要不断地去调整自己的心态。遇到困难，遇到各种挫折都不能轻言放弃。这些和团队有很大关系。如果该员工所在的整个顾客服务的团队是一个积极向上的团队，员工在这个团队氛围当中，很多心里的不愉快都能得到化解。如果不是，那这就要靠自己去化解。

2. 品格素质要求

（1）忍耐与宽容

忍耐与宽容是面对无理顾客的法宝，是一种美德。顾客服务人员需要有包容心，要包容和理解顾客。真正的顾客服务是根据顾客本人的喜好使他满意。顾客的性格不同，人生观、世界观、价值观也不同。即使这个顾客在生活中不可能成为朋友，但在工作中他是顾客，服务人员就要比对待朋友还要好地去对待他。

(2) 信守承诺

对于顾客服务人员，通常很多门店都有要求：不轻易承诺，说到就要做到。顾客服务人员不要轻易地承诺，随便答应顾客做什么，这样会给工作造成被动。但是顾客服务人员必须要注重自己的诺言，一旦答应顾客，就要尽心尽力去做到。

(3) 勇于承担责任

顾客服务人员需要经常承担各种各样的责任和失误。出现问题的时候，同事之间有时会相互推卸责任。顾客服务是一个门店的服务窗口，应该去包容整个门店对顾客带来的所有损失。因此，在门店一切的责任都需要通过客户服务人员把它化解，这就叫勇于承担责任。

(4) 博爱

拥有博爱之心，真诚地对待每一个人。这个博爱之心是指"人人为我，我为人人"的那种思想境界。做到这一点的人不是很多。日本的零售企业在招聘顾客服务人员面试的时候，就专门聘用有博爱之心的人。

(5) 谦虚

拥有一颗谦虚之心是人类的美德，这一点很重要。一个顾客服务人员需要有很强的专业知识，什么都要懂，什么都要会，就有可能不谦虚，认为顾客说的话都是外行话，特别是做维修的人员。比如说IT行业的顾客服务人员，多数都需要上门提供维修服务。在这个领域，你可能是专家，顾客可能会说出很多外行的话。如果顾客服务人员不具备谦虚的美德，就会在顾客面前炫耀自己的专业知识揭顾客的短，这是顾客服务中很忌讳的一点。顾客服务人员要求有很高的服务技巧和专业知识，但不能去卖弄，不能把顾客当成傻瓜。

(6) 集体荣誉感

顾客服务强调的是一种团队精神。门店的顾客服务人员，需要互相帮助，必须要有团队精神。顾客服务人员所做的一切，不是为表现自己，而是为了能把整个门店顾客服务工作做好。这里谈到的就是团队集体荣誉感,这也是品格方面的要求。

3. 技能素质要求

(1) 良好的语言表达能力

良好的语言表达能力是实现顾客沟通的必要技能和技巧。

(2) 丰富的行业知识及经验

丰富的行业知识及经验是解决顾客问题的必备武器。不管做哪个行业都需要具备专业知识和经验。不仅能跟顾客沟通、赔礼道歉,而且要成为产品的专家,能够解释顾客提出的问题。如果顾客服务人员不能成为业内人士,不是专业人才,有些问题可能就解决不了。作为顾客,最希望得到的就是服务人员的帮助。因此,顾客服务人员要有很丰富的行业知识和经验。

(3) 熟练的专业技能

熟练的专业技能是顾客服务人员的必修课。每个门店的顾客部门和顾客服务人员都需要学习多方面的专业技能,比如对产品拖移的处理。

(4) 优雅的形体语言表达技巧

掌握优雅的形体语言表达技巧,能体现出顾客服务人员的专业素质。优雅的形体语言的表达技巧指的是气质,内在的气质会通过外在形象表露出来。举手投足、说话方式、笑容,都表现出顾客服务人员的专业素养。

(5) 具备对顾客心理的洞察力

对顾客心理活动的洞察力是做好顾客服务工作的关键所在。所以,这方面的技巧顾客服务人员都需要具备。思维要敏捷,要具备较强的观察能力,才能有效洞察顾客的心理活动。

(6) 良好的沟通能力

顾客服务人员具备良好的人际关系沟通能力,跟顾客之间的交往会变得更顺畅。

五、达成以顾客满意为核心的经营

1. 分类服务

门店要为顾客提供满意的服务,就必须针对不同的顾客提供不同的服务,这就需要对顾客进行分类服务。

(1) 领导类顾客

因为职业的关系，这类顾客处事干脆果断，在购物中也会延续他们的这种办事风格。只要他认同某一产品，就会立即购买。他们一般不太会听从他人的建议，不喜欢被别人牵领的感觉，有着强烈的领导欲望。与这类顾客打交道，首先要有一个良好的心态，比如热诚、认真、自信等，在交谈过程中可适当对对方进行赞美，这样也将有利于商品的成交。

(2) 自我防卫型顾客

这类顾客自我防卫意识相当强烈，总担心受骗上当。因此在选购商品的过程中，其关注的焦点也只在于他想要购买的商品上面。在接待这一类顾客的时候，销售员最需要注意的一点就是要"忍耐"，不要与他们争强斗嘴，以退为进的方式是上策。此外，还需要销售员对自己所推销产品的完整知识要有足够的了解，对于产品可能存在的缺陷要深入掌握，并事先准备好应付顾客提问的最佳答复。

(3) 表面热心型顾客

这类顾客与自我防卫型的表现正好相反，他们的关注焦点并不在于商品，而是在于作为推销商品的人——销售员身上。这类顾客的特点是他们往往表面上表现得非常热心，很容易与销售员打成一片。但是，这种热心是建立在希望尽可能多地从他们身上获取一些知识信息的基础上的，至于是否购买该商品，或许并不在他们的购物计划之内。对于这类顾客，首先，应在与顾客交谈时，要随时注意抓住产品主题；其次，当发现话题与产品主题有所偏离时，要及时转回到主题，让顾客时刻感受到你对产品销售活动的关心与投入，唤起顾客对产品的兴趣与购买意愿。即便最终没有引发购买行为的结果，也不必就此泄气，因为也许顾客会将你的这种认真工作的态度转告给别人，从而为卖场引来更多的顾客。

(4) 深思熟虑型顾客

这类顾客在没与卖场人员接触前，早就明白自己对产品的需要，在购买之前他们会进行认真严肃的分析，清楚如何才能让自己满足。当他们到达卖场并与卖场人员交谈时，他们的关注焦点是商品本身的优、缺点及使用方法，以确认自己是否需要。与深思熟虑型的顾客打交道，最佳策略是"说之以理"。你必须尽可能在事前掌握他们对产品知识的了解程度及偏好,如果无法做到这一点,就需要在交谈中注意摸清对方已知和未知的方面,以便与对方步调保持一致,深入主题。

(5) 忠厚老实型顾客

这类顾客有一个特点是很难取得他们的信任,但只要打开了信任之门,就会把一切都交由对方来安排。这类顾客在购物过程中一般很少说话,大多数时候他们都只是在听,一般不会开口拒绝别人。所以,在向他们做商品推荐的时候就可以抓住不会开口拒绝的性格,让其购买,只要一次购买对他们有利或者觉得没受欺骗,他就会一直对第一次的接触对象保持忠诚。但如果在第一次就让他们有受骗的感觉,那么以后他都不会再来你所在的卖场,即使你有十分好的产品和服务项目,因为他觉得不值得与这样的人打交道。

(6) 反应迟钝型顾客

这类顾客的特点是节奏缓慢,决断迟缓,优柔寡断。针对这样的顾客不能过于心急,因为在他没有充分了解每一件事情的时候,是不可能指望他做出前进的决定的。要用耐心努力配合他的步调,慢慢去加以引导,自然就会水到渠成,这种做法对提升自身素质也是有益的。

(7) 急躁型顾客

这类顾客凡事总表现出一副风风火火的样子,对于任何事情都迫切地想要知道答案。面对这类顾客,如果你的介绍是慢条斯理的,他们就会显得烦躁不安。这类顾客虽然性情有点急躁,有时还反复无常,但他们有一个优点,就是比较直爽。所以与这类顾客打交道时,应对要干脆利落,直接进入主题,先给他们留下一个良好的第一印象,然后顺着他们的思维方式与生活步调采取行动,通常就能获得成功。另外由于对方常感情用事、容易冲动,所以要求销售员必须始终保持冷静,以便能从容自如地利用自己所掌握的资料去充分说服对方,并令其没有反驳的余地。

(8) 沉默型顾客

这类顾客行为动机很多,又各不相同,所以必须用心去观察对方、揣摩对方的心思,通过他的表情态度,以及拒绝你的理由来加以分析和判断,然后选择适当的方式予以出击。如果是一开始对方就不理睬你,不与你搭话,这时你可以采用"试探"的原则,通过变换谈话话题或者谈话方式,尽可能吸引对方，但切忌给对方留下一种"能言善辩"的印象。总之，在与这类顾客打交道的时候，对顾客带着关心和充满愉快感的心情去询问他的意见，同时热心赋予同情和理解，就可以让顾客消除购买时的警戒心理，与你轻松地交谈。

（9）多语型顾客

这类顾客的特点是性格活泼开朗、口才好，不拘泥于形式。所以与这类顾客打交道，只需做到两点：一不怕"苦"，二不怕"累"。如果他对你的意见或关键话进行反驳，甚至是嘲讽，记住始终不露"怯"色，脸上要保持平静；针对他的喋喋不休，保持耐性，让他说个痛快，当他尽兴之后就会恢复原样，然后会对自己刚刚的行为进行反省。下一次再碰到，他就会比较友好地对待你，并乐于让自己做一个安静的听者。而且这样的人喜欢听恭维话，所以对他们称赞越充分，所得到的回报就会越多。

针对不同性格的顾客，门店要作出不同的应对方法，为其提供不同的服务。每个人的个性都不一样，门店不可能改变顾客，更不能横加指责，只有在尊重顾客个性的前提下，才能给顾客一个美好的购物经历，也才能提升店面的销售业绩。

2. 损益预算

门店管理的第一项职能就是计划和预算。推行预算管理对提高企业经营管理水平，加强财务监控，提高门店服务质量，有着积极的作用。

门店预算主要包括门店损益、资本性支出两大内容。

门店损益预算是以门店为单位，按月预测门店未来一段时间内的经营业绩。它主要包括门店基本资料（如租赁面积、自营面积、出租面积、员工人数等）、业务数据（如销售净额、销售成本、采购收入、费用、利润等）、指标比例比率（销售毛利率、采购收入率、费用率等）三大部分，通过预算数与实际完成数的对比发现问题，以确保经营活动不偏离企业发展战略。

门店损益预算首先反映的是门店经营规模，从收入（销售收入、采购收入、租金收入、其他业务收入）、费用（员工成本、折旧和摊销、租金支出、水电费、耗用品等）、利润（经营利润、税息折旧及摊销前利润）三个方面完整地反映了门店的经营业绩。通过这些数据的分析，要求门店负责人不仅要关注销售规模，也要关心商品结构、销售毛利、可控费用、不可控费用等经营活动的各个环节。

门店损益预算通过各项比率分析，反映出门店业绩质量的好坏。下面我们就门店日常经营活动中必须关注的几个指标作简要分析：

（1）销售毛利率

它反映了门店获利能力的高低。以社区店为例，最高的销售毛利率可达12%，而最低的则不足10%，在销售费用相同的前提下，销售毛利率越高表示了该店盈利能力越强。与之类似的指标还有采购收入率、租金收入率等。

（2）营业费用率

它反映了门店经营管理能力的高低。以社区店为例，最高的营业费用率近20%，而最低不足10%，在同等规模销售的前提下，营业费用率越低表示了经营管理能力越高。与此类似的指标还有可控费用率、不可控费用率等。

（3）库存周转天数

简单地说该指标反映的是实现一定规模的销售需要投入多少存货。库存周转天数越短表示其存货管理能力越强，花同样的钱办更多的事，或者说办同样的事花更少的钱。

资本性支出预算是门店对固定资产、装修改造方面投资的预测。它不仅仅是一个孤立的投资预测，同时影响到门店损益预算。例如装修改造完成后，应在损益预算中反映出销售业绩提升的促进，同时在费用中反映折旧摊销的增加，进而影响到门店盈利情况的变化。

要使预算目标成为现实，控制是关键。预算控制的重点是分析预算与实际的差异因素，找出差异的主要环节，制定、实施解决方案，在实施过程中注意信息的收集，确保经营活动不偏离预算目标。当然，预算作为门店发展战略的具体化，为门店日常经营活动制定了一个标杆，但它绝不是一个桎梏，不能僵化我们的思想。门店在实践过程中，围绕实现预算目标的同时，应根据企业内、外因素的变化，不断调整，实现预算目标的同时，更应大胆地超越预算，以实现更大的经营业绩，为顾客提供更加满意的服务。

3. 将顾客管理纳入门店经营

近年来，顾客管理受到我国零售企业的普遍认可和大力推广。在门店的发展中发挥着重要作用。顾客管理是基于供应链一体化，通过供应商合作伙伴关系和顾客关系，实现信息共享、资源互补、多方互动和顾客价值最大化，并以此提升门店竞争力的一种管理思想。它并不是指管理软件和技术，而是融入门店经营理念、市场营销、顾客服务等内容的以顾客为中心的管理方法。顾客管理是门店与顾客的双向互动，它的核心是顾客，本质是基于顾客与销售商、生产商乃至供应商之间形成的价值关系。所以门店要经营好就必须把顾客管理纳入门店的经营管理中。

(1) 顾客管理的认识误区

随着我国门店管理者素质的日益提高，顾客管理得到普遍的认同和方兴未艾的发展。但是，由于顾客管理本身的难度和环境的不确定性，我国门店管理者在实施顾客管理时还存在不少的误区。主要有以下三种：

第一，顾客管理是门店与顾客关系的管理

长期以来，顾客与门店的关系不是建立在相互了解，相互信任的基础上，而是被商品的价格所左右，销售员总是为了门店和本人的利益引诱或驱使消费者购买某种产品。因此，在不少门店管理者的观念中，顾客管理是指门店为了改善与顾客的关系，获得更大利润而进行的努力。这种认识误区所导致的直接结果是使顾客管理过于狭窄，把收集和管理顾客档案当成顾客管理的核心。事实上，门店与顾客的关系管理只是顾客管理中很小的一部分。顾客管理是门店经营的整体战略安排，不仅是门店与顾客建立良好的关系这么简单，而应是门店经营活动的起点和方向。起点是顾客的需求响应，终点是顾客需求的实现和顾客服务的保证。

第二，顾客管理就是掌握顾客信息

不少门店认为顾客管理就是数据库，认为建立了顾客数据库就万事大吉了，门店就可以充分掌握顾客信息，进而拉近与顾客之间的距离并锁定顾客的心。这种认识误区常常导致门店不愿意脚踏实地地站在顾客的角度去为顾客设计服务，人为地限制了门店的营销空间。

第三，顾客管理是为了留住顾客

顾客管理的核心是顾客，但并不是所有与门店或者员工发生联系的顾客都是门店所追求的顾客。与所有顾客建立稳定的关系是门店的良好愿望，但在现实中，门店是永远做不到的，也没有必要这样做。因为有一部分顾客永远都是一种随机交易型顾客，很难建立顾客忠诚，他们更多地关心商品的价格，在做出购买决策之前，他们会首先比较哪家商店的商品更便宜，从而做出最终的购物选择；当他们进行重复购买时，会进行同样的购买决策过程，权衡自己的利益得失，选择价格最低的那家商店，他们的转换成本较低，因此门店无法与他们建立稳定的关系。所以说，虽然顾客管理在门店留住老顾客和培育顾客忠诚方面发挥重要作用，但是当门店发展与顾客需求不一致时，或者当老顾客背离门店时，顾客管理应为门店的顾客服务提供决策支持，帮助门店妥善处理好因顾客背离为企业带来的负面影响，这样才能使顾客管理的效用价值最大化。

（2）顾客管理的有效实施

门店开展顾客管理的根本目的是提高"顾客满意度"和"顾客忠诚度"，但能否取得成效，从根本上还依赖于顾客管理的基础工作。归纳起来主要包括三个方面：

第一，重视顾客

顾客的重要性对门店而言，远远超过所有的其他因素。所以，门店应该做到关心顾客、重视顾客。顾客管理的核心是顾客，所以，为了保证顾客管理的高效运行，门店首先应明确顾客标准，即谁是一般顾客，谁是合适顾客，谁是关键顾客，依此分类有针对性地提供合适的服务，以顾客满意为目标，从而使门店价值目标与顾客价值目标协调。

第二，为顾客打造组织体系

门店不仅仅要从技术上对待顾客管理，更要从组织结构和企业文化的高度对待它，应以"顾客满意"为导向，构建新的组织结构。在新的组织结构中，顾客处于顶尖位置，充分体现了顾客至上的理念。同时，管理职能部分地从管理者转移到一线员工的层面，这样员工就具有创造性工作的自由和权力，由执行者变为工作岗位的管理者。在新型的组织结构中，部分决策权已转移到一线员工的层面，管理者应授权给员工，组建恰当的工作小组，并以恰当的方式对员工进行引导、激励和绩效评析。管理者应扮演好有效领导的角色，从领导者的角度来帮助员工获得正确的信息，并为他们的成功提供各方面的有力支持。

第三，打造顾客管理平台

顾客数据库系统是企业实施顾客管理，完善顾客服务的平台系统。详尽完善的顾客数据库系统，能为企业准确掌握顾客的需求意向，为企业带来长久的竞争优势，为顾客价值最大化创造条件。

4. 满意经营的员工心态要求

态度是一个人对待事物的一种驱动力，不同的态度将决定产生不同的驱动作用。好的态度产生好的驱动力，注定会得到好的结果，而不好的态度也会产生不好的驱动力，注定会得到不好的结果。对于门店而言，要做到满意经营就必须要求其员工具有良好的服务心态。那么一般而言，门店满意经营的员工心态要求有哪些呢？

（1）积极主动的心态

积极心态就是向好的，正确的方面扩张开来，同时第一时间投入进去。主动心态就是——"在没有人告诉你而你正做着恰当的事情"。门店肯定都有很多好的方面，也有些不够好的地方，就需要员工用积极的心态去对待。命运不是上天安排的，是我们主动去争取的。在门店里，有很多的事情也许没有人安排去做，如果员工主动的行动起来，不但锻炼了自己，同时也为日后的工作积蓄了力量和经验。在竞争异常激烈的今天，被动就会挨打，主动就可以占据半步的优势。

（2）双赢的心态

门店的员工必须站在双赢的心态上去处理自己与门店之间和资金与消费者之间的关系。员工不能为了自身的利益去损坏门店的利益。没有门店的利益，员工也肯定没有利益。消费者满足自己的需求，而员工实现自己的工作价值，这同样也是一个双赢，任何一方的利益受到损坏我们都会将为其付出代价。

（3）包容的心态

门店的员工会接触到各种各样的人或事，也会接触到各种各样的消费者。每个人和每个消费者的爱好和需求都不同。员工与人相处，为顾客提供服务，满足顾客需求，这就要求员工学会包容，包容他人的不同喜好，包容别人的挑剔。同事也有自己不同的喜好，有不同的做事风格，也应该去包容。

（4）自信的心态

自信是一切行动的源动力，没有了自信就没有了行动。员工要对自己服务的门店充满自信，对自己销售的商品充满自信，对自己的能力充满自信，对同事充满自信，对未来充满自信，时刻提醒自己是将优良的产品推荐给消费者去满足他们的需求,自己的一切活动都是有价值的。

(5) 行动的心态

行动是最有说服力的。千百句美丽的言辞胜不过真实的行动。员工需要用行动去证明自己的存在,证明自己的价值;需要用行动去完成自己的目标。如果一切计划、一切目标、一切愿望都是停留在纸上,不去付诸行动,那计划就不能执行,目标就不能实现,愿望就是肥皂泡。

(6) 主人翁的心态

门店的每位员工要像门店的主人一样去思考问题,办事情。不要认为自己是打工者,门店的命运与自己无关。事实上门店和员工之间是利益的结合体,在某种意义上是"水涨船高"的关系。因此只有你具备了主人翁的心态,才会去考虑门店的成长,才会感觉到门店的事情就是自己的事情;才知道什么是自己应该去做的,什么是自己不应该做的。

【案例链接】

著名的李维斯牛仔服就非常注重向顾客提供满意的服务。顾客来到商店里选购款式和布料,然后现场的售货员会为你量尺寸,并立即输入电脑数据库,这个数据库与李维斯的设计部门、工厂和市场营销及顾客服务部门紧密链接,你只需坐等片刻,或者是第二天取货即可,无论是大小、尺寸、款式风格都如你所想。甚至会应你的要求在领口或袖口绣上你的尊姓大名或者其他你喜欢的图案。其实李维斯也并非就真的为每一个顾客都单独制造,就如我们前面所说的那样,工厂会按照各种尺寸、大小款式、风格制造出大批的模块,接到前方的顾客数据之后,立即现场拼接就行了。而顾客获得的感受就不一样了,因为这衣服是"你专门为我生产的"。

【行家点评】

让顾客满意其实非常简单,只要你提供的顾客总价值大于顾客总成本就可以了。顾客总价值是指顾客购买某一商品与服务所期望获得的一组利益,它包括商品价值、服务价值、人员价值和形象价值等。顾客总成本是指顾客为购买某一商品所耗费的时间、精神、体力以及所支付的货币资金等,包括货币成本、时间成本、精神成本和体力成本等。根据不同价值、不同需求的顾客的喜好，设计定制他们想要得到的商品和服务，凸显专门化、个性化特征，满足顾客的价值感和尊崇感是实现满意经营的最好方式。

当满意度积累到一定程度就自然而然地产生顾客忠诚。商业环境中的顾客忠诚被定义为顾客行为的持续性。它是指顾客对门店商品或服务的信赖和认可，坚持长期购买和使用该门店的产品或服务所表现出的在思想和情感上的一种高度信任和忠诚的程度，是顾客对门店在长期竞争中所表现出的优势的综合体验，这些体验增加了顾客的舒适感和信任感。

顾客忠诚可细分为行为忠诚、意识忠诚和情感忠诚。行为忠诚是顾客实际表现出来的重复购买行为，意识忠诚是顾客在未来可能的购买意向，情感忠诚则是顾客对门店及其服务的态度，包括顾客积极向周围人士推荐企业的产品和服务。

第5章 推介展示：门店促销管理

目前，零售业的经营环境更加严峻，为了业绩的成长或保有市场占有的优势，做营销及促销活动是必需的、也是最重要的手段之一，所以门店一定要做好促销管理。只有这样，才能在市场竞争中，时时处处掌握先机，立于不败之地。

一、妙用传统的促销手法

目前各类市场推广活动五花八门、种类繁多。为了确保商品能够迅速销售成功，几乎所有的门店都很愿意使用促销这一营销工具。现在市场上几乎所有的门店都在做着促销工作，但是总结分析市面上的各类促销活动，其实大部分都大同小异。如果从形式和模式上来划分类别，可以笼统地将它们分为常规促销模式和非常规促销模式（即主题促销）。

1. 常规促销

常规促销是门店通常也是最喜欢采用的一种促销模式，内容万变不离其宗，一般就是优惠销售、免费试用装、买赠等等。当然活动形式和花样可以不断变换，如果能够做出新意就算是达到常规促销的最高境界了。

（1）常规促销的特征

- 持续性。常规促销活动一般持续的时间较长，比如有的奶制产品就在全国各地的门店做了长达数年的买赠促销。
- 固定性。固定的地点和固定的时间，这是常规促销活动最突出的表现，常规促销活动甚至在一些企业那里称之为"周末促销"。
- 速效性。常规促销活动达到的效果往往就是立竿见影，销量上扬，但后期销售效果及商品的影响力均不佳。

• 现场宣传。常规促销一般都借助于促销现场POP、展示牌、海报、人员讲解等方式来宣传促销活动内容，而不在大众媒体上进行宣传。

(2) 常规促销运作要点

常规促销的基本要点是门店的基础建设。门店可以说是常规促销的根据地，如果根据地不牢固，那么门店的促销活动肯定得不偿失。所以门店在做常规促销之前，需要做好以下工作：

场地和商品的硬件包装，比如将所有的促销商品包装好，形成统一的色彩视觉。对于促销活动使用的场地也进行适度的装修和设计；促销活动的软包装，店员的培训及客情关系的维护往往是门店容易忽视的一个方面，门店需要在厂家的支持下，建立一套较为完整的终端培训体系，以提高一线促销队伍的销售力。

(3) 做好促销的统筹安排

要设计一个详细的常规促销排期表来将所有的促销点所涉及的促销安排与执行、效果评估、销量统计、经验交流等信息进行分析，门店就可以对整个活动层面有一个大致的了解，并及时做出促销调整与统筹安排。选择合适的时机、促销理由及促销周期，这是门店在制定常规促销策略时应抓住的三个重点。

(4) 常规促销的误区：

误区一：有促销就有销量。如果促销方式不对、促销花样老套，这些类似常规促销的"硬伤"依然存在，纵使派上最优秀的促销人员，效果也只会事倍功半。

误区二：天天促销天天好。常规促销最易患上的就是"疲倦症"，许多门店以为天天做促销，天天有优惠，顾客一定会买账，但最终现实的结果是，促销费用上去了，但销量还是不温不火。

误区三：模仿就是硬道理。观察市场上效果较好，且比较流行的促销方式，然后采取跟进式的促销操作方式，是一些门店常用的手法。这种方法有一定的市场依据，但如果只生搬硬套，不创新、不改造，其结局便只是步人后尘，效果相差甚远。

2. 非常规促销

非常规促销模式（又称主题促销），也是门店经常采用的一种促销活动。此类促销活动一般都先由厂家来确定活动方案、主题、规模、形式，然后由门店负责执行或自行实施。非常规促销活动的次数不多，操作规模较大，在顾客中的印象也较深，能对市场的长期销量走向产生深刻影响。

（1）非常规促销的特征

● 指导性。操作非常规促销活动时，通常由活动方案提出者对门店在方案操作、程序、规模、媒体传播等方面给予全面指导。

● 主题性。非常规促销活动一般都希望在顾客心中留下深刻印象，因此，活动操纵者都会在整个活动中提出一个有吸引力的活动主题及口号，以引起更多人的关注。

● 时效性。非常规促销活动都会有一定的活动期限，"过期不候"的时效性也是非常规促销活动吸引受众眼球的一个重要特征。

（2）非常规促销的要点

在做非常规促销活动之前，门店要弄懂近段时期顾客在想什么，表现出什么样的购买偏好，所接受的消费及促销信息多为哪些方面的内容等等。

针对顾客所想，提出符合他们口味的促销活动主题才更能动人心弦；针对购买偏好，制定具有附加利益、满足顾客偏好和喜好的促销优惠措施，可以赢得顾客一颗长期信赖的心；针对目前流行或雷同的促销信息，在促销形式和主题内容上进行创新，才有可能形成一股崭新的传播力。

（3）非常规促销的误区

误区一：节假日促销活动就是非常规促销活动。很多门店一到节日就爱搞促销活动，还认为这就是搞了一次非常规促销活动。其实，对不同品牌的商品来讲，不一定所有节假日都适合搞促销。

误区二：赠送其他种类商品就是非常规促销活动。门店开展促销活动时经常搭赠其他品牌产品，并沾沾自喜地认为搞了一次非常规促销活动。比如可乐送薯片、咖啡送杯子、奶粉送奶瓶、牙膏送牙刷等。但是这些活动除了"贿赂"门店的老顾客以外没有起到什么促进作用，更对门店品牌建设没有帮助。

误区三：大型促销活动就是非常规促销活动。许多门店喜欢搞大型的促销活动,我们经常可以看到诸如"新款8折""心动优惠""买100还60""惊喜再现""限时限量3折抢购"之类的促销活动。但是,这些只是大型促销活动,不能说是非常规促销活动。因为虽然门店动用大量的销售费用,却没有给顾客传达门店品牌定位所提倡的信息,活动搞完了就完了,除了短期业绩提升以外没有任何价值。

3. 门店促销的常见方法

(1) 降价式促销

降价式促销就是将商品低于正常的定价出售。其运用方式最常见的有库存大清仓、节庆大优惠、每日特价商品等方式。

库存大清仓:以大降价的方式促销换季商品或库存较久的商品、滞销品等。

节庆大优惠：新店开张、逢年过节、周年庆时，是折扣售货的大好时机。

每日特价品：由于竞争日益激烈，为争取顾客登门，推出每日一物或每周一物的特价品，让顾客用低价买到既便宜又好的商品。低价促销如能真正做到物美价廉，极易引起顾客的"抢购"热潮。

（2）抽奖式促销

顾客有时总想试试自己的运气，所以"抽奖"是一种极有效果的促销活动。因为，抽奖活动一定会有一大堆奖品，如彩色电视机、洗衣机等，这样的奖项，是极易激起顾客参与兴趣的，可在短期内对促销产生明显的效果。通常，参加抽奖活动必须具有某一种规定的资格，如购买某特定商品、购买某一商品达到一定的数量、在店内消费达到固定金额、或回答某一特定问题答对者。另外，需要注意的是，办抽奖活动时，抽奖活动的日期、奖品或奖金、参加资格、如何评选、发奖方式等务必标示清楚，且抽奖过程需公开化，以增强顾客的参与热情和信心。

（3）折扣式促销

一般在适当的时机，如节庆日、换季时节打折，以低于商品正常价格的售价出售商品，使顾客获得实惠。

设置特价区：就是在店内设定一个区域或一个陈列台，销售特价商品。特价商品通常是应季大量销售的商品，或为过多的存货、或为快过保质期的商品、或为外包装有损伤的商品。注意不能鱼目混珠，把一些变质损坏的商品卖给顾客，那样会引起顾客的反感，甚至会受到顾客投诉。

节日、周末大优惠：即在新店开业、逢年过节或周末，将部分商品打折销售，以吸引顾客购买。

优惠卡优惠：即向顾客赠送或出售优惠卡。顾客在店内购物，凭手中的优惠卡可以享受特别折扣。优惠卡发送对象可以是由店方选择的知名人士，也可以是到店购物次数或数量较多的熟客，出售的优惠卡范围一般不定，这种促销目的是为了扩大顾客群。

批量作价优惠：即顾客整箱、整包、整桶或较大批量购买商品时，给予价格上的优惠。这种方法一般用在周转频率较高的食品和日常生活用品上，可以增加顾客一次性购买商品的数量。

(4) 竞赛式促销

竞赛式促销是融动感性与参与性为一体的促销活动,由比赛来突显主题或介绍商品,除了可打响商品的知名度以外,更可以增加销售量,如喝啤酒比赛等。此外,还可举办一些有竞赛性质的活动,如卡拉OK比赛等,除了可热闹卖场之外,也可借此增加顾客对零售店的话题,加深顾客对零售店的印象。

(5) 免费品尝和试用式促销

在促销之时,门店可以在比较显眼的位置设专柜,免费品尝新包装、新口味的食品。非食品和其他新商品实行免费赠送、免费试用,鼓励顾客使用新商品进而产生购买欲望。例如许多连锁百货店设有美容专柜,免费为愿意试用新品牌化妆品的顾客做美容;国外零售店的香水柜台也常常进行免费试用。

(6) 积分式促销

想吸引顾客持续购买,并提高品牌忠诚度,积分促销是一个种非常理想的促销方式。这一促销活动的特色是顾客要连续购买某商品或连续光顾门店数次后,累积到一定积分的点券,可兑换赠品或折价购买。

(7) 赠送式促销

赠送促销是在店里设专人对进店的顾客免费赠送某一种或几种商品,让顾客现场品尝、使用。这种促销方式通常是在门店统一推出新商品时或老商品改变包装、品味、性能时使用。目的是迅速向顾客介绍和推广商品,争取顾客的认同。

(8) 联合展销式促销

在促销时,门店可以邀请多家同类商品厂家,在所属分店内共同举办商品展销会,形成一定声势和规模,让顾客有更多的选择机会;也可以组织商品的展销,比如多种节日套餐销售等等。在这种活动中,通过各厂商之间相互竞争,促进商品的销售。

促销方式并不是孤立存在的,门店在选择使用具体某些促销方式的时候,要以促销商品、促销对象、促销时机为前提,以免出现不伦不类的促销活动——门店唱自己的歌,顾客走自己的路。

二、促销操作的一般流程与技巧

门店的促销活动虽然是项很具灵活性的事情,但是我们市场人员还是要充分把握促销活动的规则或者流程。

1. **促销时间的确定与安排**

(1) 促销时机、时间:促销开展要选择合理的时机、时间,一般有两种:一是抓住某种时机进行促销。二是根据产品特性和销售淡、旺季而执行的促销活动,如季节性、节假日、开业庆典、结婚、新居、针对竞争者的对抗性促销等。

（2）活动的持续时间：活动持续的长短应根据活动预算、顾客的反应、活动目的决定。

2. 明确促销目的和促销目标

门店所希望实现的促销目标就是其期待目标市场对促销活动所作出的反应。如果门店希望通过刺激顾客的购物欲望来达到提高销售业绩的目标，那么就要更准确地确定各项促销方式与手段。要做好这项工作就要明确促销目的和促销目标。

（1）促销基本目标的划分

从时效上划分，可分为短期目标与长期目标。

短期目标的制定：门店促销人员必须先明确促销活动期间短期的销售目标，即计划卖多少货。短期促销活动直接影响到顾客是否会购买，是否了解了你的产品、品牌，并因此有好感。顾客的这些反应，受到许多有形激励性因素的影响，结果会造成增加销售或增强产品品牌知名度。短期目标一般包括：提高门店品牌忠诚度，促成重复购买；促使别的竞争门店的习惯使用者、爱好者来自己的门店；迅速提升销量，促成第一次购买，教授（介绍）产品使用方法；产品演示（店前、活动现场）、折扣、优惠；延长商品的销售时间，使淡季不淡；使更多的人认识了解产品、品牌，注意并产生好感；吸引顾客进店，现场抽奖，买就送，大量媒体宣传；建立品牌形象，通过促销展示、促销员形象来加深品牌形象。

长期促销目标的制定：长期促销活动目标在于巩固品牌形象、维持市场占有率，所以它不如短期促销的销售效果明显。各种促销工具中，竞赛和赠品均有长期的促销效果。长期目标一般包括：提高门店品牌忠诚度，利用广告、各种激励手段，提升门店品牌认知度，展示、演示、折扣优惠，推行新商品试用。

从促销对象上来分，促销目标可分为直接目标和间接目标，而间接目标又能促进直接目标的实现。

直接目标是指对顾客的促销。主要包括：更多顾客购买本品牌产品，促使其他竞争品牌的使用者和爱好者转而购买或喜欢本品牌产品，提高产品品牌现有顾客的忠诚度，购买量与次数增加。

间接目标是指对全员的促销（促销员、服务人员）。主要包括：培养竞争气氛，提高员工工作积极性；提升人员素质，树立良好企业形象；提升产品销售业绩，取得更多促销收益。在制定促销目标时应分析顾客的购买过程。

(2) 促销目标制定的过程

促销目标必须量化，可以评估、衡量，而且是实际可以实现的。在思考促销活动对顾客影响到底有多大时，应充分考虑促销的手段和方式，采取何种形式来吸引顾客参加、购买，从而实现促销目标。在促销目标制定的过程中要考虑如下的问题：思考促销策略；思考促销目标；促销目标量化；合适的促销手段、方式是什么；促销手段、方式要适合主推产品；所要达到的目标是什么；促销的目标顾客是谁；促销区域、范围是否涵盖了大部分目标顾客；促销使第一次购买人数（比率）达到多少，重复购买人数（比率）是多少，淡季购买量达到多少，销售业绩增加多少等等。

3. 确定促销主题

促销不是为了促销而开展，它还肩负着品牌建设的任务。促销活动一定要有一个主题，这是整个促销活动的灵魂，目的在于提高品牌美誉度。从目标消费者的心里挖掘最富有煽动性的促销活动主题，以此主题为整个推广活动的核心；整合各种营销要素，在门店与消费者形成互动的氛围，最大限度拉进消费者与商品、门店的心理距离，吸引一批稳定的忠诚消费群体，从而最有效地推动门店销售业绩的持续增长。

促销主题要从一个时间段中考虑，在这个时间段可以设计不同的主题，但是每个主题之间必须有联系，整个活动主题一脉相承、一气呵成，形成具有震撼效果的品牌影响力。促销活动主题要与商品品牌诉求和定位相一致，避免给目标消费者混乱甚至错乱的印象，必须根据门店整体品牌战略目标来确定；促销活动主题是打动消费者的关键，一定要贴近目标消费者利益，是他们关注的重点，而不是做给老板看的；促销主题要简洁、突出、富有创意，并且朗朗上口，反映促销活动的核心思想；促销主题还要充分利用时势热点，诸如春节、母亲节、奥运等等，要有一定的新闻价值，在一定程度上能够引起社会舆论的关注。

主题促销活动主要有三种：以商品为主题的促销活动，以季节特点为主题的促销活动，结合特定节假日的促销活动等。需要明确主题促销活动绝不是简单的买赠、特价、路演等活动形式，而是围绕一系列主题这个活动灵魂来体现出促销商品的诉求和定位。

4. 确定促销对象

所谓确定促销对象，其实就是确定促销服务针对的消费者。在潜在市场中，哪些人需要促销的商品，哪些人在使用促销商品过程中受益，那么这部分人就是门店的目标市场所在。只有认准了潜在顾客，才能采取最有效的促销手段。

分析谁最有可能购买门店促销的商品，这部分人群首先有购买促销商品的需求，他们想买，并且买得起，他们才是门店要劝告、说服、激励和服务的对象。促销目标确认需要具体分析：

①谁是促销商品的使用者、购买者、决策者。

②目标对象的收入情况（购买力）。

③目标对象的特性及对产品的性质、功能的理解。

④目标对象的习惯及爱好（如，他是喜欢品牌还是便宜的，求时尚还是实惠等）。

⑤竞争者干扰情况。

5. 确定促销工具及评估标准

（1）确定促销工具

常见的促销要素工具有：优惠券、赠品、折扣、抽奖、DM、奖券、展示、演示、咨询、讲座、服务、有奖刺激、联合促销、展览会等。

常见的促销手段工具有：广告，在电视、杂志和报纸上登载广告；销售推广，其中包括有奖竞赛活动、优惠销售、特供品销售和样品赠送等；公共关系，策划和实施公共活动的目的就是通过媒体免费的正面宣传报道，达到提高社会知名度以及强化门店形象的目的；直接营销，目的是为了与顾客进行更具人情味、更富个性化的促销沟通。

（2）促销工具选择的拟订

内部讨论促销工具的选择是否能够对目标顾客产生足够的影响直至销售，评估标准包括：活动是否实用、简单、有效，可执行，操作性强。

6. 确定促销预算

确定促销预算的惯常做法就是在估算竞争对手促销预算的基础上来确定自己的促销预算。对竞争对手的促销预算的评估，其目的只是以它为借鉴，在此基础上，根据具体情况，做出适合本门店实际的促销预算方案。

7. 撰写促销策划方案

当促销的思路确定后，必须按一定的规则将其将形成文字，便于指导、落实和检查。策划方案必须包括如下内容：

①促销活动目的，即解决什么问题。

②促销活动要素，即活动进行的时间、地点和负责人。

③促销活动的方式，即采用什么促销方法，需要什么促销资源。

④促销活动的前期预热和后期跟进。

⑤促销效果评估。

⑥促销经费预算，包括：策划费（方案、信息收集）、场地费、运输费、广告投放费（报纸杂志、广播电视、网络户外）、设计制作费（POP、海报、宣传单页、拱门、空飘、刀旗、横幅、展台、背景板、赠品、样品）、公关费、人力费、杂费及其他。

8. 促销的执行监控

在方案实施过程中，存在着许多不可确定的因素，需要对活动进行监督、控制，以便根据各种情况的变化采取针对性措施，使活动有效进行。促销过程中的监控工作主要在于监督促销执行情况。要了解促销的进展，及时发现问题、解决问题，确保促销的顺利进展。一般监督的内容有：计划的执行情况，计划是否与现实有偏差，活动是否得到顾客的认同；人员的执行情况，人员是否有违纪、工作不负责等问题，导致活动不能按原计划进行；物资控制情况及意外事件的防范，各种宣传品、礼品、货物是否齐全，并按时到位，资金是否短缺；活动现场是否有人蓄意生事等情况。要及时根据这些监督内容的变化制定针对性措施。

9. 促销效果评估

对促销活动进行总结，包括促销活动的成功与不足之处，并提出改进措施，以及对活动前、中、后的销量对比，与去年同期销量增长比，活动投入产出比；还包括活动前后促销商品的品牌知名度、忠诚度、美誉度对比等。

三、促销成本的优化控制

门店在进行促销活动的时候不但要考虑促销的效果,更要注意促销的成本控制。促销的成本控制主要由两大块组成:促销预算管理和促销品管理。

1. 促销预算管理

促销预算管理的方法很多,较常用的方法有量力支出法、销售额比例法、竞争对等法和目标任务法。

(1) 量力支出法

量力支出法是指门店确定促销预算的依据是所能拿得出的资金数额。门店根据其财力情况来决定促销支出,方法简单易行,但它完全忽略了促销与销售之间的因果关系,忽略了促销对销售的影响。所以,严格说来,量力支出法在某种程度上存在着片面性,不利于门店制定长期的市场开拓计划。

(2) 销售额比例法

销售额比例法是指门店按照销售额(销售实绩或预计销售额)或单位产品售价的一定百分比来计算和决定促销支出。这就是说,门店按照每完成100元销售额(或每卖1单位产品)需要多少促销费用来计算和决定促销预算。

使用销售额比例法来确定促销预算的主要优点是:

暗示促销费用将随着门店所能提供的资金量的大小而变化,这可以促使那些注重财务的高级管理人员认识到门店所有类型的费用支出都与总收入的变动有密切关系;

可促使门店管理人员根据单位促销成本、产品售价和销售利润之间的关系去考虑门店的经营管理问题;

有利于保持竞争的相对稳定,因为只要各竞争门店都默契地同意让其促销预算随着销售额的某一百分比而变动,就可以避免促销大战。

使用销售额比例法来确定促销预算的主要缺点是:

①把销售收入当成了促销支出的"因"而不是"果",造成了因果倒置;

②此法基于可用资金的多少,而不是基于"机会"的发现与利用,因而会失去有利的市场营销机会;

③促销预算将随每年的销售波动而增减,从而与促销长期方案相抵触;

④没能提供合适的比率,而是随意确定一个比率;

⑤不是根据不同的商品或不同的时间确定不同的促销预算,而是所有的促销都按同一比率分配预算,造成了不合理的平均主义。

(3) 竞争对等法

竞争对等法是指门店比照竞争者的促销支出来决定本门店促销支出多少,以保持竞争上的优势。在市场营销管理实践中,不少门店都喜欢根据竞争者的促销预算来确定自己的促销预算,形成与竞争者旗鼓相当、势均力敌的对等局势。

采用竞争对等法的前提条件是:门店必须能获悉竞争者确定促销预算的可靠信息,只有这样才能随着竞争者促销预算的升降而调高或调低。竞争者的促销预算能代表门店所在行业的集体智慧,维持竞争均势能避免各门店之间的促销大战。

但是,事实上,上述前提条件很难具备。一是门店没有理由相信,竞争者所采用的促销预算确定方法,比本门店的方法更科学;二是各门店的促销信誉、资源、机会与目标并不一定相同,可能会相差甚多。因此,某一门店的促销预算不一定值得其他门店效仿;三是即使本门店的促销预算与竞争者势均力敌,也不一定能够稳定全行业的促销支出。

(4) 目标任务法

目标任务法的具体步骤是:

①明确地确定促销目标;

②决定为达到这种目标而必须执行的工作任务;

③估算执行这种工作任务所需的各种费用,这些费用的总和就是计划促销预算;

④门店在编制总的促销预算时,先要求每个促销策划者按照下述步骤准备一份促销预算申请书:尽可能制定详细的促销目标,该目标最好能用数字表示;列出为实现该目标所必须完成的工作任务;估计完成这些任务所需要的全部成本。

目标任务法的缺点是:没有从成本的观点出发来考虑某一促销目标是否值得追求。

2. 促销品管理

（1）合理使用促销品

当前的金融危机导致消费市场不景气，门店也压缩投放促销资金，一掷千金的时代已经结束，广告、促销更加趋于理性，那么作为促销重要一部分的促销品，怎样才算合理使用呢？

第一，促销品的使用讲究关联原则。所谓关联性原则就是所选择的促销品与促销商品本身有一定的关联性或互补性，即顾客需有或者必须有这个赠品后方能使用或更好地使用该产品。比如买空调送空调被、盖毯、件套，买冰箱送保鲜盒、冰箱把手套，买彩电送靠垫、抱枕、电视盖，买运动产品送洗浴用品、毛巾浴巾，甚至是买瓜子送饮料等等。门店这样做的目的是让顾客看到赠品就马上想起产品，进而想起该门店形象，起到传播门店服务品牌形象的功效。

第二，促销品的使用讲究实用适用原则。适用性原则就是所选用的促销品一定要有实用价值，最好是易于适用的，不需要售后服务。比如纺织产品、塑料制品、不锈钢制品等等。这样做是为了让顾客感觉到促销品是个实在有用的东西，自己花了一份产品的钱买了两份东西。"贪"是人的天性，特别是对女性顾客而言，花一份钱买两样东西会使顾客增加购买欲，而且这些促销品不会产生这样那样的问题，这个钱花得值。另外这个实用性还体现在顾客心理上。

一般来说促销品的作用可以分为两种，一种是引导顾客重复购买，另一种是迎合大多顾客重小便宜的习性刺激其购买冲动。而目前一些门店在做买赠促销时却没能好好把握顾客的心态去选择赠品，不经意间又犯了以下两种错误。

第一种错误是强调赠品价格而非价值，未能迎合顾客最强烈的需求心理。赠品并不是越贵越好，而是越让顾客喜爱的越好。人的心态就是这么奇怪，向一般的家庭主妇送一瓶3块的饮料还不如送一瓶2块的酱油，但如果向年青人送一瓶2块的酱油却远远不如送一盒1块5的饮料有效。促销赠品的选择不在于有多贵而在于能根据不同消费者的心理，选择最能打动他们内心的东西。因此，促销时就得因人而异，根据不同消费群的心态去找他们最想要的赠品。

第二种错误是赠品只是意外收获,而非诱导顾客重复购买的源动力。某瓜子公司 2005 年通过买瓜子送 NBA 球星小档案的精致卡片的赠品促销,使得某些孩子为了凑齐自己崇拜的明星小档案不断地重复购买,在年轻人市场中赢得相当大的份额。而我们一些企业在做促销时却只想着让更多的人提前购买本类产品,而从未想过如何让顾客多次购买重复购买自己的产品。例如,面对 25 岁左右的乡镇妇女、35 岁左右的城市妇女、60 岁左右的老人,什么样式的赠品才能使他们重复购买自己的产品呢?一是她们正想要的生活用品的组合,如厨房内的小五金系列;二是孩子玩具的一个系列组合,当小朋友拥有一个"虹猫"后还想要"蓝兔""黑心虎""猪无戒"来搭档时,顾客一般都会选择再次购买有这种赠品的产品。因此,根据消费群的心理特征,选择一种能吊起他们胃口的促销赠品,促成他们多次购买是买赠促销的最佳选择。

第三,促销品的使用讲究新颖性原则。新颖性原则就是促销商品的促销品要力求新颖突出,不要挑门店正在销售的商品,并且要有很强的价值感,使顾客感觉到促销品成本不能太高,要新颖而不高档,否则会因"羊毛出在羊身上"这样的心理使门店商品失去价格竞争力而被顾客放弃。说起来很容易,但切实做起来很难,因为中国是个超级制造大国,什么东西好卖,一夜之间就会出现众多的同质化产品,即使几天新颖,明天也就普及了,这就需要门店掌握新颖的时间性,不断推陈出新。

第四,促销品的使用讲究季节性原则。暑期促销应以夏令家庭实用品作为促销品为佳,可以有效拉动备受酷暑煎熬的顾客冲动消费,如席类产品的清凉,毛巾类产品的干爽等等。千万不要做"夏送被子,冬送伞"的事情,因为这是促销品最大的浪费。

(2)解决促销品内部流失

许多门店在促销活动进行之后会发现,促销品的派送和实际准备的数目有一定的差距,其中一个很重要的原因就是促销品的内部流失。解决促销品内部流失的方法主要有以下几种:

第一,敲山震虎

许多门店的员工之所以有胆量贪污促销礼品,是因为他们觉得促销礼品不属于财物范畴,反正是要送出去的,多一个少一个没什么,即便被查出来也不会有大妨碍，贪污促销礼品和贪污门店钱财是两回事。促销主管非常有必要在获得门店管理者批准的情况下，把促销礼品与门店的钱财画等号，让大家知道贪污促销礼品就是贪污门店的钱财，性质是一样的，不但要在门店内进行处理，达到一定额度，还将受到法律惩处。

第二，通报曝光

分支门店的店长一般不大会贪污促销礼品，但他经常对下面员工弄点促销礼品睁只眼闭只眼，若员工做得不太过分的话，一般也不会进行及时的制止。虽然他们对于促销主管的要求点头称是，但促销主管千万别指望这些分支门店的店长真的能下决心整顿这个问题。若想真正进行促销礼品的管理，就要考虑利用分店店长之间的牵制力和企业高层的威慑力。具体做法是统计出各分支门店月度或单个项目促销礼品的使用情况，全部列在一张表上，使各分支门店状况一目了然，甚至还可以设置警戒线，着重对一些管理不善的分支门店进行提醒。也可以下发文件提倡大家学习某几处分支门店的礼品管理经验和事迹，这份文件既可以专项分析报告的形式送相关人员，也可以在内刊上登出来。总之，要让企业高层和所有分支门店的店长都能看到。这样，各分支门店店长一方面会考虑公司高层可能由此对自己产生的看法，另一方面也顾忌在其他分支店长面前的面子问题，两个因素结合在一起，更能促使他们对促销礼品管理工作下力气。

第三，互相检查

使用不定期抽查的办法来监督各分支门店的促销礼品管理情况。这里要注意的是，促销主管别亲自出去查，而是安排各分支门店之间相互检查，最好利用大家的竞争心理，这样才能使其互相查得紧，以免出现互相帮忙过关的情况。

四、学会"秀"场外促销

什么叫做场外促销？所谓场外促销就是指门店将自己的促销场所放在露天的门门店面之外。

现在门店的场外促销很常见，但是我们经常可以看到有很多门店的场外促销，钱花了不少，也有不少别出心裁的创意，场面异常的火爆与热烈，可当曲终人散时,谁也不知道到底是为哪些品牌在做推广,谁也没有见过商品是什么样的,有什么功能特点。诸如此类的场外促销无异于花钱赚不到吆喝。

场外促销应该更注重实效,摒弃浮华,始终将商品的宣传放在第一位。通过商品的陈列、免费品尝、商品演示、样品赠送、促销员的详细讲解等手法让尽可能多的顾客对于商品看得到、摸得着,并亲身体验到商品的利益点,从而记住该商品,以后选择该商品。

1. 针对目标顾客促销

不是所有的人都是场外促销的目标顾客。不少门店开展场外促销，并不注重这一点，促销员散发宣传资料时见人就发，好像宣传资料不要钱一样。有些促销秀围观的更多的是看热闹，如此等等不枚列举。

门店在进行场外促销时，首先要明确自己促销商品的目标顾客是谁，然后在做还要总结出如何甄别目标顾客的方法，并且认真培训促销人员。然后促销策划时要认真研究如何在现场吸引和拦截目标顾客。促销过程中，要将更多的精力和激励手法放在目标顾客身上。

2. 准备足够的促销用品

门店的每次促销活动要准备至少一套促销道具和足够的宣传品、促销品。有的门店由于要经常开展场外促销，促销道具要成系列，要耐用，而且要轻巧，方便运输。

促销道具直接与顾客接触，也是很好的宣传工具和展示门店品牌形象、商品形象的媒介。因此，制作要专业、精美，印刷要有一定的档次，不要过于简陋。

促销道具要有利于商品的展示和演示，要根据商品的特点，进行合理的设计。现在有专业的厂家生产促销道具，可以购买现成的样品，也可以提出要求，委托厂家设计和制作。

3. 打造出色的促销团队

门店的场外促销成功与否在于促销人员，一支训练有素，特别能吃苦、特别能战斗的正规促销队伍是场外促销成功的关键。精干、形象佳、口齿伶俐、能吃苦耐劳、有素养、忠于门店、有责任心是合格促销员的评价标准。虽然促销员容易招到，可是真正合格的促销员还得门店用心培养。现在大多数门店都有一支大规模的促销队伍，可是很多门店并不注重促销员的管理和培养。有的零售门店有几千人的促销人员，可是连最基本的管理制度和培训教材都没有，这就太不应该了。可以想像管理好了这样庞大规模的促销人员，将会给门店创造多大的效益！

规范化管理。门店要制定严格的管理制度和对每一名促销员进行全面科学的考核与激励，同时要有专门的部门和人员来管理促销员。很多门店为了节约管理成本，通常由导购来直接管理促销员，这是不科学的。试想导购的工作本来就比较多，很难顾及促销员，更何况导购的素质也是参差不齐的，可能自己都难以管理好自己，又怎么谈得上管理好促销员呢？因此这些门店的促销员通常良莠不齐，而且管理极为不规范。

除了严格管理之外，最有效的管理办法就是培训。对于门店背景、商品知识、促销技巧、沟通技巧、礼仪技巧、促销现场管理、陈列技巧、顾客满意与关系管理等等都是促销员培训的内容。促销员的培训要形成制度，要经常性地开展。

促销队伍的集中拉练。促销管理规范的门店通常在新的促销员进入门店后集中拉练一段时间，甚至建立了门店的促销员集中拉练营，由具有丰富促销经验和理论的门店讲师对促销员进行全面培训，不仅有理论课，还要更加注重促销员的"实战演习"，适应团队作战。

4. 促销模式要模块化

所谓促销模式模块化就是要形成可以复制的促销模式。在一定的时间段，好的常规促销方法可以形成模式，并可以复制，为各个门店共同享用。

门店要善于总结和创新自己的常规促销方法，并整理成文，形成规范，供各个分店自行组织和开展促销活动使用，以解决促销员"促销难"的困扰。

5. 做好促销准备工作

促销的准备工作主要包括：预备好促销的形式和相关工具。根据市场拓展的不同阶段，需要门店促销达到不同的目的，设计好几种常规的促销形式，配备相关的促销工具，供促销人员选用。门店在推行新品上市时，通常需要运用免费试用、样品演示、发放宣传资料等促销组合达到迅速让顾客认知，同时还要运用赠品促销刺激顾客尝试购买。竞争需要时，通常需要常规场外促销营造更加有声势的气氛，吸引目标顾客的注意，同时给予较大的刺激力度，如折扣促销、优惠券促销、特价促销等，刺激顾客购买更多的本店商品。根据不同的促销形式，配备相关的促销物料，如样品、赠品、宣传资料等等。如果没有这些物料，常规促销根本就不能开展。

6. 营造良好的促销气氛

场外促销之所以要放到门店的场外开展，就是因为要吸引更多的目标顾客驻足和围观，参与现场的商品体验和更深刻地了解商品的特点，并争取尽可能多的顾客现场购买。若促销现场冷冷清清，根本就达不到场外促销的目的。促销队伍学会营造火爆热烈的现场气氛是最关键的,有气氛就会有人气,有人气就会有围观,有围观就会有购买,有购买就会有更多的从众购买。因此可以说火爆热烈的现场气氛是第一促销力。

7. 注重现场的促销形象

促销现场是门店直接与顾客"亲密接触"的场所,必须要制造和保持现场良好的形象。如果门店的促销员形象差、不懂礼节,现场秩序混乱、促销道具不洁、陈列的商品包装上满是灰尘……谁还会来购买你的商品?尤其对于食品来说,说不定给路过的行人的印象就是:脏、差、恶心,很容易形成对商品不好的印象,就更不用奢望他们以后购买商品了。

8. 次数要持久,形式要创新

门店的场外促销要有一定的数量和持续性。通常一两场场外促销并不会达到预期的效果,毕竟其影响力有限,而且现在的顾客已经变得越来越健忘,只有足够次数的刺激和提醒才能让他们记住促销的商品和品牌。因此,常规促销必须要保证足够的次数。要开展常规促销就要做好持久战的准备,组建一支甚至多支促销队伍,选择周末或者节假日连续开展一到三个月轮回式的常规促销。

门店场外促销形式创新。小规模场外常规促销由于开展的长期性,而且现在开展场外促销的门店也很多,竞争激烈,所以无论是刺激购买的方法还是制造气氛的手法均要创新,否则总是一些老套路的常规促销,效果是会呈边际递减的,最终无法引起顾客的兴趣。创新的最好办法就是不断推出促销的主题,用不同的主题不断为促销带来新意。

9. 做最有气势的促销

门店在场外促销的时候在气势上一定要保证绝对压倒竞争对手。每次常规促销,在同一地点开展类似促销的门店可能会有好几家,大家都在同一个平台上争夺有限的客流量,要使你的促销气势能压倒所有同场竞技的门店,必须投入更多的资源,摆出更大的场面,让其他门店都只能成为你的衬托。在同一地段进行场外促销,当无法比其他门店作出更大的气势时,或者有门店在开展大型促销时,宁愿当天休息,择日再开展。

10. 进行整体性的市场推广

场外促销是门店众多推广和促销手法中的一种,它也不可能完成所有的推广工作，并且它存在一定的局限性，比如影响力有限，若没有一点大众媒体的传播，很容易让顾客认为是一个小打小闹的、摆地摊的、不知名的、不可信任的品牌。运用整体的市场推广策略，各种手法和工具相互配合，相互补充，互相呼应，才会让各种市场推广发挥最大的效益。因此场外促销若能得到诸如大众传媒、事件行销、公关活动等配合与支持，效果当然会更佳。

第6章 知彼知己：商圈推广与竞品调查

现代社会的发展日新月异，商业经营环境变幻迅速，商家必须有效地掌握其变动才能生存。利用商圈进行门店选址分析，能够使决策更加科学化、直观化，同时还可以提高决策效率，降低决策风险度。门店除了商圈的推广之外还要做好竞品调查，避免与比自己实力雄厚的门店撞车，降低自己的运营风险。

一、门店商圈的含义

门店要全面地了解商圈，因为它表明了未来门店所进行销售的空间范围，以及门店吸引顾客的区域范围。

1. 商圈的概念

商圈是指以门店坐落点为核心向外延伸一定距离而形成的一个方圆范围，是门店吸引顾客的地理区域。简单地说，也就是来店顾客所居住的区域范围。无论大商场还是小商店，它们的销售总是有一定的地理范围。这个地理范围就是以商场为中心，向四周辐射至可能来店购买的消费者所居住的地点。

零售门店的销售活动范围通常都有一定的地理界限，也即有相对稳定的商圈。门店的商圈由核心商业圈、次级商业圈和边缘商业圈构成。核心商业圈是离商店最近、顾客密度最高的地方，约占商店顾客的50%—70%。核心商业圈的外围，顾客则较分散，市场占有率相对减少。不同的商店由于所在地区、经营规模、经营方式、经营品种、经营条件的不同，使得商圈规模、商圈形态存在很大差别。同样一个零售商店在不同的经营时期受到不同因素的干扰和影响，其商圈也并不是一成不变的，商圈规模时大时小。

2. 商圈的要素

商圈必需的要素，包括消费人群、有效经营者、有效的商业管理、合理的发展前景和政府支持，此外还有商圈的形象、功能、建筑形态以及建筑成本等。其主要要素有：

第一，消费人群。

第二，有效经营者。与消费人群需要有机结合。

第三，有效的商业管理。

第四，商业发展前景。打造商圈需要多方面的投资者和经营者入驻，商圈未来的形象、概念都是打造商圈的主要手段。

第五，商业形象。商圈必须有自己的形象，有自己的特色。环境、包装、对外宣传都是商圈树立形象的重要环节。

第六，商圈功能。商圈按功能分为传统商圈和主题、概念商圈。赛特商圈、王府井商圈等属于传统商圈，而像电子城等属于主题商圈。

3. 商圈的分类

第一类：商业区。商业集中的地区，其特色为商圈大、流动人口多、各种商店林立、繁华热闹。其消费习性具有快速、流行、娱乐、冲动购买及消费金额比较高等特色。

第二类：住宅区。住宅区住户数量至少在1000户以上。其消费习性为消费群稳定，讲究便利性、亲切感，家庭用品购买率高。

第三类：文教区。其附近有一所或以上的学校，其中以私立和补习班集中区较为理想。该区消费群以学生居多，消费金额普遍不高，但零食和饮料的购买率高。

第四类：办公区。指办公大楼林立的地区。其消费习性为便利性、在外就餐人口多、消费水平较高。

第五类：工业区。工业区的消费者一般为打工族，消费水平较低，但消费总量较大。

第六类：混合区。分为住商混合、住教混合、工商混合等。混合区一般属于多元化的消费习性。

4. 商圈范围的确定方法

在实际运作过程中，主要可以通过两种方法确定商圈范围。

一种是参照法。即参照某一类似的市场或地区已有的门店的商圈规模大小确定。这种方法在使用上为了尽可能地接近本门店所在地区的实际情况,可根据参照地区市场或地区门店在经营规模、经营特色上的不同,以及居民人口分布、城市建设、交通设施状况、商业布局等方面的差异,进行合理的修正,以取得较为准确的商圈零售饱和指数数值。

另一种是调查法。即通过填写问卷调查的方法,把握在所定商圈范围上最远的而且愿意到预定地址购物的消费者的信息,以确定商圈。问卷调查的内容应包括:住址、来店频率(次/周或次/月)等信息。根据收回的调查表进行统计,将所收集的最远的消费者的住址在地图上画线连接起来,商圈范围就自然展现出来了。

商圈范围可按销售额与市场占有率指标分为:第一商圈市场,其市场占有率在30%以上,客户消费额占门店销售总额的75%;第二商圈市场,其市场占有率在10%以上,客户消费额占门店销售总额的25%;第三商圈市场,其市场占有率在5%以上,客户消费额占门店销售总额的5%。值得注意的是同样一个门店,在不同的经营时期会受到许多因素的干扰和影响,致使商圈范围产生许多变化,所以要经常对商圈进行调查以调整经营战略。

二、有效商圈的界定

什么样的地址才是适合门店做商圈推广呢?什么样的商圈是有效的呢?门店的管理者们在进行门店推广的时候必须界定商圈的有效性。按照规范的标准来对自己的选址进行评估,现以大型门店选址为例来理解什么是有效商圈。

1. 位置选择

第一,在大中城市,商圈应位于城市中间区和新开发的较大居住区内,避开中心商务区和次级商务区。

第二,城乡结合部和近郊区,若无大型成熟社区,一般不进入。

第三,在中小城市中尤其是小城市,应尽量接近城市中心或次级中心。

第四,商圈所处区应为城市的居住区、居住商业混合区,城市建设水平中上,道路、建筑等城市景观无破旧感,公共设施完好、齐全。

第五,附近无污染企业或危险品生产企业和仓库。

第六，所在区域不属于城市衰落区，无人口外迁趋势和居民收入水平下降趋势。

第七，所在区域无城市拆迁、改造规划。

2. 目标消费者考察

第一，商圈内目标顾客应以当地常住居民为主，家庭以已婚有孩子的为主。

第二，居民收入水平应在当地中等偏上，以公务员、公司职员、工人和商人为主。

第三，高中以上文化水平的居民应占大多数。

第四，人均商品性消费支出应在每月300元以上。

第五，购物出行方式以步行和骑自行车、电动车为主。

第六，购物频率在每周2—3次左右。

第七，对价格不是太敏感，但仍视为选择门店的重要因素。

（3）诉求重点的考察

第一，家庭日常食品和用品均基本齐全。

第二，价格适度低。

第三，相对便利。

第四，品质保证。

（4）市场定位考察

第一，能独立成为居住区的服务中心地。

第二，相对便利的购物场所。

第三，提供较为齐全的品类。

第四，居民至少一周要光顾一次，提供居民经常性需要购买的商品。

第五，适度低价、商品较齐备、商品档次中等、购物环境舒适亲切。

第六，居住区内最大、最有影响的商店。

第七，社区居民购物、休闲、社交的中心。

（5）人口考察

商圈内人口分布呈面状，而不是集中于一侧或局部，居住密度高，以高层、多层住宅为主。商圈人口规模应不低于5万人，应在5—10万之间。视所开设的门店面积大小而定，面积大商圈内的人口规模也应相应增加，一般应保持每千平方米需一万人左右的商圈人口比例。

(6) 业态分析

商圈内以传统业态，如小杂货店、副食品商店、小摊、菜市场为主要业态，无新兴业态的场所。

(7) 商圈形状分析

第一，商圈的形状以接近圆形的不规则多边形为最佳，尽量避免狭长状、条带状的商圈。

第二，商圈内无地面铁道线、河流、快速主干道穿过，分割商圈。

第三，商圈内无山丘、大面积水体、大面积绿化用地。

三、门店商圈的分析

中国的零售门店飞速发展，但是所有的门店在起始之初都不得不面对一个问题，那就是将门店开在哪里。任何一家门店的开设第一个面对的都是选址问题。近几年来，我国加快了城市化建设，为了便于招商引资，各城市在新建或改造城市项目时就考虑到了城市商业圈的规划或建设，这为很多连锁门店的进入提供了便利的条件，但是这样的商圈对于那些急于在中国市场跑马圈地的零售业巨头们来说还是杯水车薪，供给远远小于需求。于是为了满足自己对开设新店的需要，各家零售企业都将选址放在了首要位置。选址首先要做商圈分析。因为它表明了未来门店所进行销售的空间范围，以及该门店吸引顾客的区域范围。

1. 商圈分析的要素

商圈分析有两个部分，即广义商圈分析（经济、人口、政府规划政策等）和狭义商圈分析。这里探讨的是狭义商圈分析。

所谓商圈分析是指顾客愿意到本门店购买产品的距离与相应的时间，通常情况与本店店面地址相距500米左右的距离为佳。

为了确保商圈分析的有效性，还得在商圈范围内给予充分的调查。以下是对商圈进行调查时常关注的三大要素：人口、竞争品牌、基本费用等。

(1) 人口调查

人口调查的内容包括该区域的人口数量、人口结构、购买习惯、经济收入、人流量的大小等。

人口调查的重点包括：

第一，家庭状况。

家庭状况是影响消费需求的基本因素。家庭特点包括人口、家庭成员年龄、收入状况等。如每户家庭的平均收入和家庭收入的分配，会明显地影响未来门店的销售。如所在地区家庭平均收入提高，则会增加家庭对选购商品数量、质量和档次的要求。家庭的大小也会对未来的商店销售产生较大影响。比如一个两口之家的年轻人组成的家庭，购物追求时尚化、个性化、少量化；而一个三口之家的家庭（有一个独生子女），则其消费需求几乎是以孩子为核心来进行。家庭成员的年龄也会对商品具有不同需求。比如，老龄化的家庭其购物倾向为购买保健品、健身用品、营养食品等；而有儿童的家庭则重点投资于儿童食品、玩具等。

第二，人口密度。

一个地区的人口密度，可以用每平方公里的人数或户数来确定。人口密度高的地区，到商业设施之间的距离近，可增加购物频率。而人口密度低的地区吸引力低，且顾客光临的次数也少。一个地区人口密度越高，则选址门店的规模可相应扩大。

要计算一个地区的白天人口，即户籍中除去幼儿的人口数，以该地区上班、上学的人口数，减去到外地上班、上学的人口数。部分随机流入的客流人数不在考察数之内。

白天人口密度高的地区多为办公区、学校文化区等地。对白天人口多的地区，应分析其消费需求的特性进行经营。比如采取延长下班时间、增加便民项目等以适应需要。

第三，客流量调查。

一般在评估地理条件时，应认真测定经过该地点行人的流量，这也就是未来商店的客流量。人流量的大小同该地上下车乘客人数有较大关系。上下车人数的调查重点为：

各站上下车乘客人数历年来的变化。

上下车乘客人数愈多的地方愈有利。

上下车乘客人数若减少，又无别的交通工具替代的情况下，商圈人口也会减少。

根据车站出入的顾客年龄结构，可注意不同年龄顾客的需求。

第四，购买力调查。

商圈内家庭和人口的消费水平是由其收入水平决定的，因此，商圈人口收入水平对门店定位有决定性的影响。家庭人均收入可通过入户抽样调查获取。比如北京西郊某商厦在立地之初，就对周围商圈一至二公里半径的居民按照分群随机抽样的方法，抽取出家庭样本2000个。经过汇总分析，发现这2000户居民中，人均收入在月千元左右的约占50%，500—1000元的占20%，1000—1500元的占20%；人均月收入500元以下的10%，人均月收入2000元以上的约占10%。由此说明，该地区居民大都系工薪族家庭，属于中等收入水平。

（2）竞争品牌调查

竞争品牌的调查主要以竞争品牌的数量、品牌结构、潜在竞争品牌等要素来进行分析。

竞争品牌数量、品牌结构的要素调查主要是调查当地市场是否饱和、竞争是否激烈，如果是同一个行业品牌数量极多、品牌结构比较丰富，那么就很容易吸引顾客的高度聚集，增加整个区域的市场容量，当然这是选择的重要场所。

潜在的竞争品牌的分析，也将预示着未来的市场提升。如长沙商业步行街的女装连锁专卖店在2005年时，只有几个服装品牌专卖店，但后来其他品牌纷纷跟进，相继出现了各类品牌的服装专卖店。

（3）基本费用调查

基本费用调查的调查要素主要有：转让费、租金、物业管理费、国税、地税、水电费、装修费、人员工资等。

2. 影响商圈大小的因素

（1）外在因素：主要是指门店地段环境中的各种条件状况，其中地段的居民环境、交通环境、商业环境是影响门店商圈范围的主要因素。

居民环境：周边居民的居住密度越大，人口总量越多，商圈规模越大；周边居民分布越集中，并且主要集中在门店地段附近，就可增强居民到达门店的便利性，提高对居民的吸纳力，扩大的商圈规模。对于一些小型邻里商业物业、社区商业物业来说，周边居民的居住密度、分布方式对其商圈范围的影响尤为明显。

交通条件：地段交通条件越发达，交通辐射范围越广，外围区域的居民到达门店的地段就越便利，吸纳力就越强，商圈范围就越广。

商业环境：商业物业位于商业区中是其中一部分。商业区环境将对门店的商圈范围大小产生直接的影响，好的商业环境可以增强整个商圈的对外影响力，拓展其内部门店的商圈范围；相反，恶劣的商业环境不但不能增强其影响力，反而可能使其中的门店无法继续生存发展。门店如果不存在于商业区中一般就会与商业区形成直接竞争关系，产生负面影响。

（2）内在因素：是指门店的经营规模、各种构成元素的组合以及促销广告活动等。

经营规模：门店提供商品和服务的种类越多，吸纳力越强，可以吸引更广泛区域消费者前来购物。当规模增大到一定程度时，达到极限值，再继续扩大经营规模，商圈范围并不会随之扩大。

构成元素组合：经营日常用品的商店吸引顾客区域范围较小，商圈范围也小；经营非日常用品的商店则相反。经营高档、品牌商品的商店吸纳顾客的能力强，商圈范围广。

促销广告：门店的经营者如果重视对项目的宣传，可以提高消费者对门店的认知程度，一定程度上可以扩大门店的辐射范围，即扩大其商圈范围。

3. 确定商圈的方法

（1）零售引力法则

零售引力法则是商圈传统定义的进一步拓展。该法则认为，城市的人口越多、规模越大、商业越发达，其对顾客的吸引力就越大。商店的吸引力是由邻近商圈的人口和距离共同作用的结果。

（2）商圈饱和度

测定特定商圈内某类商品销售的饱和程度，可以帮助新设门店的经营者了解某个地区内同行业商店是过多还是不足。一般来说，在饱和程度较低的地区开店，成功的概率较高。饱和指数表明一个商圈所能支持的商店不可能超过一个固定数量，饱和指数可由公式求得：

$$IRS = C \times RE/RF$$

式中 IRS 为商业圈的零售饱和指数；C 为商业圈内的潜在顾客数目，RE 为商圈内消费者人均零售支出，RF 为商圈内商店的营业面积。

假设在商圈内有 10 万个家庭，每个家庭每周在食品中支出 25 元人民币，共有 15 个门店在商圈内，共有 144000 平方米销售面积，则该商圈的饱和指数 IRS = 100000 × 25 元/144000 = 17.36 元

这一数字越大，则意味着该商圈内的饱和度越低；该数字越小，则意味着该商圈内的饱和度越高。在不同的商圈中，应选择零售饱和指数较低的商圈开店。

(3) 商圈竞争分析

在作商圈内竞争分析时必须考虑下列因素：现有商店的数量，现有商店的规模分布，新店开张率，所有商店的优势与弱点，短期和长期变动以及饱和情况等。任何一个商圈都可能会出现商店过少、或过多或饱和的情况。商店过少的商圈内只有很少的商店提供满足商圈内消费者需求的特定产品与服务；商店过多的商圈，有太多的商店销售特定的产品与服务，以致每家商店都得不到相应的投资回报；一个饱和的商圈商店数目恰好满足商圈内人口对特定产品与服务的需要。

4. 商圈分析的步骤

商圈分析的步骤一般可分为以下几步：

第一步，确定资料来源，包括销售记录分析、信用证交易分析、邮政编码分析、调查等。

第二步，确定调查的内容，包括购物频率、平均购买数量、顾客集中程度。

第三步，对商业圈的三个组成部分进行确定。

第四步，确定商圈内居民人口特征的资料来源。

第五步，根据上述分析，确定是否在商圈内营业。

最后，要确定门店则在的区域、地点和业态等。

四、设定商圈战略

门店虽然不能左右决定商圈大小的外在因素，但是却可以通过自己的努

力来扩大自己的商圈，即商圈推广。

1. 开展学校活动

学校，是被很多门店忽略的地方。特别是大中专学校的学生，是一个很有活力，也很有开发价值的新生消费群体。

门店在针对学校消费群体的开发方面，主要可以通过4种方式在商圈附近的学校进行推广：

（1）与"学生会"合作

门店进行实际运作时，与"学生会"合作，是有效进入的第一种方式。根据经验，与学生会合作一般每次需要一点费用，加上自己人员的工资是1000元，每天可以销售2000—3000元的产品。最主要的是，可以趁机提高门店在学校的商圈影响，实现"名利双收"。

（2）现场活动宣传

在学校举行现场销售宣传。操作方式是要先跟学校沟通好，然后可在学校食堂旁边，举行这种现场的产品销售和宣传活动。推广的产品一般以多个品牌附带一个终端品牌，加上宣传资料和销售小姐就可以操作了。

活动的主要目的是：一方面可以现场销售产品，另一方面是针对学生宣传门店，让这个富有活力的消费群体更多地通过品牌和宣传资料知道和了解门店。

（3）请学生发传单

可以请学生去学校发宣传单页，这种方式对于提升学生对门店的认知，效果很好。

（4）派发试用品

可以针对学生在学校派发一些试用装和宣传折页，主推一些针对学生的产品品类，让他们对门店的产品多一些了解。一般派发试用装后产生的回头购买率会比较高的，所以在安排派发的时候，一定要把握好产品的季节性。另外要派发有特点的产品，或名牌产品，这样回头率才比较高。

2. 分发宣传单页

宣传单页是门店快速吸引客流、提升目标顾客认知度的最有效手段。这里说的宣传单页不是厂家配给门店的那种折页，而是门店自己根据每个时期的推广需要，自己去设计和印刷的一种单店宣传单页！

宣传单页的应用要注意以下几点：

（1）封面封底设计

一般用知名度非常高的品牌，这些品牌的形象广告、促销优惠或产品图片等内容，都可以作为封面封底。这样操作，可以提高消费者对宣传资料的关注度和信任度。另外封面封底的颜色和格调，要符合不同季节的消费者心理。比如夏天用比较清爽的蓝色或者绿色，让消费者第一眼的感觉就很舒适，有要看下去的欲望。

（2）宣传单的商品设计

单页上的产品要能吸引顾客，这一点很重要，直接关系到目标顾客对于门店传递的产品信息有无兴趣，会不会进店来购买。因此，要根据季节的变化和流行的不同，注意名牌产品和终端产品的合理搭配。

比如夏天，就可以上洗发水、沐浴露、空调、风扇等；冬天则可以上棉被、电暖炉、护手霜等。

只有通过有效地向目标顾客传递他们关注的品牌和适应季节的产品，才能唤起顾客对产品的敏感和对门店的关注，才有可能吸引顾客进店。

（3）优惠信息的设计

宣传单的优惠信息又称为"折扣券"信息，就是在散发宣传单页时，加上使用期限是15天内的"5元""10元"的"折扣券"。如购买100元产品时，可以使用一张"5元"的折扣券。当门店去一些机关单位的办公室散发资料时，每个办公室就可以发"1份宣传单页+多张折扣券"。这样操作就很灵活，可以有效地控制宣传单页的制作成本。

（4）选择散发对象

宣传单页要有针对性地派发，以提高它的使用和宣传效果。要注意派发给门店潜在的目标顾客，而不是去盲目地散发，浪费宣传物料。

（5）相关注意事项

宣传单页在外面派发的时候，还要注意一些操作细节，比如宣传单页掉在地上，门店的工作人员要捡起来，而不能掉在地上就不管。另外，当潜在顾客不接受宣传资料的时候，不要硬塞。这两个小细节是操作时应注意的重要问题。

3. 进行网站宣传

现在，随着网络的普及，上网的人越来越多。因此，门店还可以考虑建立自己的网站，通过网站向消费者宣传自己。

门店建立网站的目的，就是让顾客足不出户，便可以及时获知门店最新的产品和活动信息。

网站主要有以下三个方面的作用：

（1）进行网络推广和网店销售（适合一些经济比较发达、网络普及率高的区域）。

（2）网络折扣券：就是将折扣券优惠信息放到网站上，消费者从网站上打印出来便可以使用了。这样还可以节约门店派发折扣券的人工成本。

(3) 针对年轻消费群体的最有效的信息传播手段。

3. 制作 DM 手册

当门店发展到一定阶段,积累到大量会员的时候,就可以用 DM 手册的方式来进行推广了。DM 广告,就是门店制作的、通过邮局邮递的产品宣传广告手册。

DM 手册具有信息量大的优点,内容和操作要点跟宣传单页是一样的,只是产品和内容更丰富而已。因此,在操作的时候,要有针对性,才能让手册发挥最大的效应。一般建议门店在会员达到 10000 个的时候,就比较鼓励采用这种方式来操作。

门店的 DM 手册一般可以按照以下两种渠道,邮寄给两种不同的对象:

(1) 邮寄给"会员"

也就是邮寄给门店的会员。一般建议门店每期 80% 的手册邮寄给会员。

在日常的销售过程中,门店就要注重会员的发展和登记,积极发放会员卡。比如,购物满一定金额的顾客就可以办理会员卡。这种方式是发展和积累会员的重要渠道,只有注意平时的积累,会员才能快速和有效地壮大。大量的会员是 DM 手册进行有效宣传的前提。

(2) 邮寄给"潜在顾客"

除了要邮寄给会员,还要保持每次有 2000—3000 本,是用来邮寄给一些新的潜在顾客,用来发展新顾客。因为,保持一定的新鲜血液是非常重要的,是弥补会员流失的重要手段。

比如,邮寄给一些工厂、机关单位的办公室,每个办公室邮寄 1 本。

另外,也可以通过收集一些门店、商场的潜在会员资料,选择出比较合适的目标顾客,把 DM 手册邮寄给他们。

潜在顾客的开发,在时间上需要一定的持续性,不要指望邮寄一次两次就能产生很明显的效果,一般要持续邮寄 2—3 个月。两三个月之后,可以重新选择 2000—3000 个潜在顾客,同样按照这种方式循环操作,就能够很好地开发一些新顾客了!

(3) 注意事项

DM 手册要操作好,还要做好其他几个小细节的配套工作:

第一,印刷信封,也就是设计印刷门店自己的信封,信封上要印上自己的店名、形象、电话，有网站的还要加上网址。不要忽略任何一个可以宣传自己的机会。

第二，先谈好邮资。邮局一般对于邮件的费用是有一定收费标准的，但如果你的数量大，就要先跟邮局谈好一个比较优惠的费用，这样也能很好地控制成本。

第三，自己封装。这些准备工作做好之后，需要自己封装，以免会员资料泄露。

以上就是门店在商圈推广方面的几个主要策略。概括来说，就是通过去学校推广开发大量的学生顾客；通过针对性的派发宣传单页和折扣券快速吸引客流和目标顾客；通过网站让年轻消费群体和门店会员足不出户，便可以在第一时间及时收到最新的产品和活动信息；通过 DM 手册向会员持续稳定地传递大量信息，并开发一定比例的潜在会员。

五、竞品调查的内容与获取方法

竞品调查，顾名思义就是对竞争对手的产品进行调查。从更广泛的意义上来说，是对竞争对手的经营情况进行调查。随着竞争越来越激烈，竞品调查成为很多大公司经常性的工作。作为门店经营者也很有必要经常开展此类工作。知己知彼，百战不殆。我们要考察清楚对手的情况，才能制定出相应的经营策略。那么，竞品调查怎么来调查呢？要调查哪些内容呢？

1. 看竞争对手的卖场有多少品项

搞清竞品在该店中有多少个品项，直接关系到调查方门店应进入多少个品项的问题。竞品有多少个品项，是他们经过科学调查得出的结论，一般是经过当地实践检验的结果。

2. 看品项是什么

具体是哪些品项？竞品有的品项我们是否有？竞品没有的品项我们是否有？我们一方面要比照竞品品项，另一方面，我们也必须要考察当地的真实需求。

3. 竞品在该店的优势是什么

任何一种产品，只要它能够存活，它就有一定的生命力，也就有它存在

竞品调查的内容与获取方法

> 知己知彼，
> 百战不殆

> 5.是品种优势
> 还是价格优势

马球衫 500元

T恤衫 90元

1.对手卖场有多少品项
2.品项是什么
3.竞品在该店的优势是什么
4.看对手的价位是怎样的
……

的优势，我们要抓住它的优势进行认真的分析。

4. 看对手的价位是怎样的

竞品的价位是我们必须要认真分析的一个重要因素。如果我们与竞品都有的单品，我们怎样比竞品价位低？如果我们有，竞品没有的单品，我们该怎样定价？一定要定得略高一些，以便预留出其他费用和今后的降价空间。

5. 看对手是品种优势还是价格优势

在调查中可以发现，品种优势与价格优势有很大的区别。价格优势取决于成本优势和企业发展战略问题。而品种优势是企业对消费者需求了解的深度的问题。我们与对手怎样交锋，取决于我们对手的强势是什么。

我们该从哪些方面寻找自己的优势？对手的优势，我们要尽量避免硬碰；我们的优势，我们尽量发扬光大。用我们的强项打击对手的弱项。

如果竞品的单品价格无优势，则调查方产品应在其同一品种产品的紧邻位置上铺货，用优势价位对竞品品项进行冲击，争取较大主动权。一分一毫的价格优势，都会成为未来战胜对方的法宝。

6. 获取信息的方法

了解了竞品调查的内容后，接来就是如何获得这些信息，这需要一定的方法，下面介绍几种：

一是制定顾客调查表，进行信息归类和分析。一张设计完整的调查表往往是我们了解竞争对手的第一步，首先我们要根据调查对象身份（VIP、普通）、年龄段、消费层次的差异设计不同的调查表。调查表的设计主要是满足我们的调查需求。如果是经营休闲装品牌的门店，要了解当地的竞争品牌及他们的相对优势，就可以把调查表的项目分为您最喜欢的休闲装品牌（当地有的品牌）、喜欢这些品牌的原因、最喜欢这些品牌的哪些商品类别、您购买休闲装时最重视的因素有哪些、拥有哪些品牌的贵宾卡、一年购买服装的金额是多少（分休闲装和其他服装）等等，以及一些根据自己想要得到的数据而设置的相应项目。

二是以顾客身份对竞争品牌和周边门店进行暗访调查。这是国内门店运用比较多的一种信息获取方式，做过生意的人都知道，经常可以见到在某一时段，门店里有些人看东西很认真，并不时地向导购询问各种商品信息，可最终一件东西都不会购买；我们也能看到国内的一些门店张贴"同行勿入，面斥不雅"一类的提示语，这些都说明竞争品牌市场调查人员的存在。对于进行此项工作的市场调查人员，需要有很好的市场观察能力，并对市场信息有敏锐的嗅觉，同时还要具有很好的沟通和记忆力。如果团队有这样的人员，那么他们将是门店的一笔重要财富。

三是搞好与周边门店的关系，与其进行销售信息共享。这点看似做起来很难，因为我们通常所理解的竞争就是你我之间的输赢之搏，但竞争不等于战争，并不表示与竞争品牌和周边门店搞对立。相反，我们应该与他们保持好的关系，并与之进行销售数据和信息的共享，从而达到共赢的目的。

六、竞品分析的方法

竞品分析有以下几种方法：

1. 客观分析

即从竞争对手或市场相关产品中，圈定一些需要考察的对象，得出真实的情况。此时不需要加入任何个人的判断，应该用事实说话。

这种分析主要包括：分析市场布局状况、产品数量、销售情况、操作情况、产品的详细功能点等。

2. 主观分析

这是一种接近于用户流程模拟的结论，比如可以根据事实，或者个人情感，列出对方门店的优缺点与自己所销商品的情况，或者竞争对手产品与自己产品的优势与不足。因为你在分析别人的产品的同时，实际上是走了一遍用户流程。这个流程带有一定的主观性。

这种分析主要包括：用户流程分析、产品的优势与不足等。

3. 竞争对手的销售商品类别分析

竞争对手和周边门店的商品类别销售数据对商品的销售非常有参考价值。比如一家做年轻时尚休闲服饰品牌的商店，商品类别非常宽泛，而隔壁有一个年龄定位与自己完全相符的专业牛仔品牌专卖店，这时自己的牛仔服饰销售数量肯定会受到冲击，那么此时自己在订货管理中就要避开与之相近的牛仔款式，而挑选与之有一定差异的牛仔款式，并减少牛仔服饰的订货数量。

又如自己的同类竞争品牌，其衬衫销售较好，而自己则是针织T恤更为强势，这样自己在订货管理中则把重点放到T恤上，同时研究该品牌的衬衫的特点，在自己的衬衫订货当中加以区别。

当然，这里所说的订货管理的订货量减少只是在订货数量，而不是在款式数量，如果减少了款式数量就会让整盘货的陈列和搭配不合理，从而影响整体门店陈列形象。充分发挥自身品牌优势，而避开对手的强势，才能在激烈的市场竞争中处于更强的地位。

4. 竞争对手的促销调查与分析

竞争对手和周边门店的促销对自己的销售有着非常大的影响，这一点在现今的百货商场销售中显得尤为突出。曾经有两个相邻的定位相似的百货商场，比如在节日的促销战中，A商场制定了"满400减160，满800减320"的活动，B商场得到这一情报以后马上制定对策："满400减160，满600减180，满800减320。"这两个看似相同的促销活动，却让B商场在此次活动中打了一场大胜仗。因为虽然其活动力度完全相同，但由于此时商场内的服装大部分吊牌价格均在600—700之间，这让B商场的活动更有优势。这不得不说是因为对竞争对手促销方案的调查分析而使自己的促销活动更有成效。

所以，在经营过程中，对于促销手段的调查应该进行合理的分析，同时应该注意扬长避短，站在别人的高度发挥自己的优势，最终达到更好的效果，以上商场促销的案例就充分说明了这点。不仅要注意分析竞争对手的促销手段和方法，还要分析自身的产品及价格体系，同时还要考虑消费者的购买行为及消费习惯，只有将各种数据进行有效的综合分析，才能达到最终的活动效果，取得市场先机。

对于竞争品牌的调查和研究，是为了自己更好地找到市场切入点，而并不是竞争对手做什么自己就做什么，最终走向价格战的误区。所以，自己不能只天天呆在门店里面，要多走出去，多观察当地的整体市场，多了解对手的数据和情报，并将所收集到的对手数据进行记录归档。在自己所收集和整理出的数据和信息中，切忌把自己的优势与对手的弱势进行比较和参考，这样只会让自己在该方面偶尔出现不佳时为自己辩解。对对手的信息和数据的分析要持之以恒，往往越是难以调研到的数据就对自己越有价值。及时地了解对手销售数据和销售特点，可以有效提升品牌和门店在当地的竞争优势。

【案例链接】

近两年来，日化专营店渠道的发展如火如荼，其竞争也随之进入了白热化阶段。如何提高单店在商圈的竞争力，成为摆在专营店老板面前的一道难题。

广东某精细化工有限公司在这方面是做得比较成功的一家企业，其策划总监长期致力于专营店渠道的研究，他在总结公司成功经验的时候说："日化店想要提升业绩，离不开有效的广告宣传和推广。但是，由于日化店本身的资金规模小,不太可能花很多的费用去做广告,因此就更需要省钱有效的方式,去提高单店在商圈的影响力和知名度。"

"因地制宜并创造性地开发资源是专营店寻求突破的重要条件。以大中专院校附近的日化门店为例,由于学生是很有活力、也是很有开发价值的新生消费群体,高校商圈一直是专营店发展比较集中的地段之一,其中的营销也自然很有学问。"

该公司针对学校消费群体的开发,通常会采用以下方式来让产品进入校园:

首先在校内进行现场活动宣传,请学生派发宣传单页,派发试用装等。该公司经常在学校食堂旁边举行推广活动,因为这样推广效果更好,它不仅可以现场销售产品,还可以针对学生宣传日化店。

同样,武汉的七分美化妆品店的发展经历也颇具代表性。这家店2006年由中南财经政法大学的几个毕业生创办,目标群体直指大专院校学生。仅仅两年时间,七分美在武汉各大院校的连锁达到近10家。湖北一位代理商李东平指出,七分美的成功经验正是在于创办者与学校内部联系的紧密,通过学生会等组织借势来提升门店的影响力。

【行家点评】

从上面的案例来看,在面对更加激烈的市场竞争时,必须要有一整套的营销方式来提升专营店的竞争力。其实对于在学校的推广,还可以采用以下几种模式:通过有针对性的派发宣传单页和折扣券快速吸引客流和目标顾客;通过网站让年轻消费群体第一时间及时收到最新的产品和活动信息;通过DM手册向会员持续稳定地传递大量信息,以及开发一定比例的潜在会员。

门店扩大本店商圈的方法具体有以下几点:

1. 提高自己的商业信誉。信誉好的商店,其商圈规模会比同行业其他商店大。

2. 扩大门店的经营规模。商店的经营规模越大,商品经营范围越广,花色品种越齐全,其吸引顾客的空间范围也越大。

3. 丰富门店的商品种类。经营日用品的商店的商圈较小,经营选购品、特殊品的商店的商圈较大。

4. 抢夺最佳的地理位置。相互竞争的商店之间的距离越大，它们各自的商圈也越大。但是，有时相互竞争的商店毗邻而设，顾客因有较多的选择而被吸引过去，则商圈也可能会因竞争而扩大。

5. 吸引更多的顾客流量。顾客流动性大，光顾商店的来源会更广，商店的边缘商圈因此会扩大，从而整个商圈规模会扩大。

6. 组织诱人的促销活动。商店可以通过各种促销手段扩大其知名度和影响力，吸引更多的边缘商圈顾客慕名光顾，从而使其商圈规模扩大。